最新版

世界五千年

上

陈增爵 沈宪旦 孙晓文 等 编著

少年儿童出版社

图书在版编目(C I P)数据
最新版世界五千年(上、下)/陈增爵　沈宪旦　孙晓文
等编著.—上海:少年儿童出版社,2012.1
ISBN 978-7-5324-8933-6

Ⅰ.①最… Ⅱ.①陈…②沈…③孙… Ⅲ.①世界史—通俗
读物 Ⅳ.①K109
中国版本图书馆CIP数据核字 (2011) 第222296号

最新版
世界五千年(上、下)
陈增爵　沈宪旦　孙晓文 等 编著
戴晓明　谢　颖　贾培生　插图
费　嘉 装帧

责任编辑 谢瑛华　马淑艳　美术编辑 费　嘉　技术编辑 谢立凡
责任校对 陶立新　黄亚承　王　曙　沈丽蓉　黄　岚

出版 上海世纪出版股份有限公司少年儿童出版社
地址 200052 上海延安西路 1538 号
发行 上海世纪出版股份有限公司发行中心
地址 200001 上海福建中路 193 号
易文网 www.ewen.cc　少儿网 www.jcph.com
电子邮件 postmaster @ jcph.com

印刷 常熟文化印刷有限公司
开本 720×980　1/16　印张 73.25　字数 1144 千字
2020 年 1 月第 1 版第 12 次印刷
ISBN 978-7-5324-8933-6/K·237
定价 88.00 元

本书撰稿

陈增爵　沈宪旦　孙晓文　龚　文　陈　闯
崔略商　束　赟　顾云卿　吴海勇　虞　骏
彭茂宇　杨　杨　青　岩

出版说明

世界历史就是人类文明发展的历史。远古时期，我们的祖先们栉风沐雨，披荆斩棘，创造出了光辉灿烂的古代文明。从那时起，人类文明的足迹开始扩展到世界各地，世界的历史也从远古一步步走到了今天。回顾这五千余年的世界史，无数的盛衰兴亡惹人深思，无数的风云人物令人赞赏……人类创造力之伟大，在世界历史的发展过程中一览无余。

英国哲学家培根说："读史使人明智。"阅读历史，不是为了掌握一门技能，也不是为了彰显自己的渊博，而是为了充实头脑，学习做人做事的道理，从而更好地把握人生，面对未来的挑战。

早在上世纪八十年代，少年儿童出版社就出版了《世界五千年》，旨在向广大青少年读者普及人类数千年的泱泱历史。这套书受到了读者的热烈欢迎，并且多次重印，后来又于 2004 年推出了新版，内容更加充实，文字表述也更加准确流畅。此次推出的版本是在前一个版本的基础上，经篇目更新后推出的最新版，把历史的足迹延续到了二十一世纪的第一个十年。

在这刚刚过去的十年间，人类文明的步伐从未停止前进，许多重大的历史事件相继发生，我们所处的世界正在悄然发生着改变。本着与时俱进、推陈出新的宗旨，此次增加的篇目涵盖了二十一世纪以来发生的许多重大事件和重要变化，内容涉及政治、经济、文化、科技、环保等多个领域。同时，根据阅读的需要，最新版还对原有的一些篇目进行了修改，使其内容更加贴近现实，知识呈现更具时代性和科学性。

历史是人类知识的宝库，《最新版世界五千年》就犹如一把引领小读者开启这座宝库的金钥匙。它继承了老版通俗易懂、深入浅出的语言风格，融真实性、思想性和生动性于一体，堪称是一套经典的历史普及读物。

目　录

1·人类的起源

在三百五十万年前的非洲，一个温暖的下午，湖边有一群羚羊正在饮水，它们瞪着警惕的眼睛，不时地抬起头来，向四周张望。

突然，它们发现草丛在晃动，有一只动物靠近了湖边，羚羊群中出现了轻微的骚动。摇动的草丛中，露出了一个黑褐色的小脑袋，头上的一对眼睛向四周扫视着。原来这是一只猿猴的脑袋，它长着倾斜的前额、凸起的眼眶、扁平的鼻子、突出的大嘴。

这只动物在草丛中缓慢地移动着，当它来到湖边时，它停了下来，扫视着周围的地面，察看是否有食肉的猛兽。然后，它迈出大胆的一步，从草丛中钻了出来。它不像其他的猿类，四脚着地爬行，而是直立着身子向前走，两只手臂不是耷拉在地上，而是在身子两边摆动着。它个子十分矮小，只有一米多一点，约三十公斤，这是一只约二十岁的雌性动物。

对于羚羊来说，这只矮小的动物一点也不可怕，它们觉得没有任何危险，于是又转过身去饮水了。

就是这个能站立的小家伙，冒着危险走出丛林，跑到河边来喝水。它代表着从猿到人进化过程中的转折点，因为它属于一群人们称为南方古猿的动物。考古学家在埃塞俄比亚发掘出它的化石，还给它起了一个好听的名字——“露西”。

南方古猿是一种充分发育的两足动物，就是说，它们从树上来到地面上生活，除了极特别的情况，它们通常用两条腿走路。尽管这些南方古猿外表与现在的大猩猩、黑猩猩和狒狒很相像，但它们已是直立走路，有着灵巧的双手，它们已经走在向现代男人和现代女人进化的道路上了。

我们都知道，人类的祖先是猿类。而最早的猿类生活在非洲，距今已有几千万年，它们是一些四脚行走的动物，居住在广袤的森林中。大约距今一千五百万年前，地球的气候发生变化，逐渐地变得四季分明，气候干燥了，雨林稀少了，这使生活在森林中的猿类被迫来到地面生活，它们逐渐养成了直立行走的习惯，而把双手解放出来从事其他活动。这些在地面活动的南方古猿，生活在距今五百万到一百

万年前，并且从非洲迁徙到了欧亚大陆。

到公元前 230 万年前后，一个新的物种从南方古猿中产生了。那就是人，而不是猿，也称为“能人”。“能人”是一种既食草又食肉的生物，它们的大脑容量比南方古猿大百分之五十。“能人”身上的体毛已很稀少，用双脚走路，有更灵巧的双手，使用天然的工具，并且已有丰富的语言。

从“能人”到现代人，还经历了几个发展阶段。

最早的“能人”，也称“手艺人”，生活在距今二百万年前左右，以“坦桑尼亚能人”和中国的“元谋人”为代表。他们能够砸碎石头，取得尖锐的碎片来切割食物和削尖木棍，是熟练的石头手艺人。

“直立人”出现在距今大约一百五十万年前，如印度尼西亚的“爪哇人”、中国的“北京人”、欧洲的“海德堡人”等。“直立人”对环境的适应能力比“能人”更高，他们主要以打猎为生，已懂得用削尖的木棒与野兽进行搏斗，是勇敢的猎手。“直立人”已掌握了火的使用。

“智人”生活在距今大约十几万年前，如中国的“丁村人”、“长阳人”和德国的“尼安德特人”。他们在体质上与现代人已无多大差别。

“晚期智人”也被称为“现代人”，他们是五万年前的法国“克罗马农人”、一万八千年前的中国“山顶洞人”。他们的大脑容量又比能人多了一倍，容貌也与现代人没有什么区别了。

从猿逐步进化为人，劳动起了决定性的作用。劳动不仅创造了灵活的双手，发达了大脑，劳动还创造了语言。

人类的祖先，在漫长的历史岁月中，栉风沐雨，披荆斩棘，努力地改造着自然，创造出光辉灿烂的古代文明。

在世界各地，人类的祖先遗留下众多的历史遗产。其中最为著名的是五千年前古代文明的四大中心：尼罗河畔的古埃及、幼发拉底河和底格里斯河流域(今伊拉克一带)的苏美尔和巴比伦、印度河和恒河流域的古印度以及黄河和长江流域的中国。这四大文明中心保存着丰富的历史古迹、众多的地下文物和大量的文字典籍。我们的故事，就从五千年前的古埃及开始。

2·尼罗河的赠礼

尼罗河是埃及的母亲河，它孕育了灿烂的古代埃及文明。公元前五世纪，古希腊历史学家希罗多德游历埃及后，发出这样的感叹：“埃及是尼罗河的赠礼。”

全长六千六百七十一公里的尼罗河，是世界上最长的河流。它贯穿埃及全境，穿越金色的撒哈拉大沙漠。尼罗河发源于非洲西部的高地，它从南向北，奔流而下，急匆匆地穿行于崇山峻岭之间，经过六道湍急的瀑布后，缓缓进入一条狭窄的河谷，一路浩浩荡荡地流向地中海。在临近入海口的地方，尼罗河分出多条支流，形成扇状，冲出一片土壤肥沃、绿草如茵的三角洲。埃及文明，就在这片三角洲谷地中诞生。

大约在公元前四五千年前，古埃及人在尼罗河谷地定居下来。古埃及人身体强壮，有宽阔的双肩、狭窄的腰身和深褐色的皮肤。埃及早期居民的生活非常艰苦。尼罗河两岸净是沼泽，长满芦苇和纸莎草；而离河远的地方又是干燥的沙漠。所以，人们只能在地势较高的河岸边，用泥砖和芦苇搭起小屋。这些小屋非常简陋，没有窗户，只有一道用草帘做的小门。

白天，妇女们在空地上垒起炉灶烹煮食物，制作陶器；男子到旷野中狩猎，去河边捕鱼，在河岸放牧猪羊。不过，他们更多的时间，是进行原始的农业耕种。他们用笨重的石制工具，在河畔清除荆棘，开挖沟渠，在翻松的土地上撒下麦种，然后再把猪羊放到田里践踏，把种子踩到泥土里。

日复一日，年复一年，埃及人用自己勤劳的双手，与大自然进行着不屈不挠的斗争。终于，他们渐渐掌握了尼罗河的脾性。

每到夏季，埃及气候炎热干旱。从撒哈拉沙漠吹来的热风，像火一样烘烤着大地。漫天的黄沙似乎要吞没一切。这种令人窒息的日子是在每年的五月和六月，要五十多天才能结束。此时，人们每天都在默默地祈祷，盼望着尼罗河水的泛滥。

七月，雨季开始了。从北方吹来清凉的风，炎热逐渐散去。这时，尼罗河上游的山区暴雨倾盆，洪水奔涌，水量急剧增加。尼罗河奔腾咆哮，夹带着大量的腐烂植物和矿物质倾泻而下。在最初几天里，河水完全成了浑浊的绿色洪流。尼罗河泛滥了，埃及人民把河水泛滥的第一夜称为“第一滴水之夜”。这一夜，人们划着小舟，举着火把，齐集河中，庆祝哈辟神(尼罗河神)的节日。

“绿尼罗河”终于过去了，河水继续上涨。又过了一二十天，大量的泥沙卷入河中，水色又开始变为红色。

九月，尼罗河水势最大，吞没全部谷地。人们只能凭借小舟来往于各高地之间。直到十月底，河水泛滥期才逐渐结束，河水下落，流入河床。这时河水变成清澈的浅蓝色。十一月，人们开始在退去洪水的土地上耕耘。泛滥的河水为大地覆盖了一层厚厚的淤泥，土地变得非常肥沃。

第二年的三月到六月是收获季节。古埃及人随着尼罗河每年定期的泛滥，辛勤地耕耘、播种、收获，终于将这里建成了古代著名的粮仓。

由于埃及的自然条件，它的农业生产与人工灌溉紧密相连。尼罗河泛滥时，人们要疏通渠道，排出积水；而干旱无雨时节，人们又要从尼罗河引水灌溉。这样巨大的工程，绝非一家一户所能完成，它需要联合众人的力量。因此，埃及在很早的时候，就出现了联合。若干氏族联合为公社，若干公社又联合为州，使埃及形成大约四十几个州。每个州都有自己的名称、都城、军队和政权。各州都是独立的王国，彼此间常常为了争夺河水、土地，甚至为不同的信仰而斗争。有时，两个州之间的战争是为了一种鱼，一个州崇拜这种鱼，将它奉为神鱼；而另一个州却吃这种鱼。双方为此会大打出手。

经过长期的战争和兼并，到公元前 4000 年左右，埃及出现了两个独立的王国。南方的上埃及以蜜蜂为国徽，国王戴圆锥形的白色王冠，以秃鹰为保护神。北方的下埃及以纸莎草为图腾崇拜，国王头戴红色王冠，以眼镜蛇为守护神。

上下埃及打了很多仗。大约在公元前 3100 年，美尼斯(又称那尔迈)担任了上埃及的国王。美尼斯是一个非常强悍的人，又很有政治头脑。他率领一支强大的军队顺尼罗河而下，终于征服了下埃及。埃及统一的历史事件被刻画在“那尔迈青石板”上。在石板的右上方，象征南方的秃鹰站在一束纸莎草上，一只爪子抓住了北方的眼镜蛇；在石板的中央是头戴圆锥形王冠的美尼斯，他正手持权杖击打下埃及的俘虏。

美尼斯自称为上下埃及之王。他有时戴白冠，有时戴红冠，有时两者合戴，象征上下埃及统一。为了便于统治全国，他把都城迁到上下埃及接壤的“白城”，后来又称之为孟斐斯。从此，埃及进入王朝时期，美尼斯也成为埃及第一王朝的第一个统治者。

埃及统一以后，一套专制统治机构逐步建立。国王是埃及的最高统治者，国王之下还有宰相、大法官、大祭司、掌玺大臣等。此外，还设有各种官吏。为了确定租税数额，每年国王都要派官吏清查全国的土地、人口、牲畜和所有财富。

国王被认为神圣不可侵犯，传说他是太阳神之子。石刻或壁画的国王形象是一个巨神。后来，人们尊称国王为“法老”（意为“宫殿”，相当于中国古代称皇帝为“陛下”）。大臣朝见法老要匍匐在宝座前面，吻国王脚前的地，他们死后也要葬在法老金字塔周围，继续在阴间为法老服务。

从美尼斯开始，一直到公元前十一世纪，两千年里埃及共经历了前王国、古王国、中王国、新王国、后期埃及等几个历史时期。以后，埃及先后遭到利比亚、亚述等的入侵，从而一蹶不振。到公元前七世纪，埃及重获独立。后来，它又被波斯帝国、希腊、马其顿所占领，公元前30年并入罗马版图。

埃及是有着悠久历史的文明古国，有过文明鼎盛时期，也有过遭受外来侵略的时候。但无论在何时，埃及人始终相信，他们的精神不会死去。就像那波涛汹涌的尼罗河，它的泛滥会带来一定损失，尼罗河也会退潮，但尼罗河永远存在！正因为如此，古埃及人才把最美的诗歌献给它：

尼罗河啊，我赞美你，
你从大地涌出、川流不息。
你灌溉土地，养活了埃及；
你献出小麦，使众神欣喜。
一旦你的水流减少，
人们就停止了呼吸。

胡夫金字塔整整建造了三十年，它是埃及人民汗水和智慧的结晶！

胡夫金字塔是一座锥形金字塔，原高一百四十六点五米，几千年的风吹雨打使它的顶端腐蚀了近十米。这座金字塔是精确地按照几何原理建造的。它的底面是一个标准的正方形，边长二百三十米，各面以五十一度的角度倾斜向上，最后到达尖顶。它占地五万二千九百平方米，共用了二百三十万块巨石垒砌而成。巨大的石灰石块的表面被砍凿得非常平整，石块之间甚至连刀片都插不进去。

胡夫金字塔的四面正好对着东西南北四方。金字塔里共有三处墓室。从北面十三米高的入口处进入，沿着一条不到一人高的甬道一直向下，走过约一百米，就能见到一个长方形的石室。由于胡夫不喜欢这个墓室，于是又在下坡甬道的中间，另开了一条上坡的甬道，通向“王后墓室”。上坡甬道的上端是一条大走廊，高达八米。过了大走廊又出现一个墓室，胡夫石棺就安放在这里，人们称它为“法老墓室”。这个墓室高约六米，它的顶盖由重达四百吨的石板建造，墓室之上还有五层房间。最高一层顶盖是三角形的，为的是承受上面的巨大压力。胡夫金字塔规模宏伟、结构复杂、计算精密，虽历经五千年而不朽，令人赞叹不已。

胡夫死后不久，他的儿子哈夫拉也在吉萨建造了一座金字塔，虽比胡夫的塔低三米，但外表更精美，内部有走廊、庙堂及各种雕刻，宛如一座巨大的宫殿。尤其在塔的旁边有座巨大的“狮身人面像”，长约五十七米，高约二十米。希腊人称它为“斯芬克斯”。整个狮身人面像除狮爪用石块砌成之外，其余是在一块巨大的天然岩石上凿成，独具匠心。

后代的法老虽然也建造了许多金字塔，但是越造越小。由于法老墓中的巨大财富吸引了无数盗墓者，金字塔遭到了破坏。因此，到公元前 1500 年左右，法老们停止建造金字塔，开始在深山里开凿秘密陵墓。

至今，埃及尚存七十九座金字塔，散布在尼罗河的下游地区，犹如群山的尖峰，高耸晴空，成为古代埃及灿烂文化的象征。

4·图坦卡蒙的宝藏

1922年11月26日下午,在古埃及法老陵墓比较集中的“国王山谷”。

在早已被挖得千疮百孔的山岩峭壁上,一道向下的阶梯刚刚被发掘出来。两个神情紧张的男子站在阶梯的尽头,他们正面对着一扇在三千三百年前就被封死的墓门。在这扇石门的后面,可能存放着数不清的财宝,但也可能是一个一无所有的洞穴。

古埃及的少年法老图坦卡蒙几乎早已被人遗忘,他的秘密陵墓更是无人知晓。图坦卡蒙是古埃及十八王朝(公元前1550~前1307年)的法老,他九岁继位,十九岁去世。他是一个政绩平平、无所作为的少年国王,关于他的生平,史料中少有记载。

英国考古学家卡特为寻找图坦卡蒙的陵墓已有三十余年。他坚信这次发掘一定会有所收获。他的合伙人卡诺冯,是一位英国贵族,为资助卡特已花掉巨额资金。这次卡诺冯是孤注一掷,如果这扇门后面还是空墓,那么,他再也无力资助卡特了。

卡特用一个凿子,小心翼翼地在墓门的一角撬开一个小洞,卡诺冯从他的肩头向里探望。随着一片片灰泥的剥落,这两个人的心情愈来愈紧张。墓门上的洞,一点点地扩大了,卡特把手电筒伸进去照射,可他的手却颤抖着。过了片刻,卡诺冯终于用他那因激动而嘶哑的嗓音对卡特说:“你看见什么了?”

卡特转过身来,两眼发直,结结巴巴地说:“我看到了一些绝妙的东西,全都是稀世珍宝!”

卡特又把洞口弄大了些,这样,两个人就可以同时向墓内张望。手电筒的光亮照到哪里,哪里就出现珍宝器物:身穿金制短裙、手执仪仗与真人一样高的乌木雕像、饰有巨大镀金狮子和怪兽的卧榻、金碧辉煌的国王宝座、金光闪闪的双轮马车、美丽的珠宝首饰盒、精致的雪花石膏花瓶,更有数不清的箱笼和匣子……

古老神秘的图坦卡蒙之墓终于重见天日。这是二十世纪最伟大的考古发现，它使人们了解了公元前十四世纪埃及法老生活和殡葬的真实情况。在这里总共发现了三千多件珍贵文物。仅把这些宝物登记造册，并转移到开罗博物馆，就用了十年时间。众多的宝物中，最引人注目的是法老的包金宝座、用黄金珍宝装饰的法老黄金面具，以及彩绘的木箱等。这些都是古埃及艺术的瑰宝。

图坦卡蒙的陵墓由四个墓室组成，基本上没有受到过破坏。虽然有迹象表明，在图坦卡蒙下葬后不久，曾有盗墓贼进入过前面的两个墓室。不过，从散落在地上的零散珠宝来看，他们没有偷窃到手就受惊逃跑了。从那以后墓就再次被封死了。

后面的两个墓室没有被人动过，由两个武士雕像守卫着。里面放着至高无上的宝物——四口棺椁，由一口水晶棺和三口包金木棺组成。水晶棺角上刻着一个女神的雕像，她伸展着手和翅膀，包围了水晶棺，仿佛在保护它不受侵犯。

打开沉重的水晶棺盖后，里面是依次相套的三层包金木棺，木棺做成人体的形状，棺盖是图坦卡蒙法老的脸。眉毛、眼皮由深蓝色的玻璃做成，眼白用石膏做的，瞳仁用火山玻璃制作，手中的权杖和鞭子是用镶了蓝玻璃的金子制作而成的。

移去三层木棺后，人们惊奇地发现里面还有一个纯金棺材，重达一百多公斤。在这口黄金棺材里，安放着图坦卡蒙的木乃伊。图坦卡蒙的脸上戴着一个表情悲哀但又宁静的金制面具。他的颈上套着用珠子穿成的项链，一个用鲜花扎成的花环放在胸前。人们可以清晰地分辨出是矢车菊、百合花和荷花，这些花虽然都已枯萎，却还保持着若有若无的颜色。

墓室内的一面墙上有一幅壁画，画的是国王站在两个神之间，这两个神正在接收他进入死者的世界。在这幅画中，国王戴着黑色的假发和镶满珠宝的圆项圈，穿着上等亚麻布制的短裙，显得既年轻又威严。

图坦卡蒙的宝座，是木制的扶手靠背椅。扶手处是戴着王冠的双翼神蛇，上面还有法老的铭文。椅子腿的上部是黄金做的狮首，下部是狮子的身子，椅脚是狮爪，充分显示了法老的威严。椅背上的浮雕是皇宫庭院的一角，法老和王后盛装相对，左右是饰有花纹的圆柱，椅背顶部是光芒四射的太阳光环，象征太阳神赋予法老生命。

图坦卡蒙墓内还有一件珍贵的文物，就是彩绘木箱。绘画的主题是法老猎狮图。站在马车上的法老在画面中央,左面是法老的随从,右边是狮子群,法老的两匹骏马装饰豪华,而受伤的狮群姿态各异,整个画面线条流畅生动。

1922年,图坦卡蒙墓葬的发现轰动了全世界,成百名记者云集埃及卢克索附近的发掘现场,大批旅游观光客蜂拥而来。直到现在,图坦卡蒙国王的陵墓依然是最吸引游人的地方之一。

5 · 罗塞塔石碑

1799 年 8 月的一天，在尼罗河口的罗塞塔城附近，一队拿破仑士兵正在炎热的阳光下修筑工事。突然“当”的一声，一个士兵的铁铲碰到一块坚硬的东西，他俯下身子用手摸了摸，惊喜地喊道：“看啊，我可能发现了埋藏宝物的石箱！”

随着他的喊声，疲惫不堪的士兵们又都兴奋起来，七手八脚地帮着挖掘下去。然而，挖出来的并不是什么宝物，只是一块上面布满文字的大石板。

“又是一块没用的破石板！”这些法国人懊丧地嘟囔着。原来，他们跟随拿破仑远征埃及以来，对那些布满奇形怪状符号的石刻，早已屡见不鲜了。这时，一个名叫布萨的带队军官没有去休息，他仔细观察着这块石板，琢磨着它的来历。他发现这块石板同以往见到的并不完全相同，石板上有三种文字刻成的铭文，最下面的铭文竟是人们熟悉的古希腊文。布萨意识到这块石板的重要性，他立刻向上司报告了这个发现。

很快这件事就被拿破仑知道了。此时，拿破仑正在进行远征埃及的战争，但他十分重视收集古埃及的文物，随军带去了由一百七十五名学者组成的庞大的考察团。他立刻将这块石刻交给法国考古学家。

这是一块黑色玄武岩石刻，长约一百十五厘米，宽约七十三厘米，厚约二十八厘米。

经学者们鉴定，铭文的上部是古埃及的象形文字，下部是古希腊文字，夹在中间的是世俗体文字(古埃及后期的一种草书文字)。由于石刻中有古希腊文，学者们弄清楚了碑文的内容。原来，这块石碑是公元前 196 年僧侣们刻的，内容是为了感谢法老给神庙的赏赐，他们决定将法老的生日作为节日来庆祝。石板上三种铭文的内容是完全相同的。学者们希望借助古希腊文，来对埃及象形文字进行译读。

古代埃及文字是世界上最古老的文字之一。它与苏美尔人的楔形文字、中国的甲骨文一样，都产生于原始社会中最简单的图画，所以叫象形文字。最早的埃及象形文字产生于公元前 3000 年，大约在古王国时期。这种图形文字也称为

“圣书体”，有许多是鸟、兽和人物形象，常常被刻画在石板或木板上，还要非常仔细地涂上颜色，描上细带。刻画之后的象形文字，已不仅仅是文字，同时也是一幅幅的彩色图画。

到中王国时期(公元前 2040～前 1640 年)，从象形文字中发展出一种更容易书写的草书体，称为“祭司体”。到后期埃及又出现更“草”的字体——“世俗体”。世俗体已没有图画的特点，书写形式更简单，普通老百姓也会读写。在古埃及，这几种文字可以同时使用。

后来，埃及遭到外族入侵。科普特文和阿拉伯语取代了古埃及文。慢慢地，古埃及文在此后的一千五百年时间里，便不再有人使用和认识了。从古罗马时代一直到文艺复兴时期，欧洲人对埃及文化十分欣赏，但谁也不知道那些碑刻上美丽的象形文字的含义。

罗塞塔石碑被运到欧洲，引起了人们研究古埃及文字的兴趣。有人发现象形文字中有一些椭圆形的圆框，对照已认出的古希腊文的专有名词“托勒密”、“亚历山大”，可以认定圆框中的象形文字符号一定是国王的名字。

最终，一个叫商博良的法国学者破解了古埃及象形文字的秘密。

商博良是一个语言天才，九岁就开始学习古希腊文和拉丁文，以后又掌握了希伯来文、阿拉伯语、科普特语和波斯语等。他二十二岁时成为语言学博士。

1808 年，商博良开始研究罗塞塔石碑。他先找出写有“托勒密”名字的椭圆形框，对照希腊文，用拉丁字母读出了托勒密的名字。为了验证正确与否，他选用了一块方尖碑上刻有女王克里奥佩特拉的名字进行对照，从那个名字上他认识了几个新的符号，并肯定了两个名字中间同时出现象形符号的读法。后来，他又陆续读出了“亚历山大”、“恺撒”等许多人的名字。经过反复的比较，商博良逐渐从读出人名，发展到读出个别的词，最后读出整句的话。

商博良还发现，埃及象形文字、祭司体、世俗体只不过是一种文字的三种形式，它们是可以互相转换的。

1822 年 9 月，商博良从一个建筑师那里得到两张象形文字拓本，这是从一个埃及神庙的浅浮雕上弄下来的。商博良很快就从拓本中读出了新王国时代的两个国王的名字：“图特摩斯”和“拉美西斯”。商博良确信他已基本掌握了古代埃及文字的奥秘。

PTOLMYS
PTOLEMAIOS
ΠΤΟΛΕΜΑΙΟΣ

1822年9月29日,商博良满怀喜悦地在法兰西学院向学术界公布了他研究罗塞塔石碑的成果。从此,这一天,便被定为埃及学诞生的日子。商博良被公认为是古埃及语言学的奠基人,而罗塞塔石碑也被誉为“通往古埃及文明的钥匙”。

从1822年商博良成功破译象形文字,经过几代埃及学家们的艰苦努力,人们对古埃及文字的认识水平不断提高。古埃及人的各种文献不断地被译读出来,这使人们能够对古埃及人的政治、经济、宗教、文学、科技乃至日常生活进行全面的研究。这样,古埃及文明的全貌到十九、二十世纪逐渐重见天日。

6 · 从太阳历到公历

今天是哪年？哪月？哪日？要回答这些问题，我们只要看一下日历就行了。可是你知道日历是怎样产生的吗？

日历的故事可以追溯到人类的远古时代。那时，人们只是计算天数，然而，他们的一天与我们现在的一天概念是不同的。他们只是将日出至日落的这段时间称为“一天”，而晚上则是忽略不计的。

与此同时，我们的祖先也注意到了月亮的变化：先是一轮圆月，接着月亮越变越小，最后几乎完全“失踪”了。不过在这以后，月亮又渐渐长大，又“还原”成一轮圆月，这个过程是一个很好的计时长度，但是要以此为单位制定历法仍感时间太短了。

很快，人们又发现，季节之间的安排是有规律可循的。早在距今六七千年前，古埃及人已经在尼罗河两岸定居，从事农耕。他们根据尼罗河水的涨落，适时地进行农业生产。先是尼罗河水泛滥的季节。当河水退入河床，农田里留下一层肥沃的淤泥，此时就是播种和管理庄稼生长的季节。最后来临的是收获季节。于是，古埃及人把这一周期看做是“一年”。“年”的概念便产生了。一年可以分为三个季节——泛滥季、播种季、收获季，每个季节的长短大约是四次月圆周期。

不过，在很长的一段时期中，人们无法使年、月、日协调起来。由于从一次月圆到另一次月圆需要二十九点五天，天数自然无法与月数吻合。同时天也无法跟年吻合，因为地球绕太阳一周实际上需要三百六十五天五小时四十八分四十六秒。此外，月和年也矛盾重重，因为月亮每年环绕地球十二至十三次，不是一个整数。

为了解决年、月、日的矛盾，聪明的古埃及人创造了一种叫太阳历的历法。

埃及人发现，尼罗河的泛滥十分有规律，因此有人把河水每次泛滥的时间刻在岸边的岩石上，然后进行比较，他们发现两次泛滥时间大约相隔三百六十五天。另外，还有人发现，当尼罗河水涨到古埃及首都孟斐斯城附近时，天空中的天狼星和太阳会同时出现在东方的地平线上。于是,古埃及人就把这一天定为一年的开始。一年共有三百六十五天,一年又分成十二个月,每月三十天,剩下五天作为年终节日,是献给冥王奥西里斯家族诸神的。一天还被分成二十四小时,白天十二小时,夜晚十二小时。这就是著名的古埃及太阳历。

由于太阳历每年比地球绕太阳运行一周要少四分之一天,这种差距最初是微不足道的,每四年只相差一天。但是,到后来,差错越聚越多。至公元前十三世纪,已相差了四个月。古埃及人经过长期的观测,终于发觉天狼星和太阳同日升起的周期为三百六十五点二五〇七天。到公元前 238 年,托勒密(亚历山大大帝的部将)统治埃及时,曾颁布诏书,下令每四年增加一天。但这一规定没有被埃及人接受,他们依然使用自己的传统历法。

在公元前 46 年,罗马独裁者儒略·恺撒决定编制新历法,取代已混乱不堪的旧历。这时,他的妻子、“埃及艳后”克里奥佩特拉来到罗马,带来了许多埃及科学家和工匠。恺撒请来埃及天文学家索西琴斯,接受了他的建议,以埃及太阳历为蓝本制定新历。

索西琴斯提出,应该将一年看做三百六十五点二五天,而不是传统的三百六十五天。根据他的建议,恺撒规定新历设立平、闰年,平年三百六十五天,闰年三百六十六天,每四年安排一闰年。这样,较好地解决了每年“短缺”那四分之一的问题。

恺撒的天文学家们经过精心计算,决定将一年分成长度大致相等的十二个月,五个三十一天的大月和七个三十天的小月。在古罗马,2 月份是处决犯人的月份,不太吉祥,当然是天数越少越好。于是恺撒下令把原先是三十天的 2 月份中抽掉一天,加到另一个小月上。这样一年就有六个大月和六个小月。

为了纪念这次改历,恺撒将自己诞生的 7 月命名为“恺撒月”。恺撒死后,他的接班人奥古斯都为显示自己的权威,也模仿恺撒,把自己的出生月份 8 月改成大月,但需要从其他月份中抽出一天。他自然又打起 2 月的主意,他从已“残缺”的 2 月里抽出一天,增加到 8 月中。这样,一年便有了七个三十一天的大月,而 2 月却除了闰年外只有二十八天了。这就是罗马帝国的新历法,也叫“儒略历”。

儒略历比起埃及的太阳历,是个进步,但与太阳年的时间相比,还是有微小的误差。儒略历一直被沿用了一千六百年,大约有十天的误差又被累积起来。原因是:一

年的长度并不是索西琴斯所说的三百六十五点二五天。如果人们每四年给 2 月增加一天,那么就意味着增加二十四小时,然而实际上只应该增加二十三小时十五分四秒! 这样,每过一年就会产生十一分十四秒的误差,看起来不大,然而经过了一千六百年的累积,误差就大得惊人了。

1582 年,罗马教皇格列高利十三世采纳了意大利天文学家雷夫埃斯的建议,宣布改历,首先撤消了比太阳年时间迟了十天的历法日期,从原有的日历中减去十天,规定这一年的 10 月 5 日,改为 10 月 15 日。同时把置闰的方法改为以公元纪年为标准:如果年份数虽能被四整除,同时也能被一百整除,此年不算闰年;但年份数能被四百整除的例外(算闰年),根据这个法则,公元 2000 年是闰年,但 2100 年和 1900 年都不算闰年。这样的规则,要三千多年才会比太阳年多计一天,这就是现今世界上通用的格列高利历法,又叫公历。

7 · 苏美尔的曙光

在现今伊拉克的沙漠里,有两条大河在蜿蜒流淌。东边的叫底格里斯河,西边的叫幼发拉底河,两河之间的土地叫美索不达米亚平原。这两条河由西北流向东南,最后一同流入波斯湾。

两河的沿岸是一片片麦田,下游一带遍布枣林。一队队骆驼商队缓步其间,远处的沙漠里不时露出一些巨大的丘岗。走到丘岗近处,在风化了的瓦砾堆中还躺着一些石板,石板上刻着像尖楔一样的符号。人们并不知道,在这滚滚的沙丘上,曾经产生了人类最古老的文明。这就是距今已有六千多年的苏美尔文明,它比我们已知的任何文明都要古老。

苏美尔的发现与一个名叫萨才克的法国人的活动是分不开的。

1877 年,一个秋日的黄昏,太阳还未落山,一个法国人骑着马走进两河流域的一个村落。他叫萨才克,是法国领事馆的一位官员。他非常热衷于研究两河流域的古代文明,并从发掘中寻找乐趣。

此时他正走向村长家,沿途他不时地向村民打招呼。到了村长家,只见村长家已是高朋满座,大家饶有兴趣地向这个法国人打听考古趣闻。

谈论中,一个村民对他说:“先生如此喜欢古迹,离我家不远处就有一个。您一定会感兴趣的。我每次经过那里时,总能看到一些雕像的碎片。”

萨才克眼睛一亮,决定立刻前去探察。

第二天一早,萨才克便骑马上路,按照村民所指的路线西行。不久,他在一片灌木丛中,发现一个不起眼的土丘。他骑马走近土丘,并绕着土丘慢慢走了一圈。

正像那位村民所说的,那里不仅满地都是陶器、泥板和雕像的碎片,在土丘脚下还躺着一块巨大的石块。萨才克下马对石块仔细地观察,原来这是一座雕像,并且在雕像的臂膀处还有一段铭文。这座雕像似乎没有完工便被扔在这里。雕像的雕刻手法十分原始、粗糙。

“这是谁刻的呢？为什么如此巨大的雕像会躺在这里?”萨才克百思不得其

解。“这周围肯定还有其他文物。”一个念头在他脑海中闪过。

他立刻动手，在土丘上没挖多久就发现了大面积的建筑物和各种器物碎片。他越挖越觉得这是个不平常的发现。萨才克决定回一趟巴黎，以证实自己的想法。他挑选了一些挖出的古物，装箱运回了法国巴黎。

当萨才克向学识渊博的罗浮宫博物馆馆长出示他的发现时，馆长差一点惊奇得叫出声来。馆长一眼瞧出这些古物的不凡之处，尽管它们显得粗糙笨拙，但这肯定是人类早期的艺术，一个不为人们所知的古老民族的艺术。

馆长证明萨才克的猜想完全正确，这确实是一项了不起的发现。他对萨才克说暂时不要公开他的发现，继续回去发掘，直到挖掘得差不多时再向外界公布这惊人的消息。

萨才克回到美索不达米亚继续工作。随着发掘到的古物日益增多，向外界宣布惊人发现的这一天来临了。萨才克以激动的口气发布了这一消息：“考古学终于又向前跨了一大步。我认为我发现了美索不达米亚平原上最古老的居民——苏美尔人。”

这则消息好比一枚重磅炸弹，在全世界掀起了波澜。

通过对古物的研究，人们知道了苏美尔人是两河流域的最早居民，是他们创造了比古埃及更久远的文明。人类文明的历史由此向前推进到六千年以前。

聪明的苏美尔人创造了一套文字，它是刻在泥板上的，被称为楔形文字。考古学家通过对楔形文字的译读，渐渐了解了苏美尔的历史。

苏美尔人是最早的农人。他们定居在两河流域，开掘沟渠，修建了复杂的灌溉网，成功地利用了两河湍急的河水，发展农业生产。他们驯养牛犁田耕地，用管状播种机播种。稻麦收获后，又使用木制的打谷机给谷物脱粒。由于使用先进的灌溉和耕作方法，农作物产量非常高，可以养活众多人口。随着人口增加，城镇渐多，终于产生了最初的文明。

到公元前 3000 年时，苏美尔地区已出现了十二个城邦国家。

苏美尔人建立了早期的法律体系。在出土的苏美尔楔形文字泥板文书中，有百分之九十的内容与法律有关。苏美尔人的法律几乎无所不包，著名的汉穆拉比法典即是苏美尔法典的修订本。

在数学方面，苏美尔人发明了六十进位制，这在世界上是绝无仅有的。原始时代的人们用手指计算数字，数到十就得重新数起，很自然就产生了十进位法。富有想象力的苏美尔人，在计数时把五个手指和一年的十二个月份结合起来，五乘以十二等于六十，因此产生了六十进位制。一个圆周分为三百六十度，一小时分为六十分钟，一分钟分为六十秒。这些计算单位至今仍被使用，成为数学发展的基础。

苏美尔人很早就知道使用铜和锡，慢慢地还懂得了把这两种金属混合在一起，制造出了合金——青铜。青铜犁取代了木犁和石犁，耕地的效率大大提高了。

古代的苏美尔人是一个神奇的民族，他们的许多发明丰富了我们的生活。轮子的发明，就是苏美尔人对人类文明作出的杰出贡献。

大约在公元前 4000 年，苏美尔人开始用木材和石料制成轮子，用来制陶。在一个竖轴上固定一个水平的圆盘，形成一个转轮，工匠们把一团泥放在圆盘上，转动圆盘，可以方便地制作圆形器皿。后来，人们获得灵感，将转轮稍加改进制成轮车，发明了新型运输工具。大约在公元前 3300 年，苏美尔人制作了世界上的第一辆四轮车，由四头驴牵拉。不过这时的轮子是用两块半圆形木头做成的。

苏美尔人留给了后人许多文学遗产，有谚语、神话和史诗。有些谚语特别有趣，反映了当时的社会风气。如一则谚语这样说："妻子是丈夫的未来，儿子是父亲的靠山，儿媳是公公的克星。"另一则谚语是生活经验的总结："鞋子是人的眼睛，行路增长人的见识。"《吉尔伽美什》则是苏美尔人创作最成功的一部史诗，也是人类历史上第一部史诗。

公元前 2300 年，两河流域南部的阿卡德(在今伊拉克境内)人征服了苏美尔城邦。以后，巴比伦人、亚述人和迦勒底人又相继成了美索不达米亚平原的主人。

8·“麻雀脚印”与楔形文字

1616年，一些意大利人来到波斯(今伊朗)。他们在游览古迹时，发现在不少崖壁上刻着一些奇怪的图画。它们就像许许多多只麻雀留下的一片片脚印，神奇而有趣。初次看到这些“麻雀脚印”，人们以为是一种装饰图案。许多古代陶器上也有类似的图案。

有一个叫彼得·德拉瓦勒的人却颇有心思，他将这些“麻雀脚印”抄下来带回了欧洲。他经过仔细琢磨，认定这不是一般的饰纹，而是古波斯铭文。这是一种木楔形状的文字，人们将它称作“楔形文字”。

后来，越来越多的古代碑刻和铭文被带到欧洲，很多欧洲学者试图解读这种文字。但是，没有人能解开这种文字的秘密。

十九世纪初，有一位英国青年军官被派往波斯，他叫罗利生。罗利生对古代波斯语言十分着迷。离开罗利生住地不远处，有一座高高的大石崖，上面有著名的贝希斯顿大石刻。在高达四百五十米的崖壁上，刻着一篇宽二十米、高四米的铭文。这是用内容相同的古波斯文、埃兰文、巴比伦文三种楔形文字刻成的，在铭文上雕刻着波斯皇帝大流士事迹的大幅浮雕。它刻于公元前520年，铭文夸耀了大流士一年十九战，生俘九王的赫赫战功。但由于年代久远，又在高高的山崖上，人们无法看清它的铭文，自然也没人知道它讲些什么。

罗利生对贝希斯顿石刻铭文产生了浓厚兴趣。在一个晴朗的日子，他攀上崖顶，左手攀住岩石，右手拿出笔和记录本，并将记录本塞入岩石缝隙中，然后右手执笔，开始了抄写碑文的工作。经过几天的艰苦努力，他终于完成了这项工作。

接着，罗利生着手破译这些文字。他把翻译人名作为突破口，足足苦干了三年，终于在1846年破译了碑文的波斯语部分。那些令人眼花缭乱的“麻雀脚印”终于成为能被读懂的文字。全世界为之轰动。

在罗利生和其他学者的努力下，不久之后，埃兰文和巴比伦文也被破译。此时，在伊拉克又发现了亚述帝国的古代图书馆，出土了满满两屋子的刻有楔形文字的泥板。

通过对泥板上的楔形文字译读,一段遥远的古代历史呈现在人们面前。

原来,楔形文字是由苏美尔人发明的。早在公元前4000年,苏美尔人在开发两河流域的同时,就创造了这种文字。由于两河流域缺少像木片、石块那样的书写材料,但却有着大量的泥土,人们就地取材,用泥土捏成一块块的平板,然后用细绳在上面画格子,再用削成三角形尖头的芦苇秆或木棒,压出图形,再把它晾干,要长久保存的,就烧制成硬泥板。

最先这种文字是象形文字。例如表示“鸟”,表示“鱼”,表示“谷物”,表示“脚”等。若要表示复杂的意义,就用两个符号合在一起,如“野牛”就是“牛”加“山”,“哭”是“眼”加“水”等。

这种文字是用棒在泥板上压刻,只适合书写短的、直线的笔画。长的、曲线图形就改变为许多短的直线。例如“公牛”写成。又由于书写时用棒角按压,在按压的地方痕印比较深和粗,棒抽出时留下的痕印就比较细窄。所以,这种文字符号每一笔画的开始部分都较粗,末尾部分都较细,像木楔一样,因而被称为楔形文字。

大约在公元前2000年,楔形文字由象形文字演变成抽象符号,这大大减少了字符数目。此时,楔形文字大约有六百个字符。楔形文字成为标准字形,后来在石块上刻字,也同样刻成这种形状。

学会书写和阅读楔形文字,需要在学校中经过多年的严格训练。苏美尔人创办了世界上最早的学校,被称为“埃都巴”,意思是泥板房。“埃都巴”是为培养书吏而建立的。学生们大都出身于富有家庭。最初的学习,是临摹符号,记忆大量单词。当学生们凭记忆能正确地书写数百个符号,就算掌握了入门知识。下一步要学习语法,接着学习书写句子和故事,最终能书写契约和其他文书。

学生们读的“书”也是泥板做的。每块泥板重约一公斤,五十页课本,就有五十公斤重。这种书有规则地安放在特制的架子上。

学生的学习生活很单调,对他们的要求却很严格。有一个学生仅在一天内就受到了四次惩罚。他的越轨行为有:在街头闲逛,上课讲话,不能熟练地在泥板上书写让老师满意的楔形文字。

尽管老师经常用教鞭管教学生,但贿赂老师的事情还时有发生。这是一个

发生在五千年前的真实故事:一个学生因违犯校规常常受到鞭打,他实在受不了了,就恳求父亲把老师请到家里去。父亲答应了儿子的请求。老师来到了学生家,坐在尊贵的位子上,学生站在边上伺候着。开始时,老师叫学生向他父亲展示在学校里所学的技巧。

接着轮到他父亲。他给老师穿上一件新衣服,又送给老师一件礼物,还给老师的手指上套了一枚戒指。老师被这种慷慨行为征服了。他绝口不提学生在学校的劣迹,反倒称赞他:“你在学校表现不错。”“你已经成为一个有学问的人了。”从此,这个学生不再担心老师会责罚他。

学生们不停地抄写这些故事和复制各种契约。他们的书法变得更加熟练和完美。学生毕业后工作有保障,并且在特权阶层中有一席之地。他可能成为一名秘书、书吏或一名官员。

苏美尔人发明的这种文字后来被阿卡德人所接受。接下来的巴比伦人、亚述人和波斯人也先后采用这种文字。到公元前1500年左右,整个西亚地区都使用了楔形文字。

后来,腓尼基人在楔形文字的基础上,创造了腓尼基字母文字。它更简单,易于掌握,很快为人们所接受。到公元前后,楔形文字最终被人们所遗忘。

9·汉穆拉比法典

大家都知道有一句俗语:“以眼还眼,以牙还牙”,比喻用对方使用的手段来还击对方。这在法律上叫同态复仇法。这句俗语的起源与一部古巴比伦的法典还有关联呢。

古巴比伦王国位于两河流域的中央。“巴比伦”一词本是“神之门”的意思。很明显,这里是西亚的交通要冲,地理位置非常优越。公元前 1792 年,汉穆拉比成为古巴比伦国王。汉穆拉比是一位很有才干的国王。他勤于朝政,注重发展经济、调整国内各阶层的利益。他在位的四十年间,把巴比伦变成了一个强盛的国家。

汉穆拉比还十分关心国家的法律问题,为此每天都要处理许多的案件。很多人把一些鸡毛蒜皮的事情都拿来跟国王申诉,因此案子多得简直让国王应付不了。是否应该制定一部有效的法律治理国家呢?汉穆拉比仔细思索了许多日子。

他让大臣把过去的一些法律条文收集起来,再加上当时社会上已形成的习惯法,编成了一部法典。那时没有纸张和书籍,为了方便人们阅读和参考,汉穆拉比命人把法典刻在一根石柱上,竖在巴比伦马都克大神殿里。

这是一根圆形黑色玄武岩石柱,高二点二五米,底部圆周一点九米,顶部圆周一点六米。在石碑上半部刻着两个人的浮雕像:一个人坐在宝座上,手里拿着一根权杖,他就是古巴比伦神话中的太阳神沙马什;另一个站着的人是汉穆拉比,他双手打拱,感谢太阳神将统治权赐给他。在石碑的下半部,刻着的就是汉穆拉比制定的那部法典,是用楔形文字精工雕刻的。这部法典一共有二百八十二条,大约有八千字。这就是历史上著名的汉穆拉比法典,也是世界上最早的一部比较系统的法典。

在巴比伦社会中,除了奴隶主和奴隶外,还有自由民。这部法典有很多是用来处理自由民内部关系的,处理的原则就是“以眼还眼,以牙还牙”。

比如,两个自由民打架,一个人被打瞎了一只眼睛,作为赔偿,对方也要被打

瞎一只眼睛；被人打断了腿，也要把对方的腿打断；被人打掉牙齿，就要敲掉对方的牙齿。甚至有这样的规定：如果房屋倒塌，压死了房主的儿子，那么，建造这所房子的人得拿自己的儿子抵命。

法典对奴隶主、自由民、奴隶有着不同的处罚方式。如果奴隶主把一个自由民的眼睛弄瞎，只要拿出一定数量的银子就可了事；如果奴隶主弄瞎奴隶的眼睛，就不用任何赔偿。如果自由民弄瞎奴隶的眼睛，只要赔一头耕牛眼睛的价钱。

法典规定，奴隶如果不承认他的主人，只要主人拿出他是自己奴隶的证明，这个奴隶就要被割去双耳。属于自由民的医生给奴隶主治病，也是胆战心惊的。因为，如果奴隶主在开刀的时候死了，医生就要被剁掉双手。

为了维护奴隶主的统治，法典还规定了一些更为严厉的条款：逃避兵役的人一律处死；破坏水利设施的人将受到严厉处罚直到处死；帮助奴隶逃跑或藏匿逃亡奴隶，都要处死；违法的人在酒店进行密谋，店主如果不举报，店主也要被处死。

正是依靠这部法典，汉穆拉比建立起了严密的奴隶制统治。

两河流域古时候战火连天，古巴比伦王国在汉穆拉比死后便逐渐衰弱。这部刻在石碑上的法典也没了踪影。

直到 1901 年，在伊朗一个叫苏萨的古城旧址，来了一队法国的考古队。他们在遗址四周仔细地探察着。一天，他们发现了一块黑色玄武岩，上面有一些浮雕像，只可惜是一断块。几天以后考古队员又发现两块断石，他们把三块石头拼合起来，恰好是一个椭圆形的石碑。大家兴奋不已。当人们清理干净石块上的泥土后，发现圆柱上刻有优美的楔形文字。经考古学家辨认，这无意中发现的石碑，就是失踪千年之久的汉穆拉比法典！

那么人们不禁要问，这部法典石碑怎么会从巴比伦“跑到”伊朗的苏萨呢？

原来苏萨也是一座古代都城。公元前 3000 多年，埃兰(在今伊朗胡泽斯坦省)人在此建立了一个强大的国家，并以此作为都城。公元前 1163 年，埃兰人攻占了巴比伦后，就把汉穆拉比法典石碑作为战利品带回了苏萨。后来，埃兰王国被波斯灭亡。公元前六世纪时，波斯帝国定都苏萨，这样石碑又落到了波斯人手中。

开始，谁也不清楚这是什么东西，但大家都清楚这是一块重要的石碑。考古队员决定将它由伊朗运回巴黎，进行仔细研究。此碑至今仍藏于巴黎的罗浮宫博物馆内。

10 · 大卫统一以色列

犹太人,古称希伯来人,也叫以色列人。他们的祖先是生活在两河流域的游牧民族。他们曾迁移过许多地方,到过巴勒斯坦、埃及,在埃及差点沦为奴隶。后来,他们在首领摩西的率领下,逃出埃及,又重返巴勒斯坦的土地。

巴勒斯坦位于地中海岸边,是亚、非、欧三大洲的交通要道。这里最早的居民是迦南人,之后又来了海上民族非力斯人。"巴勒斯坦"地名的原意就是"非力斯人的土地"。以色列人把巴勒斯坦称为"流着牛奶和蜂蜜的土地"。公元前1025年左右,他们在巴勒斯坦建立了第一个希伯来人的王国。为了能在巴勒斯坦站稳脚跟,以色列人必须同非力斯人战斗。

故事发生在公元前1000年的某一天。

在巴勒斯坦的一个山谷地带,非力斯人与以色列人两军对峙。以色列人的首领名叫扫罗。

这时,从非力斯人军营中走出来一个大汉,名叫歌利亚。只见他身材魁梧,虎背熊腰,头戴铜盔,身披铠甲,肩扛铜矛。歌利亚大步走上来,对着以色列军队立定高声叫道:

"你们这些扫罗的奴才,不是要打非力斯人吗?我就是非力斯人啊,你们怎么不来打呀?要是好汉的话,快点派个人来与我战斗。如果他敢与我战斗,把我杀死,我们就做你们的仆人。如果我胜了他,你们就做我们的奴隶,服侍我们。"

歌利亚喊了一阵子,对方没有一个人出来,他又叫道:

"你们赶快叫一个人出来,与我战斗,否则就是胆小鬼!"

就这样,歌利亚天天出来叫骂,骂得以色列人个个胆战心惊。扫罗手下无一将士敢出来迎战歌利亚。

正在此时,扫罗军营来了一个年轻人,他叫大卫,是来给他的当战士的哥哥们送食品的。大卫是个牧童,长得眉清目秀,又聪明过人。他见过三个哥哥后,听到军营外面有人在高声叫骂,问清了缘由,便愤愤不平地要去迎战歌利亚。扫罗王知道了,就把大卫叫到面前。大卫对扫罗说:"我们何必怕那非力斯人呢,我们应该和他去战斗!"

"这可不是闹着玩的,"扫罗对大卫说,"你可不能和非力斯人战斗。你太年轻,而那歌利亚从小就是战士,他武功高强,力大无比。"

"我可不怕他,"大卫对扫罗说,"我在放羊时,有次来了一只狮子,从羊群中叼走了一只羊羔,我就跑去追赶它、击打它,从它口中救出羊羔。"

"你这么小就敢斗狮子?"扫罗问他,"狮子不咬你吗?"

"咬我?"大卫继续说,"那我就揪住它的胡子把它打死。我曾经一人赤手空拳打死过狮子,打死过熊。那非力斯人再敢来对阵叫骂,我一定叫他与狮子和熊一样!"

听见这样的豪言壮语,扫罗动了心。他对大卫说:"好吧,你可以出去战斗,愿上帝与你同在!"

扫罗王把自己的铜盔给大卫戴上,把自己的铠甲给他披挂整齐。大卫觉得这些装备太笨重了,妨碍他走路,他又脱了盔甲,仍旧穿上他的牧羊服。

大卫到溪水中捡了五块鹅卵石,装在口袋里,手里拿着牧羊杖和甩石鞭,然后从以色列军营中走下山谷,一步一步走近正在叫骂着的非力斯人。

那非力斯人也向着大卫走过来。歌利亚看见大卫满脸稚气、细皮嫩肉的样子,不过是个放羊娃,哪把他放在眼里。

两个人在两军阵前的山谷中,面对面地立定了。歌利亚对大卫说:"放羊娃娃,你拿着棍子到我这里来,难道我是狗吗?是不是以色列人都死绝了,叫一个娃娃出来迎战!"

大卫对歌利亚说:"你来攻击我,是靠刀枪和铜戟;我攻击你,是靠着我们的上帝耶和华。"

歌利亚迈着大步走过来。大卫也快步向他跑去,一边跑一边从口袋里摸出一块鹅卵石,搭在甩石鞭上。只见大卫用力一甩,"哧溜"一声,像一道流星,那鹅卵石飞了出去,正中歌利亚的前额!歌利亚大叫一声,扑倒在地。非力斯人全都惊呆了,谁也不敢上前。大卫手里没有刀,他就踏在歌利亚身上,从歌利亚腰间的刀鞘中拔出刀,割下他的头,把头提在手里。

看见讨战叫骂的勇士死了,非力斯人顿时溃散了。扫罗率领以色列人呐喊着,追杀过去,一鼓作气攻下了非力斯人的几个城池,被杀的非力斯人成千上万。

当扫罗、大卫和以色列战士从战场上凯旋时，以色列妇女从城里出来，欢天喜地，唱歌跳舞，迎接扫罗王和杀敌英雄大卫。妇女们同声歌唱：

扫罗杀敌千千！
大卫杀敌万万！

后来，扫罗王继续征战非力斯人，他和三个儿子都战死沙场。扫罗死后，以色列的十二个部落开会，部落长老一致同意把王冠给大卫戴上。大卫登基时，年仅三十岁。他决心继承扫罗的事业，把非力斯人赶出巴勒斯坦。

这时在巴勒斯坦的中部有一个重要的城市，叫耶布斯，还在迦南人统治下。大卫的下一个目标就是夺取耶布斯。耶布斯的迦南人最终向以色列人投降了。大卫将耶布斯改名为耶路撒冷(意为和平之城)，作为以色列的首都。

大卫把盛放犹太教圣经的约柜运到耶路撒冷，还为它设计了一座华丽的宫殿。大卫宣布犹太教为国教，耶和华神是以色列人唯一的上帝。从这时起，这座伟大的城市——耶路撒冷，成了犹太民族的精神中心。

大卫在位四十年，没有一年不出征。他打败了非力斯人、迦南人、亚玛力人。以色列王国的版图空前扩展，北起黎巴嫩，南至埃及边境。

据《圣经》记载，大卫还是一个多才多艺的人，他写了很多优美的诗篇，还擅长演奏竖琴。所以，大卫在历史上不仅是英雄，而且也是杰出的诗人，以色列人以大卫王而骄傲。

大卫王死后，他的儿子所罗门继位。所罗门王是一位和平统治者，又是一位外交家、建设者。他在位四十年，没有打过一次大仗。在他的统治下，以色列逐渐由贫穷走向富强。

11 ·“紫红之国”腓尼基

腓尼基位于地中海东海岸的一个狭长地带，公元前 3000 年左右，这里形成一个奴隶制商业城都国家。迦南是它古老的名称。到公元前九世纪，希腊人开始称它为“腓尼基”。说起来还有一个有趣的故事。

据说，有一个住在地中海东岸的牧人，他养着一条猎狗。有一天，猎狗从海边衔回一个贝壳，它使劲一咬，嘴里、鼻上立刻溅满了鲜红的水迹。开始牧人以为狗的脸部被贝壳刺破了，就用清水给它冲洗伤口。可洗后狗的脸上还是一片鲜红。贝壳里难道有红色颜料？牧人暗暗思量着。

于是他拿起贝壳仔细察看，原来是从贝壳中流出的紫红色汁液把狗嘴染红了。这种贝壳在腓尼基的浅海非常多见。于是人们便用这种染料来染各种织物。而经这种染料染过的布匹，颜色美丽而且将这种布放入沸水中或冷水中洗涤，都不会褪色。甚至布已经磨穿了，颜色依然亮丽如新。

这种染料得到了人们的喜爱，特别是东方国家的帝王和掌管祭神活动的祭司们都乐于购买。因为这种染料是迦南特有的，于是人们把出产这种紫红色染料的迦南称作腓尼基，意为“紫红之国”。时间一长，人们反而把它的本名淡忘了。

腓尼基的国名富于浪漫色彩，它的国土也很有特色。

腓尼基的土地呈狭长形，长约二百公里，宽约二十公里。它西面临海，地中海削入内地，形成了大大小小的海湾。它北接小亚细亚(今土耳其的亚洲部分)，南面是巴勒斯坦，东面到达黎巴嫩山。

腓尼基境内的土地并不肥沃，只有不大的地方适合耕种。但聪明的腓尼基人充分利用大自然的赐予，开辟了田园，种植了葡萄和橄榄。在谷地和山坡上，鲜花盛开，景色美丽，那里长满了椰枣、月桂、无花果、橡树和其他很多的树木。

在沿海地带，人们不仅捕鱼、卖鱼，还有人专门从海滩的沙石中寻找财富。他们将洁白的沙子熔化后吹制成各种玻璃器皿。更有许多人不惜冒着生命危险，身上绑着石块潜入海底捞取那奇异的贝壳。

腓尼基人还是出色的航海家。他们依靠自己在手工业方面的高超技术,利用本国多港湾的地理条件,凭借森林中的黎巴嫩雪松制造海船,勇敢地告别故乡,去进行海外冒险生涯。

公元前十五世纪,腓尼基人的商船已驰骋于整个地中海了。到公元前九世纪,他们的航海商业活动达到了繁荣阶段。

腓尼基人世代与狂涛巨浪搏斗,是他们第一次发现直布罗陀海峡,又沿欧洲海岸到达英格兰,并深入到波罗的海;他们还曾到过达达尼尔海峡。

公元前七世纪,腓尼基的航海家受埃及法老的委托,完成了环绕非洲大陆的航行。

当时,腓尼基人准备好三艘航船。它们都是船头尖尖的双层划桨船,船尾向上翘起。上层的船员掌握航行的方向,下层的船员负责划桨。船上装满航行需要的粮食与准备交换的商品后,就从埃及的港口启航了。

船队沿着尼罗河的支流前进,然后驶入阿拉伯海湾的一片绿水中。航船行驶了四十天,到达一个村庄。当地的居民个个皮肤黝黑,身体半裸。他们热情地请船员们饱餐了一顿。善于经商的腓尼基人不失时机地在地上陈列出种种货物:绛红色的布匹,琥珀镶的项圈,金银制的杯子,锋利的匕首。村民们吃惊地看着这些从没见过的漂亮东西,争着拿出猎来的动物作为交换。但是腓尼基人对动物不感兴趣,只要一种芳香四溢的树脂——没药。他们心里很清楚,埃及的僧侣愿意拿出许多金银来交换这种珍贵的药材。

不久,腓尼基船队来到一片荒漠的海岸,岸边看不到一个人,海员们下船到岸上休息。一个船员发现沙滩上放着一堆白得耀眼的象牙,还有一些豹皮。

“这是什么东西?”这位船员不解地问道。

一个有经验的船长解释道:“这里的人要和我们交换商品,但又害怕我们,所以把他们的货物放在沙滩上,自己藏起来,指望我们用货物同他们交换。”

“真是交上好运了!”船员们把岸上最好的一百二十根象牙装上船,在沙滩上放了一些美丽的串珠、五彩的珐琅容器和青铜斧头作为回报。

“这下我们发大财了!”船员们兴高采烈地离开了海岸。

航行了十二个月之后,一件怪事发生了,中午的太阳竟从北面照射过来。原来,腓尼基人一直生活在北半球,从来没有越过赤道,只知道中午前后的太阳是从南边照过来的。现在他们航行到了南半球，因此看到这种现象就奇怪极了。

储存的食品很快耗尽，船员们只好上岸打猎，获取食物；并且在地里种上了大麦和小麦。在炽热的太阳照射下，不出三个月，麦子就成熟了。船员们收割了粮食，随后继续向前航行。

“大地向西转弯了！我们可以回家了！”终于有一天，船队来到非洲大陆的最南端，海岸开始折向西方，这已是航行的第二年了。

航船开始向北航行。当第二年航行结束的时候，中午的太阳光又从南方照来了——他们回到了北半球。

经过三年艰苦的航行，腓尼基船队又回到了埃及。

腓尼基航海家们这次环绕非洲的航行，距今已有两千六百年，它是人类航海史上的一个里程碑，比近代葡萄牙人达·伽马对非洲航路的开辟还早两千多年。

腓尼基人对人类文明最杰出的贡献是发明字母文字。由于航海和贸易的需要，腓尼基人早在公元前1500年，就开始使用简便易写的字母文字。这种文字是楔形的，有二十二个辅音字母，但没有元音字母。每个辅音字母都可以读出几种不同的发音。

大约在公元前十世纪，古希腊人接受了腓尼基字母，再加上元音发展成为古希腊字母文字。古希腊字母文字后来又传入意大利半岛，形成了拉丁字母体系。而希腊、拉丁字母则是以后一切西方国家字母的基础。

腓尼基虽然在公元前六世纪就被波斯帝国兼并而灭亡了，但腓尼基人对世界文明作出的伟大贡献，永远值得人们纪念。

12 · 尚武的亚述

公元前 734 年，通往叙利亚京城大马士革的道路上，匆匆行进着一支大军。这是一支由战车兵、骑兵、步兵、工兵等多兵种组成的亚述军团。

队伍行进到一条河边停顿下来。工兵立刻来到河边，迅速地吹起了羊皮囊，把它们绑在一起，又在上面铺上木板，不多久，一座军用浮桥就造好了。步兵过去了，骑兵过去了，连战车和巨大的攻城机械也安安稳稳地渡过了河。浩浩荡荡的亚述兵团径直向大马士革城进发。

亚述位于两河流域北部。早在公元前 2000 年，以亚述城为中心，形成了亚述国家。它先后被阿卡德王国和古巴比伦王国征服过，还遭到过四邻的入侵。直到公元前九世纪，亚述打败了周围国家，成为中东首屈一指的军事大帝国。

由于经常受到周围国家的威胁，亚述历代统治者特别崇尚武力。亚述军队分为战车兵、骑兵、重装步兵、轻装步兵、工兵、辎重兵等。打仗时，亚述就以这些兵种适当编组。亚述本土多山，盛产铁矿，冶金业发达，军队的武器大都是用铁制成。亚述战士的盔甲，其防护力之强，已与中世纪欧洲骑士所穿铠甲不相上下。亚述人还擅长制造攻城器械，著名的有攻城锤、云梯、投石机等。

亚述军队南征北战，攻陷了许多历史名城。这一次进攻的目标是大马士革城。

此时，大马士革王登上了城墙上最高的塔楼，远远望见亚述军团铺天盖地涌来，有五千辆战车，骑兵像海滩上的砂石那样多。他知道将免不了一场恶战。大马士革城内只有两千辆战车，士兵也只有亚述的一半。国王想，拼死一战或许能保住这座城市。

在城外的原野上，两军拉开了阵势，准备展开决战。

“开始进攻！”随着亚述王一声令下，亚述战车首先向前挺进。沉重的车轮在大地上碾过，每辆战车上有两名战士，一个人拉开了弓箭，另一个人一手拿盾牌，一手拉马缰。战车之后是骑兵，只见他们策马挺矛冲了过去。一时间，车轮声、马铃声、喊杀声交织成一片。

双方的战车和骑兵开始互相冲击。随后,双方的步兵又互相厮杀在一起。

大马士革军抵挡不住人数占优势的亚述人的猛烈进攻,阵脚渐渐乱了,他们不得不在城上弓箭手的掩护下向城里退去。大马士革王下令,关闭城门,拒敌于城外。城内的粮食储备足可以坚持几年,他决定固守城池。

亚述国王下令围城,大马士革被围一年多。公元前 732 年,亚述王做好各项准备后,开始强攻。

亚述人先在城墙下修筑一条斜坡,上面覆上石板,然后将重型攻城器械移上斜坡直到城墙下。

“先用攻城锤!”亚述王下令道。

这是亚述人发明的一种攻城器,它有上下两层,上层装有一个长长的金属锤,蹲在下层的士兵可以操纵金属锤撞击城墙。几台攻城锤被推到城墙下。“轰隆隆! 轰隆隆!”在攻城锤的撞击下,城墙上的砖石纷纷落下。

“再上投石机!”亚述王又下命令。

这是一种靠机械力量推动的投石机。亚述人将牛筋制成绳索,用木制绞盘将其用力绞紧,而后骤然放开,投出的巨大石块便被抛到敌城堡上。

几十台投石机抛射出的石块、油桶像冰雹一样落在城墙上,许多大马士革士兵被击倒了。

在巨大的攻城机械的轰击下,不久,城墙出现了一条裂缝。终于,裂缝成了一道大口子,亚述士兵像潮水一样冲入城内。

凶残的亚述人展开了一场大屠杀,无论是士兵还是百姓,落在亚述人手里就只有死路一条。亚述士兵放火焚烧了大马士革宫殿,抢劫了每一户人家的财产,割下死者的头颅堆成了小山。妇女小孩被掳走为奴,还有成千的战俘被钉死在木桩上。大马士革处在一片哭喊声中,四处一片火海。亚述王在占领全城后,把大马士革国王也杀了。然后,亚述人带着抢掠的财宝、俘获的奴隶凯旋而归。

亚述帝国虽然幅员辽阔,军力强大,但它是借助血腥掠夺、残酷镇压而建立的,其实是外强中干的。

亚述的最后一位著名国王叫亚述巴尼拔,在他的统治下,亚述帝国的版图空前地广大。亚述巴尼拔受过良好的教育,博学多才,还在皇宫中建立了世界上最早的图书馆,里面藏有几万块泥版文书。浮雕上显示他的武艺也是十分惊人的,他可以单人用匕首与狮子搏斗。

在亚述巴尼拔统治时期,亚述帝国已开始动摇。为了稳固自己的统治,他竟下令把敢于反抗他的人,无论老人、妇女、儿童都斩尽杀绝。在遗留下的泥版文书上,他大言不惭地吹嘘:“我在一月内,就把埃兰王国从大地上消灭掉了。我使这个国家的土地上没有人的声息,没有马匹、牛羊的足迹。让凶猛的野兽、毒蛇自由地在那里栖息。我连他们城市的灰烬都运到了亚述。”

亚述的残暴不仅没能把人民吓倒,反而激起了越来越猛烈的反抗浪潮。在亚述巴尼拔死后,庞大的亚述帝国迅速土崩瓦解了。

首先是埃及宣布独立,紧跟着的是叙利亚和腓尼基。公元前 626 年,新巴比伦也争得独立,并与伊朗高原的米底人结成反亚述同盟。公元前 612 年,联军攻陷亚述首都尼尼微,将城市洗劫一空。最后一代亚述王为了不被生擒,纵身跳入火海。公元前 605 年,亚述军队与联军在卡尔赫美什进行了最后一战,一个显赫一时的军事帝国就永远灭亡了。

13·巴比伦的空中花园

历史上曾经存在过两个巴比伦国。汉穆拉比时代的巴比伦是古巴比伦王国；第二个巴比伦国，也称新巴比伦王国，它是来自西亚的闪族迦勒底人所建立的。

提起新巴比伦王国，令人浮想联翩的首先是空中花园。它被古希腊人誉为当时世界七大奇迹之一。

空中花园是怎样建造起来的呢？

公元前612年，新巴比伦王国军队与伊朗高原的米底组成联军，一举攻下了亚述帝国的首都。为了巩固双方的友好同盟，两国国王决定，巴比伦王子与米底公主订婚。

公元前604年，巴比伦老国王去世。王子即位，称作尼布甲尼撒二世。不久，米底公主赛米拉斯做了他的王后。国王向公主夸耀，他有天下最华丽的宫殿，天下最巨大的财富，公主想要什么都可以得到。

米底公主美丽可人，深得国王的宠爱。可是时间一长，公主愁容渐生。

一天，尼布甲尼撒二世无意中听到公主在对天哭诉："在这里，所有的景色都平淡无奇，呆板乏味，难道这里果真找不到一座可供我攀登的山岭吗？我渴望重见家乡的山峦和盘山小道！这里的古板风光快把我憋出病来了！"

原来，公主害了思乡病。只见她茶不思，饭不想，日渐消瘦。这下可急坏了国王尼布甲尼撒二世。他对公主说："我曾经许诺过，你要什么，我就给你什么。我决不食言，你会得到一座美丽的花园的，就像你家乡的山岭一样。"

于是，国王请来了许多建筑师和工匠，让他们在京城里建造一座大假山。经过几年的营造，这座举世无双的大假山终于造好了。

这是一座每边长一百二十米、高二十多米的大假山。它的底部由一组两列共十四间拱顶厅房组成，呈正方形，中间有回廊相连。在房顶上再用石柱和石板一层一层建上去，像塔那样层层收缩，直至高空。每一层石板上都浇洒了一层铅，再铺有浸透柏油的柳条垫，以防渗水。然后，才在上面一层一层地培上泥土，种上许多奇花异木。工匠们还在上面开辟了幽静的山间小道，小道旁是潺潺流水。由于花园比宫墙还要高，远远望去，整个花园就像悬挂在半空中，因此被称为“空中花园”，又叫“悬苑”。

高空种了花木，浇水成了大问题。聪明的工匠在顶上设计了机械的提灌设备，用螺旋泵不断地从幼发拉底河里取水。当时，这是一项史无前例、难度极高的大工程啊！

据说，米底公主看到这一切，从此愁眉舒展，思乡病一下子全好了。

其实，空中花园只是巴比伦城的一个组成部分。尼布甲尼撒二世把巴比伦城建成了当时世界上最宏伟的城市。

整个城市规模宏大，占地约达一万五千七百英亩。一条长约二十公里的城墙围绕着整个城市。城墙非常宽厚，上面的一条大道可供四匹马并行。内城共有三百六十座塔楼，平均四十多米一座。整个城墙分为内外两重。外城墙又分为三重，最厚的达八米，最薄的也有三米。城墙之间隔着壕沟。全城开有一百多座城门，每座城门的门框、横梁和大门，全部用铜铸成。城上还有一套复杂的水力防御装置，万一敌人入侵城下，就放水淹没城外土地。

巴比伦城的北门最为著名，它叫伊什塔尔门。伊什塔尔是巴比伦神话中掌管战争和胜利的女神。整个城门是由两个形式和规模完全一样的门并联组成，高十二米。每道门有四个望楼，望楼和望楼之间有拱形过道相连。墙壁是用色彩艳丽的彩釉砖砌成。门墙和塔楼上嵌满青色的琉璃砖，砖上饰有野牛和龙等兽类的浮雕。每块浮雕高约九十厘米，总共有五百七十五座浮雕。整座伊什塔尔门色彩绚烂夺目，雄伟端庄。

进入伊什塔尔门，是一条从南到北的中央大道。它像一条中轴线将城内星罗棋布的建筑依次联结起来，形成规整对称的格局。这条大道是供宗教游行用的，称为“圣道”。它是用一米见方的大理石铺成，中央石板为白色和玫瑰色，两边则是红色。石板上刻有楔形文字的铭文。白色和金色的狮子像雕刻在圣道两边的墙上，形态各异，生动逼真。圣道的尽头，矗立着一座直径六七十米的大神庙，并建有一座耸入云端的七级寺塔。

整座巴比伦城屹立在黄色的两河平原上，显得宏伟华丽，难怪有一位古希腊历史学家衷心赞叹：“就其壮丽而言，它是我们所知道的任何其他城市难以相比的。”

然而，由于巴比伦城是用泥砖作建筑材料，没有古埃及的巨石建筑来得坚固和恒久。公元前539年，波斯人占领巴比伦城，巴比伦城开始失去往日的辉煌。到公元前四世纪，亚历山大大帝时期，巴比伦城逐渐沦为战场，城市居民逐渐离去，巴比伦城开始沙漠化。再后来，滚滚黄沙完全掩埋了昔日辉煌无比的巴比伦城。直到二十世纪初，这颗被掩埋了两千多年的两河明珠，才被考古学家发掘出来，重见天日。

在伊斯兰教《古兰经》的《夜行篇》中。

这样，耶路撒冷成为伊斯兰教第三大圣地，其地位仅次于麦加和麦地那。早期的穆斯林信徒，他们朝拜的方向就是耶路撒冷。后来，阿拉伯人在耶路撒冷建起了宏伟的清真寺，吸引着无数的穆斯林前往朝拜。

耶路撒冷成为三大宗教圣地后，犹太教、基督教、伊斯兰教三大教派之间不断发生战争，各自都想独占圣地。它一次次地被战争摧毁，又一次次奇迹般地从战火中复兴，始终吸引着世人关注的目光。

15 · 哈拉巴文化

夏日的印度河沿岸酷热无比,已经有好些日子没下雨了,天空中也看不到一丝云彩,灼热的阳光毫无阻拦直射着大地。

在五千年前印度河边的一座古城里,人们为消除炎热,洗去身上的汗污,纷纷来到城市中央的一座建筑物里。原来这是一个宽大而富丽的公共浴室。在浴室的中央有一个长约十二米、宽约七米的长方形浴池。

浴室里已是人声鼎沸。人们一面尽情地沐浴,一面热情地互相交谈着。不敢到深水池里沐浴的人,可以在大池边的一些小池里洗澡。

这个浴池有系统的供水、排水和储水的设备。在附近的一个房间里,有一口大井专门供水。浴室的地底,有青砖砌成的排水沟。大浴池北有八间小浴室,室内高台上放有水罐,里面盛着热水供人选用……

如此舒适的浴室,竟是距今五千年的古印度文明遗迹。但是,长久以来,堪与古埃及相媲美的古印度文明并不为世人所知。

直到 1922 年,考古学家陆续在印度河流域开展发掘工作,结果发现了许多城市和村落的遗址,其中最大的两座城市,一座叫哈拉巴,一座叫摩亨佐 · 达罗。学者们称这种文明叫哈拉巴文化。

哈拉巴和摩亨佐 · 达罗都是建在高地上的城市。城墙周长约五公里,城里住着三到四万居民。

这两座古城分卫城和下城两部分。卫城是城堡区,四周有又高又厚的砖墙和塔楼。卫城中央的建筑物是一个砖砌的大谷仓,占地几千平方米。谷仓下建有通风管道,能使空气在下面流通,这样可以防止谷物发霉。这类通风的谷仓,在古代遗址中是仅有的发现。

下城是居民住宅区。市内街道四通八达。这些街道排列整齐,主干道有十米宽,可以并排通行八辆大车。看来,当时来往的车辆和行人是很多的。为便利交通,在十字路转弯处,房屋的墙角都砌成了圆形。在街道上,每隔一段距离,就有路灯杆,晚上点灯后人们也可以出行。居民的住宅家家有水井和庭院,这些建筑都是

用相同尺寸的砖块修建，并用泥灰抹平。

城里的排水和卫生设施更令人惊奇。每家都建有浴室，浴室的地面被铺成斜面，屋角有砖砌的排水道。洗澡水从屋内的水井中汲出，很多房屋内都有井。人们不使用浴缸，而是用手举起水罐把水浇在身上冲洗。

令人吃惊的是，古印度人竟使用抽水马桶。抽水马桶设在二楼，污水通过墙壁中的陶土管道排到下水道。从各家流出的污水，流到屋外蓄水槽内沉淀污物后再流入地下水道。地下水道纵横交错，遍布整个城市。许多人家还有从高楼倾倒垃圾的垃圾管道。这样精心规划的城市建设在古代世界是绝无仅有的。

哈拉巴和摩亨佐·达罗两座城市相距遥远，一个在印度河上游，一个在印度河下游，但是城市布局是如此地相似，很可能是出自同一个建筑师的设计。除此之外，在印度河流域还发现有几十处城镇和村落。

五千年前的古代印度人，他们在河谷地区耕种田地，驯养牲畜，制造陶器，过着富足的安居生活。人们已开始掌握青铜器冶炼技术。他们用青铜斧和石斧砍伐森林，开垦农田，获取建筑材料和燃料。考古发掘还出土了很多的青铜镰、锯、小刀、钓鱼钩、剑头和矛头等。

古印度人还有一项重要的农业发明——种植棉花，并把棉花纺织成布。当时的哈拉巴街头，人们的标准着装是身披棉腰布，头上戴着染色的棉披篷。

文字是人类进入文明时代的一个重要标志。古代印度河流域已经有了文字。不过这种字大多刻在石头印章上，因此称为印章文字。像苏美尔人一样，古印度商人在自己的财产上打上戳记。每个商人都有自己的印章。这种印章在考古发掘中共发现两千多枚。

印章用冻石雕刻而成。一般是正方形或长方形，也有圆形和椭圆形等。印章背后有印钮，中间有孔，可以用绳子串在颈上或手腕上。

印章上刻有许多形象生动的浮雕，有公牛、水牛、山羊、大象、犀牛、虎、鳄鱼、羚羊等；有的还刻画着一些神怪动物，如独角兽、多头兽等。

刻画最好的是牛。艺术家用不同的线条巧妙地表现牛的筋肉、骨骼等，形象十分逼真生动。如水牛微微抬着头，仿佛在炫耀它那一对强劲的牛角。野牛的肩背弯成弓形，显得十分勇猛。

有一枚印章描绘了树上有一个人，屈身面向一只老虎，好像是要递给老虎什么东西似的。另一枚印章上刻画一头野牛向六个人攻击，把他们一个个冲倒在地。在古印度，野水牛被认为是最凶猛的动物，经常置人于死地，因此人们对它非常畏惧，把它看成是死神的坐骑。

出土的每枚印章上都有图画文字书写的铭文，已发现的铭文符号共有二百五十个。直到今日，考古学家也没有读懂铭文的意思。

印章的文字都很简短，只用一到两行，不超过二十个符号。内容大都是主人的名字或是一些箴言。哈拉巴文化遗址中没有发现比印章铭文更长的书写文字。

可是，哈拉巴文化大约从公元前十八世纪突然地衰落了。人们不知道它衰落的确切原因。可能是气候变化，季风降雨东移，使印度河谷变得过于干旱，无法维持文明的存在。也有人认为，外族的入侵造成了哈拉巴文化的毁灭。

16 · 印度的种姓制度

古老的佛经中记载着这样一个故事：

在古印度的一个城镇里，一个理发师的儿子，悄悄地爱上了一位离车族的姑娘，两人情投意合。有一天，这位小伙子告诉他父母，说他打算和这位姑娘成亲。小伙子满以为父母会为此事而感到高兴，但想不到父母坚决反对。

他父亲劝告他说："我的孩子，这件事根本办不到，因为这不符合我们的风俗。你是理发师的儿子，属低级种姓(首陀罗)，而离车族的姑娘属高级种姓，她是刹帝利的女人，你们两个根本不相配。因而她是不能与你成亲的。你死了这条心吧，我重新给你找一个首陀罗人的女儿为妻。"

听了父亲的一番话，理发师的儿子怔住了。他茶不思、饭不想，整日思恋着那姑娘。最后，年轻人在绝望中忧郁而死。

人们不禁要问，为什么两个不同种姓的年轻人不能结婚？这要从古印度的种姓制度谈起。

印度是世界文明古国之一，它与古代埃及、中国、巴比伦同为人类文明的发源地。印度得名于它境内的一条河流——印度河。在古代，今天的南亚次大陆统称为印度，大体包括现在的印度、巴基斯坦、孟加拉、尼泊尔等地。古印度的文明是从印度河流域开始的。

早在公元前3000年，印度河流域就生活着原始居民，叫达罗毗荼人。他们从事农业和手工业生产，形成了独特的文化和习俗，后来又出现了城市，还创造了自己的文字。达罗毗荼人创造的文化叫哈拉巴文化。

公元前2000年左右，属于印欧语系的一些白种人部落，从中亚高原南下，进入印度河流域。这些人自称为"雅利安人"，意为"出身高贵的人"。

雅利安人从事畜牧，擅长骑射，有父系氏族组织，崇拜多神。虽然在文化上落后于印度的土著居民，可是他们却蔑视当地的土著人，将土著人称为"达萨"，意为"敌人"。他们说达萨是"黑皮肤的人"，"没有鼻子的人"，雅利安人高鼻梁，自认为比达罗毗荼人高贵。

后来，经过无数次的战争，雅利安人逐渐征服印度，战败的达罗毗荼人被雅利安人所奴役。“达萨”的概念也从敌人转变为奴隶。于是，在古印度出现了最早的等级区分：白皮肤的雅利安人和黑皮肤的达萨。这可以说是种姓制度的起源。

种姓一词的原意是“品质、颜色”，在古印度的梵语中叫做“瓦尔那”，所以种姓制度也叫瓦尔那制度。

在征服印度的过程中，雅利安人也分化为几个阶层：祭司贵族、武士贵族和一般平民。为了便于统治，雅利安统治者按肤色和出身，在印度建立了一套种姓制度。

按照种姓制度，印度人被分为四个等级。第一等级是婆罗门，他们是由原来主持祭祀的贵族发展而来，以祭司为职业，掌握神权和垄断文化，能主宰一切，地位最高。

第二等级是刹帝利。他们是由原来的武士发展而来的，都是军事贵族，可以做国王和各种官吏，掌握军政大权。但刹帝利的地位要比婆罗门低一等级。婆罗门就公开宣扬，一个一百岁的刹帝利见到一个十岁的婆罗门，也要像儿子对待父亲那样毕恭毕敬。

第三等级叫吠舍，都是农民、手工业者和小商人。他们必须向国家纳税，用来供养婆罗门与刹帝利。

第四等级是首陀罗，他们大部分是被征服的本地居民，许多人是奴隶，也有雇工。他们的社会地位最低，婆罗门不屑与他们接触，甚至连宗教活动都不许他们参加。

为了巩固和加强种姓制度，印度的统治者制定了许多“达磨”（即法律）。规定每一种姓的人只能从事自己的职业，严禁低级种姓从事高级种姓的职业。为了维护高级种姓的纯洁性，法律规定同种姓的人才能结婚，低种姓的男子绝对不能娶高级种姓女子为妻。正是因为这种不合理的法律，出现了前面介绍的有情人不能成眷属的悲剧故事。

如果低级种姓的男子娶高级种姓的女子为妻，那他们就犯下了不可饶恕的罪行，他们的子女将成为“不可接触的人”，意为“贱民”。他们的地位还不如首陀罗，在社会中最受歧视。

法律规定，贱民只能从事清扫垃圾、搬运尸体、看守坟墓的工作，或当刽子手。这些是最脏、最被人瞧不起的职业。他们只能住在村外，穿死人的衣服，用破碗吃饭，戴铁制的装饰品。工作时要佩戴贱民的标记，走路时要边走边敲木棒，好让人们听到声音后马上躲开，以免看到或碰到他们。因为在高等种姓看来，凡是看到或碰到贱民，都是污秽的，是不吉利的。

佛经中有这样一个故事。有两个婆罗门的妇女到城里去，正在路上走着，偶然看见两个进城赶集的贱民。这两个婆罗门妇女立即决定不进城了。她们掉转头跑回家，用香水洗了自己的眼睛。因为她们觉得自己的眼睛被贱民玷污了。

还有一则故事说，有一个年轻的婆罗门，在旅途中十分饥饿。这时，一同赶路的贱民拿出自己的食物给他吃，饥不择食的婆罗门立即狼吞虎咽地吃了。回家后，他想，自己是婆罗门，怎么能吃贱民的食物呢？他越想越后悔，忍不住地大口吐食物，最后大口吐血而死。

愚昧和罪恶的种姓制度，在印度流传了几千年，印度人民为彻底铲除它的黑暗影响，付出了不懈的努力。

17·释迦牟尼的故事

中国古代著名神话小说《西游记》中,有一个神通广大的孙悟空。他能降妖除魔,法力无边,但是,连孙悟空也跳不出如来佛的手掌心。这如来佛是谁?他就是佛教的创始人释迦牟尼。

释迦牟尼意为“释迦族的圣人”,他姓乔答摩,名悉达多。悉达多于公元前565年农历四月八日诞生于一个刹帝利家庭中,他的父亲净饭王是印度半岛北部的一个小国(在今尼泊尔境内)的国王。按印度风俗,婴儿要出生在外婆家里。悉达多的母亲怀孕后,在回娘家的途中路过一个花园,她在树下休息时就生下了小王子。他母亲却得了病,第七天就死了。所以,悉达多是由他姨妈抚养长大的。

小王子从小非常聪慧,喜爱学习,文武功课,样样娴熟。作为王子,悉达多的生活非常舒适。父王为他建造了适合不同季节居住的三座宫殿,冬天可御寒,夏天可避暑,雨天可防潮。他衣着华贵,饭食丰盛,生活无忧无虑。父王对他寄予厚望,希望他能在自己百年之后继承王位,成为一统天下的“转轮王”。十九岁时,他又娶了邻国美貌的公主为妻,不久又有了一个可爱的男孩。此时,在外人看来悉达多享尽了人生的荣华富贵与天伦之乐。

然而,悉达多并不喜欢安逸的生活。他更喜欢一人独自冥想,思考人生问题。

一次,他驾马车出游,遇到一个年迈体衰的老者,就像朽木一样,行将入土。这使他受到很大触动,他懂得了人终将会老。第二次外出,他又碰到了一个身上长满脓疮、因高烧而不停颤抖的病人,从中他知道了人都将得病的道理。第三次出去,他看见了一具即将被火化的尸体,这使他懂得人终有一死。第四次外出他发现了希望。他看见一个快乐的僧人,身穿朴素的黄袍,手拿破碗,沿街乞讨。看到此景,悉达多终于明白,人可以在与世无争中获得安乐,这才是自己应该走的路。

王宫内的舒适生活,不再给他带来乐趣。他整日苦苦思考着,人世间为什么有生、老、病、死种种痛苦?怎样才能摆脱这些痛苦?他读了许多书,但都找不到

答案。因此，他决定放弃王位的继承权，去出家修行。

悉达多二十九岁那年的 12 月 8 日深夜，回到宫内的卧室，他想拥抱一下可爱的儿子，但又怕惊动熟睡的妻子，动摇了自己出走的决心，于是转身走出门去，悄悄地骑马飞奔出城。

悉达多先来到邻国摩揭陀国，找到了当地最有名望的学者，向他们学习哲学，然而没有得到满意的结果。然后他又到密林深处向苦行僧学道，体验最大的苦行。就这样，他奔波了六年，没有洗过一次澡，人瘦得只剩一把骨头，但一直没能找到解决人间痛苦的方法。

后来，他来到一条河边，准备下河去洗个澡，把几年来积在身上的污垢统统洗净。河边的牧牛姑娘给他喝了一些牛奶，悉达多终于恢复了元气。他看到一棵巨大的菩提树，于是来到了树下，席地盘膝而坐，开始沉思默想。

经过七天七夜的忘我静思，悉达多终于大彻大悟，一直困扰他的人生难题迎刃而解。悉达多得道成佛了，并创立了佛教的基本教义，因而又被称作“佛陀”（意思是觉悟者）。这一年他三十五岁。

悉达多在得道后，开始向众人宣传自己的学说。他反对把人分成等级，提倡众生平等，同情不幸的人们。同时宣传因果报应，认为这世做了善事，后世就有好报；这世做了坏事，后世就有恶报。他提出通向人生自由之路既不能自我放纵、迷恋享乐，也不能自我克制、消耗体力和精力，而应该采取中间道路，即接受佛教思想。

悉达多以毕生精力在恒河地区传教四十五年，收的弟子据说有一千多人，上至国王、婆罗门，下至乞丐、首陀罗。除给自己的弟子讲道外，他还徒步漫游，以传播自己的思想。在晚年生活中，常伴他左右的是一名叫阿难的弟子，悉达多的许多说教都是靠他的记忆背诵而流传开来的。

佛陀允许弟子们用自己的方言宣传佛教，这样可使当地的百姓容易听懂。这使得佛教受到各地百姓的欢迎。

佛陀还为弟子制定了戒律，规定“云游乞食”、“雨季安定”、“犯过忏悔”等制度。弟子们过着比较清苦但有组织的集体生活。

公元前 485 年，佛陀快满八十岁了，这时，他已非常衰老，浑身是病，但还四处传教。2 月 15 日那天，他的病情加剧了，弟子们在两棵娑罗树之间挂起绳床，悉达多侧身躺了上去，支着右手。此时，有一个叫须跋陀罗的婆罗门前来听佛法。悉达多不顾弟子的劝阻，坚持为他说法，然后，静静地合上双眼。

释迦牟尼的遗体火化之后，骨灰结成了颗粒，佛教把这种颗粒称为“舍利”。后来，八个国家的国王分取舍利。为了表示对释迦牟尼的景仰，他们把舍利珍藏在特地建造起来的高塔中供奉。这种塔用金、银、玛瑙、珍珠等七种宝物装饰，被人称为“宝塔”。

从公元前三世纪孔雀王朝阿育王开始，佛教开始向印度境外传播，向北传到中国，再传向朝鲜、日本等国，所传佛教叫大乘佛教；向南传到斯里兰卡，向东传到泰国、缅甸、老挝和柬埔寨，所传佛教叫小乘佛教。公元八世纪，印度国内的婆罗门教重新得势，改名为印度教。因而，在佛教的发源地印度，反而很少有人信仰佛教了。

现在，起源于印度半岛的佛教，已成为世界三大宗教之一。

18 · 阿　育　王

在我国浙江宁波附近，有一座远近闻名的佛教名刹，叫阿育王寺。这座佛寺始建于公元三世纪，是我国早期的佛寺之一，因寺内藏有一颗释迦牟尼的真身舍利（顶骨）而驰名中外。可是阿育王是古印度的国王，为什么遥远的中国会有以他的名字命名的寺院呢？

这要从阿育王信奉佛教谈起。

公元前四世纪，在印度兴起了强大的孔雀王朝，阿育王就是孔雀王朝的第三位国王。阿育王是一位富有传奇色彩的国王。有一个佛教故事是这样讲述的：

有一个叫阇耶的小男孩，一天正在街上玩耍，忽然遇见佛陀向他乞讨。这男孩想给佛陀一些施舍，可他身上什么东西也拿不出。于是他天真地从地上捧起了一把沙土，奉献给了佛陀。这个奉献沙土的男孩，后来就转生成为孔雀王朝的国王阿育王。

据说年轻时的阿育相貌很丑，并且脾气倔强，所以长期得不到父王的喜爱。但是阿育天资聪敏，魄力非凡。在王族中，他并不是第一继承人。父王死后，经过四年的宫廷权力斗争，他才于公元前 268 年登基。

即位后的阿育王异常残暴，他在宫内建了一座地牢，把不服从他统治的人统统投入地牢。这座人间地狱内设有刀山剑树、沸腾铁锅等许多酷刑，有许多同他作对的人被酷刑折磨而死。

当时的印度，孔雀王朝虽是一个大帝国，但是南部海边的羯陵伽和另外几个小国还没有并入孔雀王朝的版图。年轻的阿育王雄心勃勃，要让印度的东、南、西、北统一起来，全部接受他的统治。因此，他即位后不久，便发动了对羯陵伽的战争。战争开始后，一封封前线战报送到了阿育王面前：

“禀告国王陛下：圣朝十万步兵，五万骑兵，四百辆战车和五百头战象已踏上羯陵伽国土……”

“禀告陛下：圣军军威大振，不到一天，杀死敌军五千人，俘获战车、战马、战象、金银、妇女、牲畜无数……”

“捷报！圣军全面出击，连日来，又杀敌五万，俘虏十万，反抗者皆已处死……”

“捷报！敌军都城已被攻破，敌国王被俘获，但他宁死不屈，现已在囚禁中自尽身亡……”

阿育王看着这一份份捷报，起先十分得意，但看到战争越来越残酷，杀戮的人越来越多，他有些坐立不安了。这时，有人来报告，城里发生了一件奇怪的事。几天前，抓到了一名佛教僧侣，因怀疑他是羯陵伽的间谍，所以把他投入地牢。可怪事发生了，当这个僧侣被扔进铁锅里，水竟然无法烧沸，好像有法力在保护着他不受伤害。

阿育王听报后，不禁联想起刚刚结束的战争。这场战争给羯陵伽人民带来了深重的灾难。他感到武力能征服国土，却不能征服人心，敌国国王自杀就是例子。自己杀人如麻，而佛法却在护佑众生灵。此时，他的内心动摇了。

阿育王即位之前，当过西印度的一些大城市的总督，那里文化繁荣，宗教盛行。许多贵族子弟都在此接受教育。他从小就非常崇敬佛祖释迦牟尼，喜欢听大人讲这位圣人怎样苦苦修炼，终于得道成佛的故事。现在，阿育王突然变了个人似的，为自己的暴虐开始忏悔，转而皈依佛教，可以说是“放下屠刀，立地成佛”了。

他要做的第一件事，就是立即下令取消地牢，修改法律，对犯人从宽发落；将战俘全部释放，发还羯陵伽人土地，为此还发出一封文书表示歉疚。

接着，他身体力行，穿上佛教袍服，开始吃素诵经，放弃一切打猎活动。他发布诏书，要求臣民做到尊敬并服从父母、年长者和老师；慷慨地对待婆罗门、佛教僧侣和其他出家人；忠于朋友、尊重奴隶和仆人；怜悯穷人和不幸的人；不杀生，放弃战争。

后来，他还做了许多有利于百姓的事。如在大路两旁植树挖井，建筑旅舍，方便来往旅客；建立大批医院方便人民就医，甚至还建了不少兽医院；他还向各宗教寺院施赠钱财。

阿育王把他的政令镌刻在全国的山岩、石柱和洞壁上，这就是著名的阿育王铭文。现在还有几十个地方保存着这种石刻铭文。有一根至今保存完好的圆石柱，高十五米，重达五十吨，柱的顶端雕有非常精美的狮子像，柱身上刻着阿育王的诏令：

“国王陛下因征服羯陵伽而感到悔恨，因为征伐一个国家，势必发生杀戮、死亡和俘虏。因此国王陛下深感悲痛……”

“国王陛下认为：真正的征服应该用佛法来收服人心……”

阿育王立佛教为国教，在全国各地广建寺院寺塔，对佛教的传播产生了深刻的影响。他派出许多佛教团到波斯、埃及、叙利亚、缅甸、中国和世界各地传教，弘扬佛法。他下令天下建“八万四千塔”，将佛祖舍利分葬塔中，供天下人朝拜。传说在中国就建了十九塔，而宁波阿育王寺塔中就藏有阿育王所赠舍利，因此该寺被称为阿育王寺。

在阿育王统治的三十多年间，孔雀王朝成了印度历史上第一个强大的帝国。但是，公元前 232 年阿育王去世后，被征服的小国又纷纷宣布独立，印度半岛又重新回到分裂的状态。

19 · 米诺斯的迷宫

有个地方叫克里特，
在酒绿色的海中央，
美丽又富裕，
四面是海洋，
人口多得数不清，
九十座城市林立在海上。

这是希腊著名诗人荷马在史诗《奥德赛》中所咏唱的。他赞美的这个繁华地方，就是位于地中海中央的克里特岛。诗人的描述或许有点夸张，可是在十九世纪，也就是大规模考古发掘前，人们对于克里特的远古历史，只知道荷马史诗的叙述和有关米诺斯王的传说。

相传在远古的时候，有一个叫米诺斯的国王，统治着克里特岛，他是当时地中海地区最强大的国王。他请著名的建筑师代达罗斯为他修建王宫。这座王宫不仅豪华壮丽，而且其中有无数的宫殿和纵横曲折的通道。每一个进入王宫的陌生人都会迷失在宫中，再也别想出来，因此被称作迷宫。有一年，米诺斯王的儿子在雅典被人谋害，为了报复，米诺斯王向雅典宣布：每九年雅典必须送七对童男童女给米诺斯。米诺斯王把他们送入迷宫，让他们被迷宫中饲养的一只人身牛头的怪物——米诺斯牛吃掉。米诺斯的这一决定让雅典人又震惊又害怕。

这一年，又轮到雅典人进贡。有童男童女的父母们，都害怕自己会抽到不幸的签，全城充满了哭泣哀嚎声。雅典国王爱琴的儿子提修斯为了解救蒙受灾难的人民，挺身而出，宣布自己情愿作为贡品到克里特去，并且要杀死那吃人的牛精。老国王爱琴只有这一爱子，但是他的悲痛也不能改变提修斯的决心。于是老国王只好按照风俗习惯，在驶往克里特的船上挂上绝望的黑帆，送儿子和童男童女出海。提修斯和他的父王约定，如果他们能平安归来，就把船上的黑帆换成白帆，使人们远远地就能知道，他们活着回来了。

20 · 特洛伊木马

古希腊是西方文明的发源地。在它漫漫的历史长河中，汇集了许多优美动人的故事传说，寓历史于神话，令人神往。《荷马史诗》中的《伊利亚特》就描述了上古时在特洛伊(今土耳其希沙立克)进行的一场大战，其中发生的“木马计”更是令人称奇。

传说，在很久很久以前，海洋女神特提斯举行了一次盛大的宴会，邀请了所有的希腊女神参加，惟独没有请不和女神厄里斯。这可惹恼了不和女神，她决定让这次宴会不欢而散。

宴会正在进行中，厄里斯不请自来，扔下一个金苹果，上面刻着“送给最美丽的女人”几个字。这下引起轩然大波。女神们都认为自己最美丽，应该得到金苹果，为此吵得不可开交。

这其中，天神宙斯的妻子赫拉，智慧之神雅典娜，还有爱神阿芙洛狄特吵得最厉害，她们互不相让，最后找到众神之王宙斯为她们裁判。宙斯让她们去找特洛伊王子帕里斯，让这个青年人为她们裁判。

三位女神来到帕里斯面前。天后赫拉说：“帕里斯，你如果让我得到这只金苹果，我就让你统治大地上最富有的王国。”

雅典娜则对他说：“我让你成为人类中最智慧、最刚毅的人。”

最后轮到爱神阿芙洛狄特，她对王子说：“你不要被那些不可靠的诺言迷惑。你若把金苹果给我，我会送给你一样东西，她会给你带来无尽的快乐。我要把世上最美丽的女人给你做妻子。”

这些话打动了帕里斯，于是他把金苹果给了漂亮的爱神。

这下，可把赫拉和雅典娜气坏了，她们恨透了帕里斯，恨透了他的国家特洛伊，发誓要向特洛伊报复。

一天，特洛伊的老国王告诉自己的孩子们，希腊人早年抢走了自己的姐姐，他希望孩子们能从希腊把亲人找回来。年轻气盛的帕里斯接受了这个任务。老国王为他准备了一支舰队，满怀希望地送帕里斯踏上了征途。

帕里斯先来到了希腊的著名城邦斯巴达。这时正好国王出访在外，由王后主持国事。这位王后名叫海伦，她接见了帕里斯。

当帕里斯见到貌若天仙的海伦后，不由得如痴如醉，爱神对他的许诺又回响在他的耳边，这不正是爱神答应给他的世界上最美丽的女人吗？一时间，几乎昏了头的帕里斯满脑子都是爱神的诺言，早把父亲的重托抛到了九霄云外。他竟然指挥手下把海伦劫走，乘船返回特洛伊去了。

一场大战不可避免地爆发了。

斯巴达国王发誓要报仇雪耻。他先去找自己的哥哥、迈锡尼国王阿伽门农，哥俩四处奔走，联络各地人马。结果，他们共调集了十万大军，由阿伽门农任统帅，乘坐上千条快船，浩浩荡荡杀向特洛伊。

众神也分成两派，赫拉和雅典娜自然站在希腊人一边，阿芙洛狄特和太阳神阿波罗则支持特洛伊人。希腊和特洛伊双方在特洛伊城外摆开战场。

特洛伊城有着高大坚固的城墙，堡垒森严，而且背倚山坡，面向平原，易守难攻。

希腊联军以船队为基础，在海边扎下了大营。很快，双方就在平原上展开了激战。两支大军中都有许多能征善战的勇士，作战都异常勇猛。结果，双方都死伤惨重，连帕里斯也战死了。

这场战争打了整整十年，但是谁胜谁负仍不见分晓。在特洛伊城内，有人竭力主张把海伦交出去讲和。但海伦已经有了第三个丈夫，而且是特洛伊的一位将领，所以根本行不通。希腊一方，也有人主张撤军。但复仇的火焰正在绝大部分将领的胸膛中燃烧，所以也不行。

这时，希腊军中的智多星奥德修斯想出一条妙计。他说，让我们造一个巨大的木马，在马腹中尽可能地装满希腊勇士。其余的人烧毁营帐，坐上船只，假装撤退回国。让特洛伊人把木马作为战利品拖回城。当夜深时分，敌人熟睡后，木马中的勇士就悄悄出来，杀敌人一个措手不及。

过了几天，木马造好了，一切按计划进行。

那天早晨，平时沸腾的战场，突然变得异常宁静。特洛伊人从城墙上发现，希腊联军的营帐已经拆毁，大批战舰已远离海岸。战场上没有一个人的影子。

特洛伊士兵小心翼翼地出了城，搜索着附近的山林，但是，什么也没有找到。

“希腊人逃回去啦！我们胜利啦！”特洛伊人狂呼着拥出城来。

“这是什么?”一个士兵突然指着海滩边一只硕大的木马，惊奇地问道。这木马比两个人还要高，身躯庞大，头高高地昂着。

“这恐怕是希腊人祭祀天神的木马，体积太大他们无法带走。让我们把它拖回城，让城里的百姓也瞧瞧这巨大的战利品。”一个将军说道。

于是，兴高采烈的特洛伊人把木马当做战利品拖回了城。当晚，特洛伊全城欢庆胜利。人们高举着满斟葡萄酒的杯子，兴奋地互相祝酒。

夜深了，全城居民都熟睡了。二十个全副武装的希腊勇士从木马中钻了出来，打开城门，早已等候在城外的希腊大军一拥而入，开始了一场残酷的大屠杀。从深夜到天明，城中充满了哭喊和悲号，没有战死的特洛伊人成为俘虏，海伦也被抓住带到船上。无数的金银财宝被搬走了。

特洛伊城被抢劫一空，希腊人还在城中放大火，整座城市陷入一片火海之中……

几千年过去了，“木马计”的故事一直流传到今天。它提醒人们，必须防止敌人的攻心战术。

21 · 荷马史诗

相传，公元前十二世纪末，希腊人渡海攻打小亚细亚的特洛伊城，双方战死无数英雄。这就是精彩动人的特洛伊战争故事。那么，这个故事出自哪里呢？它出自著名的《荷马史诗》。大约在公元前八世纪，希腊有一位盲诗人名叫荷马，他根据民间传说，精心创作，终于写成两大史诗——《伊利亚特》和《奥德赛》。

荷马双目失明，四处漂泊，背着古代希腊的乐器——七弦竖琴，吟唱着古老的英雄传说。他的诗在竖琴的伴奏下，美妙动听，吸引了一批又一批的听众。荷马虽然没有留下文字著作，但他的说唱诗歌《荷马史诗》却一代又一代地流传至今。

《伊利亚特》讲述的是希腊人远征特洛伊的故事；而《奥德赛》叙述的是特洛伊战争结束后，一位希腊英雄在还乡途中的历险故事。前者歌颂英雄的威武和功勋，后者歌颂英雄的机智与才能。

我们先来介绍《伊利亚特》。为什么要叫《伊利亚特》呢？因为特洛伊又叫伊利昂，《伊利亚特》就是"伊利昂战记"的意思。这部史诗的故事是这样的：

希腊人远征特洛伊城，而特洛伊人严阵以待，双方打了数个回合。希腊人虽然连连取胜，但却不能攻克城池，战争变成了持久战。

不知不觉中九年过去了，第十年发生了戏剧性的变化。希腊联军的主将阿喀琉斯英勇善战，屡建奇功。一次，在分战利品时，联军统帅阿伽门农夺走了阿喀琉斯心爱的女奴，这使阿喀琉斯大为恼怒，从此拒绝出战。特洛伊人本来最害怕的希腊将领就是阿喀琉斯，现在，阿喀琉斯不出战了，特洛伊人就乘机反攻，获得大胜。

眼看希腊人就要全军覆没，阿喀琉斯的部将帕特洛克十分痛心，他来找阿喀琉斯，请求把盔甲借给他，让他去应战。特洛伊人看到阿喀琉斯的盔甲，以为帕特洛克就是阿喀琉斯本人，吓得纷纷逃跑，希腊人总算转危为安了。

特洛伊的王子赫克托智勇双全，他发现帕特洛克并非阿喀琉斯本人，便冲上前去，将一柄标枪投向帕特洛克后背，将他杀死。

帕特洛克是阿喀琉斯最亲密的伙伴,他的死使阿喀琉斯悲痛万分。他决定与阿伽门农重归于好,重新参加战斗,为战友复仇。他狂怒地向特洛伊军进攻,所向无敌。最后他与赫克托决战,并将赫克托杀死。阿喀琉斯把赫克托的尸体系在战车上,拖回希腊兵营。

深夜,月光如水。赫克托的父亲来到了阿喀琉斯的营帐,他亲吻阿喀琉斯的双手,老泪纵横地说:"天神般的阿喀琉斯,想想您的父亲,可怜一下我吧。没有什么比看到自己的儿子死在自己之前更心痛的了。请您将赫克托的尸体还给我吧。"

阿喀琉斯被特洛伊国王深厚的父爱所感动。他让女奴洗净赫克托的尸体,涂上橄榄油,裹上衣服,亲手将赫克托放在马上,交给赫克托的父亲。双方约定,停战十二天,分别为赫克托和帕特洛克举行葬礼。

十二天后,双方又恢复了战斗。阿喀琉斯虽然英勇,但也有打盹的时候。一天,那个抢走海伦的特洛伊花花公子帕里斯,借助太阳神阿波罗的力量,向正在打盹的阿喀琉斯射了一支暗箭,将他杀死。原来,阿喀琉斯小时候,他的母亲提着他的脚跟,把他放到冥河中沐浴,他因此可以刀枪不入,但他的脚跟,被母亲握住,没有被魔水浸过,因而他的脚最容易受伤。帕里斯的箭就射在他的脚跟上!现在,"阿喀琉斯的脚跟",在欧洲人的语言中就是"致命伤"的意思。

阿喀琉斯死后,希腊人采用了奥德修斯的"木马计",才攻破了特洛伊城,结束了十年苦战。下面就是《奥德赛》的故事:

希腊人攻陷特洛伊城,大肆地杀戮和掠夺后,胜利回国了。归途中,他们触犯了天神,希腊的船队被海风掀翻,很多人淹死了。奥德修斯带领着剩下的少数人,历尽艰险,在海上整整漂流了十年。他们历经惊险,受尽磨难。在途经一个海岛的山洞时,他们险些被独眼巨人吃掉,靠着奥德修斯的聪明机智才逃出山洞。在经过赛棱岛时,奥德修斯又设法避免了女妖的歌声诱惑,据说,这歌声能使人忘记一切,忘记家乡和亲人。后来,他们又经过了风之国、女神的海岛、冥土、危险的礁山等许多奇异的地方,几次死里逃生。

终于,奥德修斯回到了自己日思夜想的祖国。他狂吻着祖国的土地,心中的喜悦无法形容。可是没想到,自己家里还有一番风波等着他。

奥德修斯自从离开家门已有二十年(十年战争,十年旅程),家乡的人都认为他已经死了。许多贵族恶少图谋奥德修斯的家产，纷纷向奥德修斯的妻子求婚，甚至公然住在奥德修斯家里，吃喝玩乐。但是奥德修斯的妻子坚信丈夫一定能活着回来，她拒绝一切求婚者，耐心地等待着。

奥德修斯回到家乡听到这个消息，非常气愤，决心惩罚这些恶少。他先是悄悄地见到自己的儿子，父子俩商定了计策。

第二天是一个节日，许多贵族恶少又来赴宴。奥德修斯的儿子在宴会上宣布，谁能拉开他父亲出征前留下的大弓，并一箭射穿十二个斧柄孔，谁就有资格向他母亲求婚。结果那些贵族青年没有一个能拉开大弓。

这时，化装成乞丐的奥德修斯出现了，他拿起大弓，一下子就拉开了，接着又一箭射穿了十二个斧柄孔。随后，奥德修斯拿着大弓站在门口，和儿子一道把一支支利箭射向大厅里的恶少们，把他们全都杀死了。奥德修斯终于和自己忠贞的妻子团聚了，并且重新成为伊塔刻岛的国王。

《荷马史诗》不但是一部伟大的文学作品，而且是一部很有价值的历史文献。史诗反映的公元前十二世纪到公元前八世纪的希腊历史，也因荷马史诗而被称为“荷马时代”。

22 · 勇敢的斯巴达

“起床!”队长喊道。男孩们迅速地从睡觉的草席上爬起来,一天的训练生活开始了。此时,天刚蒙蒙亮。

孩子们跟着队长到冰冷的河水里洗过澡后,就吃下一小块面包,这是每天早晨发给他们的早餐。

这些穿着破烂衬衫的孩子,站好了队,等待队长的命令。不论冬夏,他们都赤着脚,剃着光头,穿着破衬衫去参加远距离行军或进行军事操练。今天,队长要把孩子们带到圆柱大广场上去参加格斗训练。

现在,两个孩子站了出来,在教练的指导下,准备拳击。起初,他们打得很勉强,彼此都不忍心下重手,因为两人之间并没有仇恨。

“打,狠狠地打,不要怜悯对方。”教练喊道。

精瘦的高个子孩子脸上受到一击,一只眼睛被打伤了,还流着鼻血,但还在奋力还手。

“别住手! 好好地教训他一下。”教练在边上鼓动着。

矮壮的男孩在教练鼓舞下,继续挥动拳头,没命地朝对方打击。终于,高个子躺在地上不动了。这场拳击结束了,另外两个孩子又站了出来继续格斗……

斯巴达的孩子们从七岁就开始接受这种严酷的训练,一直要延续到三十岁。

斯巴达是古希腊两百多个城邦中最大的一个。所谓城邦,其实就是一个小国家,它以城市为中心,周围有若干村镇。

斯巴达位于伯罗奔尼撒半岛的东南部。公元前八世纪,来自北方的多利亚人征服了这里的一些部落,建立了斯巴达城。这支入侵的多利亚人被称作斯巴达人。

斯巴达人建立了强大的武装,他们把当地的原有居民变成了奴隶,称他们为“希洛人”。在斯巴达,土地被平均分给每个斯巴达家庭,不许买卖。从事农业、手工业和商业劳动的主要是奴隶,而斯巴达人要干的只是随时准备镇压奴隶的反抗。斯巴达国家力图把每一个男子训练为一个武士;而把每一个斯巴达女子训练成养育战士的母亲。整个斯巴达社会就像是一座大军营。

对于一个斯巴达男孩来说，他出生后要过的第一关，是必须通过长老的检查。只有被认为是健壮的，才准许父母养育，否则就得抛到山谷里去。

一个婴儿被判定为“合格”而留下来后，训练就开始了。母亲会用酒来给出生不久的婴儿洗澡，她们认为这样可以考验孩子的体格。病弱的任他在酒里晕死，强壮的经过考验后将变得非常结实。

在以后的养育上，斯巴达人也与众不同。他们不用襁褓，这样可以使孩子的体形自由发展；他们也不把好的食品给孩子吃；孩子不许吵闹，不许啼哭，而且不能惧怕黑暗和孤独。

孩子长到七岁时必须离开家庭，送到少年团里去参加体育锻炼。大人们很少教他们读书写字，但要他们认真背诵荷马史诗、爱国诗歌，在七弦琴的伴奏下熟练地演唱。

人们常常看到，在一个年龄稍大的男孩率领下，孩子们顶着烈日，行走在荆棘丛生的路上，以此来培养他们吃苦耐劳的精神。

随着年龄的增长，少年团的训练越来越严格，他们成年赤脚走路，穿粗糙单薄的衣服，晚上就睡在干草垫上。

为了考验少年们的肉体忍受能力，每年他们必须经受一次鞭笞的考验。这种鞭笞通常安排在节日敬神时进行。孩子们跪在神像面前，让皮鞭重重地抽打在身上。这时不许孩子们哭，能忍得住鞭打的，才被认为是有毅力的。

有这样一个故事：一个孩子偷到了一只活狐狸，在上学路上把它藏在上衣贴胸的地方。上课时，狐狸开始用锋利的爪子在男孩的胸部乱抓乱挠。尽管疼痛难忍，孩子却一丝不动，最后活活让狐狸咬死。

能够经受痛苦而不哼一声的男孩，被誉为“小斯巴达”。

到二十岁的时候，斯巴达青年要离开少年团进入军营生活，接受正规的军事训练。斯巴达军队的战术以步兵为主，把军队编成方阵，每个方阵就是一个有机的整体。因此，这就要求每个战士不但要有强健的体魄和勇敢的精神，还要有严格的组织性和纪律性。为了适应这种需要，每个青年都要接受长达十年的严格训练。直到三十岁，他们才可以成家，但仍需每天接受训练。到了六十岁，才可以结束这种军旅生涯。

斯巴达尚武的风气，也表现在对女孩子的教育上。女孩虽然留在家里，但她们必须参加竞走、格斗、投标枪、掷铁饼等各种体育训练。她们经过这样的训练，就能锻炼出健壮的身体，将来出嫁后就能生育出强壮的孩子。

在斯巴达，做母亲的并不怕看到儿子在战争中负伤，她们所怕的是养出来的儿子太柔弱，或者在战场上丢了武器，身上没有一点伤痕。斯巴达的母亲常以儿子战死沙场而自豪，她们把斯巴达的荣辱看得比儿子的性命还重要。一次，有一位母亲去询问战争的情况，别人告诉她，她的五个儿子都战死了，但她却说："这并不是我要问的，我要问的是斯巴达人胜利了没有。"

斯巴达人被培养成了勇敢善战、刻苦耐劳的战士。他们在战斗中永不退却，直到最后一口气。因此斯巴达的步兵被认为是全希腊最优秀的步兵。

23 · 改革家梭伦

雅典是古希腊的另一个重要城邦。在它的强盛时期,曾一度几乎控制了整个希腊。在希波战争中,它还击败了不可一世的波斯大军。这一切都与梭伦有着密切的关系。

公元前 600 年的一天,在雅典的中央广场,有一位三十岁左右的男子在如痴如醉地大声念诗,一面还用双手不停地捶打着自己的胸口。人们出于好奇,都围上来观看,只听他狂热地念道:

啊,美丽的萨拉米,你使我们着迷。
自从你同我们分离,
我们一刻也没有忘记你。
起来,让我们向萨拉米进军。
我们要将雅典人身上的耻辱血洗!
啊,让萨拉米回到我们手里!

人群愈聚愈多,有人认出他来了:"这不是诗人梭伦吗?"

"他胆子真够大,这几天连续在这里公开朗诵收复萨拉米岛的诗句。"

"瞧他模样,肯定是疯了,不然当局早把他抓起来判处死刑了。唉,可怜的梭伦。"

为什么公开提出收复萨拉米岛要被处死呢?原来,不久前雅典与邻邦麦加拉争夺萨拉米岛,雅典遭到了失败。在雅典人中蔓延着一股厌战的情绪,因而当局制定了这样一条法令,谁要是再谈论这件事,就要处以死刑。

梭伦出身于贵族家庭,他是雅典最有名的诗人,早年做过商人,十分富有。他知道萨拉米岛地处雅典出海口,对雅典的海外贸易极其重要。他曾经从历史传统、风俗习惯考证萨拉米岛本应属雅典所有。他对当局的这种懦弱行为深感不满。于是,他想出了一个巧妙的方法:即装作精神失常的样子,到广场上朗诵自己的诗篇。这样既能逃避不

公正的法令,又能激发起雅典人的爱国热情。

这一举动果真有效。禁令被废除了,与麦加拉的交战又开始了。梭伦因为勇敢而被推举为指挥官,他再一次展示了他的聪明才智。他让一些雅典青年男子身藏短剑,装扮成风流女郎,在海滩上嬉戏玩耍;又派人前去引诱麦加拉人离开萨拉米,到海滩去俘获这些“女郎”,然后乘机率军夺取了那个岛屿。梭伦一下子声望大增。不久,他被选为雅典的执政官。

公元前六世纪的雅典,正处在一个动荡不安的时期。贵族富人占有最好的土地,贫苦农民由于还不起债而成为奴隶,广大平民则被剥夺了政治权利。梭伦在一首诗中描述道:“灾祸走进了每一家,院门也挡不住它;它飞过高墙,即使主人逃到屋子的角落里,它也还是能把他找到。”

所有雅典人把希望寄托在梭伦身上。富人愿意他执政,是因为他是富裕的;穷人也愿意他执政,是因为他是诚实的。

梭伦经过深思熟虑,终于推出了他的改革方案。

公元前 594 年的一天早上,成千上万的雅典人来到雅典的中央广场,他们中间有贵族、奴隶主,更多的是农民、手工业者。因为这天,首席执政官将要在这里宣布一项重要的法令。

梭伦登上讲坛,走到一个大木框的前面。只见他用手轻轻一按,架在木框中的一块木板翻过身来,木板上刻的一项新的法律条文,立刻吸引住了众人的目光。

“根据新的法律规定,所有人欠的债务一律解除!”梭伦指着木板高声说道,“从现在开始,由于欠债而卖身为奴的公民,一律释放!所有债契全部作废,被抵押掉的土地归还原主!因欠债而被卖到外邦做奴隶的公民,由雅典城邦拨款赎回!这项新法律的有效期为一百年!”

广场上立刻欢声雷动,特别是那些欠债的农民,更是大声地欢呼叫好。

当然,贵族、财主们不高兴了。梭伦作出了榜样,他带头放弃了别人欠他父亲的一大笔钱,并鼓励富人们也这样做。

梭伦还采取了一系列措施来发展生产,振兴雅典。他规定:奖励人们植树造林、开凿水井;打死一只危害家畜的狼可得相当于五只羊的奖励;如果父亲没有教会儿子一门谋生的手艺,就不得强迫儿子赡养他;外来移民中,熟练的工匠可以优先取得雅典公民权。

在政治方面，梭伦把雅典公民划分为四个等级。谁的财产多，谁的等级就高，享有的政治权利也就越多。第一等级的公民，可以担任执政官、国库官等最高的职位；第二、第三等级的公民，可以担任一般官职；而贫穷的第四等级公民，则不能担任任何官职。他还规定：雅典所有成年的公民，无论贫富，都有参加公民大会的权利，城邦的所有领导人都由公民大会选出。

梭伦的这些改革措施，创立了新的政治制度和国家机构，奠定了雅典民主政治的基础。同时，他的改革改善了广大平民的经济地位，缓和了阶级矛盾，促进了社会生产力的发展。

梭伦在任职期满后，便放弃全部权力，离开雅典远游去了。公元前 560 年，这位古代民主政治的奠基者溘然长逝。他的遗体被焚化，骨灰撒在他曾为之战斗过的萨拉米岛上。

梭伦改革后一百年，雅典终于成为一个经济繁荣、国力强大、政治民主、文化昌盛的奴隶制国家。

24 · 伊索寓言

你听过《狐狸和乌鸦》的故事吗？这个故事说的是：有一天，乌鸦找到了一片肉。它叼着肉站在树枝上，心里很高兴。这时候，狐狸也在找吃的，它抬起头，看见乌鸦嘴里叼着肉，馋得直流口水。狐狸想了想就笑着对乌鸦说："您好，亲爱的乌鸦。您的孩子好吗？"乌鸦看了狐狸一眼，不作声。狐狸接着又说："亲爱的乌鸦，您的羽毛真漂亮，麻雀比起您来，可就差多了。您的嗓子真好，谁都爱听您唱歌。您唱几句吧。"乌鸦听了狐狸的话，得意极了，就唱起歌来。"哇……"它刚一张嘴，肉就掉下来了。树下的狐狸叼起肉就走了。

这个故事启示人们，虚荣心是要不得的。

还有一个叫《狼和小羊》的故事：有一次狼来到小河边，看见小羊正在那里喝水，狼想找借口把小羊吃掉，它对小羊说："你把我喝的水弄脏了！你安的什么心？"小羊回答说："您站在上游，我在下游喝水，怎么会把您喝的水弄脏呢？"狼气冲冲地说："就算这样，你总是个坏家伙！我听说，去年你在背地里说我的坏话！"小羊连忙分辩说："那是不可能的事，去年我还没有生下来哪！"狼不想再争辩了，它恶狠狠地说："你这个小坏蛋！说我坏话的不是你就是你爸爸，反正都一样。"说着就向小羊扑过去，把它吃掉了。

这个故事告诫人们，坏人要做坏事，总是千方百计地要找借口的。

《狐狸和乌鸦》和《狼和小羊》，都是《伊索寓言》中的故事。伊索是公元前六世纪的古希腊人，他是奴隶主家里的一个奴隶，但由于他的才智出众而获得自由。有人说他相貌丑陋，上肢短小，下肢是罗圈腿。但伊索思维敏捷，足智多谋，能言善辩。一次他与其他奴隶运货到一个市场去，其他奴隶都挑轻的货物，伊索在必须驮运的货物中挑选了一大筐面包，这筐面包比其他人的筐子重一倍。他受到了同伴的嘲笑。但是，一路上他运的面包成了大家的食物，等到天黑时，一筐面包已被吃光，筐子就空了。

伊索在获得自由后，又游历了希腊各地。他是一个讲寓言故事的高手，经常把听到的和自己创作的寓言，讲给周围的人听。这些寓言有许多反映了奴隶和平民对奴隶主贵族统治的不满和反抗，表达了受压迫者的聪明才智和生活理想。

如《龟兔赛跑》劝告人们不要骄傲；《农夫和蛇》告诉我们，决不要怜悯蛇一样的恶人；《狐狸和葡萄》嘲笑无能者的自我安慰；《鹰和螳螂》赞美了劳动者的聪明和智慧，等等。

《熊和旅行人》的故事也十分有趣：有两个人在森林中旅行，遇到了一只熊。这只熊正在找吃的，看见他们就追了过来。两个人想爬上树去躲避熊。高个子会爬树，很快爬了上去，矮个子不会爬树，他想让高个子拉他一把，可高个子只顾自己继续往上爬。当熊逼近时，矮个子已无法逃脱，他突然想起，熊是不吃死人的。于是装死躺下。熊走到矮个子身边，用鼻子闻了他一遍就走开了。高个子看到熊走远了，就下树问矮个子："刚才熊在你耳朵边说了些什么？"矮个子说："熊告诉我，以后千万不要跟那种遇到危险只顾自己逃命的人做朋友。"

这个故事告诉了人们交朋友的原则。

后来伊索来到了一个叫特尔菲的城邦，他可能发表了一些言论得罪了当局，因而被抓了起来。大约在公元前560年，他被特尔菲人投到山崖下摔死了。

伊索虽然死了，但他创作的寓言故事却一直在民间流传着。不过伊索在世时，以及他死后很长一段时间，他的寓言还没有编成书。直到公元前三世纪，也就是在伊索死后的三百年，一个希腊人把当时流传的两百多个寓言汇集成册，题名为《伊索故事集成》。可惜这本书未能保存下来。

到公元十世纪初，有一个获释的希腊奴隶，大体取材于《伊索故事集成》，用拉丁文写了寓言一百余篇；同时，还有一个人用希腊文字写了寓言一百二十二篇。到公元四世纪，又有一个罗马人用拉丁文写了寓言四十二篇。后来，又有人加进了许多印度、阿拉伯和基督教的故事。经过这样多次收集整理、改写增删，就成了我们今天所读到的《伊索寓言》。其中有的是伊索创作的，有的是他同时代的人或后人创作的，其中不免夹杂着一些糟粕。但是，《伊索寓言》毕竟保存了许多有深刻意义的故事，直到今天，仍然使我们得到启发和教育。

25 · 古代奥运会

一个阳光明媚的夏日，在古希腊的奥林匹亚，正在举行着一场盛大的竞技会。来自各城邦的数百名运动员摩拳擦掌，跃跃欲试。参加比赛的运动员身上涂满了橄榄油。他们健壮的体魄、古铜色的皮肤，在阳光照耀下闪闪发光。运动场四周的看台上，聚集着成千上万名观众，他们正在为参赛的运动员鼓掌呐喊。

“奥林匹克”因古希腊的奥林匹亚而得名。这是古希腊人祭拜至高无上的神——宙斯的地方。它位于伯罗奔尼撒半岛的西部，是一小块被群山环抱的平原。这里有繁茂的橄榄树和葡萄树，风景十分优美。

关于古代奥林匹克运动会的产生，流传着几种故事和传说。一种说法是，希腊大力神赫拉克里斯打败了其他神，就在奥林匹亚举行体育竞技，以祭奠他的父亲宙斯神。另一种说法是，赫拉克里斯和他的兄弟们在奥林匹亚山下发生了争论，于是就比武较量，由此逐步地演化成为古代奥运会。

有历史记录的奥林匹克运动会开始于公元前 776 年，每隔四年在夏季举行一次。起初是一天，后来由于项目增多，延长为五天。开始只有短跑一项比赛，后来逐渐增加了长跑、跳远、标枪、铁饼、角力、赛马、赛车、五项全能等。它是全希腊最重要的体育运动会，全希腊最优秀的运动员和最富有的贵族都被吸引来参加。

运动会的前一个月，各城邦之间就停止战争，这被称为“神圣休战”。这样，从各地赶来的参赛者不会有任何风险。令人惊讶的是，即使是外敌入侵的危险时刻也是如此。公元前 480 年，波斯大军横扫希腊北部，进而逼近南下的交通要道温泉关时，驻守此地的希腊人仅有几千人，而此时正值奥林匹克运动会，很多城邦拒绝派兵参战，最后斯巴达王李奥尼达只得孤军奋战，血洒温泉关。

由此可见奥运会在古希腊人心目中的重要地位。各城邦领袖倡导体育比赛，是因为他们可以从运动员中挑选出强悍的士兵。斯巴达人常说：“人民的身体、青年的胸膛便是我们的国防。”

平民们乐于参加竞赛，不仅可以锻炼出健美的体魄，得到娱乐和精神享受，

而且可以过上一段和平生活。

每次赛会举行前,参加运动会的选手各自在自己的城邦先训练九个月。训练时有一定的规则,要按时就餐,不能贪食;用铁棒和冷水锻炼肌肉;不得寻欢作乐。参赛选手有一定条件,必须是希腊的自由民。奴隶和妇女是不能参加和观看比赛的。赛前最后一个月,选手们来到伊利斯城邦(靠近奥林匹亚)体育馆向裁判报到,接受教练员严格的训练,最后由裁判决定是否有参赛的资格。

赛会的第一天,并不举行比赛,而是进行隆重的祭神仪式。人们向宙斯神奉献上一头野猪,祈求宙斯神的保佑。全体选手在神像前宣誓:“永不用不正当的方法从事竞赛。”

接着由裁判官宣布选手名单,询问有没有人怀疑这些选手的公民资格。如果他们不是希腊人,或是奴隶、曾经被判过罪的,都没有权利参加竞技比赛。

第二天的一早,人们兴高采烈地来到竞技场,这是一个建造在山坡上的圆形运动场,可以容纳两万观众。突然,嘹亮的号声响起。一个传令官走上前来,高声喊道:“请参加赛跑的人上场!”

参加赛跑的运动员被分成五组进行短跑比赛,赛跑起跑用直立式,运动员赤身裸体参赛。起跑时选手们在石板上并列一行,各自将脚踏入石板的凹槽内。

只听裁判员一声令下,运动员们似离弦之箭,飞也似的向前跑去。在运动场的另一端,设立一根石柱。选手们跑到那里转弯,再往回跑,一直跑向终点(也就是起点)。短跑的距离是一百九十二米。

在短跑比赛结束后,接着进行各种距离的赛跑。然后是最受人们欢迎的摔跤比赛。双方运动员头戴青铜头盔,手扎带铁刺的皮带,如果能把对手摔到地上三次的,就是胜利者。

以后的几天,又进行掷铁饼、投标枪和跳远比赛。掷铁饼的运动员,要把右手握着的沉重的铁饼,在空中转几个圈,随后用左手支住右腿膝盖,挺直身子,奋力地把铁饼掷出去。掷标枪不但要比谁掷得远,还要命中一定的目标。跳远比赛很有趣,运动员双手要握着梨形哑铃,前后摆动以加大前冲的力量。

赛车和赛马被安排在竞技会的最后一天。赛车的赛程约为十四公里,由四匹马拉的战车在赛场两石柱间往返十二次,场面紧张,扣人心弦。赛马的骑手胯下的坐骑没有鞍镫,接近终点时,骑手必须敏捷地跳下马来,紧握缰绳,这时,赛马飞驰，骑手必须抓住它跑到终点。

赛会结束时举行隆重的授奖仪式。古代奥运会没有第二名和第三名，每一项竞赛只有一名冠军。冠军享有莫大的荣誉。他首先被戴上一顶橄榄树枝编成的花冠，传说这橄榄树是宙斯亲手种植的，因此这种花冠是神圣的，比任何珍宝都宝贵。其次，冠军的名字将被载入史册，他的形象被刻在陶器、青铜器和大理石上。冠军还有资格与国王并列，在战场的最前列同敌人战斗；在所有的剧场看戏时享有前排的位置。最后，冠军还有一项殊荣：可以在城邦的公共食堂免费就餐，他可以一辈子在此享用美食！据说有一个来自罗得岛的老人，他两个儿子同时在赛会中获得冠军，他高兴得哭了；当他的两个儿子拥抱他，并把他们的两顶花冠戴在他头上的时候，他竟当场死去，是高兴死的。

古代的奥林匹克运动会一共举行了二百九十三次，延续了千年之久。公元前六至五世纪，是它的全盛期。罗马征服希腊后一段时间内仍继续举行，但是到公元 392 年，古罗马皇帝禁止在奥林匹亚进行竞赛，还劫走了奥林匹亚神庙的宙斯塑像，把神庙和有关建筑全部烧毁，奥林匹亚遭到了一场浩劫。此后的公元 521、522 年，奥林匹亚连遭地震，遗址终于被掩没在厚厚的泥土之下。

奥林匹克运动会中断了一千五百多年。后来，经过法国人顾拜旦的倡议和努力，公元 1896 年，奥运会又在雅典得以恢复，以后仍为四年一次，分别在不同国家举办，而且参加者是各会员国运动员。这就是现代奥林匹克运动会。

26·大流士一世

两千五百年前的初春，在通往波斯帝国首都的条条驿道上，行进着一支支朝贡的队伍。其中有来自帝国西部色雷斯(今保加利亚)的马队，来自东部巴克特利亚(在今伊朗)的驼队，来自埃及的大群劳工队伍，来自亚述的战车队，来自印度的牛车队。他们随行带着各种贡品，有贵重的金属、乌檀木、象牙、珍贵的毛皮；有各种珍稀动物；甚至还有五百名来自巴比伦的太监。

朝贡的目的地是伊朗高原的波斯波利斯，这里建有宏伟的宫殿和固若金汤的宝库。各省总督们将在这里奉上贡品，献给"波斯之王、伟大的王、万王之王、宇宙之王"——大流士一世。

每年春分，是波斯新年的第一天。当太阳普照大地时，朝觐活动达到高潮。只见大流士头戴高高的金质皇冠，身穿绛红色的长袍，腰系金丝做成的腰带，手握宝石镶嵌的黄金权杖，留着鬈曲的长胡须，在一群高擎羽伞的随从、侍卫的簇拥下，威风凛凛地缓步而行。多达一万名的帝国臣民不远万里跋涉到这里，列队站立在大王宫前，接受大流士一世的接见。

人类有史以来，从没有任何人像大流士一世那样，能够统治如此辽阔的土地，支配如此众多的财富。在波斯帝国鼎盛时期，统治的面积达五百多万平方公里，统治的人口达一千多万，每年的税收相当于五十万公斤白银。

其实，波斯是一个形成很晚的民族国家。居鲁士是波斯帝国的创建者。波斯人原来居住在伊朗高原的南部，被北部的米底人统治。公元前 550 年，居鲁士起兵灭了米底王国，建立了一个强大的波斯帝国。很快，波斯走上了扩张的道路。

首先，居鲁士进军小亚细亚，一直打到爱琴海边。随即挥师南下，征服了腓尼基和巴勒斯坦。公元前 539 年，居鲁士灭亡了中东强国新巴比伦王国。波斯的领土从波斯湾一直延伸到地中海。接着，居鲁士的儿子冈比西斯又率大军南下，于公元前 525 年征服了埃及，从而使波斯成为地跨西亚、北非的帝国。

公元前 522 年，冈比西斯暴亡，大流士被波斯王公推举为新国王，称为大流

士一世。他继位后，先花三年时间平定了国内的叛乱。接着，他开始南征北战，不仅巩固了他前辈的征服成果，还于公元前 517 年征服了遥远的印度河地区。以后，又征服了巴尔干半岛的色雷斯等地区。这样，大流士一世建立了地跨亚非欧三大洲，包括巴比伦、埃及、印度三大文明发源地的大帝国。

为了纪念他的伟大胜利，大流士一世在贝希斯顿山(在今伊朗西部)的岩壁上，用三种文字刻下了他的赫赫战功。在巨型石刻的上方，刻着大流士一世的全身像，昂首挺胸，一副胜利者的骄傲姿态。在大流士一世的脚下，刻着一个跪着的俘虏。旁边还有九个反抗他的国王，脖子被绳索捆着，双手绑在背后。

波斯帝国的疆域空前庞大，但是，大流士一世却把它治理得井然有序。他知道，仅靠高压统治和恐怖政策，并不能让帝国长治久安，亚述就是前车之鉴。于是，他采取了新的统治方式，把整个波斯帝国划分为二十多个行省，并派总督前去管理。一般情况下，大流士很少干预各行省的内政，只要求各省按时缴税纳贡。他鼓励人们扩大生产和从事贸易，将埃及和两河流域的先进文化传播到波斯帝国的各个地区。因而，人民的生活有了很大的改善，帝国的财富也迅速地积累。大流士一世主张靠法律治国，他说："这样，强者就不会欺负弱者。"

为了方便各地贡品的运输，并使帝国的边疆与中央的联系更紧密，大流士一世在帝国境内修建了庞大的驿道网。其中最著名的一条交通大道就是全长两千多公里的"御道"，从帝国首都苏萨(波斯的四个首都中的一个，位于今伊朗胡泽斯坦省迪兹河沿岸)出发，一直通到爱琴海边。这条驿道上，每隔二十五公里(相当于人一天所走的路程)就建有一个客栈，给长途旅行者提供食宿。整条驿道共设置了一百十一个客栈。在这条交通大道上，国王信使昼夜奔驰，商旅行人络绎不绝。

大流士一世统一了全国的货币制度。他规定，中央铸造金币。这种金币被称作"大流克"，每枚重八点四克，含纯金百分之九十八。金币的正面是大流士一世像，背面是一个弓箭手像。地方行省铸造银币，自治城市铸造铜币。"大流克"成了那个时代的世界货币，波斯以外的许多国家都可以流通。

为了对外扩张和统治的需要，大流士一世拥有一支数量庞大的军队。军事长官由国王任命，对国王负责，与地方总督各不相属。军队由多兵种组成，包括重装步兵、轻装步兵、骑兵、战车兵、海军、象兵、工程兵、辎重兵等。其中，最具战斗力的是由一万名波斯人组成的"不死队"(即这一万人中每死一人，立即有人补上，总保持一万人)。

波斯帝国的版图在不断扩大,帝国的财富与日俱增。大流士一世有了花不完的钱。于是,他开始扩建和装饰帝国的统治中心。波斯帝国首都已由一个增至四个。它们是埃克巴塔那、巴比伦、苏萨和波斯波利斯。苏萨是帝国的行政中心,大流士一世对它进行大规模改造,还建造了一座辉煌的王宫。这座王宫用精雕的石柱、珍贵的镶嵌品、精美的木材、巴比伦的浮雕砖装饰。大流士一世下令:“要让耀眼的光辉完全展示出来。”

最能显示帝国威严的是新城波斯波利斯,它建在一块十五米高的土地上,四周有石墙围护起来,外面有双层楼梯。进贡者穿过楼梯,再经过由两座大石牛镇守的凯旋拱门,便可来到一个大广场。广场周围排列着宫殿、宝库和“拜见厅”,这些宏伟建筑都由柱廊大厅构成。波斯波利斯的宏伟建筑,能与雅典的帕特农神庙和巴比伦的空中花园相媲美。

但是,大流士一世并不满足这一切成就。他的最大的理想是征服希腊,控制欧洲。公元前 500 年,他开始远征希腊,但却遭到了挫折。在公元前 490 年的马拉松战役中,波斯军队被希腊人打败。大流士一世怀着天大的遗憾,于公元前 486 年去世。

大流士一世即位时,接过的是一个半解体的、乌合之众的国家;而他死去时,却给波斯人留下了一个紧密团结的大帝国。

27 · 马拉松战役

公元前 490 年 9 月 12 日,雅典城中央广场上聚满了民众。此时,在城东北海边的马拉松平原上,雅典军队与波斯军队正在激战,这是一场关系到雅典能否保持独立、自由的战斗。时间在一分一秒地过去,人群沉默着,大家怀着忐忑不安的心情等待着战斗的结果。突然,一个满身血迹的战士——“快跑能手”斐迪皮茨,冲进了广场,他激动地喊道:“我们胜利了,大家欢乐吧!”

听到这一振奋人心的消息,广场上立刻爆发出一阵阵热烈的欢呼声。而斐迪皮茨却因创伤和过度疲劳,倒在地上牺牲了。

从公元前 492 年起,发生在爱琴海(地中海的一部分,在今希腊与土耳其之间)地区的希波战争,是以雅典为核心的希腊城邦反抗波斯侵略的战争。马拉松之役是希腊人以少胜多、以弱胜强的一次重要战役。

那年,位于现在伊朗高原的波斯帝国,派出大批战舰入侵希腊,拉开了希波战争的序幕。不料波斯海军在途中突然遭到了飓风的袭击,三百艘战舰全部沉入海底。波斯舰队未经交战就这样覆灭了。

波斯国王大流士一世十分恼怒。第二年,他又派出使者到希腊各城邦要求“土和水”,意思是要他们俯首投降。一些城邦害怕波斯帝国,拱手献出了“土和水”,表示屈服。但是希腊的两个最大城邦雅典和斯巴达却断然拒绝。雅典人把波斯使者扔下悬崖。斯巴达人则把使者押到井边,指着井水说:“这井里有水又有土,你要多少就拿吧!”说罢就把他抛进井里。波斯国王闻讯勃然大怒,他立即派最有战斗经验的老将军率领大军,第二次远征希腊。

公元前 490 年,强大的波斯舰队横渡爱琴海,在雅典城东北六十公里的马拉松平原登陆。在这生死存亡的紧急关头,雅典一面紧急动员,加强备战,一面派“快跑能手”斐迪皮茨到斯巴达求援。斐迪皮茨日夜兼程,只用了两天时间跑完了一百五十公里的路程,及时到达斯巴达。不料,斯巴达以自古以来的风俗为借口,要等月圆时才能出征(当时才是一个月的第九天)。

雅典得知这不愉快的消息,并不气馁,推举坚决抗战的米太亚得为总司令,决心依靠自己的力量抗击敌人。雅典军队只有一万人,而波斯军队据说有十万人。面对强敌的逼近,米太亚得对战士们说:“雅典是戴上奴隶的枷锁,还是永葆自由,关键在你们身上!”

战士们斗志大增。9 月 12 日,雅典军队在米太亚得的率领下,奔赴马拉松平原与波斯军队决战。马拉松平原是一个三面环山的河谷,如果它失守,雅典就会被波斯扫平。此时,米太亚得深知波斯军队数倍于己,而且装备精良,擅长在平地作战,并惯用中央突破的战术。他根据作战双方的情况,把雅典的精锐步兵布置在马拉松山坡两翼,正面战线上兵力相对比较薄弱。

战斗开始了,雅典军队首先从正面佯攻,波斯军队不知是计,立即进行反击,很快突破雅典军队的正面阵线。雅典军队且战且退,波斯军队步步紧逼,但队伍却越拉越长。正当波斯军队得意洋洋的时候,埋伏在两翼的雅典军队在米太亚得指挥下,犹如神兵天降,战士们个个奋勇当先,从山坡上冲杀下来,挥刀掷矛,杀得敌人落花流水,尸横遍地。

波斯军队慌忙向海边撤退,一路上士兵自相践踏,死伤累累。雅典军队紧追不舍,又展开一场争夺波斯战舰的战斗。有一名叫基纳尔的雅典战士,在夺船的时候,被敌人用斧子砍掉了一只手,但他奋不顾身,用另一只手抓住了敌船,终于把这艘敌船夺了过来,最后他光荣地牺牲了。在马拉松战役中,雅典共俘获七艘敌舰,打死波斯官兵六千四百人,而雅典只牺牲了一百九十二名将士。

米太亚得再次选中斐迪皮茨,让他把胜利的捷报尽快告知雅典人。这位长跑健将其实已经受了伤,但还是毅然接受了任务,飞快地从马拉松向雅典中央广场跑去……

马拉松战役的胜利,使整个希腊免遭波斯帝国的侵占和奴役,也极大提高了雅典在希腊的政治地位,还促进了整个希腊半岛经济文化的繁荣。

为了纪念马拉松战役和希腊英雄斐迪皮茨,1896 年,在雅典举行的现代第一届奥林匹克运动会上,设置了一个新的径赛项目,这就是马拉松长跑。运动员从马拉松起跑,大致沿着当年斐迪皮茨经过的路线,终点是雅典,全程为四十公里。1924 年,这段距离又被进行了仔细测量,确定为四十二公里又一百九十五米。这就是今天世界各国通用的马拉松长跑的距离。

28 · 血战温泉关

在希腊半岛中部一个叫温泉关的山口，有一座古老的坟墓，墓前的纪念碑上刻着这样的文字：

> 过路的客人啊！请告诉斯巴达同胞，
> 我们在这里尽忠死守，流尽了最后一滴血。

公元前 480 年，这儿进行过一场悲壮的战斗。斯巴达国王李奥尼达率领三百名战士，奋勇抵抗人数多达十倍的波斯侵略军，最后全部英勇战死。这就是举世闻名的温泉关血战。

公元前 492 年，亚洲西部的波斯帝国，依仗强大的武力向外扩张，在希腊地区挑起了一场延续十四年之久的战争，史称希波战争。公元前 490 年的马拉松战役，雅典军队打败了波斯大军，希腊各城邦士气大振，民族精神空前高涨，时刻准备抗击波斯人的再次入侵。

波斯国王薛西斯征服希腊的野心不死。经过几年的精心准备，公元前 480 年春天，他亲率百万大军，渡过了达达尼尔海峡，进军欧洲。波斯军沿爱琴海北岸，浩浩荡荡向西进发，希腊许多城邦遭到蹂躏，整个希腊面临灭亡的危险。

大敌当前，只有联合起来，团结一致共同抗击侵略，才能保卫民族独立和自由。雅典联合了三十多个希腊城邦，在科林斯召开大会，决定组成反波斯同盟。联军的统帅是斯巴达国王李奥尼达。一场大战就要展开了。

薛西斯率波斯大军进入希腊北部后，希腊联军北上迎敌。他们以三百多名斯巴达重装步兵为核心，共有四五千人驻守温泉关。

温泉关地处中希腊的北部，是进入中希腊的唯一险关。它的西面，是高耸的大山，难以攀登。东面直到海边，是一片沼泽，无法通过。中间有一条狭窄的通道，只能容一辆车通过。因此，只要有少量军队在此把守，即使再强大的敌人也难以通过。这真是一夫当关，万夫莫开！

驻守温泉关的希腊军队，由斯巴达国王李奥尼达指挥。李奥尼达是一个坚强勇敢、富有战斗经验的指挥官。当波斯大军逼近时，有人提议撤退，但李奥尼达毅然决定，凭借有利地形，与侵略者血战到底。

薛西斯率波斯大军来到温泉关，在关口的北面安营扎寨。他派出了一名侦探，让他侦察一下希腊人正在干什么。侦探回来报告说，斯巴达人把武器堆在壁垒外边，有的在梳头，有的在做操，似乎没有准备打仗。薛西斯估计，希腊人可能害怕他，正打算撤退。他哪里知道，斯巴达人有个习惯，每当准备牺牲的时候，都要整理自己的头发。现在他们梳发，正是准备同波斯决一死战。薛西斯白白等了几天，不见希腊人撤退，他着急了，下令军队开始进攻。

第一天，波斯军队轮番进攻，但所有的冲锋都被打退了，薛西斯恼羞成怒，决定让他的“不死队”显一显身手。薛西斯想，“不死队”一上场，一定马到成功。他命人把他的王座搬上了高坡，他坐在那儿准备看好戏。

无奈“不死队”人数虽多，可是山道狭窄，无法施展威力，打了半天，没能前进一步。突然，斯巴达人开始后退了，“不死队”呐喊着向前猛冲，薛西斯以为这次“不死队”必胜无疑。谁知，斯巴达人跑了一段猛然转过身来，挥舞着大刀，奋勇地向波斯士兵砍去，“不死队”队员纷纷倒下。原来斯巴达人并非真正败退，不过是使了一个诱敌之计，杀了个回马枪。薛西斯目睹了这一幕，急得三次从王座上跳起来。

波斯人又一连进攻两天，毫无进展。正当此时，有一希腊人求见薛西斯。原来此人是个叛徒，他声称，自己可以带波斯人穿过一条山路，从背后包抄关上守军。薛西斯大喜，立即命令“不死队”星夜兼程，穿过崎岖的山路，很快来到希腊联军的背后，然后直扑希腊大营。

李奥尼达得知敌人已摸到背后的消息，深知自己腹背受敌，再战必败。为了减少损失，他命令希腊联军赶快撤退。他自己却决定留下来，率领自己的三百名斯巴达勇士与敌人战斗到底。

这一天，波斯军队从正面发动进攻。坚守阵地的斯巴达战士们，认为与其束手待毙，不如拼个你死我活。于是，他们在李奥尼达的率领下，挥动长矛利剑，冲出壁垒，在开阔地带同波斯军队厮杀起来。他们长枪断了，就用刀砍；大刀断了，就用拳脚、用牙齿同敌人肉搏。在希腊人的英勇冲杀下，不少波斯人被赶到海里，溺水而死。还有很多波斯人在混战中互相践踏，送了性命。

李奥尼达遍体鳞伤，血透铠甲，但仍拼力厮杀，直至战死。为了夺回李奥尼达的尸体，斯巴达战士奋不顾身，连续四次打退敌人的进攻，终于把李奥尼达的尸体抢回来藏了起来。此时，活着的斯巴达人已经越来越少了。

就在此时，从背后偷袭的波斯"不死队"从山上包抄下来，守军腹背受敌，完全陷入了绝境。但勇敢的斯巴达人没有一个人投降，没有一个人逃跑，最后全部壮烈牺牲。波斯人也付出了惨重的代价，数千士兵战死，薛西斯的两个兄弟也葬身此地。

温泉关战役，虽然波斯人取得了最后胜利，但斯巴达人血战到底、视死如归的精神，却让薛西斯不寒而栗。他明白了，征服希腊并不像他想象的那么容易。

攻占温泉关后，波斯大军长驱直入，直取雅典。雅典人早已将妇孺老幼转移到海岛上，能作战的男子都登上了战舰。就在这年秋天的萨拉米湾海战中，波斯人的舰队全军覆没，希腊军队从此转入反攻。

打败了波斯帝国的侵略后，希腊人把李奥尼达和他的三百名勇士，隆重地安葬在温泉关上，在墓碑上刻下了那几行流传千古的碑文，作为永久的纪念。

29 · 萨拉米大海战

公元前480年初秋的一个夜晚，雅典海军统帅地米斯托克利紧锁双眉，烦躁地在军舰甲板上来回踱步。一阵海涛涌起，凉丝丝的浪花溅到他身上。不久前发生的事又在他眼前浮现。

希波战争已经打了整整十二年。自温泉关失守后，整个希腊已危在旦夕。为了保存实力，他说服了绝大多数雅典人，主动放弃家园，有组织地撤退。妇女和儿童撤到附近的岛上，全体男子上舰船作战。这样，雅典成了一座空城。于是，波斯大军越过温泉关后，兵不血刃进占雅典。波斯国王薛西斯命令把雅典城洗劫一空，以洗雪当年马拉松之耻。如今，雅典城已陷落在入侵者的铁蹄之下……

想到这里，地米斯托克利把脚一跺，望着银色的月光长叹道："神啊，难道你真要让你的雅典臣民灭亡于血火之中，难道你真要让这美丽城邦碎身于爱琴海的狂涛？假如你真有此意，那我便和你也要一决胜负！"

说着，他拔出利剑，向茫茫的大海投去。

"报告，联军总司令部通知你去开会。"

传令兵的声音把他从沉思中唤醒。他示意传令兵退下，然后跳上小艇，驶向希腊联军总司令部。此刻，联军总司令部灯火通明，正在召开紧急军事会议。主持会议的是斯巴达将军，他竭力主张在陆地上建立坚固的围墙，以此阻止波斯军队的推进。一些城邦的将军也认为在海上同波斯军作战没有出路。

地米斯托克利站了起来，说出自己的主张："我并不想完全放弃在陆地上的抵抗。但是，自从李奥尼达国王阵亡后，敌人在陆地上的优势正与日俱增，因此，希腊在陆地孤注一掷的拼搏是愚蠢的。我们的未来应该在海上。我们应把舰队开到萨拉米海湾集中，在那里同敌人决战。"

他停了一会又说："萨拉米海湾狭窄，敌方舰只虽多但无法摆开，而且体大笨重，转动不灵，优势无法发挥；相反，希腊战舰数量虽少，但体积小，转动灵活，可以充分发挥其战斗力。我们完全能以小克大，以少胜多。"

然而,希腊联军的大多数将领持反对意见。科林斯城邦司令甚至嘲笑地米斯托克利,说已经丧失了城邦的人,就不配多说话。地米斯托克利发火了,他跳起来吼道:“我们放弃自己的家园,是为了不做奴隶。这只是暂时的放弃。雅典是一个强大而辽阔的城邦,联军舰队中有两百艘三层战舰是我们的。退一步讲,如果陆上的战事于我不利,我们完全有能力把我们的家属载在军舰上,像我们的先辈一样去意大利寻找新的土地。”

说到这儿,他用愤怒的目光扫视了一下周围的将军们,然后又用坚定的语气说道:“当你们失掉雅典舰队的时候,你们会记起我的话来的。”

这番话,在座的人都能掂出它的分量。将军们心里明白,倘若雅典海军撤出联军舰队,而单靠斯巴达和科林斯微弱的海上力量,去抵挡庞大的波斯舰队,那简直是无法想象的事。一阵短暂的沉默过后,会议终于通过地米斯托克利在萨拉米决战的提议。大家回各自舰队做大战前的准备。

地米斯托克利回到自己的旗舰上,召开了雅典舰队舰长联席会议。他在会上作了具体战斗部署。最后,他坚毅地说:“除了战胜,就是舰队和全希腊的灭亡。”

为了能诱敌深入,地米斯托克利实施了一项大胆的计划。

地米斯托克利把自己的忠实奴仆波斯人西京叫来,命他乘快舟到波斯人那里,对波斯舰队指挥官或者波斯王本人说,地米斯托克利暗中期待波斯获胜,要求波斯立即进攻斯巴达和科林斯的舰队。希腊人内部不和,波斯很容易击溃他们。

西京走后,地米斯托克利感到非常疲倦,他已经两天两夜没有合眼,一坐到躺椅上双眼就不知不觉地合上了。

第二天拂晓,有探子来报:“昨夜波斯舰队开始包围萨拉米,准备截断希腊舰队的退路。”

地米斯托克利听后非常兴奋。他所期待的正是敌人来萨拉米,这样既可实现在此与波斯人决战的计划,又可迫使希腊联军内部加强团结,背水一战。

9 月 20 日黎明,太阳从水天连接处跳了出来,满天的朝霞像一团团火焰在燃烧。世界古代史上一场规模空前的海战即将拉开帷幕。薛西斯觉得胜券在握,吩咐把自己的黄金宝座安放在海边的高地上,从这里可以俯瞰萨拉米海域的全景。

波斯舰队首先出动，一千艘战舰分成两支庞大的分舰队，从两边驶进萨拉米海峡。由于海峡很窄，而且弯曲多暗礁，所以进入海峡的舰只没能保持住队形，前前后后挤满了海峡。这时又起了风，卷起一道道波浪扑进海湾，高挂风帆的波斯战舰像醉汉一样摇晃不定。波斯舰队出现了混乱。

正在密切观察敌情的地米斯托克利发现了战机。他马上高声喊道："前进，希腊的儿子们！为了祖先的坟墓，为了希腊诸神的祭坛而战斗！"

严阵以待的三百八十艘希腊战舰齐声呼应，声如奔雷，霎时万桨翻飞，如脱缰的野马，争先恐后地朝敌舰冲去。激烈的海战开始了。

雅典舰队在地米斯托克利的指挥下，充分发挥快速灵活的特点，在波斯舰群中横冲直闯。雅典军舰忽而紧贴敌方小舰船舷擦过，将敌人一边木桨齐齐切断；忽而靠近敌军大舰，进行接舷搏斗；忽而瞅准机会，发动凶猛的撞击。

一些波斯军舰见势不妙，急忙掉转船身迎战，但不等它们完全掉过船身来，全速前冲的雅典战舰已把尖硬的铁角撞进它们的船腹。雅典重装步兵挽盾持剑，奋勇跃上敌舰甲板，同敌军展开激烈的厮杀。希腊步兵擅长单兵格斗，波斯兵难以招架，被杀得尸横甲板，血流满船。

本来大型的波斯战舰，在海战中应有一定的优势，但由于这里是海峡，水面狭窄，所以波斯战舰失灵了，互相失去呼应，甚至自相撞击。波斯舰队船只沉的沉、逃的逃，毫无还手之力。

时近黄昏，萨拉米海峡中一片凄惨的景象，到处漂浮着死尸、破船板和断桨，一些正在下沉的船只露出歪斜的桅尖。夕阳将海面映得一片血红，仿佛整个海峡全是血水。坐在高地观战的薛西斯，从头至尾目睹了波斯舰队惨败的经过，想到自己征服希腊的雄心壮志化为泡影，真是欲哭无泪，只好下令撤军返回波斯。

萨拉米海战是希波战争中具有决定性意义的海战，也是人类历史上最早的著名海战。这场战役以希腊联军的完全胜利而告结束。联军共击沉波斯军舰二百艘，俘获五十艘，而自己仅损失四十艘。雅典沸腾了，整个希腊半岛沸腾了，人们衷心地把象征英明伟大的花环，献给希腊人民的优秀儿子——地米斯托克利。

30 · 雅典卫城与雅典娜

古希腊有许多美丽的神话，有一个就是关于雅典娜与雅典的故事。这个有趣的故事是从雅典娜的诞生开始的。

据说，希腊人的众神之王宙斯，与智慧女神墨提斯结婚了。但宙斯顾虑重重，担心墨提斯生出的儿子，会比自己更强大，日后可能夺取自己的王位。他越想越害怕，就在妻子怀孕的时候，施展法术，张口把墨提斯吞进了肚子。从此，宙斯就得了头痛病，脑袋越肿越大，他既不能吃饭，也不能睡觉。最后，他叫人拿来一把斧子把自己的脑袋劈开了。不料，从裂缝中蹦出一个全副武装的女孩，她就是雅典娜。雅典娜不仅具有父亲的威力，而且具有母亲的智慧。宙斯十分宠爱她。

有一天，雅典娜出游人间，看到希腊中部的一个城市，一派繁荣兴旺的景象。她自言自语道："我要用我的名字给这个城市命名，让我来庇护这座城市吧。"

不料，此话传到了海神波塞冬的耳中，正巧他也看上了这座城市，也想把它作为自己的庇护地。他们俩为此事争吵起来，谁也不肯让步。这件事让宙斯知道了，急忙招来众神召开会议，让众神作出公断。众神商量了一阵，决定让他俩比试一番，谁能给人类带来一件有用的东西，这个城市就归谁保护。

比试开始了。先上场的是波塞冬，只见他威风凛凛，手握三叉戟，把它往地上用力一插，立即山崩地裂，从大地的裂缝中跳出了一匹烈马，风驰电掣地向天空奔去。这是战争的象征，波塞冬给人类带来的礼物是互相征战。

轮到雅典娜出场了，众神目不转睛地注视着她。只见她用长矛在地上轻轻一点，地上很快长出了一棵绿色的橄榄树，树上挂满了香甜的果子。雅典娜兴高采烈地喊道："伟大的神王宙斯！尊敬的众神！我给人类带来的礼物比波塞冬的好！他所给的战马，将给人类带来战争和痛苦。而我带来的橄榄树，是和平、幸福、自由和丰收的象征。难道这个城市不该用我的名字来命名吗？"

宙斯和众神听了连连点头。于是，这个城市便被命名为雅典。

雅典位于希腊亚提加半岛的南端，大约在五千年前，这里就有人类居住了。

公元前十四世纪,迈锡尼人在爱琴海边的一座小山上定居下来,修筑城堡,抵御外族入侵。这里就是后来的雅典卫城。

几个世纪以后,雅典陆续建起了许多宏大的建筑物。这里不仅有高大雄伟的宫殿、金碧辉煌的庙宇,还有巨大的露天剧场、宽阔的街道,更有无数造型优美的石雕像。到公元前五世纪伯里克利统治时期,雅典卫城建起了令人叹为观止的宏伟建筑群。

卫城坐落于一座小山顶上。人们要进入卫城,首先要爬过一段长长的阶梯,才能到达山门的入口处。山门内有一条宽敞的中央通道,通道两旁是两排高大的圆柱。过了中央通道,就来到卫城广场。广场的右侧,便是庄严雄伟的帕特农神庙,它是卫城的主体建筑。广场的左侧,是一座较小规模的伊瑞克先神庙。两座神庙虽然是不对称的建筑,但却十分和谐。

帕特农神庙又叫雅典娜神庙,是专门供奉雅典的保护神雅典娜的庙宇。帕特农神庙建于公元前 447 年,历时十五年,于公元前 432 年竣工。它是在当时最有名的雕刻家菲迪亚斯的指导下完成的。

帕特农神庙是一座长方形的建筑,周长近二百米。神庙的外围,有四十六根白色大理石圆柱支撑着屋顶。在三角形屋顶下方,是长达一百六十米的内墙浮雕。整个浮雕群表现了雅典人民的庆典游行,这是在纪念每四年一次的雅典娜节。浮雕生动地刻画了骑马的英俊青年、昂首飞奔的骏马。浮雕中人的体态、马的运动以及飘扬的衣襟都刻画得十分逼真和生动。

神庙屋顶下有两座三角形山墙。东山墙雕刻着雅典娜女神诞生的情景,其中有奥林匹斯山神、骑在马上的日神和月神。雕刻家把奥林匹斯山神表现为一个英俊青年,他面容端庄,身体强健,精力充沛,生气勃勃;而日神和月神则表现了曙光初露时的寂静气氛。西山墙上,刻画了雅典娜与波塞冬争夺雅典的场面,生动地反映了雅典诞生的历史传说。

进入神庙大殿,里面最显著的位置上,供奉着雅典娜女神雕像。女神像高达十二米,黄金象牙镶嵌着她的全身,整座雕像显得辉煌灿烂。女神的姿势是昂然挺立,身披铠甲,一手扶着盾牌,另一手上站立着一尊较小的胜利女神像,她拿着一顶桂冠,准备替雅典娜戴上,这象征胜利和光荣。这尊雕像工艺高超、细腻,称得上是一件完美的艺术珍品。

在蓝天白云的映衬下,帕特农神庙显得更加宏伟和端庄。整个建筑的雕刻和装饰,都是那么的精致和富有魅力。由于四周使用了圆柱廊,使得建筑的内外融为一体;阳光照射下来,使人备感温暖和亲切。古希腊自由和民主的精神,在这里得到了形象的表达。

帕特农神庙是雅典的骄傲,也是伯里克利当政时雅典繁荣的真实反映。当时,有一位作家参观神庙后感慨不已,他风趣地说:“如果你不曾到过雅典,那你一定是傻瓜;如果你到过雅典而不赞叹它,那你一定是蠢驴;如果你自愿离开雅典而不留恋它,那你一定是一匹笨骆驼。”

31 · 伯里克利时代

“伯里克利，你以为只要顺从百姓的意愿，就能使客蒙威信扫地！这绝对不可能。谁要是这样想，一定是白痴。”

公元前五世纪的某天，当雅典执政官伯里克利刚走出会议厅时，一个名叫克诺菲斯的贵族在他身后叫骂着。

“太可耻了，你这傻瓜！你自己出身贵族，你父亲打败过波斯人，而你却向平民妥协，一味地迎合他们，巴结他们，哪有一丝贵族气派。真是在给你祖宗丢脸！”

一路上，伯里克利只管低头走路，并不与克诺菲斯理论。克诺菲斯见伯里克利不睬他，更提高了嗓门，跟在他后面，用恶毒的语言继续辱骂他。

当伯里克利来到家门口时，已是夜幕降临了。克诺菲斯站在他家门外，仍然不停地叫骂。伯里克利叫了家里的一个佣人，让他备了一个火把，把克诺菲斯礼貌地送回家。

在那个年代，古希腊没有比伯里克利更出名的人了。

伯里克利是雅典杰出的政治家。他从公元前443年到公元前429年，连续十四年当选为雅典的首席将军。伯里克利是雅典的名门之后，他父亲曾经担任过雅典军队的统帅，母亲是著名改革家克里斯梯尼的侄女。门第加财富，使伯里克利从小受到良好的教育。他不仅知识渊博，文武双全，而且具有出众的口才。还不满三十岁，他已在雅典的政治舞台上崭露头角了。

伯里克利还是一个廉洁奉公、刚直不阿的人，他深受雅典人民的爱戴。他执政的年代被誉为“伯里克利时代”。

伯里克利生活十分简朴，很少参加酒宴，从不到别人家吃饭。他在从政的三十年里，只有一次接受了邀请，参加了他的一个亲戚的婚礼。但是，在客人们开始喝酒的时候，发现伯里克利早已离开了。

伯里克利刚开始从政时，国内当权的是一个名叫客蒙的贵族。客蒙十分赞赏斯巴达的贵族政体，而反对在雅典实行民主政治。

32・伯罗奔尼撒战争

波斯人被赶走之后，希腊人并没有迎来他们梦寐以求的和平。此时，希腊的城邦国家，主要结成了两个集团：一个是以斯巴达为首的城邦集团，因斯巴达地处伯罗奔尼撒半岛，叫做“伯罗奔尼撒同盟”；一个是以雅典为首的城邦集团，因同盟的金库设在提洛岛上，叫做“提洛同盟”。

公元前431年至前404年，雅典和斯巴达为争夺霸权，同室操戈，进行了长达二十七年的战争，史称伯罗奔尼撒战争。战争开始时，双方时打时和，互有胜负。战争的转折点是西西里之战，厄运接连降临到雅典人的头上，最后以雅典人的失败投降而告结束。

公元前416年某天，一条帆船在雅典的一个港口靠岸，船上跳下几个人来，穿过港口市区和两道城墙，来到雅典城。这几个人是来自意大利西西里岛一个名叫阿基斯泰城邦的使者，他们的城邦正在遭受叙拉古(仅次于雅典、斯巴达的希腊第三大城邦，位于西西里东南)等城邦的进攻，危在旦夕，因而派他们到雅典来请援兵。

这几个人的到来，在雅典引起了激烈的争论。原来在伯罗奔尼撒战争爆发之初，西西里的多数城邦，包括叙拉古在内，都加入了斯巴达的同盟。雅典人对此耿耿于怀，一直想派舰队进驻西西里岛。现在阿基斯泰派人上门求援，这正是个插足西西里的好时机。

在是否进军西西里的问题上，雅典统治者中有两派截然不同的意见。在一次公民大会上，主张与斯巴达友好相处的尼西阿斯将军说：“雅典远征西西里，这是一种冒险行为。我们要看到，在叙拉古的背后，有斯巴达在支持。要是我们贸然行动，会遭到整个伯罗奔尼撒同盟的反对，到时我们将难以招架！”

主战派代表亚西比得将军则大声反驳：“雅典公民们，我们的父辈不怕任何敌人才战胜了波斯，并且建立了一个帝国。谁也不知道我们的帝国应该有多大，历史要求我们征服新的土地。要是夺取了西西里，我们就可以利用这一胜利，成为希腊真正的霸主！”

公民大会的表决结果，亚西比得的主张获得通过。

公元前 415 年夏天，一百艘雅典三层战舰启航了。它们绕过伯罗奔尼撒半岛，到达与南意大利隔海相望的科西拉，同等在那里的同盟军汇合。尼西阿斯和亚西比得都是这支舰队的指挥。

这支舰队十分庞大，它拥有战舰一百三十四艘，重装步兵五千人，轻装步兵一千三百人，加上面包师、石匠、木工等辅助人员，总数不下三万人。此外，还有无数想发战争财的商人，为了买卖军需品、战利品和俘虏，乘船尾随于舰队之后。这支舰队从科西拉西渡，浩浩荡荡，很快来到了西西里岛，在叙拉古城附近海岸登陆扎营。

就在这时，一艘雅典快船捎来命令，要亚西比得立即离开舰队回国受审。原来，就在雅典舰队出发之前，雅典街上的赫尔美神像(希腊神话中的手工业和商业之神)在夜间被人捣毁。亚西比得的政敌说，这件事是亚西比得指使人干的，他们要求亚西比得回国接受审判。亚西比得知道，这是他的政敌企图剥夺他的领兵权，进而在政治上除掉他。于是，他假装要接受审判，交出兵权，随快船回国，在返回途中，他设法逃跑了。雅典人得知这一情况，缺席判了他死刑。

当亚西比得听到雅典对他的处罚时，愤怒地说："我要让他们知道，我还活着。"

他怀着报复的心情投奔了斯巴达人。他向斯巴达人提出一项建议，速派舰队前往西西里，以解叙拉古之围。斯巴达人接受了这项建议，并派吉利普斯率援军前往西西里。

再说此时的雅典舰队统帅尼西阿斯，见叙拉古城墙坚固，易守难攻，于是下令雅典人在城外筑起一道围墙，使叙拉古成为一座孤城。围墙刚建到一半，斯巴达援军赶到。叙拉古人与斯巴达人里应外合，将雅典人打得大败。

终于，尼西阿斯决定从西西里撤军。公元前 413 年 8 月 27 日夜里，正当雅典人准备撤退时，忽然发生了月食。那时雅典人十分迷信，认为这是不吉之兆，决定过三个九天之后再撤军。叙拉古就是利用这二十七天，将雅典舰队驻扎的海港完全封锁了。

二十七天过去了，雅典人的粮食断绝了，出口也被封死了。雅典人不愿坐以待毙，决定不惜一切代价，全力夺取海港出口。于是，一百一十条雅典战舰一齐出动，直向海港出口冲去。

叙拉古人气势正盛，哪肯放走敌人，他们立即出动一百多艘战舰阻击敌人。港口的直径约二三公里，二百多条战舰拥挤在这里，没有回旋余地。只要双方的战舰一接近，各自的标枪手、弓箭手、投石手，立即向对方投射；只要双方战舰一接触，士兵们马上冲上敌舰展开肉搏战。“冲啊！杀啊！”的呐喊声不绝于耳。“轰隆！哗啦！”的撞击声此起彼伏。一群群战士倒在舰上，一艘艘战舰沉入了海底。

战斗持续了一整天，最后叙拉古人和盟军粉碎了雅典人的抵抗，把他们赶到岸上。

此时，雅典人失去了舰队，脑中只有一个字——“逃”，只想通过陆路逃向西西里岛的西部。

这是一个十分悲惨的场面。雅典战士看到自己战友的尸体躺在那里，无人掩埋，心中充满了恐惧和悲伤。那些被遗弃的伤病员更为可怜，他们抱着同伴的脖子，哀求把他们带走。而同伴们根本顾不上，只好以泪洗面，强忍着悲痛把他们甩开。

雅典人在尼西阿斯的率领下，向西部转移。路上，全军保持一个大的空心方阵形，重装步兵在外，其他人员在内。由于敌人的围追堵截，这支队伍行军速度极慢，四天才走了十公里。

到了第五天，雅典人的先头部队落入敌人埋伏圈，死伤惨重。走投无路的尼西阿斯，只好率残部七千余人向敌人投降。叙拉古人抓住了尼西阿斯，立即将他处死。

被俘的雅典人大部分被卖为奴隶，剩余的两千多人被投入叙拉古城的一个石坑当中服苦役。这个石坑原本是个采石场，白天阳光暴晒，晚上寒气侵袭，不少人得病死亡。死者的尸体、活人的排泄物，都堆在石坑中，惨不忍睹，臭气熏天，雅典人在这里尝尽了人间的痛苦。

西西里的战败，是雅典有史以来最大的一次失败。它丧失了最精良的陆军和几乎全部舰船，从而丧失了海上的霸权。雅典急剧地衰落下去了。

到公元前 404 年，雅典终于向斯巴达投降。“提洛同盟”被解散，残余舰只被迫交出，从前的一切占领地被迫放弃。伯罗奔尼撒战争结束了，希腊城邦由盛转衰，昔日的繁荣景象不复存在。终于，在公元前 336 年，整个希腊地区被北面的马其顿征服了。

33·“历史之父”希罗多德

意大利南部有一个叫图里叶的古城，终年绿树成阴，鲜花常开。在古城里有一座坟墓，墓碑上刻着这样的文字：

> 这里埋葬的人叫希罗多德，他是吕克色斯的儿子。
> 他用优美的语言撰写历史，他的作品将流芳百世。
> 希罗多德成长在故乡多利亚，为了躲避流言蜚语，
> 他来到了图里叶，并把图里叶当做他的第二故乡。

这不多的几句话，概括了希罗多德的一生。希罗多德是古希腊历史学的奠基人，他撰写了史学名著《历史》，早在古罗马时代，就被人们尊称为“历史之父”。

希罗多德出生于小亚细亚的一座滨海城市。这是一个希腊移民建立的城市，名叫哈里卡那索斯。父亲吕克色斯是当地的贵族，希罗多德从小就受到了良好的教育。少年时代的希罗多德喜欢读书，对当时广为流传的荷马史诗，他特别爱读，史诗中的许多段落他都能够背诵。他向往自己能成为荷马那样的诗人。

后来，他的家族卷入了一场政治斗争，希罗多德本人也受株连，被迫出走。这时希罗多德大约三十岁，他开始四处漫游。在十年时间里，他到过许多地方，足迹北到黑海沿岸，南达埃及，东至两河流域，西抵意大利。当时的交通不便，长途旅行十分艰辛，但希罗多德不怕艰险，克服了旅途中的重重困难。每到一地，他总是实地访问当地的名山大川，凭吊名胜古迹，通过向导和翻译，认真了解当地的风俗习惯、社会状况，采访各种民间传说，大力搜寻历史故事，并且作了记录整理。这十年的漫游，扩大了他的眼界，丰富了知识，对他后来写作《历史》有着直接的帮助。

有一次，他来到了巴比伦城，参观了一场有趣的婚配活动。在市政厅的中央，坐着几十个准备出嫁的姑娘，在她们周围站着几十个求婚的男子。这时，主持人宣布婚配活动开始。他先让一位最漂亮的姑娘站起来，然后叫求婚的男子

们出价,一时间,喊价声此起彼伏。一位出价最高的男子娶走了这个姑娘。接着,依次拍卖第二位、第三位漂亮姑娘……最后,剩下几个丑姑娘和跛腿姑娘。主持人把拍卖漂亮姑娘获得的钱,都交给了这几个姑娘作嫁妆。这样,所有的姑娘都嫁出去了。希罗多德很有兴趣地记录下了这个场面。

在埃及,希罗多德沿着尼罗河上行,一直到达埃及的最南端。他仔细考察了尼罗河定期泛滥的特点。尼罗河两岸的埃及人民在肥沃的土地上种植粮食,年年获得丰收。希罗多德看到这一切,不由得发出了感叹:“埃及是尼罗河的赠礼。”

大约在公元前 447 年,希罗多德来到希腊的雅典。当时的雅典,正是希腊文明的中心,又在杰出的政治家伯里克利的领导之下,经济发达,政治民主,文化昌盛,一派欣欣向荣的景象。希罗多德对雅典的民主政治十分崇拜,他积极投身到雅典的文化活动中去。他经常在公众面前朗读自己的作品,他的诗歌也常常获奖,因此很快出名了。在伯里克利的支持和鼓励下,他决心写一部叙述希腊战胜波斯的历史著作。

希罗多德为写这本书,再次出游,访问了希腊的许多城邦,并循着希波战争的路线,实地考察了一些重要战场。随后,希罗多德来到了意大利南部的新城邦——图里叶,他成了图里叶的公民。在这里,他潜心撰写《历史》,并安度晚年。希罗多德于公元前 425 年去世,五年后,这部巨著问世。

《历史》,又名《希波战争史》。它的前半部分记述了作者的旅行和旅途中的见闻,以此作为背景,逐步地向读者展示了战争的起因。后半部分描述了希波战争的宏伟场景。

希罗多德是一个伟大的历史学家,也是一个进步的思想家。他以极大的热情颂扬了雅典的民主政治。他通过书中人物的对话,最早提出了“法律面前人人平等”的口号。对于希波战争的性质,他以明确的态度谴责了波斯国王。他写道:“如果波斯国王是一个正直的人,那么除了自己的国土之外,他就不应该再贪求任何其他的土地。”

希腊是一个小国,但它是一个自由的国家。当外敌入侵时,它的人民义无反顾地为自由而战。希罗多德记录了希波战争中的一件事:

一次,一名波斯军官押着几名被俘的希腊人去见波斯国王。途中,这名军官劝说他们投降波斯。这几个希腊人回答说:“你们非常熟悉奴隶制度,但却从未体验过自由,所以不知道自由是多么甜蜜。如果你们体验过自由的甜蜜,你们就会劝告我们,不但要拿起长矛,而且还要带上利斧为自由而战斗。”

希罗多德告诉我们一个基本的信念,每一个人都有每一个人的价值,无论他是多么的弱小。他讲了这样一个故事:

在希腊一个叫科林斯的城邦,有一天,城邦统治者得到神的指示,必须处死一户人家的孩子,因为若让这个孩子长大,他将毁灭科林斯城。于是,城邦统治者派了十个人去寻找这孩子,并打算处死他。

这些人找到了小孩家,小孩的母亲以为这些人是来做客的,立刻从房间里把孩子抱出来与客人见面,并把孩子放在其中一人的怀里。这十个人曾经在路上一致同意,不论是谁,凡是第一个抱住小孩的人,必须把孩子摔死在地上。哪知道这孩子一到了客人的怀里,就对他微笑,第一个人怎么也下不了狠心,于是就把孩子交给了另一个人。这样小孩从一个人手里转到另一个人手里,在十个人中转了一遍,谁也不愿意摔死他。最后,他们把孩子交给他的母亲,离开了小孩家。

希罗多德用生动的笔墨,描写了希腊战士为自由而战的勇气。在介绍温泉关战役时,他写道:“希腊人从掩护自己的堡垒中出来,向死亡冲杀过去。这时候,对面的波斯军官们挥舞着鞭子,抽打士兵,逼迫他们前进。”

在讲述萨拉米海战开始的时候,希腊的指挥官对士兵说:“同波斯人一开战,别的什么也不要想,就想想自由!”

正是靠着对自由的信念,弱小的希腊城邦最终战胜了强大的波斯帝国。

希罗多德还是一个有着广阔胸襟的人,对波斯人民和东方各民族不抱偏见,他认为各民族应该取长补短。他指出:埃及的太阳历要比希腊的历法准确;希腊人使用的日晷最早是巴比伦人发明的;希腊字母是从腓尼基字母借用来的。

希罗多德的《历史》,是留给后人不可多得的宝贵遗产。

34·苏格拉底之死

公元前399年,这原本是一个很平常的年份,但因为一个人,这个年份将被载入史册。这一年,古希腊的大哲学家苏格拉底被法庭处死了。

苏格拉底没有留给我们著作,他的生平和思想,都是靠他的学生柏拉图和色诺芬等人记载下的。

苏格拉底出身平民,他的父亲是一个石匠。他从小跟父亲学手艺,掌握了一手熟练的雕刻技术。本来苏格拉底有可能成为一个雕刻家的,但他的兴趣并不在雕刻石头,工作之余,他总是挑灯夜读,朗诵那脍炙人口的荷马史诗和其他著名的诗篇。有时候,他还出入雅典剧院,欣赏埃斯库罗斯的悲剧,或者徘徊于市政广场,缅怀英雄们的业绩。

史书记载,苏格拉底的长相丑陋,秃脑袋、大扁脸、突眼睛、朝天鼻,还有一张奇大无比的嘴巴。但苏格拉底对自己的相貌却有着与众不同的看法:"实用才是美的。一般人的眼睛深陷,只能往前看;而我的眼睛可以侧目斜视。一般人的鼻孔朝下,因而只能闻到自下而上的气味;而我可以闻到整个空气中的美味。至于大嘴巴、厚嘴唇,可以使我的吻比常人更加有力、接触面更大。"

他的怪模样常常成为朋友们的笑柄,但他从不介意。

他虽然很贫困,但对自己的石匠工作并不十分卖力,只要收入够一家糊口就不多干了。他宁愿上街去和人聊天。

他总是在天亮前起床,匆匆忙忙地吃些浸了酒的面包,穿上长袍,披上件粗布斗篷,便出门去了。他常在商店、寺庙、朋友家、公共浴室,或者是一个街口与人辩论。雅典当时辩论成风,形成热潮。

他的妻子是个爱唠叨的女人,而且脾气暴躁,常为一点小事就拿苏格拉底出气。有时候,他妻子当街怒骂他,苏格拉底只是低头聆听着,并不回嘴。这时,连他的学生们都看不下去了。但事后苏格拉底对学生们说:"我每天要同各种人打交道,如果我能忍受她的坏脾气,那么,在与别人的交谈中,就不会有什么事能令我不快了。"

苏格拉底生活在雅典的全盛时期。这时雅典的经济、政治和文化都达到了前所未有的繁荣。正是在这种情况下，苏格拉底开始了他在哲学领域里的遨游。他既不局限于前人的知识，也不满足于自己所学，他整日思考、探索，甚至达到了废寝忘食的地步。终于，他取得了非凡的成就，提出了一系列哲学命题，成为西方一代哲学大师。

他在讲授哲学、探讨道德问题时，并不是一味地说教，而是谈吐优雅，性情温和，绝不自以为是，好为人师。他思路敏捷，语言生动，充满幽默，洞察秋毫。

苏格拉底的谈话方法，也被人称为"苏格拉底方法"，就是引导人们去不断思索。他总是装出自己什么也不懂的样子，引起别人提出问题，然后他不断地反问请教，启发对方去怀疑自己的前提，发现真理。他认为，自己的任务就是充当"智慧的助产士"。

在辩论中，他常常走到讲话人的前面，不管他是一位伟大的演说家还是什么人，问他究竟是否知道自己在谈论什么。

一次，一个著名的政治家在演说。演说的内容是如何爱国，讲到最后，那人却滔滔不绝地大谈勇气，大谈为国献身的光荣。这时苏格拉底走上前去问他："这位先生，请原谅我打断您的讲话。请问，您说的勇气，究竟是指什么呢？"

"勇气就是要在危急的时刻坚守岗位。"那人简短地回答。

"但是正确的战略要求你撤退呢？"苏格拉底又问道。

"那——那就是另一回事了。当然，在这种情况下，你不应该再坚守岗位了。"

"这么说，勇气既不是坚守岗位，又不是撤退了？那么，您说的勇气到底是什么呢？"

这个演说家皱眉头了："你赢了。说实话，我也不太清楚。"

"我也不清楚，"苏格拉底说，"不过，我觉得勇气是去做合理的事情，不管是否危险。"

"这话说得不错。"人群中有人喊道。

苏格拉底继续说："勇气就是在危险的时刻，保持头脑的清醒，镇定而沉着。从这一意义来说，它的反面就是感情的过度冲动，以至失去理智。"

苏格拉底是这样说的，也是这样做的。公元前406年，他六十二岁，在雅典的最高行政机构五百人院任职。这一年，雅典正在与斯巴达进行战争。雅典海军在一次海战中击败斯巴达海军而获大胜，但由于突然来了暴风雨，指挥官把打捞阵亡将士的工作给耽搁了。这引起死者家属的不满。这时，反对派趁机攻击当政的十位将军，法庭表决的结果，十位将军因玩忽职守罪被判死刑。苏格拉底独自一人反对众人的意见。他认为，不管他们是否有罪，把个别人作为一个整体来审判是不公正的。因此，他决定不参与表决。

苏格拉底坚持自己的信仰，并不惜为此献出自己的生命。

在学生们眼里，苏格拉底是一个最和蔼可亲的人。但在那些保守派眼中，他是一个危险分子。他的执着、正直得罪了不少人，最终招来了杀身之祸。

公元前 399 年的一天，一位悲剧作家状告苏格拉底。他对法官说："法官大人，我认为苏格拉底从不敬神，而且还向年轻人宣扬他那离经叛道的主张。"

苏格拉底拒绝认罪，他在法庭上发表了慷慨激昂的演说："诸位先生，你们谁都清楚，我的言行一直有利于国家，有利于社会。法庭不仅不应该审判我，而且应该赐给我荣誉，让我到卫城的圆顶餐厅上免费就餐。"

陪审团认为苏格拉底太顽固，竟敢蔑视法庭，决定判处他死刑。

他的学生们到监狱去看望他，并极力劝说他逃走。苏格拉底却说："我一生都享受了法律的利益，我不能在晚年做不忠于法律的事。服从法律是每个公民的天职，尽管法律也有不对的地方。作为一个好公民，我必须去死。"

最后的时刻到了，他的学生围拢过来，心情沉重地看着即将死去的老师。在太阳落山之前，苏格拉底叫人拿来一杯毒药。当狱卒带着毒药进来后，他以平静的语调对他说："你应该知道怎样做，来吧，告诉我怎么做。"

狱卒答道："你喝下这杯毒药，然后站起来散散步。等你感觉到脚发沉时再躺下，麻木感就会传到心脏。"

苏格拉底从容不迫地照着他的话做了。最后躺在床上他想起了一件事，急忙拉下了盖在脸上的布说："克里托，我欠了阿斯克里皮乌斯一只鸡。记住，一定要替我还他一只鸡。"

克里托与阿斯克里皮乌斯都是苏格拉底的学生。苏格拉底关照完这件事，便安详地闭上眼睛，又盖上蒙脸布。一代哲学大师便永远离开了他心爱的学生们。

35 · 西方医学的奠基人

古代西方人治疗疾病，靠的是求神。那时，庙里的祭司和僧侣就是医生。有人生了重病，只能被送到神庙中去。祭司就用施法术或念经祈祷来替病人治病。有时干脆在病人头上钻个洞，说是可以把鬼赶出去。这样的治病，结果自然是可悲的。那时真正的医生并不被人们重视，而且还要受到祭司的仇视。

虽然，那时医学被禁锢在迷信和巫术之中，但是，古希腊还是有人探索医疗之道。当时就出了一个有名的医生叫希波克拉底，他不相信有能治病的神。为了解除疾病给人们带来的痛苦，他就努力研究人生病的原因。

关于希波克拉底的生平，留下的史料很少，与他同时代的柏拉图曾两次提到他，称他为“科斯岛的神医”。亚里士多德称他为“伟大的医生”。

直到他逝世五百多年后，才有人给他写传记。

希波克拉底于公元前 460 年出生于小亚细亚的科斯岛。他家是个医学世家。他从小跟着父亲学医，长大成人后，又独自四处行医。他到过希腊各城邦、小亚细亚和北非等地，也曾在科斯岛的医学学校教过医学。他是古希腊医学的杰出代表，享有很高的声誉。他一生行医和研究医学，直到九十岁才去世。

希波克拉底是第一个能用自己的看法去考察病人的医生。由于他的大胆创新，使医学与哲学分离开来，从他以后，医学才成为一门独立的学科。

希波克拉底留下了十分丰富的医学著作，《希波克拉底文集》共有七十卷，流传至今的有六十卷。它涉及解剖学、病理学、各科临床诊断、外科手术、饮食与药物治疗、预后、医务道德等许多方面。希波克拉底的医学著作，对欧洲医学产生了深远的影响。在近代医学产生前，它一直被当做医学教学的基本材料而广泛流传。

经过长期的研究和观察，希波克拉底提出了著名的体液学说，以此来解释人的肌体特征和疾病的成因。他认为，复杂的人类机体是由血液、黏液、黄胆和黑胆四种体液组成的。它们都是腺的分泌物。他又认为，这四种体液在人体内的混合比例是不同的。因此，他把人分为四种气质类型，多血质、黏液质、胆汁质、

抑郁质。他认为正是由于这四种液体的不平衡才引起疾病。

希波克拉底记录了许多疾病的症状,研究了发病的原因,其中对尿路结石的研究最为有名。他认为,尿路形成结石,是由于喝了不干净的水。结石就是由尿中最混浊的部分凝结而形成的。凝结物的变大变硬,堵塞了尿道,使得小便不畅,并且引起剧烈疼痛。因此,他认为人们应该喝干净的水。

大约在公元前 431 年左右,雅典发生了瘟疫。患病的人发高烧,呕吐不止,口内出血,身上长疮,不久便溃烂。人们求神问卜都无济于事。瘟疫很快在全城蔓延,到处都有尸体,尸体躺在地上无人埋葬。雅典政府首脑伯里克利也不幸染病去世。

此时,希波克拉底正在外地。对瘟疫,人们惟恐躲避不及,许多雅典人纷纷逃出城外。但希波克拉底听到这个消息后,没有丝毫犹豫,立即赶回雅典。他一边治病救人,一边进行疫情调查。他发现全城中只有铁匠没有传染瘟疫,因而联想到铁匠天天要与火打交道,或许高温和火可以防疫。于是他号召人们在全城燃起火堆来扑灭瘟疫。

在长期的医疗实践中,希波克拉底重视亲身调查研究。一次,希腊有名的哲学家德谟克里特由于专心致志地研究,不理家业,他的族人为了霸占他的财产,以疯癫和败家的罪名对他提出控告。希波克拉底得知消息后,立即赶到德谟克里特的家,为他治病和进行调查。

会面之后,德谟克里特侃侃而谈,谈到了哲学、政治和国内外情况,也谈到了医学。他用原子论来解释疾病,认为瘟疫是通过原子传染的。希波克拉底立刻明白了,在他面前的根本不是疯子,而是一个智慧出众的思想家。在法庭上,希波克拉底作证:“他不是疯子”,“如果有什么毛病,那是你们,而不是德谟克里特”。

最后法庭宣告德谟克里特无罪。以后,这两位巨人经常见面、通信。

希波克拉底对人体很有研究。他说:“人体之所以温暖,是内部发生了一种热力所致,如果这种热力消失,人就死了。”

他还认为,这种热力是心脏发生的。在那时,能估计得这样准确,实在是一件了不起的事情。

希波克拉底也是第一个研究关于病人饮食问题的医生。当时的医生总使病人挨饿。可是他却不是这样，如果病人不能正常吃饭时，他甚至拿甜麦粥和蜂蜜水给病人吃。对于发热病，他也有自己的看法，病人的身体因发热而虚弱了，就应该减少活动量，更不能让病人吃得太多太饱。而当时的医生医治发热病，总是使病人多运动和多量的饮食。

希波克拉底没有解剖过人体，没有用过显微镜，也不懂得化学，对于微生物的作用也是一无所知。在这种情况下，希波克拉底却提出"疾病是自然界中某种物质的传染"这一观点，使人们对疾病不再恐惧，使医学逐渐脱离宗教迷信，而把医学当做一门独立学科，确实是难能可贵的。

此外，希波克拉底还提出很多富于哲理的忠告，如"人生短促，技艺长青"、"顽疾需猛药"、"相信自然的康复力"、"无故困倦是疾病的前兆"、"暴食伤身"、"简单而可口的饮食比精美但不可口的饮食更有益"。这些格言一直脍炙人口，在今天仍闪耀出智慧的光芒。

36·柏拉图与《理想国》

柏拉图，是希腊最伟大的思想家之一。他出身于贵族家庭，有着富裕的家境、堂堂的仪表和健全的身体，因为他头大肩宽而得了“柏拉图”这个绰号。柏拉图从小受到良好的教育。二十岁时，他拜六十二岁的大思想家苏格拉底为师。柏拉图对苏格拉底衷心敬佩，惟命是从。像众星捧月一样，他和其他的同学围绕着圣哲苏格拉底，穿行于大街小巷，逢人发问，辩疑解惑，传播智慧。

柏拉图生于公元前427年。在他生活的时代，雅典的全盛时期已成了远去的彩云。长时间与斯巴达的争霸战，使雅典一片混乱和动荡。十八岁时，柏拉图曾穿上戎装，征战沙场，但最后惨败的却是雅典。这使得全雅典人包括柏拉图在内都感到无比的沮丧和失望。

为什么曾经是那样强大的雅典会日渐衰落，连遭败绩呢？柏拉图多次与苏格拉底共同探讨这一问题。

苏格拉底认为祸根就是雅典的民主政体。在这种制度下，未受过教育的、容易冲动的群众抽签轮流执政，一些政客、阴谋家肆意挑拨离间，群众受他们的影响，随意举荐、罢免甚至处死统治者和将军，其结果是祸国殃民。

柏拉图深为老师的高论所折服。但他们都没想到，苏格拉底为了这些“高论”，把性命都搭上了。公元前399年，苏格拉底被雅典民主派处死。

恩师苏格拉底的死让柏拉图更加痛恨民主政体，他发誓要寻找一种最理想的国家。于是，他开始环游古希腊人所知的世界，先后到过意大利、西西里岛、埃及、克里特等地。

十二年以后柏拉图回到雅典，此时的他已经博学多闻、满腹经纶了。不过，他仍然承认苏格拉底是至高无上的精神导师。他决定向青年们讲述苏格拉底思想，其实是借苏格拉底之口宣传柏拉图主义。为此，公元前387年，柏拉图在雅典的公园里开设了一个学园。

在学园里，柏拉图授徒讲学，同时著书立说。柏拉图学园是当时雅典的最高学府，许多富家子弟前来就学，亚里士多德便是其中的一个。

柏拉图一生写了四十篇著作，大部分被保存下来。其中《理想国》是他的代表作，此书以对话体形式，借苏格拉底之口，描绘了柏拉图心目中的理想王国。

在柏拉图看来，国家是由人组成的，所以，理想的国家必须先要有理想的人。

怎样算理想的人呢？柏拉图认为，每个人都有欲望、感情和知识。一个理想的人，他的欲望、感情应受知识的指导。而在国家中，也应当由最有知识的人来领导。谁最有知识呢？柏拉图认为是哲学家。他认为，哲学家成为国王，能使政治权力和聪明才智合而为一。否则，国家乃至全人类都会永无宁日。

如何培养统治者呢？

柏拉图认为，婴儿一生下来，就要作为国家的财产把他们集中起来培养。在最初的十年要以体育为主，首先把身体练好。这种身体的训练应是非常严格的，只许吃不加任何佐料的烤鱼肉，不能吃点心。这样培养的孩子以后就不会生病。

但孩子身体强健还远远不够，还要使他们有温和的情绪，这就要用音乐来熏陶，但不应用靡靡之音。具体用什么音乐应由音乐家来选择。在音乐之外，还要进行道德教育，使他们树立信仰。

在这种最初级的培训中淘汰下来的人只能做普通劳动者，而及格的人再经过十年教育和训练，包括身体、思想、品格等方面，接着进行第二次筛选，落选的就去当兵。

但怎样使落选的人心悦诚服地接受其命运呢？柏拉图认为，这时就要给他们说明，这是神把他们造成了不一样的人。他们中的部分人是用黄金造成的，是治理国家的统治者。另一部分人是神用白银造成的，其职责是保卫国家，最后一部分人是神用铁或铜造成的，他们的任务就是用劳动来供养前者。他认为这三种人应该各安其位，各从其事，服从神的安排。

接着，对第二次筛选出来的及格者进行深造。这些人已满三十岁，智能发达，思想成熟，此时可教他们哲学，使他们思想贤明，作风干练，具有领导者的风采。

当他们读完五年哲学课程后，还要进行社会实践，也就是到社会上去工作，经受种种诱惑和考验。这段时间长达十五年，期间再进行一次筛选。剩下的都是些“精英”了，从政的准备工作才告一段落。这时“精英”们已年届五十，将登上国家统治者的宝座。

但统治者不许有私产，他们要像士兵一样，共同吃住。国家中所有的男孩都是兄弟，所有的女孩都是姐妹，生下的孩子都是国家的财产。家庭的取消也取消了财产争夺的根源。国家中人人各安其位，各尽其职，这也是柏拉图梦想中的人间天堂。

当时，曾有人对柏拉图所设计的理想国能否实现提出疑问，对此，柏拉图回答说：理想的东西不一定就能实现，但我们不能因此就说它不好，正如一幅极美的美人画，人可能长不了这样美，但谁又能说它不好、不美呢？柏拉图所鼓吹的理想国家，实际上就是贵族寡头统治下的斯巴达。他想在雅典建立斯巴达式的统治，以对抗雅典的民主政治。

柏拉图对他设计的理想国寄予很大的希望。他曾不顾高龄，渡海前往西西里岛的叙拉古进行讲学，试图说服该国的国王试行一下他的主张，但却被该国政府逮捕，拍卖为奴。幸遇朋友慷慨解囊，他才得以赎身，返回雅典的故乡。

以后，柏拉图在他的学园里继续讲授哲学，著书立说。柏拉图是欧洲哲学史上客观唯心论、先验论的鼻祖。他认为在物质世界外，还有一个理念世界。物质世界是不真实的，只有理念的知识才是真实的，获得这种知识的唯一办法是靠回忆。这种回忆知识的本领并非所有的人都具备，只有少数有天赋才能的人，如哲学家之类的人才具备。由此，柏拉图得出了最后答案，理想的国家“应该由贤人和智者来统治”。

公元前 347 年，柏拉图参加了一个弟子的结婚喜筵。宾客们饮酒作乐，声音嘈杂。这位八十岁的老哲学家感到有点吃不消了，他便退到旁边的房间小睡片刻，但竟一睡而长眠不醒，与世长辞。

37 · 大思想家亚里士多德

公元前 367 年仲夏的一天，一个穿着讲究的青年来到雅典柏拉图学园，拜柏拉图为师。他的到来在学生中引起了一阵骚动。他态度温和、举止文雅、彬彬有礼，是个地道的富家贵族子弟。更使同学们惊奇的是，这位年仅十七岁的青年上知天文、下知地理、博古通今、才华横溢，连他的老师柏拉图也惊叹不已。他就是后来对欧洲文化产生深远影响的大思想家亚里士多德。

亚里士多德出生于显赫的家庭，他的父亲是马其顿国王的御医。受父亲的影响，他从小就对医学、解剖学、生物学很感兴趣。在柏拉图学园，他勤奋学习，博览群书。虽然亚里士多德敬佩柏拉图，但从不盲目崇拜，他常常对老师的观点提出异议。他有一句名言："我爱我师，但我更爱真理。"

在柏拉图学园，亚里士多德一学就是二十年，直到柏拉图死后，才离开雅典。

到公元前 343 年，亚里士多德已是一位享有盛名的哲学家了。一天，他收到了一封聘书，是马其顿国王腓力二世寄来的，请亚里士多德教导他的儿子亚历山大。聘书写道："我有一个儿子，我感谢神灵赐我此儿。我希望您的关怀和智慧将使他配得上我，并无愧于他未来的王国。"

这样，亚里士多德就成了亚历山大的私人教师。

公元前 336 年，亚历山大继承了马其顿王位，并开始军事扩张，征服了大片土地。亚里士多德则返回雅典，在雅典东北部的一片小树林里开办了一个学园，从此开始了他的用知识征服世界的生涯。

亚里士多德的教学方式很奇特，不是在课堂上讲授，而是带着学生们在树林里边散步边讲学，同时还欣赏着四周的美景，十分逍遥自在，所以，人们称他们师生为"逍遥学派"。

亚里士多德提出对学生必须进行"智育、德育、体育"三方面的教育，同时提出了划分年级的学制理论。他主张，国家应该为七岁到十四岁的儿童办小学，让他们学习体操、语文、算术、图画和唱歌。对于十四岁到二十一岁的青少年，国家应该让他们在中学学习历史、数学和哲学。德育是为了培养自尊心和勇敢豪放

的性格，体育是为了培养强健的体魄。青年在中学毕业以后，国家还要对其中的优秀分子继续培养。他创办的学园就是为了培养优秀青年。

亚历山大大帝十分尊敬他的老师，他说：“生我身者是父母，生我智慧者是亚里士多德。”因此，他大力支持亚里士多德办学，先后提供了八百塔伦特(古希腊货币名，约合今四百万美元)的经费，让亚里士多德进行科学研究。亚里士多德在学园里创建了欧洲第一个图书馆，其中珍藏了许多自然科学和法律方面的书籍。

亚历山大还命令全国的猎人、园丁和渔夫，都必须贡献出亚里士多德所需要的动、植物标本。据说，亚里士多德曾指挥上千人分散到希腊和亚洲各地，为他采集各地的动植物标本。亚里士多德在学园里开展生物学的研究，时常解剖各种动物。在生物学领域内，他的最大贡献是在对动物所作的观察和分类上。他按照繁殖的形式把人归于胎生动物。他还从更广的意义上把动物分成有血和无血的两大类。

亚里士多德创建了许多哲学和科学的术语，我们今天谈科学时几乎仍离不开他所发明的专门术语，如格言、范畴、能力、动机、终点、原理、形式、逻辑等等。亚里士多德还建立了一门新科学——逻辑学，即研究正确思维方法的科学。

他曾生动地给他的学生们介绍逻辑学命题“三段论”。他说，我们希腊人有个很有趣的谚语：如果你的钱包在你的口袋里，而你的钱又在你的钱包里，那么，你的钱肯定在你的口袋里。这三句话第一句就是大前提，第二句是小前提，第三句就是结论。这就是一个非常完整的“三段论”。

亚里士多德一生写过四百部著作，虽然已遗失不少，但保留下来的书仍然非常丰富。他的著作涉及政治学、物理学、医学、心理学、逻辑学、伦理学、历史学、天文学、数学、生物学、戏剧学、诗学等方面，所以人们说他是百科全书式的大哲学家、科学家。

公元前 323 年夏天，亚历山大大帝在巴比伦病逝。消息传到希腊，被马其顿征服的雅典人欢呼雀跃，他们可算找到了出气的机会。又因为亚里士多德曾担任亚历山大的老师，所以人们把怒火全发泄到了他的头上。人们控告他不敬神。亚里士多德听到消息，知道大祸就要临头，他不愿落得与苏格拉底同样的下场，便匆匆地逃往外地避难。第二年，这位古希腊伟大的思想家抑郁成疾，与世长辞，时年六十三岁。

38・古希腊的戏剧

在古希腊,看戏是人们日常生活不可或缺的一部分。

大约在公元前 500 年的一天,当雅典人正在观看戏剧的时候,木制的看台突然坍塌,伤了一些人。雅典人引以为戒,在卫城的南坡上用石头建造了一座新剧场,专献给酒神。自此以后,类似的剧场在各城邦相继出现。

雅典的这座酒神剧场,建在山坡上,可以容纳近两万人。观众席就设在斜坡的阶梯上,它呈半圆形,因此又称为圆形剧场。剧场中央是一个圆形的舞台,演员和歌队在此演出。舞台后面的斜坡上有一座建筑,是演员们的更衣室;它还可以把舞台上演员的声音收拢在剧场内,具有现在的扩音设备的作用呢。

古希腊人还为戏剧创造了各种布景。剧场在更衣室前面的廊柱之间放置了大块的木板,在上面画房屋、岩洞、大海等各种各样的景物,有的柱子还可以转动,这样上面的布景就可以随剧情的发展而切换。剧场里除了固定舞台外,还有一个活动台,将布景或剧中人物升到空中,非常地生动灵活。

酒神剧场正好处于城乡的分界处,它的右边是熙熙攘攘的市场与港湾,左边则是一望无际的乡村。为了便于观众了解剧中人物的身份,剧场在更衣室的两边各设一个进出口,让从乡下来的人物由左边进出场,城中或海上来的人物是从右边进出场。

起初,剧场不卖票,观众可随便进入。但这带来一个问题,即观众抢座位,秩序不易维持。于是便开始卖票收费,每张票大约为普通民众半天的收入。票价虽不算贵,但对于那些赤贫的公民来说,仍然是负担不起的。为了让所有公民都能看到戏,伯里克利当政时通过了一项重要的法令:在公共节日演戏时,给每位公民发放津贴,每次津贴相当于公民一天的生活费。这样极大地调动了公民看戏的积极性,促进了戏剧事业的发展。

在古希腊,一部戏剧的演员只有三位。剧中的人物由他们轮流扮演,演员戴着面具演出。演员的出场费是城邦发给的,歌队的费用则由富裕公民赞助。虽然演员们的收入不算多,但他们每场演出都尽心尽力。当他们演到精彩之处时,常常博得观众的阵阵掌声与叫好声，甚至观众还发出“再演一遍”的欢呼声。有时，观众也对一些戏剧喝倒彩，甚至将石头、水果掷到舞台上。据说，有个三流演员承认，他在一次演出中，观众边叫嚷边投掷白无花果和其他水果，收集起来足够开一家水果店。还有一次，一位观众竟把石头扔向场中，把一位演员打晕了。

为了讨观众的欢心，让他们安静地看戏，并让他们发出欢呼声，剧作家们总是苦心孤诣地去揣摩剧中的每一句对话，细心构思每一个故事情节。因此，古希腊剧本是用一种通俗的诗体写出来的，每一个词句都写得那样优美，每一段对话都安排得那样巧妙，我们可以把它当戏剧看，也可以当诗读。

酒神节那天为公共假日。当天的开幕典礼中有一项隆重的仪式，人们穿着五彩缤纷的衣裳，举着各种象征性的道具，庆祝孕育万物的春天来临。接着，在卫城南面山坡上举行宰杀公牛献祭仪式。随后，在剧场里演戏，一天上演许多出戏，一连演出三天。表演从清晨开始，一直演到傍晚。希腊人观戏很热闹，仿佛是在举行一次热闹的集会，边嗑瓜子、喝酒，边听戏。亚里士多德说：一出戏演得好坏，从观众吃掉东西的多少可以看出。

古希腊培养出了大批杰出的悲剧家和喜剧家。他们都有很高的艺术造诣。著名的悲剧家有三人：埃斯库罗斯、索福克勒斯和欧里庇得斯，杰出的喜剧家是阿里斯托芬等。

每年一度的酒神节戏剧演出中，都要评出参加演出作品的第一名，并授予奖品。

埃斯库罗斯在公元前 484 年的戏剧比赛中，第一次获奖，以后又得奖十六次，被誉为“悲剧之父”。埃斯库罗斯出身贵族家庭，曾参加过希波战争中的马拉松、萨拉米等战役。相传他一生写了九十部悲剧，但留传下来的只有七部。他的作品充满正义感和爱国热情。

埃斯库罗斯最优秀的作品是《普罗米修斯》。根据希腊神话，普罗米修斯把天上的火偷来送给人类，还把科学、艺术、医术等传授给人类，使人类有了知识和智慧。众神之王宙斯为这事很恼怒，他把普罗米修斯绑在高加索的悬崖上，每天派一只鹰来啄食他的肝脏，晚上又使肝脏长好，使他不断遭受难熬的痛苦。但他毫不妥协，拒绝了宙斯派来的使者的威胁利诱。他宣称憎恨所有的神，并预言宙斯将要被推翻。

在公元前468年的戏剧演出比赛中，二十八岁的索福克勒斯击败了埃斯库罗斯而获奖。相传索福克勒斯一生写过一百二十部戏剧作品，得奖五次，但只有七部流传至今。他的代表作《俄狄浦斯王》曾感动了一代又一代的观众。

剧本描写俄狄浦斯应了神的预言，长大后杀了父亲又娶了母亲，自己却毫无所知。为了平息特拜国内流行的瘟疫，按照神的指示，他千方百计寻找杀害前国王(他的父亲)的凶手，结果发现他要找的凶手竟然是他自己。悲痛万分的王后(他的母亲和妻子)自尽了。俄狄浦斯王百感交集，终于刺瞎了自己的眼睛。这部悲剧表现了人与命运的冲突。

就在索福克勒斯获奖的二十七年后，欧里庇得斯又击败了他，获得了戏剧比赛的第一名。欧里庇得斯是雅典民主制时期的后期诗人。他也得过五次奖，给我们留下了十八部作品，其中最优秀的是悲剧《美狄亚》。故事是这样的：伊阿宋是传说中的一个令人敬爱的英雄，在科尔喀斯国王的女儿美狄亚的帮助下，取得了金羊毛，并娶美狄亚为妻。后来伊阿宋变心了，要把美狄亚遗弃，美狄亚决心报复伊阿宋。她为了报仇，也为了让自己的孩子不死在更残忍的敌人手里，终于亲手杀死了自己的两个儿子。

在戏剧比赛中，喜剧家阿里斯托芬也先后七次获奖。他共创作了四十四部喜剧，现存十一部。阿里斯托芬的喜剧绝大部分是描写现实的。他的作品情节离奇，语言生动。如《骑士》直接嘲弄了当权人物。而《鸟》以神话幻想为题材，描写了林中飞鸟建立了一个理想的社会——“云中鹁鸪国”，在这儿大家都是平等的，没有压迫和奴役。

古希腊人开创的戏剧艺术，后来经过罗马人的摹仿，广泛流传并一直延续至今。它奠定了西方戏剧艺术的基础。现在，各国的表演艺术家还经常将古希腊戏剧搬上舞台演出。

39·亚历山大的远征

打开世界地图,你会看到尼罗河三角洲上有一座大城市,名叫亚历山大。这是座古老的城市,已经有二千三百多年的历史。你如果再翻到年代久远的地图,会发现从尼罗河口到两河流域、伊朗、阿富汗直到印度河流域,曾星罗棋布地坐落着一座又一座名叫亚历山大的城市。如果把这些城市(共十六座)连接起来,你就会发现一个古代最伟大的征服者的足迹。他就叫亚历山大。

亚历山大是希腊北部的马其顿人,他于公元前356年出生于马其顿的都城培拉,他的父亲是马其顿国王腓力二世。母亲是伊庇鲁斯国王的女儿。

亚历山大从小兴趣广泛又聪明勇敢。有一次,有人卖给腓力二世一匹良种马,但这匹马性情暴烈,没有人能驾驭它。亚历山大当时才十二岁,他要求试一试,并说如果失败了由他付钱。大人们都嘲笑他。但是他敏锐地发现了别人没有注意到的地方:这匹马害怕自己的影子。他镇定地把马头朝向太阳,使马平静下来,接着纵身一跃骑上马飞驰而去。这样,亚历山大赢得了这匹名叫布斯法鲁斯的马,此后许多年这匹马一直是他战斗中的坐骑。

亚历山大驯服烈马的故事,很快就传开了。当时有人问他想不想参加奥林匹克竞技会,他回答说:“我知道我可以取胜,但我不会去参加比赛,除非所有参加竞技会的都是国王。”

亚历山大渴望建立功勋,扬名四海。

十三岁时,腓力二世为他聘请了希腊著名学者亚里士多德,向他传授哲学、医学、文学等知识。亚历山大特别爱好希腊文学,亚里士多德为他注解了一本荷马史诗《伊利亚特》,这本《伊利亚特》从此成了他最珍爱的作品,在以后的征战中一直携带在身边。

少年时代的亚历山大,就随父亲南征北战,积累了丰富的政治、军事经验,也在心底埋下了征服世界的梦想。他十分钦佩智勇双全的父亲腓力二世,可是每当他得到父亲征战获胜的消息,亚历山大就愁眉不展,满怀心事。母亲觉得很奇怪,问儿子为何这样。少年王子回答说:“母后啊,父王要是这样不断地胜下去,征服世界的伟大事业哪还有我的份哪!”

公元前338年,腓力二世决定控制整个希腊地区。马其顿军队与希腊联军在希腊中部展开了一场大战。亚历山大指挥左翼军队,给了联军以沉重打击,显示了他的军事才干和毅力。这场战役后,马其顿成了全希腊的盟主。

公元前336年,腓力二世在参加他女儿的婚礼上,被一个心怀不满的青年贵族刺杀。二十岁的亚历山大继位成为马其顿国王。这时,希腊被征服的城邦发动了反马其顿统治的叛乱,但年轻的亚历山大在短短的两年里就平息了叛乱。他将带头造反的城邦底比斯彻底毁灭。从此以后,没有希腊城邦再敢公开对抗这位年轻的国王了。

亚历山大从继承王位起,就一直考虑着征服波斯。公元前334年,亚历山大率领马其顿希腊联军,踏上了东征之途。但是,和拥有百万雄师的波斯帝国相比,这是一支微不足道的远征队伍,他只有三万步兵、五千骑兵和一百六十艘战舰。出征之前,亚历山大把自己所有财产全部分赠给部下和朋友。当有人问他给自己留下什么时,亚历山大答道:“希望。”

他就这样满怀着征服的“希望”开始了远征。

第一次与波斯军队的大战发生在格拉尼卡斯河畔。战斗开始后,亚历山大率领马其顿骑兵发起进攻。亚历山大一马当先,冲入河流,一跃登上东岸,头盔上两根羽毛像两面白色旗帜一样在风中飘动。波斯将士见敌军主帅带头冲锋,立即争先恐后围堵上来,都想斩杀亚历山大以建头功。一场围绕亚历山大的激战开始了。

双方的骑兵纠缠搏杀在一起,尘土飞扬,杀声震天。突然,在一次猛烈的刺杀中,亚历山大的矛折断了。他一面用断矛抵挡波斯人的砍杀,一面大喝:“拿矛来!”

亚历山大身旁的一名卫士立即将自己的矛递给他,谁知也是一柄断矛。正在这危急的时刻,他的一位将军冲了过来,高叫一声:“陛下接着!”将自己手中的长矛掷出。

亚历山大刚刚一把抓住,波斯国王的女婿提里达就冲了上来。亚历山大拍马迎上,一矛刺中提里达面部,将他挑下马来。波斯将领罗沙克趁机偷袭,一斧砍在亚历山大头上,将头盔连同羽毛劈成两半,所幸亚历山大没有受伤。只见亚

历山大迅疾转身，一声大吼，一矛贯穿罗沙克胸甲，刺入其心脏。

就在这时，另一位波斯将领斯皮特达驰至亚历山大背后，举起战斧猛地砍下。亚历山大此时正在拔矛，来不及注意身后。就在这千钧一发之际，亚历山大的部将克雷塔纵马赶到，将手中利斧奋力掷出。这一斧不偏不倚，将波斯人握斧的手臂齐肘斩落，一名马其顿骑兵趁机冲上，一矛刺进斯皮特达背后。

波斯军由于连损三员大将，士气受到影响，开始向后退却。马其顿军乘势追杀，波斯军全线溃败。

公元前333年，在波斯的伊苏斯会战中，亚历山大以四万兵力，击溃了波斯六十万大军，取得了更辉煌的胜利。波斯国王大流士三世狼狈逃窜，甚至连母亲和妻女都成了俘虏。

随后，亚历山大又击败波斯海军，长驱直入埃及。在埃及，他自称是太阳神“阿蒙”之子，表示尊重埃及的古老传统。他还亲自勘查设计，在尼罗河三角洲建立了亚历山大城。埃及祭司们为他加封“法老”称号。

公元前331年，亚历山大重返波斯。大流士三世派出使者谋求和平，把他的女儿嫁给亚历山大，还拿出一万金币和帝国土地的三分之一。众将不禁怦然心动。

“如果我是亚历山大，我会接受的。”马其顿大将帕曼纽建议道。

“如果我是帕曼纽，我也会接受。”亚历山大回答道。

这年年底，两军在两河流域的高加米拉村决战。亚历山大以四万七千人歼灭了波斯的三十万大军。大流士三世东逃，后被其部下杀死。至此，称雄数百年的波斯帝国灰飞烟灭，亚历山大成了波斯的统治者。

征服波斯并未使亚历山大满足。他稍事休整，随即率军经阿富汗南下入侵印度。在付出沉重代价后，终于占领了印度河地区，并在当地建立起两座亚历山大城。

亚历山大准备向恒河进军，将东征进行到底。他号召士兵们：“生时勇往直前，死后流芳百世。”

但此时马其顿军远离家乡，征战已有八年，征程五万里，战士们已经疲惫不堪。印度的热带气候，可怕的毒蛇，流行的传染病，这一切都影响了士兵们的情绪。他们思念远方的家乡和亲人，公开拒绝继续远征，亚历山大被迫班师回国。

公元前 325 年,亚历山大回到了帝国的新都巴比伦。近十年的东征宣告结束。

亚历山大好像是为了战争而生的,和平的生活似乎不适合他。回巴比伦不久,他便感染了恶性疟疾,一病不起。公元前 323 年 6 月 13 日,亚历山大病逝,年仅三十三岁。临终前,他的将军们围着他问谁是继承者,亚历山大眼望天庭,说出了临终遗言:“他将是最强者。”

亚历山大死后,横跨三大洲的帝国不再是一个整体了,将领们纷纷拥兵自立,互相残杀,最后分裂成几个希腊化的国家。亚历山大庞大的帝国只存在了短短的十三年。

40 · 阿基米得的“支点”

公元前212年的一天，在西西里岛的叙拉古城里，一位老人正在花园里的一块沙地上，专心致志地做着一道几何题。这道几何题他已经苦思冥想好长时间了。这位老人名叫阿基米得，已经七十五岁了，是一位天才的数学家。此时，他并不知道外面发生的事。

原来，罗马军队对叙拉古城包围了两年，久攻不下。就在这天早晨，罗马军队终于攻破了叙拉古城。罗马军团的指挥官叫马赛拉斯，早已知道阿基米得是一位伟大的数学家，又擅长制造攻城机械，于是，就派了一个士兵去请他。

这个士兵来到阿基米得家中，要阿基米得立刻跟他走，去见军团指挥官。此时阿基米得正在做着那道几何题呢。

“让我把这道题解开后再跟你走，请你稍等一会儿吧。”阿基米得说。

“你说什么？让我等你！这绝对不可能。”这个鲁莽的士兵勃然大怒，拔出佩剑来，一剑刺死了阿基米得。

马赛拉斯听说阿基米得死了，感到十分惋惜，下令严惩那个士兵。他为阿基米得举行了隆重的葬礼，并为他建造了陵墓。

阿基米得出生在希腊的第三大城邦叙拉古。他从小热爱学习，善于思考，喜欢辩论。早年他来到埃及的亚历山大求学。当时，亚历山大是托勒密王朝的首都，也是一个希腊化的城市。在亚历山大，建有世界上最大的图书馆，藏书多达五十万卷。这里的学术气氛浓厚，许多希腊的年轻人来此深造。阿基米得在这里学习了哲学和数学、天文学、物理学等科学知识，掌握了丰富的希腊文化遗产。后来，他返回了叙拉古，专心致志地从事科学研究。阿基米得在几何学、物理学、工程学等方面都作出了杰出的发明和贡献。

当时在几何学方面，有一个难题一直困扰着学者们：如何计算圆形的面积？

阿基米得想出了一个巧妙的方法。他利用无数个多边形来求证——通过成倍地增加边数而接近圆，最终求证出圆面积公式。同样，他还用无数个宽度相等的矩形，论证了椭圆面积公式。进而，阿基米得发现了球与圆柱体的关系：一个球的体积是一个外切圆柱体体积的三分之二。

阿基米得还是流体静力学的创始人。

一次,叙拉古国王要打造一顶金王冠。他找来了城里有名的金匠,给了他一些金子。他担心金匠可能会私吞金子,特地用秤称了一下金子的重量。过了几个月,金王冠打造好了。国王看着金光灿灿的王冠,爱不释手。可是,他又心怀疑虑,金匠是否欺骗了他,在金冠中掺入了银子？国王已经付给了金匠很高的工钱,他不想再损失金子了。

这时,国王想起了叙拉古的大学问家阿基米得,于是,他把阿基米得请到了王宫,想请阿基米得鉴定一下金王冠中是否掺入了银子。同时,国王又告诉阿基米得,不能损坏王冠的一丝一毫,因为他实在太喜欢这顶金王冠了。

阿基米得把金王冠拿回了家。他小心翼翼地捧着金王冠,苦思冥想,绞尽脑汁。几天后,阿基米得去街上浴室洗澡,当他躺进盛满温水的浴缸时,浴缸中的水溢了出来,他感到自己的身体微微上浮。这时,一个灵感突然闪过了他的脑海:相同重量的物体,由于其比重的不同,排出的水量也不同……

阿基米得猛地从浴缸中跳了起来,全然不顾自己还未穿衣服,高兴地大喊:“找到了！找到了!”

他兴奋地跑上大街,一口气奔回了家。他的仆人气喘吁吁地追到了家,看到阿基米得正在做试验。他把王冠放进盛满水的盆中,量了溢出的水,又把同样重量的纯金放在盛满水的盆中,发现溢出的水比刚才溢出的少。问题解决了！这个试验证明,王冠中掺有银子。阿基米得把试验结果告诉了国王,国王被他的聪明才智折服了。

阿基米得的这个试验意义重大,他发现了流体静力学的基本原理——物体在水中所产生的浮力,等于它所排开的水的重量。这个原理,通常被人们称为“阿基米得原理”。

国王对阿基米得的才华十分赞赏,经常把他作为贵宾请到宫里。阿基米得不失时机地向国王和大臣们展示他的新发现。有一天,阿基米得把他刚发现的杠杆原理告诉了国王。他认为,只要力臂足够长,一个力可以推动任何重物。他十分自信地对国王说:“如果给我一个支点,我就可以移动地球!”

国王和大臣们将信将疑。阿基米得把他们带到了王宫附近的一条河边,一条大船正搁浅在岸上。阿基米得在船身下安装了杠杆滑轮装置,接着,他用力按动杠杆,只见船身缓缓地向前移动,十几分钟以后,船慢慢地进入河里。围观的群众发出了欢呼声,国王和大臣们也心服口服。

阿基米得经常把他的发明运用到实践中去。还在亚历山大求学时,他经常到尼罗河畔散步。在久旱不雨的季节,他看到农民在尼罗河边一桶一桶地提水浇地,非常吃力。于是,他设计制造了一种螺旋提水器,通过旋转螺杆把水从河里抽上来,省了许多气力。在今天的埃及,人们仍在使用这种螺旋提水器。

为了保卫叙拉古不受外敌侵犯,阿基米得还发明和制造了许多护城机械。

公元前三世纪末,罗马和迦太基为争夺地中海的霸权,爆发了第二次布匿战争。叙拉古站在迦太基一方。公元前 214 年,罗马军队开始进攻叙拉古。就在罗马舰队逼近叙拉古城时,一些粗梁突然从城墙旁伸出来,撞沉了罗马的军舰;一些起重机式的机械从城墙上伸出机械爪,抓住敌舰,掀翻过来。原来,阿基米得多年前造的护城机械发挥了作用。罗马海军遭到沉重打击,军团指挥官马赛拉斯改变战略,佯装撤退。

到了晚上,马赛拉斯派出步兵悄悄逼近城墙,他以为阿基米得的机械无法发挥作用了。可是,阿基米得早就准备了投石机等短距离器械,再次打退了罗马人的进攻。这时,罗马人一筹莫展,望城兴叹,甚至谈虎色变,草木皆兵,一看到城墙上出现绳子或木梁,就以为又是阿基米得开动机器了,惊叫着:“阿基米得来了! 阿基米得来了!”抱头鼠窜。

马赛拉斯不能取胜,只好采用长期围困的办法,这样整整过了两年,到公元前 212 年才占领了叙拉古。

阿基米得虽然被一个鲁莽的罗马士兵杀死了,但无论是叙拉古人还是罗马人,都对他怀有深深的敬意。根据阿基米得生前的愿望,人们在他的墓碑上,刻了一个由圆柱体所包围的圆球,标明其体积比为 3∶2,以纪念这一奇妙的发现。

41·古代世界七大奇迹

古代腓尼基有一位叫安提巴特的旅行家，在公元前三世纪访问了地中海沿岸地区。他在著作中描述了他所看到的当时世界七大建筑，他赞美那是人间奇迹。于是，“世界七大奇迹”的说法由此一直沿袭下来。

七大奇迹按建筑时间先后排列如下：(一)埃及金字塔；(二)巴比伦的空中花园；(三)以弗所的月亮女神庙；(四)奥林匹亚的宙斯神像；(五)摩索拉斯国王陵墓；(六)罗德岛的太阳神巨像；(七)亚历山大港灯塔。

可惜的是，七大奇迹中除了埃及的金字塔外，其余六个因地震、火灾或年久沉陷，今天都已不复存在。我们前面已介绍过古埃及金字塔和巴比伦空中花园，下面将介绍余下的建筑奇迹。

以弗所的月亮女神庙

以弗所位于小亚细亚的沿海地区，这是一个希腊移民建立的城邦国家。当地的居民很早就崇拜月亮女神阿泰米斯。按照希腊神话，阿泰米斯是宙斯与丽达的女儿，她是一位月神，又是湖泊泉水神和狩猎神。

以弗所的月亮女神庙建于公元前 550 年，这座庙从开工到竣工费时一百二十年，它是古希腊所有神庙建筑中最宏大的一个。女神庙长一百米，宽五十米，它的面积是雅典卫城雅典娜神庙的三倍。庙的四周有二十米高的柱子一百二十七根，分内外两圈排列。柱上雕刻着精美的希腊神话故事。这座神庙内外造型浑然一体，具有很高的建筑艺术价值。

奥林匹亚的宙斯神像

在古希腊伯罗奔尼撒半岛西部有一片宽阔的平原，平原的东、南、北三面群山环抱，它的中央点缀着一座不大的圆形山丘，这里环境优美，风景如画，是古希腊人心目中的圣地，叫做奥林匹亚。公元前 776 年，第一届奥林匹亚竞技会在这里举行。

所有希腊城邦都派出代表来这里参加竞技会，不久，神祠、庙堂就一个个在这里建立起来了。在这些建筑中，最大的一座就是宙斯神庙。这座宏伟的神庙大约建于公元前 460 年，庙长六十四米，宽八米，高二十米，东西山墙上都装饰着大理石浮雕。人们穿过入口，进入主厅，透过弥漫的烟雾，一尊巨大的宙斯神雕像便映入眼帘。宙斯是古希腊神话中的众神之王，祭祀宙斯是奥林匹亚竞技会的一个重要活动项目。

宙斯神像是一尊高约十五米的坐像。底座高三米，正身高十二米。雕像全身用乌木雕成，外饰黄金珠宝。宙斯的眼睛是宝石的，头上戴着金制花环。他的右手托着黄金象牙制成的胜利女神像，左手握一根精雕细镂的金属拐杖。底座上装饰着美丽的浮雕，它描绘着美神阿佛洛狄特从海中浮升的情景。

这尊巨像是谁雕塑的呢？人们在雕像的脚部找到了雕刻家的名字。他叫菲迪亚斯，是古希腊最著名的雕刻艺术大师。他在完成雅典卫城帕特农神庙中雅典娜神像的雕塑后，又来到奥林匹亚雕塑宙斯神像，先后花了八年时间，在公元前 450 年最终完成。宙斯神像和雅典娜神像是菲迪亚斯最杰出的代表作。

可是到公元三世纪，宙斯神像遭到了破坏，公元五世纪又经历一场地震，它被彻底震毁了。

摩索拉斯国王陵墓

在爱琴海东岸的小亚细亚半岛上，有一座历史名城叫哈里卡那索斯，这里是古希腊历史学家希罗多德的故乡，这里还耸立着一座举世闻名的建筑——摩索拉斯陵墓。

摩索拉斯是哈里卡那索斯的国王。他为了宣扬自己的威严和财富，于公元前 395 年下令兴建自己的陵墓。他决心把陵墓建成独一无二的建筑，于是请来了许多技艺高强的希腊建筑师参与建陵。

陵墓是一座神庙风格的大理石建筑物，它耸立在长方形的底座上。底座是巨石建筑，约三十米宽、四十米长、十五米高，外面镶满了白色的大理石。底座上四面竖着三十六根圆柱，圆柱高十二米，用来支撑上面沉重的墓顶。墓顶是金字塔式的造型，由二十四道台阶构成。墓顶上还有一台座，上面载着一辆作急驰状的四匹马拉的战车，摩索拉斯国王和王后的大理石塑像就立在战车上。塑像人物头发后披，容貌庄严，雕刻精细。整座陵墓，从底座到立像高达五十米。

摩索拉斯陵墓体积宏大、结构奇巧、装饰富丽。它一直完好地保存到公元七世纪，后来毁于地震。

罗德岛的太阳神巨像

罗德岛位于爱琴海东部，是爱琴海的大岛之一。罗德岛曾是埃及与马其顿两强争夺的地方。公元前四世纪末，马其顿大军围攻罗德岛，但岛上居民倾向埃及，全力防守，终获胜利。为了庆祝这次伟大胜利，罗德岛人从公元前 292 年开始，用缴获的马其顿兵器熔铸太阳神阿波罗巨像，历时十二年建成。负责建筑巨像的是希腊著名雕刻家卡瑞斯。

关于这座巨像的站立姿势，史料中有两种不同记载。一种记载说，巨像高三十六米，阿波罗手持火炬，两腿分立，两脚踏在港口两边石台之上，胯下可通行往来船舶。另一种记载称，像高三十二米。阿波罗双脚并立站在港口一侧，右手举到前额，搭起凉棚，两眼远眺前方；左胳膊腕搭披衣，披衣拖到地面，起支撑巨像作用。

但是巨像只站立了五十多年，在公元前 224 年的一场地震中被震塌了。

亚历山大港灯塔

古代埃及的建筑奇迹，除了巍峨的大金字塔外，还有一座气势磅礴的灯塔——亚历山大港灯塔。这座灯塔仅比胡夫大金字塔低十米，是古代世界第二高的建筑物。

公元前 332 年，马其顿国王亚历山大远征埃及，战后在埃及地中海边建起了一座城堡，即亚历山大城。由于海上航运的需要，埃及人又在附近的法罗斯岛上建造灯塔。从此，夜里在海中来往的航船，有了明确的方向。

这座灯塔高达一百三十五米。塔身共分四部分组成。最底层是塔基，高约七十米，呈正方形，由底往上逐渐缩小。第二部分为八边柱状，高四十米。第三部分为圆柱形，高二十米，由八根花岗石石柱支撑着圆形塔顶，它是夜间导航的灯室。塔顶之上还有一尊海神波塞冬的青铜像。塔内有螺旋形楼梯直通灯室，塔外有升降的吊车往上输送燃料。为了引导远处的船舶航行，在塔的顶层建有燃烧炉，夜间燃起大火，方圆几十里均可看到。

公元 700 年，亚历山大发生地震，灯室塌毁。不久又修复。公元 1100 年，灯塔再次遭强烈地震，整个塔身都被震毁，只剩塔基。这座灯塔一直使用了一千四百年左右。由于该塔建在法罗斯岛，后来西方词语“灯塔”也读作“法罗斯”(英语 pharos，法语 phare)。

42 · 罗马城与母狼

在意大利首都罗马的街头，人们随处可以看到与狼有关的雕像。走进罗马卡彼托林博物馆，人们的视线集中在一尊母狼的青铜雕像上。这只母狼两耳竖起，嘴巴微张，尖牙半露，圆睁的双眼警惕地注视着前方。在它的腹下，有两个可爱的男婴，他们仰着头，正在吮吸着母狼的乳汁。据说，那两个吃狼奶的孩子就是罗马人的祖先。这里面还有一个有趣的传说呢。

传说希腊人用十年时间攻陷了特洛伊城。有些特洛伊人侥幸逃脱出来，他们坐船漂流到意大利半岛上。当他们在台伯河上岸后，发现这里森林密布，土壤肥沃。于是，这些特洛伊人在这里定居下来，并建立了自己的王国——亚尔巴龙伽。

许多年后，亚尔巴龙伽发生了一件不幸的事。当时的亚尔巴龙伽王的弟弟阿穆留斯篡夺了王位。阿穆留斯并不害怕老朽无能的哥哥，所以留下了他的性命。他担心的只是哥哥的后代报仇。为了避免这种危险，他不顾罪上加罪，在一次狩猎时，杀害了他哥哥的儿子；还强迫他哥哥的女儿西尔维亚到庙里去当女祭司，而女祭司是不能结婚的。他以为这样一来，他的哥哥就不会有后代，他的王位就稳固了。

可是，由于神意的安排，战神玛尔斯竟来和西尔维亚结合，使她生下了一对双胞胎儿子。阿穆留斯听到这个消息后十分惊恐，下令处死孩子的妈妈，并让一个女奴将双胞胎扔到台伯河去，以防他们长大后复仇。

这时台伯河正在泛滥，大水不断上涨，沿岸白浪滔滔。女奴不敢走到水里，她把装着孩子的篮子放在河边就走开了。她心想，河水再涨高些，孩子就会被水淹死。可是河水并没有冲走篮子，反而把篮子冲到岸边。

这时，一件神奇的事情发生了。一头母狼来到河边喝水，它发现了正在啼哭的孩子，不但没有伤害他们，反而慈爱地用舌头舔干他们的泪水，温存地用奶水把他们喂饱。不久，一个牧羊人看到这神奇的景象，十分惊讶，他把两个孩子带回自己家中抚养，给他们起了名字，一个叫罗慕路斯，一个叫勒莫。

后来，牧羊人经过多方打听，终于弄清这对双胞胎男孩原来是老国王的后代。为了孩子的安全，牧羊人对此一直守口如瓶，从未对别人讲起过此事。

在牧羊人的精心养育下，这对孪生兄弟长大了。他们健壮勇敢，力大无比，武艺出众。直到这时，牧羊人才把他们的身世秘密告诉了他们。兄弟俩听了以后，决心杀死阿穆留斯，为自己的母亲和舅舅报仇雪恨。

两兄弟同心协力，经过不懈的努力，终于杀死了阿穆留斯。他们又找到了隐居乡间的外公，把王国的政权交还给他。罗慕路斯和勒莫做完这些事后，不愿再留在亚尔巴龙伽，决定到他们得救的地方——帕拉丁山冈建立一座新城。

可是，他们俩在建城的问题上发生了争执。争执的原因是，他俩是孪生，该用谁的名字命名新城，由谁统治这个城市呢？两个人争吵起来，越吵越厉害，失去理智的罗慕路斯竟失手杀死了自己的弟弟。接着，他把勒莫埋葬在与帕拉丁山遥遥相对的阿芬丁山。

之后罗慕路斯举行了新城的奠基仪式。他把一对公牛和母牛套在犁上，赶着它们绕着帕拉丁山冈，犁出了一道深深的犁沟。到了预定开设城的地方，他把犁头抬起，城墙的轮廓就这样确定了下来。罗慕路斯成为这新城之王。他还用自己的名字为新城命名：罗马城。据说这件事发生在公元前 753 年 4 月 21 日，这一天也成了罗马人的开国纪念日。

罗马城终于建立起来了，但城市的人口很少。因为这是座新的城市，来到这里的大多是逃亡者、流浪汉甚至流氓、盗贼。他们多为男子，崇尚武力，凶狠好斗，附近部落的人都不愿把姑娘嫁到罗马来。

罗慕路斯想出了一个聪明的法子。他向周围的部落发出邀请，罗马将在 8 月 18 日举行盛大的节日赛会，欢迎附近的人们前来参加，到时还有宴会款待大家。罗马人为节日做了精心的准备。

节日这天，罗马城内热闹非凡。周围的部落来了许多人，从邻近萨宾部落来的人特别多，他们带着妻子和儿女一起来了，赛会进入了高潮，来宾们又吃又喝，又玩奇妙的游戏，大家开心极了。突然，罗慕路斯发出暗号，早已准备好的罗马青年立即拔出剑来，呼喊着冲进玩乐的人群中，每人抓住自己早已看中的萨宾姑娘，带回自己家里成亲。受辱的萨宾人退出了赛会，他们发誓要报复罗马人。

一年以后，怒气冲冲的萨宾人终于准备停当，大军开始向罗马城进攻了。双方军队在罗马城旁的一个峡谷中，摆开了阵势。一场残酷的血战眼看就要爆发了，空气中充满着紧张的气氛。

就在这危急时刻，从山冈上冲下一群被罗马人抢走的萨宾妇女。只见她们高声喊叫，泪流满面，怀抱着刚吃奶的孩子，冲到了两军阵前。她们跪在地上，苦苦哀求双方不要互相残杀。因为不管哪一方得胜，她们都是受害者，或者是失去父亲兄弟，或者是失去丈夫，成为寡妇。她们的眼泪和哀求深深感动了双方战士，他们不约而同地扔下了手中的刀和剑，彼此和解了。罗马人和萨宾人订下和约，两个部落合而为一，从此以后都住在罗马城，互相帮助，互相保护。

这就是关于罗马建城的故事传说。事实上，罗马城位于台伯河畔，这里土地肥沃，植被丰富，适宜从事农耕与畜牧业。公元前十世纪初左右，原始的村落出现在这里。到公元前五到四世纪，通过不断的联合与兼并，罗马的先人筑起城墙，修建广场，打下了今日罗马城的基础。母狼育婴以及罗马建城的传说，反映了罗马先民们的创业艰辛，也表现了罗马人对祖先、对母狼的感激之情。

43 · 海上强国迦太基

迦太基的旧址在今天北非突尼斯城外的一个半岛上。迦太基是古代地中海的一个海上强国,曾经与希腊、罗马争夺过地中海的霸权。

迦太基地处北非,建城者却不是非洲人,而是西亚的航海民族腓尼基人。传说迦太基起源于“一张牛皮”,这是怎么一回事呢?

在公元前九世纪初,当时腓尼基人的推罗国王临终时留下遗言:让儿子皮格马利昂与女儿爱丽沙同为王位继承人。但是,皮格马利昂却想独占王位。于是,他设计杀死了当大祭司的姐夫,夺取了推罗的王位。他还想进一步加害他姐姐。爱丽沙被迫带了一些忠于她的人乘船出逃。

爱丽沙的船队经历了漫长的航程,终于在公元前 814 年,抵达了北非的一个港口。爱丽沙一行人受到了当地土著人的欢迎,土著人想同他们做生意,以为这些人住几天就会离开。

爱丽沙发现此地土地肥沃,物产丰富,尤其这儿有一个优良的港湾,她觉得这是一个避难的好地方,于是她对土著首领说:“我们来自遥远的地方,一时难以回故乡。请卖给我们一小块土地,哪怕是牛皮大的一块地,让我和伙伴有个栖身场所。”

“不就是牛皮大的一块地吗?”土著首领心想。

于是,土著人给了他们一张牛皮,让他们按牛皮大小丈量土地。爱丽沙十分聪明,她拿起剪刀,将牛皮剪成一条条细带,围了一块足以让全体人员安身的地皮。她将这块地方命名为“迦太基”(意为“新城”)。她给了土著首领许多金钱,还答应以后每年向他们缴纳赋税。土著人同意让爱丽沙一行人定居下来。

周围的人们把迦太基人称为布匿人。布匿人在开始的几个世纪中只从事海上贸易。布匿“新城”坐落在地中海地区的中心地带上,很快发展成为北非最繁华的大都会。

迦太基城到公元前六世纪至前五世纪,进入极盛时期。它拥有几十万人口,欧亚非商贾云集。不列颠的锡、西班牙的白银、非洲内陆的黄金和象牙源源不断地流入迦太基。市内的房屋鳞次栉比，那时已有六层高的建筑物出现。市中心的比尔萨山冈上，矗立着卫护全城的太阳神、月亮神神庙。

迦太基城也是一个巨大的堡垒，它筑有三道平行的城墙。外墙高达十六米，每隔六十米就有一座炮楼。外墙呈拱顶状，下分两层。上层为兵营、马棚，可容纳两万名步兵、四千名骑兵和四千匹战马，下层是战象棚。迦太基人作战往往让上百头大象排成行，尾随象队的士兵用长矛和铃声将其激怒，群象直插敌阵，为步兵踩出一条血路。

为了商业发展的需要，迦太基修建了巨大的海港，一个是圆形的军港，另一个是长方形的商港。港口挖建在城墙之内，商港内侧套着军港。船只从海上进入商港只有一条宽二十米的水道，如出现敌情，就用粗绳索将其封闭，而由商港进入军港又须通过一条狭窄的船渠。

迦太基建城后不久，罗马开始兴起。迦太基在海上和非洲称霸，罗马则在陆上和欧洲逞威。罗马奴隶主集团不断对外扩张，决心与迦太基争夺地中海的霸权。公元前 264 年，两大强国开始刀兵相见，历史上叫做布匿战争。这场大战前后进行了三次，共持续了一百十八年之久。

第一次布匿战争是双方争夺西西里岛。一开始，迦太基强大的海军占尽优势。罗马人为了弥补自己士兵不善水战的不足，设计制造出乌鸦式战舰。这种战舰船头装有一只“乌鸦嘴”，在海战中接近迦太基的战舰，并在两舰相撞前伸出长长的“乌鸦嘴”，“咔嚓”一声咬住对方的船舷。其实，这“乌鸦嘴”是一座带着铁钩的吊桥，咬住敌舰后，富有陆战经验的罗马人冲上敌舰甲板，横砍竖劈，刀光剑影，毫无陆战经验的迦太基划桨手只有招架之功，没有还手之力。果然，罗马人靠着乌鸦式战舰获得大胜，西西里岛归罗马所有。

迦太基不甘心失败，而罗马人又贪得无厌，公元前 218 年，双方又爆发第二次布匿战争。尽管迦太基有汉尼拔那样杰出的军事家，但迦太基政府对汉尼拔心怀疑忌，不给支援。最后迦太基战败，被迫解散军队，烧毁战舰，还向罗马交纳巨额赔款。

迦太基人虽然在军事上已无力对抗罗马，但经济上依然繁荣。这是罗马所不能容忍的。罗马的一个叫卡东的元老是迦太基的死敌。他每次在元老院发表演讲，总是以“必须摧毁迦太基”作为结束语。终于在公元前 149 年，罗马军团兵

临迦太基城下，第三次布匿战争爆发。

这一次，迦太基全城老少面对来犯之敌，同仇敌忾，奋起保卫祖国。他们拆下自己的屋梁，用来建造一支突围的舰队。妇女们剪下头发编结缆绳，连首饰都拿出来熔制兵器。罗马军团围攻了两年未能得逞。第三年，城内闹饥荒，最终城墙被攻破，但激烈的巷战又持续了六昼夜。

迦太基的最后一批保卫者被围在城内的比尔萨山冈上，指挥官哈斯推拔眼看陷入绝境，准备向罗马人投降。他的妻子知道后命人烧起火堆，登上神庙的平台，她高声痛斥了罗马人和背叛祖国的丈夫，抱着两个孩子纵身跃入火堆。上千名勇士宁死不降，也都纷纷跳入火海自焚。

罗马军进城后恣意放火杀戮，六十万迦太基人，幸存者仅五万，而且全部被卖为奴隶。迦太基城被夷为平地。罗马人为了使它永远成为不毛之地，翻耕土地，遍撒盐巴。公元前 146 年，布匿文明中断了。罗马成为地中海地区的唯一霸主。

44·迦太基名帅汉尼拔

公元前237年的一天，迦太基远征军的将士，正在神庙中举行祭神仪式。一名九岁的英俊少年，跟着一位名叫巴尔卡的将军，来到了祭台前。只见少年把手放在祭台上，用庄严但还有一点稚气的语调宣誓："待我长大成人，誓与罗马血战到底！"宣誓完毕，将军搂着少年，跨上战马，率军踏上了征程。这位少年就是将军之子，以后在意大利纵横驰骋十六年、屡败罗马的一代名将汉尼拔。"汉尼拔誓言"也因此名垂千古。

汉尼拔的童年是在战乱中度过的。当时，迦太基和罗马之间正在进行着第一次布匿战争。他的父亲、姐夫先后率领迦太基人与罗马人战斗。汉尼拔在二十六岁时，就被任命为迦太基驻西班牙的军队统帅。

汉尼拔从小随父征战，得到父亲和姐夫的精心指导，受到严格的军事和外交训练。长期的戎马生涯，培养了他身先士卒的战斗作风，他冲锋在前，撤退在后；他平易近人，与普通士兵睡在一块。所有这些，都说明汉尼拔具有一个卓越将领的优秀品质，智勇双全，威望极高。

公元前218年，罗马人又挑起第二次布匿战争。罗马军队兵分两路，一路开赴西班牙攻打汉尼拔，一路渡海进攻北非的迦太基本土。罗马人以为，汉尼拔一定会放弃西班牙，驰援北非本土。他们做梦也没有想到，汉尼拔竟然置本土于不顾，率军长途奔袭罗马的后方——意大利北部。

这年4月，汉尼拔亲率由九万步兵、一万两千骑兵、三十八头战象组成的大部队，从西班牙出发，跨越阿尔卑斯山，进入意大利腹地。这次远征最艰难的路程是通过冰雪覆盖、山高坡陡的阿尔卑斯山脉。

一天，部队行进在阿尔卑斯山的一条山路时，一道巨大的岩壁挡住了去路。岩壁的一边是陡峭的山坡，一边是万丈深渊。开路的士兵使出浑身的力气，也只在山壁上凿出一些浅浅的白点。汉尼拔让士兵们砍来一些树木，靠在山壁上焚烧，一直烧到冰层融化、山壁发红时，再用水浇洒。一阵嗞嗞的声响过后，岩壁的表层崩裂了，他又叫士兵用大锤把岩壁砸碎，然后开出一条道来。这条穿越阿尔卑斯山的通道，后来被人称为“汉尼拔通道”。

汉尼拔的部队历经艰难险阻，遭受了巨大的人员伤亡，终于在公元前218年9月底走出深山，到达意大利的波河地区。这时，他的部队只剩下两万步兵、六千多没有马的骑兵和一头战象了。

汉尼拔出其不意地跃过阿尔卑斯山，使罗马人大吃一惊，急忙调来大军阻挡他。第二年的6月，汉尼拔采取迂回战术，绕过有罗马重兵防守的阵地，在一片三面环山、背后临湖的峡谷地带设下埋伏，把四个罗马军团引入了其中。

接下来的战斗中，三万罗马军队被包围在湖边。趁着清晨的浓雾，埋伏在附近的迦太基士兵杀了出来。不到三个小时，战斗便结束了，罗马士兵几乎被全歼。这就是有名的特拉西美诺湖之战。

公元前216年8月，汉尼拔占领了罗马的重要粮仓坎尼。8月2日，著名的坎尼之战爆发。这是西方古代史上最著名的战例之一。

这场战役开始时，汉尼拔约有四万步兵和一万骑兵，因为在异国他乡长期奔波，这些部队已是疲惫之师。而罗马人有八万步兵和六千骑兵，都是精锐之师，并且休整了很长时间，斗志旺盛。但这并不能阻止汉尼拔赢得胜利。

汉尼拔精心布阵，正中是两万名老弱步兵，排成半月形，凸出的一面对着敌人，两旁才是战斗力强的步兵；在半月形阵势的两端，是精锐的骑兵。尤其他还注意到，那个地区在中午时分常常刮猛烈的东风，因此他背风列阵，想借东风助一臂之力。

罗马人则按传统方式布阵，将八万步兵排成七十列，以密集的队形摆在中央，两旁配置骑兵，准备以优势兵力猛烈冲击敌军，一举获胜。

上午八点多钟，广阔的战场上响起了刺耳的军号声。紧接着，十几万人发出了震撼原野的呐喊声。一场规模空前的血腥搏杀开始了。

罗马人率先发起进攻。步兵排着密集的方阵，全力向迦太基步兵的中央猛攻。正如汉尼拔预料到的那样，他那两万名老弱步兵抵挡不住，便向后退却。这样，半月形的阵势弯了进去，原来凸向罗马人的部分，开始变成凹进的了。罗马人越是前进，迦太基兵马越是从两侧向内收缩。这正是汉尼拔的计谋，让罗马人往“口袋”里钻。当罗马人钻进“口袋”里一定深度时，汉尼拔又指挥他的精锐步兵和骑兵迅速挤压敌军的两翼。

时近中午，汉尼拔期待的东风果然刮起来了。风势猛烈，尘土漫天，“口袋”里的罗马人迎风作战，被沙土迷住了眼睛，既不能躲避敌人的武器，又不能准确地砍刺敌人，而且彼此互相碰撞，顿时阵势大乱。而迦太基人由于背对东风，借助风势大量杀伤敌人。

这时，汉尼拔的骑兵已经完成对敌人的包围，把“口袋”扎紧。被围住的罗马军队人数众多，但被挤成了一团，中间的军队没法发挥力量，而边上的队形也被冲乱，穿甲戴盔的重装步兵失去了轻装步兵的保护，这些罗马军的主力顿时成了让汉尼拔军砍杀的羔羊。

战役的结果令人难以置信，八万罗马大军几乎被全歼，执政官鲍路斯战死。而汉尼拔总共只损失了六千人。据说汉尼拔从敌人手指上收集的金戒指就有三斗之多。

汉尼拔在意大利南征北战十六年，一次又一次地战胜了罗马，从来也没有失败过，但是始终没有把罗马征服。由于缺乏攻城的器械，他也没有进攻过罗马城。

年复一年，汉尼拔的处境越来越困难。他得不到迦太基本土的支援，部队越来越少了。公元前 202 年，汉尼拔与罗马人在扎马城附近展开决战，他有生以来第一次、也是最后一次被击败了。迦太基被迫付出大笔黄金作为赔款；所有的战舰，除保留了十艘外，一概交出；割让西班牙等所有属地。

第二次布匿战争就这样结束了，迦太基从此不再是强国，而成为罗马的一个附属国。

罗马人并不放过汉尼拔，要迦太基人把他交出来。汉尼拔被迫从非洲逃到了亚洲。然而，冷酷的罗马人继续追捕他，向敢于收留他的一切国家发出战争威胁。公元前 187 年，走投无路的汉尼拔宁死不肯做俘虏，在一个山洞里服毒自尽。

45 · 格拉古兄弟

公元前 133 年年初的一天,人们早早地来到了罗马的中心广场,为的是聆听新任保民官的演说。人群熙熙攘攘,在广场中央的讲台上,一个年近三十的年轻人正在向公众发表激动人心的演讲:

"漫游在意大利的野兽,都有一个可以栖身的窝巢;但那些为意大利战斗而不惜牺牲的人们,除了阳光和空气以外却一无所有。他们携妻带子,无家可归,到处流浪。他们虽然被称作罗马的主人,自己却没有哪怕是一小块土地,这难道公平吗?"

"不!"听众们激动地高呼着。

演讲的年轻人叫提比略·格拉古,他是二十天前刚当选的保民官。保民官是罗马共和国的一种特殊官职,负有维护平民利益的职责。提比略当选后,在公民大会上提出了一项土地改革方案,正在为此方案的通过进行演讲。

提比略·格拉古,也叫大格拉古,出身于罗马贵族家庭,他的父亲曾做过两任执政官。他还有一个弟弟叫盖约·格拉古,也称小格拉古。格拉古兄弟从小就受到了良好的教育,他们十分欣赏希腊的民主政治和平等的思想。

格拉古兄弟青少年时代就关心政治,时常参加一些政治活动。当时,一个罗马人要想投身政治,必须经常在公共场所发表演说,以此赢得公众的赞赏。青年时代的格拉古兄弟都是一流的演说家,他们演讲时,周围常常聚满了听众。

兄弟俩的外貌很相似,宽阔的肩膀,显得结实有力;浓密的卷发,更添奕奕神采;一双淡蓝色的眼睛,炯炯有神。兄弟俩在性格上是不同的,哥哥提比略沉着文雅,平易近人,讲演时站着不动,语言和蔼,有条有理,娓娓动听。可是弟弟就不同了,盖约的脾气暴躁,性急如火,讲演的时候在台上走来走去,一刻也不能安静,有时慷慨激昂,甚至破口大骂。为了克制自己这烈火般的性格,他就让一个仆人跟在身边,手里拿着一把琴,每当他讲演嗓音变得粗暴时,仆人就拨动一下琴弦,发出柔和的音乐,让他的语调变得柔和些。

不过,两人的性格有好多地方是相同的,比如,兄弟俩都非常勇敢豪放,为人正直，嫉恶如仇，在敌人面前毫不畏惧。同时，两人在生活上十分简朴，从不追求个人享受。这些品德在青年贵族中是非常难能可贵的。

当时，在罗马共和国，土地问题是头等重要的问题。两百年来，罗马在征服意大利、地中海地区的过程中，农民从军出征，土地无人耕种，很多土地被兼并了，当农民回到家乡时，已无地可耕种。因此，失地农民强烈要求重新获得土地。并且，罗马的兵役法规定：服兵役的人必须自备服装和武器。由于农民破产，他们无力再去当兵，罗马共和国正面临兵源枯竭的局面。

为了改变这种局面，新任保民官提比略提出一个土改方案：每个家庭最多可以占有二百五十公顷土地，多占的土地交给国家，然后把这些土地分为小块，再由国家分配给无地农民。

这个法案得到了大多数平民的支持，但却遭到了许多大贵族的反对，因为他们不想交出哪怕一小块土地。贵族们的反抗变得越来越激烈。有些贵族装疯卖傻，蓬头垢面，身穿破衣烂衫，装出一副可怜的样子，在大街上游逛，企图得到人们的同情。贵妇们也穿起丧服，披头散发，从一个神庙跑到另一个神庙，祈求神灵保佑。更有一些贵族，暗中收买了刺客，企图伺机杀死提比略。

机会终于等到了。保民官的任期是一年，又到了选举新保民官的时候了。提比略为了不让土改方案中途夭折，决定再次参选。然而，再次竞选保民官违反罗马宪法，这给元老院贵族们除掉提比略提供了一个借口。

在选举保民官的那天，成千上万的平民聚集在罗马的中心广场上，聆听提比略发表演说。而广场内外，也来了许多反对派贵族，他们正寻找机会制造混乱。

正在这时，有一个人来到会场，他告诉提比略说："富豪们已经组织了武装，要来杀掉你，你们快做准备。"

站在远处的人不明白发生了什么事，就大声地询问，因为人声嘈杂，提比略用手指了一下自己的脑袋，意思是说他的生命受到了威胁。群众顿时冲动起来，把在场的贵族们都赶跑了。

此时，元老院也在开会商量对策。一个从广场逃回来的贵族报告说："提比略罢免了所有的保民官，自任为下一届的保民官；他在台上一再用手往自己头上指，要求给他戴上王冠，做罗马的国王。"

元老们一听就暴跳如雷，大祭司长更是高声喊道："凡是要维护法律的，跟我

来！”说完，他就撩起长袍，带头向广场跑去。元老们也都把长袍撩到肩上，怒冲冲地跟在后面。

大祭司长是宗教的最高首领，元老们也都是一些有声望的人，他们气喘吁吁地冲进会场，后面还跟着一大群打手。人们先是一惊，恭敬地给他们让路。但是他们一进会场，就向提比略猛扑过去，这时人们才清醒过来，急忙反击，于是双方展开了激战。元老院贵族和打手们提着棍棒，向提比略一顿劈头乱打，而平民们赤手空拳进行抵抗。打手们渐渐占了上风，改革派伤亡惨重，有三百多人惨遭杀害，他们的尸体被扔进了台伯河里。

就这样，一场平民争取土地的改革运动被贵族残酷镇压了。

提比略遇害后，他的弟弟盖约强忍悲痛，从正在服役的军队中回到家里。表面上，他不再抛头露面，既不参加任何政治活动，也不去为他哥哥申辩。但事实上，盖约对哥哥的改革事业坚信不移。盖约虽然痛恨元老院的暴行，但他不露声色，以便等待时机，实现他的政治理想。

公元前 126 年，盖约被选为财务官，这一年他刚好二十七岁。元老院对他存有戒心，不敢让他留在罗马，而把他派到撒丁尼亚省管理财务。

两年后，盖约返回罗马。公元前 123 年，在他哥哥死后的第十年，盖约在平民的支持下竞选保民官。在选举的那一天，人们从四面八方涌入会场，广场上人山人海，彩旗迎风飘扬，人们急切地期待着盖约做他们的保民官。选举结果，盖约·格拉古当选为公元前 123 年的保民官。

盖约上任后推行更激进的改革，给平民供应平价粮食，给予全体意大利人以罗马公民权。这些政策自然受到了反对派贵族的强烈反对。

过了两年，改革派与元老们在一次会议上争吵起来，平民们因愤怒打死了一名反对派人士，这给了贵族们报复的绝好机会。第二天，反对派贵族一面举行游行反对盖约，一面组织暴徒对改革派展开屠杀。盖约被迫逃进罗马附近的丛林，身边只跟着一个仆人，这时追兵已经逼近。盖约绝不甘心被敌人俘虏，于是命仆人将自己杀死。在随后的大屠杀中，盖约的支持者们有三千多人被杀。

格拉古兄弟为了平民的事业，献出了年轻的生命。罗马人民为纪念他们，精心制作了两尊塑像，树立在罗马城内风景最优美的地方，供后人瞻仰。

46 · 从共和到独裁

马略和苏拉都是罗马著名的将军，他们都先后担任过罗马执政官和军队领袖。两人的出身各不相同。马略出身低微，但作战勇敢，富于谋略，在军中很快得到提拔；苏拉比马略小十九岁，出身贵族家庭，因战功卓著而掌握军权。

他们彼此的见解也不相同。马略喜欢站在平民士兵们一边，而苏拉却喜欢与元老们呆在一起。起初，两人相安无事。不久，他们之间的矛盾就上升为平民与贵族之间的矛盾，两人各为一方首脑。最终两人反目为仇，兵戎相见。

他们的故事要从朱古达战争讲起。

公元前 111 年，罗马同北非努米底亚国王朱古达进行了一场战争。朱古达知道不能跟罗马军队硬拼，于是就给罗马军官送去许多银子。这些收了敌人银子的军官打起仗来自然不卖力，而且故意打败仗。因为打了败仗就有银子，何乐而不为呢？结果，在北非的罗马军队士气涣散，屡战屡败。

在北非的城市里，出现了这样的场景：罗马士兵在街上闲逛着，有的士兵高声地与小贩讨价还价，有的在酒店喝得酩酊大醉，有的则在妓院与妓女鬼混；还有些士兵正在抢劫，互相争夺牲畜和奴隶，然后把抢来的物品与商人换酒喝；更有些士兵把马匹和武器卖了，来换取奢侈品。

昔日纪律严明、战无不胜的罗马军队成了乌合之众。这支军队已毫无战斗力，遇敌一触即退，屡战屡败，原先的英雄气概已荡然无存。

北非的战事很快就传到了罗马元老院里，元老们议论纷纷。这时他们想起了马略，便任命他为执政官，让他前去北非统兵，与朱古达作战。

公元前 107 年，当选为执政官后的马略统率大军到达北非。这时，朱古达也想用金钱收买他。但马略与其他将军不同，他战斗的目的是为了罗马的荣誉，而不是个人的腰包。马略与朱古达展开了真正的战争，只用了两年就把他征服了，并让朱古达系着锁链在罗马游街示众。

马略的赫赫战功，使他在罗马人民中享有崇高的威望，罗马人民又连续选他当了七年执政官。面对朱古达战争中暴露出的军队腐败问题，马略做了一件重要的事情:进行军事改革。

以前,罗马军队实行的是征兵制。参加军队的人必须有财产,因为政府不但不发军饷,士兵还得自己购买武器。这样一来,一些穷人想参军,也没有办法。马略的军事改革,就是把征兵制改为募兵制。规定只要是罗马公民,有无财产均可当兵,从军之后一律由国家提供武器装备,还发给优厚的军饷。为国家服役十六年后,可以从国家分得一份土地。同时,马略还对军队加强军事训练,实行严格的军纪。这样,罗马诞生了一支职业化的军队。

那时,苏拉是马略手下的一名副官,在对日耳曼人的战争中崭露头角,他受到了元老们的器重。公元前 88 年,苏拉当上了执政官。苏拉既有野心又工于心计,渐渐地与马略产生了矛盾。

两人在一件事情上闹翻了。当时,亚洲有一个叫米特拉达梯六世的国王起来反抗罗马,在罗马的土地上攻城略地,所向披靡。罗马决定派大军镇压。马略和苏拉都争着当统帅出兵亚洲。他俩都暗地打过算盘,征服亚洲不仅可以成为凯旋的大英雄,而且可以获得丰厚的战利品。罗马公民大会和骑士们推举马略当统帅,但元老院贵族却授权苏拉领兵远征。双方为此事争执不下。

先是苏拉一派取得了优势。苏拉大开杀戒,领兵冲入罗马城里,杀了大批的马略支持者。按照传统,军队不允许进入罗马城,苏拉领兵进入罗马,开了一个恶劣的先例。

苏拉还想出了一个毒招,他在罗马街头贴出公告,宣布马略一派的人为"罗马人民的公敌"。任何人,甚至是奴隶,都可以随意杀死这些人,不但不会受惩罚,还能获得被杀者财产的一部分,奴隶可以获得人身自由。结果,马略的支持者们血流成河,屠杀他们的人则一夜暴富。苏拉以为大局已定,便率军前往亚洲,去镇压造反的米特拉达梯六世了。

谁知马略事先得知消息,带着一小批心腹逃到了非洲,在那里招兵买马,壮大实力。不久就带了一支军队打了回来,占领了罗马城。他同样宣布苏拉和他的支持者们为"罗马人民的公敌",苏拉党人大批被杀,流血报复持续了五天五夜。公元前 86 年,马略又当上了执政官。

这时,苏拉正与米特拉达梯国王作战,根本顾不上后院。等他击败米特拉达梯以后,率领着胜利之师回到了罗马,此时的苏拉拥有步兵三万、骑兵六千和许多战舰,实力大大增强了。听说苏拉回来了,许多贵族前来投奔,其中包括名将庞培和克拉苏等人。

苏拉以征服者的姿态进入罗马城。这时,马略已经因病去世。马略余党虽然进行了反抗,但是寡不敌众。苏拉再次宣布公敌名单,对马略余党进行了残酷的镇压,有五千多人被屠杀。“公敌”的住宅被烧毁,财物被洗劫,土地被充公。苏拉还释放了一万名“公敌”的奴隶,让他们成为公民,成为自己的支持者。

苏拉在马略党人的血泊上,建立了自己的独裁政权。他牢牢地控制了元老院,总揽了全国的军政和司法大权,得到了一个称号:终身独裁官。他是第一个获得这个称号的罗马人。以前罗马独裁官的任期是有限的,一般不超过半年。

在他的独裁统治下,原来属于公民大会的许多权力交给了元老院。这时的罗马显然与原来共和制的罗马不同了,它不再是“共和的”,而是“专制的”。

然而奇怪得很,苏拉在当了几年独裁者后,出人意料地辞去了官职。他把权力交到了元老们手中,退休回到了自己的庄园,过起了隐居生活。一年后,苏拉在他的乡间别墅平静地死去,终年六十岁。

元老院为苏拉举行最隆重的葬礼,他的遗体被放置在镏金马车上,在声势浩大的送殡队伍护送下,巡游了整个意大利。

马略与苏拉的争斗,使罗马丧失了无数的精英,更动摇了罗马的共和制度。以后的罗马历史将是独裁取代民主、专制帝国取代共和国。

47 · 斯巴达克起义

公元前 73 年夏天,在罗马中部卡普亚城的角斗学校,发生了一次暴动。七十八名角斗奴和训练师,以菜刀、烤肉铁叉和棍棒为武器,杀死了卫兵,冲出学校大门,直奔城外的维苏威火山。这次暴动的领导者,是古罗马的奴隶起义领袖斯巴达克。

斯巴达克是希腊色雷斯人,是色雷斯最强大的部落首领。当罗马入侵他的家乡时,他奋起抵抗。但小小的色雷斯如何抵挡得住罗马大军,他被俘虏了。由于他身体强健,膂力过人,被卖给一个随军的角斗士老板。角斗士是什么？就是以互相残杀来给罗马人取乐的人,比奴隶和牲畜还要低贱。

做了角斗士的斯巴达克在角斗中所向无敌,曾在一次角斗中独杀四名对手!因此按照角斗规矩,狂喜的观众当场高喊:“自由！自由!”斯巴达克就这样自由了。他被一所角斗学校聘为教练。在这里,他认识了许多角斗士,并赢得了他们的尊敬。于是,他串联了几十个角斗士和教练,揭竿起义了。

斯巴达克最初率领起义军驻扎在维苏威火山中,这并未引起罗马元老院太大的注意。当时,逃几个奴隶是十分平常的事。起义军便乘此大好时机,聚集力量。在短短的几个月的时间里,他们缴获了当地驻军的大量武器,还从附近的庄园补充了大批给养。

因为起义军纪律严明,深得奴隶和平民的支持,队伍迅速壮大起来,很快就发展到万余人。

起义军的势力越来越大,这引起了罗马元老院的恐慌。元老院派大法官克罗狄率三千名官兵前去镇压。克罗狄封锁了通往维苏威山顶的唯一山道,企图困死起义军。山顶上长着很多野葡萄,角斗士们砍下葡萄藤,编成绳梯直通山底,他们顺利地爬到山下。罗马人丝毫未觉察到这个情况。起义军迂回到罗马人背后发起了突然攻击,杀得罗马军队丢盔弃甲,溃不成军。克罗狄急忙跳上一匹还来不及装上鞍子的马,慌忙逃回罗马。

公元前 72 年秋天,罗马元老院经过一番筹划,又派执政官瓦里尼率两个军团共一万两千人前去镇压。瓦里尼采用分进合围的战术,妄图消灭起义军。

斯巴达克针对敌人的弱点,制定了集中优势兵力、逐个击破的方针。结果起义军连获胜利,罗马人则损兵折将,瓦里尼也受了重伤。

起义军军威大振,成批的奴隶和自由民踊跃参加进来,队伍迅速扩大到十二万人,控制了南意大利的许多地区。他们招募工匠,大造武器,还发展了骑兵部队。

虽然此时的起义军纵横驰骋,所向披靡,但斯巴达克清醒地认识到,他还不能向罗马进军,同它抗衡。斯巴达克决定北上,向阿尔卑斯山进军。

公元前 72 年,斯巴达克的起义军冲破了敌人的围追堵截,向阿尔卑斯山挺进。这时,起义军内部发生了分歧,有的将领认为自己人数众多,又打过几次胜仗,变得骄傲起来。他们要求改变原来越山北上的计划,转而回师南下,攻打罗马城。起义队伍出现了分裂,一个将领率领一万多人离开了斯巴达克,向南进攻,但不久就被罗马军队击溃。

斯巴达克率领起义军沿亚得里亚海向北挺进,一路上势如破竹,迅速攻下了穆提那城。起义军朝思暮想的阿尔卑斯山就在眼前了。只要翻过这座高山,就能回到各自的国家了。

可是,起义军却在这时突然改变了原定计划,他们烧毁了一切多余物资,杀掉不需要的马匹,挥师南下。

起义军为什么要改变计划呢?后人认为可能是节节胜利使起义军增加了战胜罗马的信心。若是翻越阿尔卑斯山,山顶终年积雪,气候恶劣,一定会遇到很大障碍,就是越山出境后也是前途难料。所以当大军来到阿尔卑斯山下的时候,战士们认为自己完全可以打败罗马,他们强烈要求斯巴达克改变原定计划,带他们直捣罗马。斯巴达克为防止再次分裂,顺应了众人意见,决定南下。

起义军又一次出现在亚得里亚海岸,罗马统治者惊恐万分,立即宣布国家处于紧急状态。这情形就像当年迦太基名将汉尼拔直捣罗马一样,以至于谁也不愿担任这一年的执政官。

元老院费尽周折,最终选定了大奴隶主克拉苏为执政官,由他率领八个军团的兵力前往镇压起义军。元老院赋予他“狄克推多”(即独裁者)大权。克拉苏为了扭转形势,提高战斗力,在军中恢复了“什一死刑”,即凡临阵脱逃而被抓获的士

兵，用抽签的方式十人杀一。他要让士兵们懂得，军令比敌人更可怕。然而，罗马军队仍然屡遭败绩，无法阻止斯巴达克继续南下。

当斯巴达克率领起义军冲破层层封锁，来到亚得里亚海岸的布林的西港，准备从那里渡海到东方，转而各回自己的家乡，这时，起义军内部又发生了分裂，两位将军不愿离开意大利本土，也不听斯巴达克的劝告，擅自带领两个军团单独行动，结果很快被克拉苏全歼。

公元前71年冬，斯巴达克起义军同克拉苏的罗马军团在意大利南部的阿普里亚进行了最后的决战。

在持续八九个小时的血战中，斯巴达克身先士卒，视死如归。他骑着黑色骏马，冲在最前列，带领起义军拼命厮杀。斯巴达克本想杀死罗马的最高司令官克拉苏，但始终没有找到。在杀死两个罗马军官后，他不幸被标枪击中了大腿，翻身落马，众多的罗马士兵将他包围了起来。但斯巴达克面对群敌，毫不畏惧，他像一头愤怒的雄狮，一手举盾，一手执剑，一条腿跪在地上，顽强地与敌人战斗。最后，这位奴隶起义领袖终于倒在了众多敌人的剑下。

起义军最终因寡不敌众而失败了。一些奴隶逃出战场，奔往山中，克拉苏追到那里。结果有六万名起义者牺牲，另有六千名被俘。克拉苏残酷地杀害战俘，他把六千名战俘，全部钉死在从卡普亚到罗马城沿路的十字架上。

斯巴达克起义虽然失败了，但他的功绩将永载史册。这次起义对罗马社会产生了强烈的震撼。受到沉重打击的罗马统治者开始认识到，现有的共和体制已不适应镇压奴隶和维护统治的需要了。因此，一个新的军事独裁的帝国即将诞生。

48 · 伟大的恺撒

地中海的海盗们根本不知道，他们所抓获的是一个多么危险的人物。这位年轻的罗马人皮肤白皙、眼睛深陷、鼻梁挺直，显然是一位贵族。海盗们向他勒索了二十塔伦特(古罗马金币名称)赎金，就把他给释放了。这位叫恺撒的人临走时，当着海盗的面哈哈大笑，他告诉他们，他的身价至少值五十塔伦特，还发誓说他马上要回来把他们全部吊死！

海盗们都当他是一个摆臭架子的阔佬，谁也没把他的话当真。获释之后，年轻的恺撒说到做到，他领了一支海上巡逻队，赶上了海盗船，抓住了那些海盗，亲眼看着他们一个个被吊死。离开时，他还从海盗身上搜回了那二十塔伦特。

这件事发生在公元前76年，恺撒只不过二十出头，然而却是一个成熟的男子汉了。

恺撒出身于罗马最高贵的家族，从小受过良好的教育。他博学多闻，口才超群。不仅如此，这位风度翩翩的贵族还是一个精明的政治家，一个接一个的职位被他弄到手。他与什么人都来往，不管是上层人物还是下层平民。他经常举行盛大宴会，花起钱大手大脚，结果弄得债台高筑。

但不久他得到个肥缺，到富裕的西班牙任总督。正当他准备启程时，债主们逮住了他，眼看他脱不了身，罗马的大富豪、镇压斯巴达克起义的克拉苏解囊相助，他才得以赴任。

在西班牙，恺撒建立了一支军团。他不避酷暑严寒，顶风冒雪，率领这支军团逐一征服西班牙的独立部落，迫使他们向罗马纳贡。

回到罗马后，恺撒当上了罗马执政官。公元前60年，他与罗马最有权势的庞培和克拉苏结成联盟，史称"前三头"同盟。不久恺撒又出任高卢总督。

但是，恺撒清醒地认识到，论军功他远不及庞培，论财富根本不能同克拉苏相比。要成为罗马的老大还有很长的路要走。几年前，他在西班牙的一座神殿里突然看见亚历山大大帝的雕像，他久久凝视着这个死时才三十三岁的伟人，不禁感叹道："亚历山大在这个年纪已经征服了全世界，而我现在却依然默默无闻。”

他要像亚历山大大帝那样进行远征,建立军功,成为世界的统治者。

此时,东方已被庞培征服。因此恺撒把目光转向西方,以征服高卢来作为获得更高权力的跳板。

恺撒担任高卢总督时,高卢(今法国、比利时等地)大部分地区还未被罗马征服。高卢土地肥沃,物产丰富。居民分为许多部落。高卢人骁勇强悍,作战勇敢。他们有一个让人害怕的风俗:许多人家房屋的栅栏上,挂着风干了的被砍下的仇敌的脑袋。高卢人以此而自豪。

面对勇猛的高卢人,恺撒发挥出了他杰出的军事才能。一方面,恺撒利用高卢部落之间的矛盾,挑动他们自相残杀。另一方面,他随时激励罗马将士的勇气,关心部队的给养和津贴。一遇危险,他总是身先士卒,冲锋在前,高举的战刀寒光闪闪,血红的斗篷在战火中飘扬。在仅仅三四年的时间里,他就征服了全部的高卢土地。

此后的几年,恺撒又击退了日耳曼人的入侵,把罗马的西北边境一直推到莱茵河岸(在今德国境内)。他一举占领了英吉利海峡对岸的不列颠岛,使英国人开始接触到罗马文明。

在征服高卢期间,恺撒掠夺了丰富的战利品。恺撒的威名盖过了庞培。他本人还用流畅的散文写成《高卢战记》,这本书一直为世人广泛传诵。

在恺撒远征高卢时,克拉苏已在西亚的战争中战死。现在,恺撒的政敌只有一个,就是庞培。而且,罗马元老院贵族支持庞培。公元前 49 年,元老院命令恺撒解散军队,回到罗马,否则以罗马的“公敌”论罪。

恺撒对元老院命令的答复是率军队进军罗马。1 月 10 日,恺撒带领军队,渡过作为意大利边界的卢比孔河,向罗马进军。据说,他曾站在卢比孔河边久久地迟疑不决,因为按照罗马法律,罗马的将军是不许带兵进入罗马城的。最后恺撒说了句:“骰子已经扔下,就这样吧。”

恺撒下令军队渡河,以强行军向罗马挺进。从此,恺撒渡过卢比孔河成为一句成语,意思就是下定决心,勇往直前。

对于这样坚决的行动,庞培和元老院贵族们毫无思想准备,他们慌了手脚,纷纷逃出了罗马,逃出了意大利。

恺撒兵不血刃占领了罗马，很快被选为执政官。接着，恺撒追击庞培。经过一场大战，庞培的军队被打垮，庞培本人逃亡埃及，在那里被埃及人杀死。

但是，恺撒并不因此而停止进攻，他追踪到埃及。在埃及，他遇到了“埃及艳后”克里奥佩特拉七世，并为之倾倒。

公元前 45 年，恺撒带着“埃及艳后”返回意大利，罗马为他举行了空前盛大的凯旋仪式。庆典仪式持续了四天，展示的财宝多到了令人咋舌的地步，其中仅金王冠就有二千八百多顶，金银一百三十多万公斤，还有无数的俘虏。

凯旋仪式后，恺撒就用这些财富慷慨地犒赏全体军民。从普通平民、士兵到将军，每人都得到不同数量的一份。恺撒还举办了盛大宴会和演出招待罗马民众。

公民大会和元老院把所有的荣誉都加在恺撒身上，他被推举为终身独裁官、为期十年的执政官、终身保民官，还获得“祖国之父”的光荣称号。只有一个荣誉没有给他，那就是国王，或者说，皇帝。罗马名义上还是共和政体，实际上恺撒已是极权的君主。

在恺撒当权的短暂日子里，他作出了重大改革。他改革元老院，把议员的人数增加到九百人；授予获得自由的奴隶和高卢人以公民权；提高各行省和城市的地位；给予受迫害的犹太教以合法地位；将八万老兵和居民安置到各个殖民地。

然而，无论恺撒的成就多么伟大，对他来说，危险迫在眉睫。转眼间到了公元前 44 年 3 月 15 日，元老院贵族们不满恺撒改变古老的共和传统，他们害怕恺撒废除共和制度，决定刺杀恺撒。

这天，恺撒去元老院开会。阴谋者开始行动，先由其中一人走到恺撒面前，为自己的弟弟求情，其余的人也聚拢过来。突然，他们拔出短剑向恺撒猛刺。恺撒愤怒地大喊，奋起抵抗。当他看见他平时器重的布鲁图斯也在刺客之中时，就停止了抵抗，裹好斗篷倒在庞培雕像的脚下，身受二十三处刀伤而死。

恺撒虽死，但他创建的伟业并未消失。今天西方的文明，就是在他的罗马帝国的古老基石上建立起来的。

49 · 元首屋大维

公元前 31 年 9 月 2 日下午，在希腊西部的亚克兴海面上，出现了两支浩浩荡荡的海军舰队。右边的一支是元老院派出的罗马舰队，舰队的指挥官叫屋大维。他脸色冷峻，目光坚毅，披着红色斗篷，站在旗舰上。一阵海风吹过来，斗篷上的红绸带拂动着他的脸颊。望着浩瀚的大海，他暗暗下定决心：这次如果不取得胜利，不将他的政敌的头颅砍下，决不回罗马。

左边的是一支联合舰队，由埃及女王克里奥佩特拉七世和罗马前执政官安东尼率领。从舰船数量上来比，联合舰队稍占优势，共有近百艘战舰。

双方舰船一遭遇，立刻展开了一场激战。由于双方势均力敌，一时间杀得天昏地暗。屋大维一个箭步冲到船头，拔出佩剑，朝空中一挥，罗马士兵见指挥官下了命令，纷纷冲到船舷旁，用弓箭朝敌人射去。敌人有的还没反应过来，片刻工夫就倒下一片。但敌人调整队形后，就开始反击。

有几只船拼命朝屋大维的旗舰撞去。只听几声巨响，战舰搅在了一块。安东尼的士兵跳上了屋大维的战舰上。顿时，船上响起了兵器的撞击声，被砍翻的士兵掉进海里，鲜血染红了海水。

正在双方酣战之际，"呜！呜！"的号声划破天际。原来是埃及女王的收兵号声，六十艘埃及船随着女王撤离海战战场。为何埃及女王突然率舰队离开战场？至今仍是个谜。安东尼抛下自己的舰队，乘着快船去追女王。屋大维一鼓作气，收拾了安东尼撇下的舰队。

第二年夏天，屋大维率大军进攻埃及，并取得了决定性的胜利。安东尼和克里奥佩特拉双双自杀了。屋大维成了罗马的唯一主宰。这一年，他年仅三十二岁。

屋大维是恺撒姐姐的外孙，从小聪明伶俐，深受恺撒的喜欢，被他收为养子，并立为继承人。恺撒把屋大维送到亚得里亚海滨的一所军营锻炼，以便继承自己的事业。

公元前 44 年，恺撒被共和派贵族刺杀。噩耗传来，年仅十八岁的屋大维星夜兼程赶回罗马。

这时,在罗马掌权的是恺撒的部将、执政官安东尼。安东尼没有把年轻的屋大维放在眼里。屋大维转而向军队寻求支持。他把自己继承的恺撒遗产分发给士兵,很快在他周围就聚集起一支装备精良的部队。

公元前 43 年,屋大维联合安东尼、李必达(恺撒的部将,在罗马西部省份握有兵权),结成“三头政治”(也称为后三头政治),掌握了罗马的最高统治权。他们仿效苏拉的手法,在“为恺撒复仇”的口号下,发表宣言,杀戮三百个元老、两千个骑士,并没收他们的财产,以犒赏士兵。

接着三巨头又铲除了庞培的残余势力。在这些屠杀过程中,屋大维的羽翼渐丰,他毫不留情地突然解除了“战友”李必达的军权。

公元前 42 年,安东尼出任罗马东部行省总督,去了埃及。在埃及,他疯狂地爱上了埃及女王克里奥佩特拉,一切惟她是从,并打算同她结婚。安东尼用罗马的大军帮她扫除敌人,把罗马在东方的领土送给她,还要把女王的儿子立为继承人。

消息传到罗马元老院,引起元老们的愤怒。元老院宣布剥夺安东尼的权力,派屋大维率舰队去讨伐安东尼和埃及女王。于是,便出现了开头的一幕。

安东尼的死,为屋大维建立独裁统治铺平了道路。当屋大维满载荣耀回到罗马时,他依旧披着那件红斗篷,站在马车上,向道路两旁欢迎他的百姓和元老们挥手致意。他决定把和平带给罗马人民,让公民第二天到罗马的战神庙前集中。

太阳刚刚爬上树梢,屋大维就在大家的簇拥下来到了神庙前。这是一座供奉战神玛尔斯的庙宇,每当罗马军团出征或凯旋时,人们都要到此祝祭。现在,屋大维站在神庙前,自豪地宣布:“罗马从此迎来和平,从今以后供着战神的神庙将被关闭。”

神庙前的人们欢呼雀跃起来。

屋大维在巨大胜利面前,仍保持着清醒的头脑。他吸取恺撒的教训,在元老院会议上公开宣称,愿意恢复共和制度。公元前 28 年,屋大维改组元老院,自任“元首”,意思是“第一公民”或“首席元老”。从此,元首这个词在世界上得到推广。

公元前 27 年 1 月 13 日,屋大维在元老院宣布交出权力,还政于民,元老院

为此授予他“奥古斯都”(意为“神圣”、“伟大”)尊号。实际上,他兼任执政官、大祭司和终身保民官等要职,集大权于一身。

屋大维是一个机智善断、作风稳健的政治家。他所开创的“元首政治”,实际上是披着共和制外衣的君主制。他虽然没有称帝,但实际上是罗马帝国的第一个皇帝。罗马帝国的开创年代就是公元前 27 年。

屋大维执政时奉行的总原则就是维护国内和平。他认为罗马长期内乱的根本原因,是宗教的衰弱和道德的败坏。为此,他下令修建庙宇,塑造神像;同时还恢复传统的道德。他颁布法律,奖励生育,惩治放荡行为。他自己身体力行,革除一切浮华礼仪,只住简陋的房子,睡低矮的床,穿妻子、女儿做的衣服,生活得像一个元老院贵族,而不像一个帝王。

罗马国内的和平,使地中海地区人民享受到前所未有的安定生活。他们的生命财产、商旅运输得到保障,农业、手工业、贸易得到迅速发展。“条条道路通罗马”,那里每天行进着无数的商队。而地中海上也是百舸争流,成千上万的船只运载着粮食、美酒、橄榄油、毛织品、金属器皿等,往来穿梭,呈现一派繁荣的景象。文艺上也是百花盛开,罗马最伟大的作家维吉尔、奥维德等人都是出现在这个黄金时代。

在屋大维的主持下,罗马又建造了新的公共浴室、王宫、凯旋门、剧院和高架引水渠。为此,他骄傲地说:“我接受了一座用砖建造的罗马城,而留下了一座大理石的城。”

在屋大维统治的四十四年内,他住在帕拉丁山顶上一所简陋的住宅里。这个身材瘦小、性情孤独的人,在幕后操纵着西方世界最强大的帝国。公元 14 年 8 月 18 日,他以七十七岁的高龄病逝了。据说,他在弥留之际,曾对前去探望的朋友们说了几句话:

“我的喜剧演得好吗?如果我演得好,那就为我鼓掌吧,大家高兴地为我送行吧!”

屋大维死后,罗马为他举行了隆重的葬礼。他死去的这一个月也以他的名字来命名,称为“奥古斯都”(August)。

尽管屋大维的许多继承者是疯子和暴君,但他留下的大帝国还是延续了几个世纪。

50 · 暴君尼禄

“一些基督徒被用兽皮蒙起来，让群狗撕得粉碎；一些则被钉在十字架上，身上涂满柏油，在夜间当做火把点燃；还有一些被驱赶进斗兽场，相互格斗直至倒地身亡……”一位罗马历史学家这样写道。

谁是这场大屠杀的指使者呢？是罗马皇帝尼禄。公元 64 年，罗马城内燃起大火，尼禄说基督徒是纵火犯，趁机对他们报复。

尼禄是靠宫廷政变当上皇帝的。公元 37 年，尼禄出身于罗马的贵族家庭，三岁时父亲就去世了。他的母亲叫阿格丽品娜，是一个工于心计的女人，又嫁给了当时的罗马皇帝。阿格丽品娜的权力欲极大，当了皇后以后，便鼓动老皇帝废太子，转而立她的儿子尼禄为王储。为了防备老皇帝改变主意，她又把老皇帝给毒死了。她给了近卫军巨额的金钱，于是在欢呼声中，年仅十六岁的尼禄登上了王位。

尼禄所继承的罗马帝国幅员辽阔，从不列颠到摩洛哥，从大西洋到里海。一切权力都集中到罗马皇帝手中，他既是政府首脑，又是立法者；既是大法官，又是大祭司。

年轻的尼禄一登上王位，就考虑除去他的王位竞争对手，老皇帝的太子。为此，他从一个巫婆那里弄到了一种烈性毒酒，在一次宴会上，他把毒酒给太子喝，看着太子浑身发抖，慢慢死去。所有在座的人都吓呆了，而尼禄却解释说：“他发癫痫病了。”

接着，他又兴高采烈地继续吃饭。这是他第一次杀人的尝试。

此时，尼禄还不能尽情地享受君权。他母亲阿格丽品娜与他共掌大权，经常以女皇身份自居。这引起尼禄的憎恨，他终于对母亲下了毒手。一次在海滨举行的宴会结束后，他派船送母亲回家。他预先在船上做了手脚，当船在深水中航行时突然沉没。他母亲大难不死，游到了海岸上。尼禄仍不死心，很快就派刺客把母亲刺死了。

尼禄的家庭生活也是杀气腾腾的。他十五岁时就同老皇帝前妻生的女儿结

了婚。但是他讨厌这个文静的姑娘，不久就把她放逐到一个岛上，后来又派人杀死了她。他的第二个妻子有一次指责他回家太晚，尼禄竟暴跳如雷，抽刀把她杀了。他的第三个妻子是有夫之妇，尼禄把她的丈夫除掉后才把她搞到手。

从当时铸造的钱币上看，尼禄脖子粗短，眉毛粗松，鼻子扁平。他接受朝见时，常常穿着晨衣和拖鞋，袒胸露腹，腆着大肚子的身体架在两条细长的腿上。

尼禄有一定的艺术天赋，能作画，识音律，能流利地讲拉丁语和希腊语。他经常登台表演，唱歌弹琴，自娱自乐。他在御花园里建造了一个露天剧场，时常邀请老百姓进来听他唱歌。但他唱歌时要关上剧场的出口，不让听众出去，有一次一个孕妇竟把婴儿生在了剧场内。

尼禄掌权后的第七年，罗马城内烧起了一场大火。大火熊熊，连续烧了六天，罗马城中十四个区只烧剩下四个区。许多人在这场大火中丧生，更多的人失去了家园。人们议论纷纷，说这是尼禄皇帝想建造新的罗马城，同时，观赏一下大火燃烧的场面，特意派人放的火。甚至有人声称看见尼禄站在火海之上的一个高塔上面，穿着戏服，漫不经心地弹着竖琴，唱着他自编的“特洛伊陷落之歌”。火灾过后，尼禄大肆捕杀“嫌疑犯”，为火灾寻找替罪羊。他控告基督教徒放火，残酷迫害基督教徒。

紧接着，尼禄开始重建一个崭新的罗马城，笔直的大街，有着圆柱门廊的平顶建筑出现了。他将新城区命名为“尼禄城”。在烧光了的市中心，尼禄为自己建造了一座“金屋”，周围环绕着葡萄园、树林、大大小小的湖泊。通向主建筑的通道长达几公里，两侧华柱成行。整座建筑物内部用黄金、宝石和珍珠来装饰。餐厅有象牙镶边的天花板，天花板能转动，从顶上可喷洒香水或洒下阵阵玫瑰花瓣雨。当尼禄看到这座富丽堂皇的宫殿时，他赞叹道：“这才像个人住的地方。”

与此同时，舆论越来越对他不利。人们公开地说，尼禄放火就是为了取得空地来建造这座新宫殿。尼禄勃然大怒，下令处死那些反对他的人。恐怖的气氛笼罩着整个罗马城。当时只要怀疑谁，就可以把他处死。许多人被砍头，还有些人被迫自杀，或者服毒，或者自己切开血管而死。

老百姓早已受够了尼禄的荒淫无道之苦，元老院贵族也都鄙视尼禄。尼禄的塑像遭到涂抹，墙上写着谩骂他的话。此时罗马国库空虚，租税加重。最后，驻在高卢和西班牙的罗马军队起来造反。军队开始向罗马进军，罗马的官员纷纷叛逃。

尼禄乞求宫廷近卫军帮他逃走，但遭到拒绝。他只能匆匆披上一件旧斗篷，骑上一匹马，由四个侍从陪同，半夜逃出罗马城。他逃到了一个以前解放的奴隶的家中，乞求帮助。这时，一个传令兵送来了一个通令：元老院已宣布尼禄为公敌，并判他鞭刑处死。

此时，天色已近黎明，远处传来阵阵马蹄声。尼禄拿起了匕首，试了一下尖刃，但又没有勇气使用它。他把匕首放在了一个侍从手中，又把它引向自己的喉管。据说他在咽气的时候还叹息道："唉！多么伟大的一位艺术家要死了！"

这是公元 68 年发生的事。

51 · 耶稣的传说

《圣经》是基督教的经典。在《圣经》中，记载了耶稣的传说。

巴勒斯坦地区的耶路撒冷城里住着一位叫约瑟的木匠，为人善良正派。他的未婚妻玛丽亚没有过门就怀孕了，让约瑟很不高兴，想悄悄地解除这个婚约。一天晚上，上帝的使者在约瑟的梦中显灵了，对他说："不必担忧，尽管娶回你的未婚妻玛利亚，因为她的身孕是从上帝圣灵而来，她将生一子，你应给他取名耶稣，耶稣是上帝的儿子，是来解救世上百姓苦难的。"

约瑟接受了上帝的旨意，把玛丽亚娶了回来。就在玛利亚快要临产的时候，罗马总督要清查户口，命令百姓返回原籍，登记注册。约瑟的故乡是伯利恒，他便带着妻子玛利亚回伯利恒去了。

但是，当他们抵达伯利恒时，旅店里已住满了人，他们只得在旅店的马棚内休息。当晚，玛利亚一阵阵腹痛，生下了一个男孩，她用布包了婴儿，放进马槽内。约瑟就给他取名耶稣。

耶稣诞生的那个夜晚，伯利恒的牧羊人正愉快地躺在草地上，只听见天上飘来一阵美妙悦耳的音乐。东方有三个博士，看见夜空里一颗明亮的新星落向伯利恒，不由欢呼道："救世主基督降生人间了！"

三个博士兴高采烈地去城里寻找耶稣。犹太王希律知道这件事后，却坐卧不安。他认为耶稣的降生将威胁到他的统治，于是下令将伯利恒两岁以内的男孩全部杀掉，斩草除根。约瑟和玛利亚知道后，抱着耶稣连夜逃往埃及。

后来，耶稣全家又回到了玛利亚的老家拿撒勒居住。

耶稣没有上过学，他的知识是从平时的生活中学来的。他的父母每年都要去耶路撒冷圣殿朝拜，耶稣跟着一起去，从而知道了犹太人的历史、风俗和苦难。

耶稣三十岁那年，有一天，他走到约旦河边，教士约翰把他放入河水中，给他做了洗礼。据说，耶稣从此得到了上帝的圣灵。他还被引到旷野里，四十天不吃不喝，与凶猛的野兽为伴。他经受住了这些考验。

耶稣开始四处传教，在传教的过程中收了十二个门徒。追随耶稣的人也越来越多。一天,耶稣登上高山,向追随者们训话:“你们听着,凡是虚心的人都是有福的,天国将属于他们;凡是和睦的人都是有福的,他们将被视为上帝的儿子;凡是被人辱骂、被人欺负的人都是有福的,他们死后将在天上得到赏赐;凡是仇恨别人的人,一定要受到上帝的审判!”

耶稣开导大家,要爱邻居,爱自己的仇敌,不要同恶人对抗。有人打你的右脸,你就再把左脸凑过去给他打;有人抢你的外衣,你就把内衣也拿给他。

耶稣带着门徒一个城市一个城市地传教。一天,跟着他的五千人没饭吃了,而门徒手里只有五个饼、两条鱼,一筹莫展。耶稣沉着地拿过饼和鱼,一块一块地掰下来,分给众人吃,可饼和鱼就是掰不完,结果五千人全都吃饱了。

耶稣还给贫苦的人们看病。有一个麻风病人跑来哀求耶稣给他治疗,耶稣充满怜悯地伸出手去抚摸他。在场的人都惊呆了,除了耶稣,有谁敢抚摸一个麻风病人!奇迹出现了,这个麻风病人的皮肤又变得洁净,彻底治好了。

耶稣还能让哑巴开口,使盲人复明,据说无论什么病,他都能治愈。他还常常用通俗、生动的比喻,劝说人们去恶行善,信仰上帝。他说:“不要贪财!富人要升入天堂,比骆驼穿过针眼还要难。”

耶稣的影响越来越大,这让统治者非常惊恐。耶稣的十二个门徒中,有个叫犹大的,平时十分贪财。他跟要谋害耶稣的祭司和官吏达成了交易,祭司长给了犹大三十块银币,犹大一口答应帮助他们抓住耶稣。

耶稣已经预感到自己受难的日子就要到了。晚上,他与十二个门徒共进了最后的晚餐。耶稣宣布:“你们中有一个人出卖了我。”

门徒们又吃惊,又忧伤,纷纷问:“主啊,不是我吧?”

心怀鬼胎的犹大溜走了。耶稣用慈爱的目光,最后一次看了他的门徒们,深情地说:“我爱你们,正如父亲爱我一样。你们生活在我的爱中,遵守我的命令。你们要彼此相爱,像我爱你们一样,这是我的命令。一个人为朋友牺牲自己的生命,人间没有比这更大的爱了。”

第二天早上,耶稣正要带着门徒出去,犹大带着一大群人闯进耶稣的住所,按照事先与祭司长约定的暗号,犹大走到耶稣面前,亲吻他。

官兵们一见,马上冲上去抓住耶稣。一个门徒怒不可遏,一刀砍下了一个士兵的一只耳朵。耶稣立刻阻止道:“把刀收起来,凡动刀,必死于刀下。”

那个门徒只好把刀收了起来。耶稣被抓走了。最后,他被罗马总督彼拉多处死。耶稣是被钉死在十字架上的,有两个囚犯同时被钉死。

据说,耶稣三天之后复活了,那是春分月圆以后的第一个星期日。耶稣复活的那一天,以后就成了基督教的复活节。耶稣诞生的 12 月 25 日,便是现在的圣诞节。耶稣出生的那一年,已被世界各国普遍地作为公元纪年的标志。

耶稣的传说记录在《圣经》的《新约全书》中。《圣经》包括《旧约全书》和《新约全书》。《旧约全书》也就是犹太教的《圣经》,是基督教从犹太教那儿继承下来的。《新约全书》则记载了耶稣的言行。自从罗马帝国公元前一世纪侵入巴勒斯坦地区以来,罗马帝国原来是禁止和镇压基督教的。因为它宣扬的天国思想,痛恨富人、反对罗马帝国统治的思想,吸引了大批社会底层的犹太民众成为它的信徒,不利于罗马帝国的统治。但到了公元四世纪,罗马帝国风雨飘摇,感到基督教可以利用,就把它定为国教。

基督教从此传向全世界,成为世界三大宗教之一。

52 · 庞贝古城之谜

庞贝位于罗马城的东南方，距罗马约二百四十公里，它北靠峻峭威严的维苏威火山，西临碧波荡漾的那不勒斯湾，方圆约一平方公里，住着两万居民。它原本是一个不起眼的古罗马小城，但一场意想不到的灾难，却使它成了一个举世闻名的胜地。

公元 79 年 8 月 24 日，下午一时左右，离城约十公里的维苏威火山突然爆发了。附近的人们看到，先是有一片奇特的云彩从山顶冉冉升起，向四周扩散，接着传来震耳欲聋的爆炸声，维苏威火山上红光四射，巨龙般的火柱随之冲天而起。转眼之间，天色昏黑，大地颤抖，平时宁静的那不勒斯湾也激荡起狂怒的浪涛。火山喷出的炽热熔岩，落地时已凝固成石块，大量的石块混合着火山灰，一下子覆盖了火山附近的地面。空气中弥漫着呛人的硫磺和浓烟味。火山喷出的大量热蒸汽形成暴雨，又引起山洪的暴发。山洪裹挟着大量的石块和火山灰，变成一股巨大无比的泥石流，顺着山谷奔泻而下……看到这种景象，火山边上的庞贝城顿时陷入一片恐慌，尖叫声、哭喊声响成一片，人们纷纷逃离。

维苏威火山的这次大爆发持续了十八个小时，巨量的火山灰、熔岩和泥石流，将庞贝城埋入了深达六米的地下。在这次灾难中，大多数的居民及时逃离了，但仍有两千人遇难。他们有的是为了寻找亲人，有的可能是舍不得自己的财产，有的是因为年老体衰，还有的则是至死尚未获得自由、被镣铐牢牢锁住的奴隶。

庞贝就这样在地图上消失了。一千多年过去了，庞贝渐渐被人们遗忘。只是人们在翻阅古书的时候，才会看到有个庞贝古城。

十八世纪初，一位意大利农民在维苏威火山东南地区修筑水渠时，从地下挖出了一些古罗马的钱币和大理石雕像碎块。1763 年，当考古人员在这里发掘出一块刻有“庞贝”字样的石块时，人们才意识到这里便是被湮没的庞贝古城。

经过二百多年的发掘，这座在地下沉睡近两千年之久的古城，已有五分之四重见天日。它不仅使人们可以领略到古罗马的城市生活，而且它还是古代文物的宝库。它是意大利最吸引游客的旅游胜地之一,每年有差不多二百万游客来此观光。

庞贝古城位于威苏维火山的南坡,周围地区是一片平原。平原上到处遍布着柠檬林和葡萄园,一片金光灿烂。这座小城四周有石砌城墙,设有七个城门,十四座塔楼,颇为壮观。

纵横各两条笔直的大街构成了城内的主干道,使全城呈井字形。全城分为九个地区,每个地区的街巷交织。大街上铺的是十米宽的石板,两旁是人行道。街巷的路面也是用石块铺成的。城市中最宽阔的大街叫丰裕街,石板路面上有被当年车辆碾出的条条车辙,街的两边是酒馆、商店和住宅。人们不难想象出当年的繁华景象:嘶叫的牲口,大声吆喝的马车夫,各式小贩与奴隶熙来攘往,穿着阔绰的商人,趾高气扬的政客,香气袭人的贵妇坐着轿子招摇过市。墙上画的招牌写着:“代人打扫房屋”、“出售陈年美酒”、“政治候选人的美德”等等。

丰裕街直通大广场。大广场三面围墙,是长方形的,广场四周建有许多宏伟的建筑。这里是庞贝政治、经济和宗教的中心。广场上装点着名人塑像,广场的两侧是两座神庙,分别供奉罗马神话中的众神之王朱庇特和太阳神阿波罗两位巨神。

广场的东南是一座大会堂,那是庞贝的最高建筑,里面设有法院和市政厅。此外还有一座两层楼商业大厦,当地生产的葡萄酒、玻璃制品、东方的香料、宝石以及中国的丝绸等商品,都能在这里洽谈成交。

广场的东北是商场。这里店铺林立,商品琳琅满目。有人在墙上涂写着:“赚钱即欢乐”。在一间酒吧间里设有L形的大理石柜台,那里出售各种饮料。在小酒店的墙壁上,还可以看到书写的价目表、客人们的欠账数字等。在一家面包房的烤炉里,还发现了一块烤熟的面包,面包外形完好,上面还印着面包商的名字。

在庞贝城的东南角,有两座露天剧场。一座用来演出戏剧,另一座是小演奏厅,专门用于笑剧和音乐演出。这里还有一座宏伟的竞技场,可以容纳两万人。它是角斗士浴血搏斗的场所。在这里发现了精美的剑和头盔,墙上还刻着角斗士名星的名字,如“加拉德斯,大英雄,令人心碎”、“弗里克斯将与熊格斗”,等等。

庞贝城内,富豪的住宅也不少。这些豪宅的大门,大都有大理石圆柱和雕花的门楼。整个建筑围绕一个正厅。正厅很凉爽,高度可达十米。屋顶上有一个开口,雨水从这里流下,流进室内一个大理石盆里。在围绕正厅的屋子当中,有一间房特别宽敞,既是办公室,又是起居室,主人在这里接待来客和起居休息。很多房间的墙上绘有栩栩如生的壁画,地板上装饰镶嵌画。在一家豪宅中,发现了一幅闻名世界的镶嵌画:亚历山大大帝与波斯大流士三世战斗图。画宽六点五米,高三点八米,用一百五十块彩色玻璃和大理石片镶嵌而成。

发掘庞贝古城时,发现了许多遇难者的遗体,他们有一部分竟奇迹般地"复活"了。原来,他们的身体被火山熔岩包裹,人体腐烂了,在凝固的熔岩中留下了人体的空腔。考古学家把石膏液灌进空腔中,等石膏液凝固后,再剥去外面的熔岩,一具具遇难者临终前的石膏像就出现了,一个母亲倒下时与她的女儿紧紧抱在一起,一个乞丐手里拿着一个装满小钱的钱袋,还有几个用铁链锁着的角斗奴隶蜷缩在墙角……

庞贝古城的发掘,使人们仿佛走进梦中,也像逆着时间往回走,来到了公元一世纪古罗马帝国的城市观光。

53 · 罗马帝国的分裂

公元 395 年 1 月，信使骑着快马在驿道上飞奔，他们传递着一个惊人的消息，罗马皇帝狄奥多西在米兰“驾崩”。

不久，帝国最高当局根据皇帝的遗嘱，作出了一个重大决定：将帝国版图划分为东西两部分，由他的两个儿子分别统治。十八岁的长子阿卡狄乌斯统治东罗马帝国，以君士坦丁堡为首都；年仅十岁的次子霍诺利乌斯则接任西罗马的皇位，以拉韦纳(在今意大利东北部)为首都，但名义上的首都仍是罗马。从此以后，东、西罗马帝国分治的局面便正式固定下来。

罗马帝国虽然到此时才分裂，但分裂的倾向却早已显露。

从公元三世纪开始，罗马帝国开始出现统治危机。国家大权落到了宫廷禁卫军手中。禁卫军原本是屋大维建立用来保卫皇帝的，他们现在与其说是皇帝的保卫者，不如说是伤害者，甚至随意立帝、废帝。例如公元 235 年到 284 年这四十九年间，他们废了足足二十四个皇帝，这些皇帝成了宫廷禁卫军的傀儡。

公元 284 年 11 月 17 日，宫廷禁卫军队长戴克里先，被士兵们推举为罗马帝国新的皇帝。这天，戴克里先头戴皇冠，身穿紫金色丝织衣服，脚蹬着镶宝石的红色半高统鞋，接受朝臣和军官的拥拜。他在宦官的簇拥下，像东方君主一样，要所有受他接见的人，必须俯身跪拜，并亲吻他的长袍下摆。他自称他的权力起源于罗马神话中的众神之王朱庇特神，不受任何限制，对臣民握有生杀之权。他把自己的称号由过去的“元首”改称为“君主”。这标志着罗马帝国完成了由元首制到专制君主制的转变。

此时，戴克里先在小亚细亚的尼科美地城，建立起新的首都。他意识到，罗马帝国疆土庞大，他一个人难以统治帝国全境，因此委托他的朋友马克西米安治理帝国的西部。于是马克西米安将意大利北部的米兰作为自己的首都。第二年，戴克里先任命马克西米安为“奥古斯都”，这样帝国有了两个最高统治者，所有的命令都用他们两人的名义发出。

转眼到了公元 293 年，这两个“奥古斯都”又各任命了一个“恺撒”，作为自己的副职。出于巩固皇室统治的考虑,两个“奥古斯都”还把自己的女儿分别嫁给两个“恺撒”。此后,这四个人分别治理帝国的一部分。这一制度在历史上称为“四帝共治制”,它在一定程度上有利于巩固边防,但却损害了帝国的统一,为后来的分裂埋下了隐患。

由于戴克里先设立两个“奥古斯都”,原来统一的罗马帝国实际上分成了东罗马与西罗马两部分。东罗马包括希腊及其以东的地方,西罗马则包括意大利及其以西的地方。戴克里先自己治理东罗马,而另一个“奥古斯都”治理西罗马,只是西罗马皇帝要服从东罗马皇帝。

公元 305 年,戴克里先和马克西米安在同一天宣布退位,他们的女婿继位后,又各自任命了自己的助手。戴克里先想,这样一来,帝国将坚不可摧,不会发生内乱。可是在他退位以后,帝国又陷入了群雄相争的内乱之中。

公元 306 年,君士坦丁在军队的支持下当上了西罗马帝国的“奥古斯都”。随后,君士坦丁又进行了十八年的帝位争夺战,于公元 323 年再度恢复了帝国的统一。

此时,帝国西部逐渐地衰落,而东部却保持了相对的繁荣。于是,帝国重心开始东移。罗马也渐渐失去了昔日政治中心的作用。君士坦丁宣布把首都从罗马迁到黑海沿岸的希腊殖民地拜占庭,并将拜占庭改名为君士坦丁堡。这里经济文化发达,扼守水陆要冲,战略地位十分优越。

君士坦丁是个急性子的人,他以几乎疯狂的速度推进新都的建设。从帝国各地赶来的建筑师和工匠都云集在新都,港口停泊着无数货船,船上满载着来自罗马、雅典及各大城市的艺术珍宝。珠宝数目如此之多,以至有人愤愤地批评道:“几乎所有的其他城市都被掏空了。”

与君士坦丁在台伯河畔的出生地一样,新都也有七座山丘。除了大量的教堂、法庭和浴池外,他还在山坡周围兴建了一座竞技场、一座集会广场和一座元老院。所有的公共建筑物雄伟壮观、设计巧妙,还附有花园和小树林。

公元 330 年 5 月 11 日是乔迁新都的好日子。那天举行了隆重的庆典,接着的是四十天的娱乐活动、马戏表演和各种宗教仪式。君士坦丁堡成了当时罗马帝国最繁华的城市。

君士坦丁大帝原来信仰多神教。这时他的宗教信仰发生了转变。据说还在早先的一次征战中,一天他看见天空中显现出十字架,十字架在阳光照耀下闪闪发光,上面刻着“以此克敌”的字样。第二天晚上,耶稣基督在君士坦丁梦中现身,解释了十字架的意义,并吩咐他在士兵们的盾牌上装饰基督的象征,这将保佑他们取得胜利。君士坦丁遵照梦嘱这样做了,果然大获全胜。这场战争后不久,君士坦丁接受了基督教的洗礼,他虔诚地说道:“这是一个我期待已久的时刻,我渴望它的来临,我期待上帝的拯救。”

君士坦丁正式皈依基督教,从此,基督教成为罗马帝国内占统治地位的宗教。

公元 337 年君士坦丁死后,他的几个儿子开始争权夺利的斗争。帝国又分裂成东西两部分。尽管在 394 年,皇帝狄奥多西一度统一了罗马帝国,但不到一年,随着他的猝然去世,帝国最后还是分裂了。

罗马帝国的版图从此被分为两块,东罗马帝国的领土包括希腊、小亚细亚、叙利亚、巴勒斯坦和埃及;西罗马帝国的领土包括意大利、高卢、不列颠、西班牙等地。在文化上,东罗马主要以希腊语为主,西罗马依然通行拉丁语。

西罗马帝国在公元 476 年宣告灭亡,而东罗马帝国一直延续到公元 1453 年。

54·“永恒之城”的陷落

公元410年8月24日，欧洲历史上发生了一件翻天覆地的大事。罗马帝国的首都“永恒之城”罗马，被阿拉里克率领的西哥特人所占领，大火焚烧了三天三夜。这件事强烈地震动了罗马，加速了西罗马帝国的最后灭亡。

在罗马帝国的晚期，帝国的欧洲部分，沿莱茵河到多瑙河的漫长边界上，经常遭到蛮族的侵扰。

所谓“蛮族”，是相对于古希腊、罗马人而言的，希腊、罗马人创立了发达的奴隶制文明，他们把当时欧洲其他较落后的民族，统统称为“蛮族”，也就是野蛮人的意思。

蛮族种类很多，日耳曼人就是其中一支。他们形成了很多部落联盟，较为著名的有东哥特人、西哥特人、汪达尔人、勃艮第人、法兰克人、盎格鲁人和撒克逊人等。

在公元五世纪初的时候，罗马帝国已处于风雨飘摇之中，国内的奴隶、贫民起义和蛮族入侵交汇在一起，冲击着腐朽的帝国。此时的罗马帝国，东西两部分由两个皇帝统治着，他们是老皇帝狄奥多西的两个儿子。哥哥统治东罗马帝国，弟弟统治西罗马帝国。

统治西罗马帝国的皇帝霍诺利乌斯，即位时年仅十岁。老皇帝临终前委托军队统帅斯提里科辅佐朝政。斯提里科是一位蛮族出身的将领，因作战勇敢而官居高位。当时罗马统治者为镇压国内人民的起义，在军队中雇佣了许多蛮族人。罗马军队中四分之三的士兵是蛮族人，许多蛮族人担任了高级军官。

公元401年，西罗马帝国遭到了外族入侵，由阿拉里克率领的西哥特人侵入了意大利。不久前，阿拉里克刚被西哥特人推举为部落领袖，他趁罗马帝国分裂之时发动进攻，在这以前，从来没有任何“蛮族”侵入过意大利本土。西罗马帝国全国震动。罗马城内有钱的奴隶主和贵族纷纷准备外逃，连皇帝也打算逃到高卢去。

这时，倒是军队统帅斯提里科沉着、冷静，认真分析了形势，火速从莱茵河和

不列颠调来驻军，用来保卫意大利。此时，阿拉里克前锋直抵罗马城，斯提里科带着军队迅速赶到。402 年 4 月，在罗马城附近的波连提亚，斯提里科趁西哥特人正在庆祝复活节的时候，袭击了阿拉里克。阿拉里克仓促应战，结果被打败。

罗马城解了围，皇帝下令进行庆祝。罗马人举行了游行庆典，大圆形斗兽场进行了角斗表演。这是罗马历史上最后一次角斗士竞技比赛。

阿拉里克在第一次进攻罗马受挫后，决定重整旗鼓，再次进军意大利。罗马军队统帅斯提里科看得很清楚，阿拉里克虽然被打败，但还有很大的力量，随时可能再来侵犯。帝国虽取得了胜利，但已精疲力竭，无力再战。所以他决定和阿拉里克结成联盟。不久，阿拉里克同意结盟，在得到了一批黄金后退出了意大利。

但是，罗马的元老院贵族十分憎恨阿拉里克，因此对签订和约的斯提里科也很反感。他们在军队里和社会上散布谣言，说斯提里科想与西哥特人合谋篡夺帝国皇位。公元 408 年 8 月，皇帝霍诺利乌斯听信了谗言，下令处死他的忠诚将领斯提里科。接着在元老们的煽动下，罗马军队集体屠杀蛮族士兵的妻子儿女。这引起了三万名蛮族士兵的无比愤怒，他们投奔阿拉里克，要求他带领他们去攻打罗马。

这一年，阿拉里克率军第二次突入意大利。意大利北部和中部的城市一个接一个被占领。阿拉里克直逼罗马，并把它包围了，切断了它同外界的一切联系。罗马全城发生粮荒，成千的人被饿死。元老院被迫派出使臣向阿拉里克求和。

阿拉里克趁机来了个“狮子大开口”，他对罗马使臣说：“要想和平，可得付出代价。”

“请问和平的代价是什么？”使臣问道。

“罗马必须拿出五千磅黄金、三万磅白银、四千件丝袍、三千件上等皮袄、三千磅胡椒，同时释放所有的外族奴隶。”

听了这些苛刻的条件，罗马使臣暗吸一口凉气。为了压低价码，他以威胁的口吻说道：“可城里还有很多军队，他们会拼死抵抗的。”

“那好啊，草长得越密，割起来就越省力。”阿拉里克冷笑着回答。

眼见此事已无可挽回，这位罗马使臣只得答应了阿拉里克的条件。随后阿拉里克遵约解除了对罗马的包围。

但是西罗马帝国皇帝不久又后悔了，原因是他终于等到了他哥哥从东罗马派来的四千援军，还等到了从非洲运来的大批粮食。他觉得自己有能力挑战阿拉里克了。于是，他撕毁和约，并扬言要采取军事行动。

阿拉里克被激怒了。他决定第三次进攻罗马城。这次，他作了充分的准备，集合起各路蛮族大军共有三十万人。在部队出发前，阿拉里克激励部下："勇士们，我将带领你们去攻陷罗马。为了教训那些狂妄自大、忘恩负义的罗马人，我允许你们在破城后，可以任意抢劫三天！"

公元 410 年 8 月 24 日夜，阿拉里克的大军兵临罗马城下。罗马元老院在绝望的情况下，仍然准备作殊死抵抗，企图延缓自己的灭亡。但是，城内的奴隶开始起义了，他们打开了城门，蛮族士兵在起义奴隶的引导下，冲入了城内。

罗马，数百年来从未被外族入侵过，因此，它被誉为"永恒之城"。如今，"永恒之城"已躺在西哥特人的脚下！蛮族士兵挨家挨户抢劫珠宝、黄金，将它们占为己有。较贵重的银器、丝绸衣服则堆到车上。士兵们还点燃熔炉，熔掉神像，以获取黄金。许多建筑物被焚烧。对稍有不从的罗马人，格杀勿论。奴隶们趁机对他们的主人进行复仇，许多元老被处死，一些贵族被抓起来卖为奴隶。罗马成了人间地狱。

"永恒之城"的陷落，震动了西罗马的奴隶主阶级。他们惊恐万状，大批逃离意大利，流亡到非洲、地中海的岛屿上，不少人沦落为乞丐，流落街头。罗马的奴隶制度和奴隶主阶级，受到了毁灭性的打击。

阿拉里克洗劫了罗马城以后，继续向意大利南部推进，但不久他在征战途中病逝。随后，西哥特人进入西班牙，到 419 年，他们在那里建立了西哥特王国。

罗马失陷后，西罗马帝国还苟延残喘了几十年。但此时的罗马皇帝，已成了外族军事首领的傀儡。终于在公元 476 年，日耳曼雇佣军统帅奥多亚克废除了年仅六岁的西罗马末代皇帝，宣告了罗马帝国的彻底灭亡。从此，欧洲历史进入了封建统治的中古时代，被称为中世纪。

55 · 罗马的文化遗产

从公元前753年罗慕路斯建立罗马城开始，到公元476年罗马城被蛮族人攻陷为止，古罗马文明延续一千二百多年。古罗马创造出高度发达的物质文明和灿烂的文化，对后世的历史发展产生了深远的影响。

首先，在语言文字方面，现在西欧各国使用的字母，都是古罗马的拉丁字母。现在一些西方主要国家的语言，如英语、法语、意大利语、德语、西班牙语等，也都是直接发源于古罗马的拉丁语。就是我们的现代汉语也直接受益于古罗马文明，汉语拼音所使用的也是拉丁字母。

历法方面，尽管古代埃及产生过太阳历，古巴比伦创造出阴历，中国古代使用过农历，对现今人们生活影响最大的却是古罗马使用的历法。公元前一世纪，恺撒全面修订历法，制定了著名的"儒略历"。这部历法把每年分为十二个月，大月三十一天，小月三十天，平月为二十八天，一年共三百六十五天。每隔四年置一闰年，闰年为三百六十六天。公历中的七月、八月(July, August)的名称，也是以罗马帝国的缔造者恺撒和奥古斯都的名字命名的。

宗教方面，基督教是世界三大宗教之一，它成为世界性的宗教是在后期罗马帝国时代。罗马人原先是信仰多神教的，基督教在创始之初受到罗马人的排斥，耶稣给钉死在十字架上，尼禄对基督徒血腥迫害。但在帝国后期，社会危机日益严重，人们对政府失去信心，转而信仰宣传平等、仁爱思想的基督教，信仰基督教的人越来越多，政府已无法禁止了。终于，君士坦丁皇帝接受了基督教。公元392年，皇帝狄奥多西把基督教定为国教。从此，基督教以更快的速度传遍全世界。

法律方面，罗马人创造了伟大的罗马法，它是今天世界大多数国家法律体系的基础。

早在公元前五世纪制定的"十二铜表法"，是古罗马的第一部成文法。这部罗马法对买卖、借贷、租赁、遗授与继承都作出了具体细致的规定。帝制建立后，皇帝的命令也具有法律效力。公元438年，《狄奥多西法典》颁布，它汇集了公元四世纪以来皇帝的法令，共十六卷。以后，东罗马帝国大规模地进行罗马法典的编纂工作，如《查士丁尼民法大全》是奴隶制时代最完备的成文法典。它包括了所有权、债权、婚姻与家庭、犯罪与刑罚等方面的内容。罗马法对后来欧洲许多资本主义国家的法律，特别是民法的发展有着很大的影响。

罗马在共和时代就出现法学家。法学家常在法庭上充当原告或被告的辩护人。近代的律师，尤其是美国的法官，就经常引用罗马法学家创造的格言。

古罗马文学方面，诗歌、戏剧、散文、演说、史学都有一定的成就。

古罗马传下来最早的文学作品是戏剧。剧作家普劳图斯一生写了一百多部喜剧，遗憾的是留传下来的仅有二十部，其中有《孪生兄弟》、《吹牛的将军》和《一坛黄金》等，作者体现出了同情奴隶、嘲笑权贵和富人的进步思想倾向。

屋大维统治的时代，被称为罗马文学的黄金时代。三大诗人在这时脱颖而出。其中，维吉尔模仿荷马史诗，写成《伊尼依特》，他的作品曲折生动。贺拉西擅长韵律，文辞优美，著名作品有《颂歌》、《讽刺诗》等。奥维德以写牧歌、爱情诗见长，其《变形记》感情真切动人。这三位诗人在文艺复兴时代受到广泛颂扬。

古罗马还涌现了一位杰出的历史学家阿庇安。他留下了一部卷帙浩繁的《罗马史》，共有二十四卷，记叙了九百年罗马的历史。这是反映罗马历史的第一手资料。

恺撒不仅是军事家和政治家，而且还是一位卓越的历史学家、散文家。他以朴实、流畅的文笔写了一部《高卢战记》，是罗马征服高卢的战争纪实，具有很高的军事价值和史学价值，文学上的价值也不低。

此外，西塞罗给我们留下了文辞华丽的哲学论文和政治演说。

古罗马文明的一个最重要的遗产是建筑工程。傲视古今的圆形斗兽场，气贯长虹的高架引水渠，典雅壮丽的立柱长廊，精美绝伦的拱顶建筑，平坦笔直的条条大道，它们的全方位开放式的布局，无不反映出罗马人傲视四海、气吞八方的气概。

古罗马最宏伟的建筑，是留存至今的科洛西姆圆形大斗兽场。它是斗兽、赛马、竞技、阅兵等活动的场所。它建于公元 72 年，历时十年才建成。它占地两万平方米，是一个上下四层的椭圆形建筑，高约五十米，可容纳一万观众观看角斗士表演。

帝国时代的罗马城，建有三十道城门。城内有数百座神庙，九个大剧场，两个圆形大竞技场，十六所大型公众浴室以及许多宫殿、凯旋门和纪功柱等。古罗马的许多遗迹都保存至今。

在公元二世纪，帝国境内的大道已有三百七十二条之多，总长度达八万公里。“条条大路通罗马”，便是对罗马帝国便捷的交通的真实写照。

在罗马城的郊外，古罗马人为了农业灌溉的需要，还修建了独特的高架引水工程——水道桥。水道桥的建筑形式同桥梁一样，下面有许多半圆形的拱门，上面是一条有凹槽的水沟，可以将水源从一地引往另一地，提供灌溉用水。有的水道桥采用三层高架引水渠，建筑形式更为精巧。当时罗马共建有十一条这样的引水渠。

罗马还兴建了相当数量的公共浴室，这不仅是休闲娱乐的地方，还是公众集会的场所。公元四世纪，罗马城的公共浴室已超过一千家，其中特大型的有十几家。像卡拉卡拉浴室可以容纳一千人沐浴，而戴克里先浴室更可容纳三千人，占地十一公顷。这些公共浴室里还设有美容院、酒吧、餐馆、会客室、花园、游廊等。

为了纪念帝王的功勋，在帝国时代又兴起两种建筑，就是凯旋门和纪功柱。建于公元 81 年的“提图斯皇帝凯旋门”最为著名。上面用浮雕描写提图斯战胜犹太人的情景。在一块高二点四米的浮雕板上，刻着皇帝在四马战车上的凯旋盛况。矗立在罗马广场中央的则是“图拉真纪功柱”，高四十米，有盘旋而上的连环式浮雕，非常精巧，长达二百米，描绘了古罗马皇帝图拉真进行历次战争的情景，其中人物有两千五百之多，雕刻技术十分纯熟。

56・日耳曼人涌入罗马

在罗马帝国的东北方，居住着许多日耳曼部落。日耳曼人身材高大健壮、长脸高鼻、金发碧眼、皮肤白皙。他们受希腊罗马古典文化的影响很少，处于原始部落状态。罗马人把他们称为“野蛮人”或“蛮族”。这些“野蛮人”分成许多部族，有东哥特人、西哥特人、汪达尔人、法兰克人、盎格鲁人、撒克逊人等。从公元四世纪开始，这些日耳曼人向南迁徙，进入罗马帝国境内。他们是未来德国人、法国人、英国人的祖先。

这些日耳曼人经济、文化比较落后，军事力量却很强大。全体成年男子都是战士。开部落会议时，赞成某件事时大家就敲打武器，不赞成时就乱喊乱叫。他们种地不施肥，收割完庄稼后就让土地荒废，再去开垦别的土地种植庄稼，因此，需要不断地掠夺新的土地。作战时，临阵脱逃者要被绞死，畏惧不前者要被淹死，所以个个勇猛非凡。

本来日耳曼人生活在多瑙河以北，罗马人统治中南欧洲，罗马人与日耳曼人相安无事。一些日耳曼人由于打仗勇敢，还被罗马人雇佣，成为罗马的边防军。但是，来自亚洲的一股旋风打破了欧洲的平静生活。

这股旋风的制造者是我们非常熟悉的一个民族——匈奴。

匈奴本来是生活在蒙古草原上的游牧民族，他们身着短衣，从小生活在马背上，个个都是勇敢的战士。匈奴人身材短小粗壮、圆脸扁鼻、胡须稀疏、凶猛剽悍。像所有的游牧民族一样，他们的爱好一是打猎，二是征服。

早在战国时代，匈奴就入侵中国。公元一世纪，匈奴战败。南匈奴迁入长城，归顺了当时的汉朝政府。北匈奴被迫西逃，穿越中亚细亚（今亚洲中部地区），跃过乌拉尔山，不远万里，来到了欧洲。这些被汉朝军队打得抬不起头来的匈奴人，到了欧洲可是如虎入羊群。一位罗马历史学家是这样描述匈奴人的：“一旦发怒，他们便奋起而战，排着楔状队形，发出种种狂叫，投入战斗；他们敏捷灵活，有意分散成不规则的队形，兵锋所至，杀戮骇人……他们没人能说出自己的起源，因为母亲怀他在一处，生他则在遥远的另一处，抚养他又在更远的一处。”

公元374年，匈奴人强渡顿河，突入东哥特境内(今乌克兰一带)，东哥特人哪是他们的对手，结果，东哥特人被打败，其首领绝望地自杀了。

第二年，匈奴人又去惹西哥特人，双方血战于德涅斯特河(在今摩尔达维亚)。匈奴人避开正面进攻，迂回到西哥特军队背后，迅速将其击溃。西哥特人首领率领两万男女老少，逃到了多瑙河边，向罗马帝国请求避难。罗马皇帝瓦伦斯觉得他们也是不错的战士，可以替罗马人守卫边疆，就同意了，让西哥特人渡过多瑙河，进入罗马定居。这是最早迁入罗马帝国的一支日耳曼人。

到达罗马后，罗马人不仅收缴了西哥特人的武器，还把他们当奴隶来使唤，残酷地压迫、剥削他们。西哥特人忍无可忍，奋起反抗，与罗马军队展开战斗。昔日所向披靡的罗马大军，在西哥特人的面前却不堪一击。公元378年，在亚得里亚堡一役中，罗马军队遭到惨败，三分之二的部队被消灭，罗马皇帝瓦伦斯被赶到一间茅屋里，被活活烧死。继任的皇帝狄奥多西被迫与西哥特人订立和约，把现今南斯拉夫的土地割给他们，还免了他们的捐税。

如此一来，西哥特人就将罗马帝国的边界线撕开了一个缺口，“野蛮”的日耳曼人各部族，开始肆无忌惮地向罗马帝国发动攻击。从此，西方历史翻开了新的一页。

匈奴人占领了多瑙河流域之后，在今天的匈牙利一带，建立了一个由匈奴人和被他们征服的日耳曼人组成的帝国。欧洲许多国家的国王和部落酋长，都向匈奴帝国臣服了。

公元五世纪中叶，匈奴帝国出现了一个伟大的王——阿提拉。他先率大军南下进攻东罗马帝国，东罗马皇帝卑躬屈膝地请求饶恕，并向阿提拉献上一笔巨款。

让东罗马乖乖地屈服后，阿提拉开始攻击西罗马帝国。他向西罗马提出“和婚”，也就是要求娶西罗马皇帝的妹妹为妻，目的是要分享西罗马帝国的领土。西罗马帝国拒绝了，阿提拉便率兵杀入西欧，从北到南席卷了今天的法国，最南面直抵奥尔良，在与法兰克人、西哥特人和罗马帝国的联军打了一场大战后，又攻入了意大利，一路势如破竹，直抵罗马城下。由于教皇的哀求，他像在东罗马一样，没有继续打下去，而是与教皇签了和约。

公元453年，阿提拉去世了，匈奴帝国很快崩溃，匈奴人就在今天匈牙利一带定居下来。由于匈奴人数较少，逐渐被当地的日耳曼人、斯拉夫人同化了。现在的匈牙利人据说是匈奴人的后裔。

前面说过的亚得里亚堡战役，敲响了罗马帝国的丧钟。公元395年，罗马帝国正式分为东西两部分。公元410年，西哥特人又一次兵临罗马城下，毫不手软地发动了总攻，打下了罗马城。

罗马，这座“永恒之城”，沦陷在了“野蛮人”手中。

后来，这些西哥特人占领了罗马帝国在西班牙和高卢的领土，建立了西哥特王国。

西哥特人之后，另一支日耳曼人汪达尔人又攻入了西罗马，他们一直打到非洲，在北非迦太基建立了汪达尔王国。公元455年，这些汪达尔人又横渡地中海，像西哥特人一样打下了罗马城。他们在罗马大肆烧杀抢掠，辉煌的罗马帝国宫殿被拆毁，连同帝国国徽一同运往迦太基，装饰那里的王宫；无数的书籍、艺术品被焚毁。毁灭文化的“汪达尔主义”由此而得名。

差不多与此同时，盎格鲁人、撒克逊人渡过北海，进入距罗马帝国最远的行省——不列颠(今英国)。在不列颠岛上建立了七个“蛮族”国家。

经过这些“野蛮人”的破坏之后，罗马帝国元气大伤。帝国的领土只剩下意大利一地。连年的战争耗尽了帝国的资源，也使宫廷雇佣的日耳曼将领权欲越来越大，到后来，罗马皇帝竟成了他们的傀儡。公元476年，罗马日耳曼雇佣军将领奥多亚克发动政变，废黜了年仅六岁的末代皇帝罗慕洛，西罗马帝国正式灭亡了。

十年后，原来居住在莱茵河下游的法兰克人，在部落领袖克洛维的带领下，击败高卢北部残存的罗马军队，建立了法兰克王国。

这样，罗马在诞生了千年之久、称雄了几百年之后，在“蛮族”的打击下，终于寿终正寝了。从此，西欧社会跨入了新时代。

57 · 法兰克王国的崛起

公元476年，西罗马帝国灭亡，取而代之的是一些日耳曼人的“蛮族”国家。主要有：西哥特王国，它占有了欧洲西部，包括现在的西班牙和法国西部；东哥特王国，它占领了意大利；法兰克王国，它占有了现在的法国与德国的大部分。

在这三个“蛮族”国家中，以法兰克的势力最强。法兰克人生性强悍，能征善战，是天生的战士，他们最心爱的武器是战斧。当时的作家这样描写法兰克战士：

“他们好像游戏一样地扔自己的战斧，远远飞砍敌人，常常百发百中。他们灵巧地用盾牌护身，冲向敌人，快如疾风，几乎要抢在掷出去的标枪的前头。他们的爱好就是打仗。只有死亡才能使他们倒下。要他们恐惧是办不到的。”

公元三世纪，当罗马帝国日薄西山时，法兰克人乘机崛起，渡过莱茵河，到处抢占罗马人的地盘。他们南边紧挨着罗马帝国的高卢行省，所以第一个征服的就是高卢。此时的法兰克人分为两大支，住在莱茵河中游地区的称“河滨法兰克人”，住在莱茵河三角洲一带的称“海滨法兰克人”。

公元481年，“海滨法兰克人”克洛维继承了父亲的王位。他立下大志，要壮大自己的力量，统一法兰克。五年后，二十一岁的克洛维从高卢北部动身，向南部的罗马残余部队发动进攻，双方在巴黎南部的苏瓦松展开激战，结果，罗马军队被杀得大败，法兰克人夺取了高卢南部的大片土地。

苏瓦松战役是一场决定性的战役。它为法兰克王国的建立奠定了基础，克洛维也成为名副其实的国王。

在苏瓦松战役后不久，发生了一件事。一天，克洛维的部下从教堂里抢了一只精美的花瓶。教堂的主教恳求他归还，克洛维答应了。随后在战利品分配大会上，克洛维除了拿到他应得的那一份外，还要求得到那只花瓶。但是那个抢得花瓶的法兰克战士不仅拒绝，而且当场用战斧劈碎了这只花瓶。克洛维没有作声，他收拾起碎片，重新粘好花瓶，然后送还给了教堂。

一年之后，在一次军事会议上，他认出了那个劈碎花瓶的人。他借口那个人的武器佩带不端正而大声斥责他,并且将那个人佩带的战斧掷在地上。待那人俯身去拾战斧时,克洛维抢先一步,拾起斧子,对准他的脑袋劈将下去,口中说道:“这就是你以前对待那只花瓶的样子!”

在场的部下无不为之震惊,从此谁也不敢再反对克洛维了。

随后,克洛维除了带领法兰克人攻城略地之外,还做了一些影响深远的事。

当时,西哥特国王有两个儿子不和睦。老大总是要伤害老三,还把老三的女儿赶出了王国。这个名叫克洛提尔的女子流落到了法兰克。克洛维听说克洛提尔非常漂亮,就把她娶过来做了妻子。克洛提尔是个虔诚的基督教徒,她一次次地劝丈夫改信基督教,可克洛维只是一笑了之。此时的克洛维还信奉多神教。

三年后,克洛维在征服莱茵河中部地区的阿勒曼尼人的战争中,他的军队遭到惨败。直到这时,他才想起求助于妻子信奉的上帝。他率三千名士兵到教堂受了洗礼,皈依了基督教。随后他的战斗便转败为胜。

克洛维皈依基督教,既得到了教会支持,又提高了他在法兰克人心目中的地位。

此时,克洛维的岳父,也就是西哥特王的三儿子戈迪吉塞尔,想借用女婿的力量去打败自己的哥哥,替自己报仇。他还许诺,如果克洛维打败他哥哥贡多巴德,就把自己的一部分土地划给克洛维。这真是天上掉下来的馅饼,克洛维满口答应。

公元500年,克洛维的军队出现在贡多巴德的领土上,贡多巴德急忙应战,可他哪里是羽翼已丰的克洛维的对手。克洛维没费多长时间,就打败了贡多巴德。以后,克洛维又联合河滨法兰克人,对西哥特国发动了进攻,最后克洛维杀死了西哥特国王阿拉里克,夺取了西班牙和高卢南部的许多地方。

现在,克洛维称霸欧洲的最大阻力就是昔日的盟友:河滨法兰克人。克洛维决定使用卑劣的手法除掉河滨法兰克的首领。

他想出一条毒计。他派人找到首领的儿子克洛德里克,然后摆出一副神秘的样子,俯在克洛德里克的耳边,轻声问道:“你说,现在这里,谁的权力最大?”

“那还用讲,肯定是我的父亲!”克洛德里克回答。

克洛维摇了摇头,说:“唉,你真傻。要是叫我看,除了你,没人比你的权力大,只是……”他欲言又止。

克洛德里克露出了奇怪的神色，他问道："请大王指点迷津。"

"如果你父亲去世了，那河滨法兰克人的权力不全都归你所有了吗？"

克洛德里克恍然大悟，他兴奋地对克洛维说："谢谢你提醒我，我明白怎么做了。"

不久，克洛德里克就杀死了自己的父亲。他急匆匆地把这一消息告诉了克洛维。为了向克洛维表示感谢，他想送给克洛维一些财宝。

克洛维婉言谢绝了他的盛情，只是派出使者到他那儿祝贺。当使者到科隆向克洛德里克祝贺时，趁他不备，竟抽出匕首将其刺死。

克洛德里克被杀后，克洛维立即向河滨法兰克人声明，他并没有参与谋杀的勾当，他愿意接纳河滨法兰克人成为他的臣民。失去了首领的河滨法兰克人，无奈之下只得归顺了克洛维。

就这样，克洛维完成了法兰克的统一大业。公元 507 年，他在巴黎建都。他所建立的墨洛温王朝，一直延续到八世纪中叶。

58·“丕平献土”和教皇国

在现今意大利的首都罗马，有一个叫梵蒂冈的教皇国。它是一个城中之国，仅占地零点四四平方公里，是世界上最小的国家。它可是世界天主教的中心，教皇是这个国家的统治者。别看它现在只是弹丸之地，在中世纪，教皇国可是意大利中部的一个不算小的国家。它的起源要追溯到公元八世纪，当时的法兰克国王“矮子丕平”，把意大利中部的一大块土地赠送给罗马教皇，不久以后就形成所谓的教皇国。

早在公元511年，法兰克王国的创始人克洛维去世了。他在世时，热切地盼望能有儿子，去世时却又嫌儿子太多。他有四个儿子。他怕儿子们为王位的继承而引发内乱，于是将国土分作四份，每个儿子各得一份。这时的法兰克，没有什么长子继承制，分开的几个部分仍是一个国家。

克洛维开创的墨洛温王朝，历时二百四十一年，历经二十八位国王。每代国王死后，都继承了克洛维定下的老规矩：国土由儿子均分。

墨洛温王朝的后期，国王一个比一个懒，因而被称为“懒王”。他们不问国家大事，整天沉迷于基督教或者美女、美酒之中，王国大权渐渐旁落到“宫相”手中。宫相最初是王国的管家，只是国王的仆人，后来因其地位特殊，渐渐执掌机要，不仅控制内政，而且掌握军权，让国王成了纯粹的木偶。到公元737年，查理·马特成为法兰克王国唯一的宫相，独掌朝纲。

查理·马特是一个有雄才大略的人。此时，欧洲面临阿拉伯人的入侵。查理·马特起兵抵抗，公元742年在波瓦都战役中，击溃了入侵的阿拉伯人，这次胜利使查理·马特威名大振。

查理·马特死后，按惯例把国家平分给两个儿子卡罗曼和丕平。这卡罗曼是个虔诚的基督徒，没过几年就看破红尘，放弃统治权，到修道院做修士去了。整个法兰克王国便落到丕平一人手里，这丕平就是历史上大名鼎鼎的“矮子丕平”。

这时，法兰克名义上还由克洛维建立的墨洛温王朝统治，丕平只是宫相。他深知要想名正言顺地登基称王，教会的支持不可缺少。事情竟有这般巧合，那边罗马教皇受到北部伦巴底人的侵扰，迫切希望丕平能伸出援手，将伦巴底人赶出教皇辖地。双方互有所求，一拍即合。

公元751年，矮子丕平遣使臣去见教皇。使臣见过教皇后，神态怪异地问教皇："现下既有手握大权之人，又有自诩为王却绝无实权之人，此两人中谁应该称王？"

教皇闻听此言，立刻心领神会，但却在故作沉吟之后才答道："掌握实权的来当国王要比虚拥王位而无实权的为好。"

使者将教皇的答复向矮子丕平禀告后，矮子丕平笑逐颜开，当即在苏瓦松召开贵族会议。会上，丕平将教皇的意思告诉众人，于是，他顺利地被贵族们推选为国王。贵族们按照日耳曼人部落的习惯，敲打盾牌，欢呼喝彩，把矮子丕平高举在盾牌之上，以示拥护。教皇还派特使前来，为丕平举行了加冕礼。这是历史上第一次教皇为国王举行加冕。

矮子丕平将墨洛温王朝的末代国王削发为僧。从此，法兰克王国开始了一个新的王朝——加洛林王朝，这是发生在公元751年的事。

丕平在教皇的支持下，当上法兰克国王。当然，他也没有忘记报答教皇。在公元754年、756年两度出兵意大利，大败伦巴底人，逼其交出了以往侵占去的土地。为了感谢教皇对自己即位活动的支持，矮子丕平随即将这些地域慷慨地赠送给了教皇。这便是流传史册的"丕平献土"。教皇于是以此为基础，在意大利中部建立起政教合一的教皇国。教皇国便是今日梵蒂冈城国的前身。

然而，"丕平献土"却引起了东罗马帝国的抗议。建都拜占庭的东罗马帝国，向来自认为是古罗马帝国的当然继承者，提出丕平应将意大利中部领土归还拜占庭。罗马教皇为了确保得到领土的合法性，竟然伪造了一封罗马皇帝君士坦丁大帝的书信。

这封写于公元四世纪的信中称，君士坦丁大帝忽然得麻风病，宫廷祭司对皇帝说，必须用儿童的热血洗澡才能治愈这种病。大帝不忍心杀害无辜的儿童，没有依从。有一天，君士坦丁梦见天主告知他，只有接受基督教会洗礼才能除病。他决定试验一番，请来罗马主教为他施法。当他跳入水池时，天空忽然显现出一只手，神彩四射，向他伸来。一出水面，身上麻风病全好了。于是君士坦丁决定重谢罗马教会，迁都拜占庭(后改名为君士坦丁堡)，把罗马地区交给罗马主教管辖。

当时教皇并没有拿出君士坦丁的亲笔信，只是口头说说，用于欺骗东罗马帝国。后来又伪造了这封信。东罗马帝国不知底细，在这封所谓的“君士坦丁赠礼”的伪书信面前，除了哀叹，没有别的办法。这样，丕平的献土和伪君士坦丁书信相结合，奠定了教皇国的基础。

直到文艺复兴时期，意大利人洛伦佐·瓦拉经过考证，才揭开这个历史谜团。原来这封写于公元四世纪的书信，竟然使用的是公元九世纪的拉丁语，里面充满了“蛮族言词”(即日耳曼语言)。瓦拉指出，君士坦丁在位时，还是拉丁文繁荣之时，在这个“学术时代怎能写出野蛮人的言词”！显然书信是伪造的，是教皇用来欺骗世人的。

59 · 查理大帝

12 月 25 日，是基督教传统的节日——圣诞节。然而公元 800 年的圣诞节却非同寻常。这一天，在意大利的罗马城，发生了一件举世瞩目、影响深远的大事：一个“蛮族”人的国王，被罗马教皇破天荒地戴上一顶金皇冠，加冕为“罗马人的皇帝”。这个人，就是欧洲历史上赫赫有名的查理大帝。

查理于公元 742 年出生在一个法兰克贵族家庭中，他的父亲便是大名鼎鼎的“矮子丕平”。公元 751 年，矮子丕平与教皇相勾结，废黜了墨洛温王朝的末代国君，取而代之，创建了加洛林王朝。作为王子，查理从小就跟在父亲身边，出入宫廷，巡游各地；骑马打猎，从军作战，各方面都受到了很好的锻炼。查理身材魁梧，体格强壮，精于武艺，很早就显露了军事上的才干。

公元 768 年，矮子丕平去世。遵照遗嘱，查理和弟弟卡洛曼平分了法兰克王国。不久，卡洛曼患病去世，查理合并了全部国土，成为加洛林王朝的第二代国王。

查理不知疲倦地南征北战。他在位四十六年，先后发动了五十五次征服战争，除了英格兰人以外，他几乎和西欧所有的民族打过仗。

查理当政后的第一次出征，是在公元 774 年进攻意大利北部的伦巴底王国。说起来，那伦巴底国王还是查理的岳父大人呢。那么，查理为何要攻打伦巴底呢？冰冻三尺，非一日之寒。原来，查理弟弟卡洛曼死后，其妻子对查理并吞丈夫遗留下的国土深感不满，于是，率领儿子们逃往意大利，向伦巴底国王寻求“保护”。后来伦巴底人进犯罗马，查理应教皇请求，派军镇压。伦巴底人战败，国王的女儿被查理强索为妻。但查理并不喜欢这位姑娘，只是想羞辱一下她父亲。不到一年，查理就抛弃了伦巴底妻子，另结新欢。伦巴底国王非常恼怒，发誓要报复。而查理干脆先下手为强，于是，立即发兵征讨伦巴底。

公元 774 年，查理率大军翻越阿尔卑斯山进攻伦巴底。这是一支用铁武装起来的大军，有一首诗这样描写：

他(查理)头上戴着铁盔,
手上罩着铁手套,
他的胸膛和肩膀裹在铁甲里。
他左手高擎一支铁矛,
右手握着一把无敌的铁剑,
骑在一匹铁黑色的战马上。
整支大军都仿效他的穿戴,
田野里和大道上充满着铁器,
连太阳的光芒都被铁的闪光反射回去。

进入伦巴底后,查理采取分兵奇袭和围困迫降的战术,征服了伦巴底人。随后,他将伦巴底国王送进修道院当了修士,让自己的儿子当了伦巴底的总督。就这样,查理把意大利北部并入了他的版图。

公元778年,查理越过比利牛斯山,进攻西班牙地区的阿拉伯人。回师途中,后卫部队在比利牛斯山的一个峡谷遭到当地人伏击。查理的部将罗兰英勇奋战,不幸阵亡。这一事迹被编成著名史诗《罗兰之歌》。诗中,罗兰被颂扬为中世纪骑士的楷模,查理则是骑士应为之效忠的封建君主的典范。

查理时间最长的一次征服战争,是进攻北方的萨克森人,他采取了残酷的镇压手段,对萨克森人大量屠杀并强行迁移。他还强迫所有萨克森人信仰基督教,不信基督教者均被处死。这场战争时间长达三十三年,直到公元804年,萨克森人终于被征服。

经过数十年的征战,查理在欧洲大陆建立了一个庞大的帝国,其疆域之大,完全可与昔日的罗马帝国相媲美。赫赫的战功和强盛的国势,使查理踌躇满志。国王的称号与他的权势似乎不相适应了,恺撒大帝才是他效法的榜样。一次偶然的事件,为他弃王称帝铺平了道路。

公元799年,罗马贵族们声称教皇利奥三世生活放荡、品行不端,发动了政变。他们将教皇逮捕入狱,还扬言要挖出他的眼珠,割掉他的舌头。但是,一天深夜,利奥三世越狱逃跑了,他直奔正在征战的查理的营帐,乞求保护。公元800年12月,查理亲自带兵把利奥三世护送回罗马,还把反对教皇的贵族处以

重刑。

利奥三世对查理感恩不尽，视同再生父母，他抓住一切机会报效查理的恩典。

12月25日圣诞节那天，当查理跪在罗马的圣彼得大教堂做祈祷时，教皇突然把一顶金皇冠戴在查理的头上，并高声宣布："上帝为查理皇帝加冕，这位伟大的带来和平的罗马人皇帝，万寿无疆，永远胜利！"

在场的僧侣、贵族齐声欢呼，祝贺查理成为"罗马人皇帝"。这样，查理就成了古罗马帝国的合法继承人，法兰克王国也变成了新的"罗马帝国"。

从此，人们将查理称为查理曼。"曼"字的意思是"伟大的"，也可直译为"大帝"。查理的加冕，是世界中世纪史上的一件大事。它表明教权和王权开始共同统治欧洲。利奥三世曾在教堂安放了一幅画，描写圣彼得正把披风送给教皇，把旗帜送给国王，画上写着"圣彼得把生命赐给教皇利奥，把胜利赠给皇帝查理！"

查理的业绩不仅限于军事征服，在法律、经济，尤其在文化教育方面都有杰出建树。

公元八世纪时，古代希腊、罗马的文化已被人们遗忘，查理帝国的臣民大都目不识丁。查理感到没有文化知识，就不能很好地管理国家，于是就在宫廷里办起了学校，培养人才。

在宫廷学校里，除了贵族子弟外，他还招收了一些出身寒门的学生。他亲自检查学生的作业，他发现出身寒门的学习成绩较好，便高兴地说："我的孩子们，由于你们竭尽全力学习，取得了好成绩，我很高兴。我将赐给你们主教的管区和华丽的修道院。"

对那些学习成绩差的学生，他训斥道："你们这帮贵族的大少爷，仗着出身和财产，不努力学习。我发誓，除非你们好好学习，否则绝对得不到我的任何恩宠！"

查理说到做到，时常把学得最好的穷孩子提拔上来，委以重任。

查理大帝还颁布了不少法令，要求教会和修道院传授和学习文化。他下令抄写大量古希腊和古罗马的文稿，为保存和传播古典文化作出了贡献。由于查理大帝统治的王朝叫加洛林王朝，这些成就后来被称为"加洛林文艺复兴"。

公元814年，查理大帝去世，享年七十二岁。他的儿子，性格柔弱的路易继承帝位。路易凡事依赖教士,所以被称为“虔诚者路易”。虔诚者路易死后,他的三个儿子为争夺帝位互相厮杀。直到公元 843 年,查理大帝的三个孙子在凡尔登集会,签了个《凡尔登条约》,商定将帝国分为三个部分。后来,这三个部分基本上形成了近代西欧的三个国家:德国、法国和意大利。

60 · 中世纪的骑士

如果你读过西班牙作家塞万提斯的著名小说《堂吉诃德》,一定记得那位自命为骑士的乡绅堂吉诃德。书中描写了骨瘦如柴的堂吉诃德,骑着一匹瘦骨伶仃的老马,与风车大战的情景。这位堂吉诃德还闹出许多笑话。他把客店主人当做封建领主,一定要他封自己为骑士;还把胖胖的牧猪女当做贵妇人,向她献上盲目的爱情与忠诚……堂吉诃德的种种荒唐举动,让人感到滑稽可笑,但在中世纪,这可是一种道德高尚的"骑士精神",受到人们赞赏呢。

骑士是中世纪欧洲出现的一个特殊阶层。它最早出现在法兰克王国,随着法兰克封建制度的确立,在十一世纪,形成比较完善的骑士制度,到十四世纪以后,骑士制度逐渐衰落。

那么,骑士阶层是如何产生的呢?

在法兰克王国建立初期,国王依靠中小地主组成的骑兵队镇压内乱,对外扩张。为了长治久安,国王改变了以往无条件分赠土地的制度,把战争中夺来的土地分封给前线作战的将领,受封土地的将领要对国王尽一定的封建义务,必须宣誓效忠于国王。接着,国王下面的大封建主、将领们,也把自己的土地作为采邑(封地)的形式分封给自己的下属,这样层层分封,形成国王以下的公、侯、伯、子、男、骑士几个等级,这就是封建等级制度。骑士,其实就是最低等级的贵族,他们既无爵位,又无封土,他们的职业就是骑马出征。

十一世纪,西欧城市兴起,封建主已把土地掠夺殆尽,这时确立了长子继承制。父亲的爵位、土地只传给他的大儿子,其余的儿子不能从父亲那儿分得遗产,他们只有一条谋生途径,就是成为骑士。但是,要成为骑士还必须由某个贵族,如伯爵或公爵来加封。他们在获封骑士的同时,往往还能获得一个或几个小庄园,他们就可以靠这些庄园来过日子。如果他们想获得更大更多的庄园,唯一的途径就是掠夺。他们可以自己去抢,也可以跟着他们的领主去战斗,从战争中获得战利品。

在相当长的一段时间内,骑士这个称号象征着一种荣誉,因此,西欧的大小封建主,大都自认为是光荣的骑士。他们以自己的封建领地为基础,与国王一道以刀剑统治国家。骑士的生活充满了冒险,他们的生活目的似乎就是为国王而战,为信仰而战,为爱情而战。

作为一名骑士,在他的一生中将经历无数次战斗,因此,每一个贵族子弟从小就得接受成为骑士的训练。

在中世纪,贵族家的男孩子到了七八岁,就要被父母送到比自家高一等级的领主家当侍童。侍童要追随领主夫人左右,按照主人们的吩咐服役,侍奉主人;学习吟诗、唱歌和弹奏乐器,熟悉宫廷以及贵族交往的礼节;还学习下棋、骑马、游泳、投枪、击剑和角力。十四岁后当领主的侍从,也就是预备骑士了。平日里侍从主要服侍女主人或其女儿用餐,向她们学习各种礼节,同时也要学会对贵妇人殷勤有礼,处处要“女士优先”,并且树立起一种为淑女献身的精神。只有当主人出发作战时,侍从才跟在主人身边,为主人看管甲胄、武器和马匹,同时学习打仗。直到二十一岁,才够资格通过封授仪式,成为一名真正的骑士。

骑士封授仪式是这样的,将要成为骑士的年轻人,先要进行沐浴清洁,然后进入教堂,在里面彻夜不眠地看守他的盔甲和武器,并作祈祷。第二天早晨,他便回到城堡里,再参加受封骑士仪式。老骑士帮助他穿上盔甲和佩好剑。然后,受封者单膝跪地,向领主宣誓,要忠于主人,保护宗教和妇女,要行侠仗义,扶弱济贫。宣誓以后,领主用手掌或剑背在他背上轻拍两下,以表承认。从此,年轻人就取得了骑士的称号,成为一名真正的骑士。

取得骑士称号以后,这些贵族子弟往往要游历一番,建功立业,获得勇敢的名声。尤其是那些没有领地,等级最低的骑士,更是以打家劫舍为生,以比武格斗为乐。为了表现自己的勇敢或是为博取女人欢心,甚至两名陌生骑士途中相遇,也会狠斗一场,有时打得头破血流甚至死亡。

有一首描写骑士生活的诗这样描述:“我是一名骑士,骑马出行,寻找一个男子,像我一样武装起来,愿与我格斗。他要是能打倒我,就会提高他的声誉;我要是能战胜他,就会被看做是英雄,我将得到前所未有的尊敬。”

按照惯例,一个骑士不能对一个毫无准备的对手发起攻击,而必须让对方做好战斗前的准备。例如,1327 年苏格兰国王布鲁斯遵照惯例,派人告诉英格兰国王爱德华,他“将进兵英格兰,把它付之一炬”。对一个真正的骑士来说,搞突然袭击是一种可耻的行为。

还有一个惯例,当一名骑士俘虏了另一名骑士之后,必须将俘虏待如上宾,即使双方原来是死对头也应如此。百年战争期间,英王爱德华三世在 1384 年的除夕夜,邀请被俘的法国骑士出席晚会。

骑士有一套骑士道德,即"骑士精神",它的主要内容是荣誉、效忠、护教、行侠和崇尚女性。这些在中世纪的欧洲文学作品中,如法国的《罗兰之歌》、德国的《尼伯龙根之歌》和英国的《亚瑟王传奇》,得到生动形象的描写。其中尊重女性是骑士的一个重要信条,是骑士终身追求的理想。

年轻的骑士不仅宣誓保护女性,而且还要选择一位贵妇或者一位贵族少女作为自己崇拜的偶像。骑士要对意中人无比尊敬和绝对服从,骑士的意中人可以对骑士发号施令,提出种种难以做到的要求;骑士则必须听从其命令,甘冒一切危险,忍受种种折磨,而毫无怨言。这就是所谓的"骑士之爱"。由此而产生一种"骑士风度",也就是把贵妇看做高人一等的人,在她们面前要鞠躬低头,吻她们的手;在出入时,让她们先走;当有妇女在场时,举止要庄重,谈吐要优雅,等等。这成为中世纪欧洲上流社会的一种风尚。后来,近代上流社会沿袭这种"女士优先"的风尚,被称为"绅士风度"。

中世纪是黑暗和混乱的年代。但也有一些闪光的东西,骑士精神中就有亮点,它现在已演绎成男士对女性的尊重与奉献精神。

61 · 诺曼征服

在中世纪的历史上，英法两国的关系非常密切，也时常发生冲突。英国是一个岛国，法国位于欧洲大陆的西部，两国之间横隔一条英吉利海峡(法国人称为拉芒什海峡)。英吉利海峡很窄，游泳高手可以游过去，船只更不用说了。所以英国和法国，自古以来人民就有紧密的联系。

公元十世纪，欧洲大陆的法兰克王国分裂成许多公国，其中最强大的是西部的诺曼底公国(位于今法国)。1066 年，发生了一件重大历史事件：诺曼底公爵威廉趁英吉利王国内讧，渡海进攻，打败了英国；不久进入伦敦，加冕为英吉利国王。这件事历史上称为诺曼征服。

事情还得从头说起。在西罗马帝国崩溃时，英国也遭受了"蛮族"入侵，建立了七个盎格鲁—撒克逊人的小国。约公元九世纪，丹麦人入侵英国，这时，威塞克斯国的阿尔弗雷德大王奋起抗争，捍卫了民族独立。1042 年，阿尔弗雷德大王的后代爱德华继承了英国王位。1066 年，爱德华死了，他妻子的兄弟哈罗德被推举为王。这样的王位安排，引起了海峡对岸的诺曼底公爵的不满。

诺曼底公爵威廉是个私生子，因而时常遭到别人的冷眼，这使得他的性格变得刚毅而冷酷。他十六岁时已熟练地掌握了格斗的技巧，并不止一次地躲过了暗杀。靠着他的铁腕统治，诺曼底公国成了西欧最强大的国家。他对海峡对岸富庶的英国，觊觎已久，早就想把它弄到手。还在两年以前，威廉对哈罗德就有过救命之恩。当时，哈罗德在法国游玩时，遭人绑架，是威廉把他救了出来。为了感谢威廉的救命之恩，哈罗德曾对天发誓："我——哈罗德发誓，当我王爱德华百年之后，我将运用我在英国的权力和影响，使威廉——我亲爱的兄弟成为英格兰国王。"

可是，当英王爱德华去世后，哈罗德却忘了以前的誓言，自己加冕称王，这使得等候继承权的威廉怒不可遏。威廉决心征服英吉利，把刀剑指向毁誓的人。

威廉为这次渡海远征，做了充分的准备。他在诺曼底大肆招兵买马，许诺在征服英国后，将赏赐手下大量的土地和黄金。整个 1066 年春天和夏天，他都在制造船只,筹集军需品。到了 8 月,威廉已经万事俱备,七百艘帆船沿海岸一字排开,七千名士兵整装待发。只等海上风顺,便可出兵。

然而偏偏事与愿违。威廉需要南风将他的大军送过海峡,此时正是夏末秋初时分,海峡中总是东北风劲吹,浪高涌大,单凭人力划桨驾船绝对无法到达对岸。威廉大军只好眼睁睁坐以待"风",一等便是整整六个星期。

可是,出乎人们意料的事发生了。就在威廉焦急地等待南风到来之时,在英国却发生了另一场争夺王位的战争。原来,挪威国王哈德拉德也想当英国国王。9 月中旬,哈德拉德率大军在英国北部登陆,一路烧杀抢掠,直向英国中部约克郡杀来。英王哈罗德立即率军北上迎敌,两军在约克郡的斯坦福桥遭遇。经过激战,挪威国王被杀,哈罗德大获全胜。

就在哈罗德获胜两天之后,英吉利海峡的风向转变了,刮起了强劲的南风。9 月 28 日,威廉率领大军起航,乘着大风顺利地渡过海峡,在对岸登陆。威廉刚刚踏上泥泞的英吉利海滩,一不小心摔了一跤。众将以为这是不祥征兆,岂料威廉哈哈大笑:"此为吉兆,你们看,我的双手已经抱住了英格兰。"

威廉站起后环顾四周,却是静悄悄杳无人迹,他心里疑惑,不知英国人摆的什么阵。很快探子来报,伦敦以南并无英军,所有军队都随哈罗德北上与挪威人打仗去了。威廉听了,长吁了一口气,伸手向天,感谢上帝的安排。

此时,哈罗德正在约克郡庆祝胜利。一匹快马自南方飞奔而来,骑手下马后气喘吁吁地向他报告:"那私生子登陆了!"

哈罗德闻讯,大惊失色。他命令疲惫不堪的部队立即开拔,向伦敦急行军。

10 月 14 日,威廉与哈罗德在哈斯丁摆开阵势。威廉的七千大军沿着山脚排开,兵分三路,左翼、右翼以及威廉亲自指挥的中军。

哈罗德的英军部署在对面的山坡上。一万余人排成几个密集方阵。方阵最外一层的士兵,身穿锁子甲,人人手擎一块大盾牌,块块盾牌紧密相连,组成刀枪不入的铜墙铁壁,将方阵内的士兵遮护得严严实实。最里层的一个方阵当中,高高飘扬着金线织就的英国王旗,王旗下,哈罗德叉腰仗剑,威风十足。

战斗开始了。威廉先命弓弩手向英军放箭。只见万箭齐发,冰雹般射向敌阵,不料碰在英军的盾牌墙上,却纷纷折断落地,英军毫发无伤。威廉又命重装步兵发起冲击,无奈方阵里的英军突然刺出长矛,许多重装步兵的铠甲被刺穿,

负伤的不在少数。

威廉见步兵进攻不能取胜,急命骑兵上阵。这骑兵可是诺曼人的制胜法宝。而英军并无骑兵,上阵全靠步兵作战。步骑相遇,威廉的骑兵风驰电掣,让人猝不及防;再说人在马上,占尽高度优势。

那边哈罗德远远地见骑兵奔来,急令各方阵靠紧,密集队形,盾牌手们臂膀相挽,盾牌如瓦片般相叠,密不透风。诺曼骑兵再厉害,撞在这盾牌墙上,也是英雄无用武之地!而盾牌后的英国兵趁机扔出手斧和标枪,杀死了不少诺曼骑兵。

眼看太阳偏西,威廉久攻不下,不免心急火燎。只见他眉头一皱,计上心来。他重新布置阵势,弓箭手后撤,所有骑兵集中中路,重装步兵调往两翼。当号旗一展,全体骑兵一齐冲上山坡。刚到方阵前面,又是一阵呐喊,全体诺曼骑兵调头后撤。哈罗德以为敌人已溃不成军,遂下令英军下山追击。哪知这是威廉的“佯败”战术。

见敌人果然中计追下山坡,方阵散乱,威廉又命骑兵回马稳住阵脚,两翼重装步兵一齐掩杀过来。可怜英军顺坡而下,收脚不住,前面的撞在骑兵枪剑之上,当场毙命;两边的被重装步兵砍杀,死伤无数。

哈罗德惊得目瞪口呆,急令剩余部队重新集结。万余兵马,只剩下三四千人。哈罗德将剩余部队集中到山顶,以他为核心围成一圈,周围仍然是坚固的盾牌墙。

此刻,夜幕降临。威廉见英军围成一个圆圈,顿时又生一计。他命弓箭手后撤一百步,然后斜斜地向高处射箭。这样,他们的箭跃过盾牌墙落到了方阵内英军的头上。挤成一团的英军躲无法躲,藏无处藏,中箭者无数。这时,突然一支飞箭自天而降,恰好刺入哈罗德右眼窝,他来不及哼一声便扑倒在地,气绝身亡。国王一死,英军将士四散溃逃。

诺曼底公爵威廉终于征服了英国。1066 年 12 月 25 日,他乘战胜之余威,登基成为英国国王,称威廉一世,又称“征服者威廉”,同时兼任诺曼底公爵。他建立的王朝被称为诺曼王朝。威廉没收了英格兰人的土地,重新分封给诺曼的贵族和功臣,在英国实行了封建制。从此,英国历史揭开了新的一页。

62 · 阿拉伯帝国的兴起

七世纪初，穆罕默德创立了伊斯兰教，他用伊斯兰教义把阿拉伯半岛的各个部落，逐渐凝聚成了一个强大的民族。到公元 632 年穆罕默德去世时，已经统一了阿拉伯半岛的大部分。

穆罕默德逝世后，他的岳父伯克尔继承了他的事业，称"哈里发"，也就是"先知的继承者"的意思。伯克尔平息了一些部落的叛乱后，决定把伊斯兰教传播到阿拉伯半岛之外，同时向四周扩张领土。在不到三十年的时间里，阿拉伯人就打败了周边强敌，建立起庞大的阿拉伯帝国。

阿拉伯人对外扩张的第一步，是夺取东罗马帝国属地叙利亚，这是东罗马最富裕的地区。为此，哈里发派出了号称"真主之剑"的大将哈立德。

当时，哈立德远在伊拉克。公元 634 年 3 月，当哈立德接到命令后，他决定冒险穿越沙漠，直扑叙利亚首都大马士革，出其不意地进攻东罗马军队。

哈立德率领八百名骆驼兵，进入了人迹罕至的大沙漠。起先，部队靠宰杀随行的骆驼充饥。后来，在向导的指引下，哈立德在沙漠中成功地找到水源。经过十八天的艰苦行军，终于走出了大沙漠。哈立德避开了东罗马军防守严密的要塞后，如神兵天降，突然出现在大马士革城下。

东罗马慌忙派出一支军队迎战，经过几次短暂的交锋后，东罗马军便被击溃。哈立德的军队开始包围这座历史名城。

经过几个月的围困，大马士革城内弹尽粮绝，一片恐慌。城内德高望重的大主教决定派出使臣，与哈立德谈判。

使臣来到哈立德的军营，他对将军说："尊敬的将军，我们的主教怜悯城内数十万百姓的生命。请问将军，若是我们停止抵抗，打开城门，我们的生命是否能够得到保护？"

哈立德沉思了片刻，一字一句地对使臣说："奉真主之名，我哈立德回复大主教，圣教将士和平进入城市后，你们的生命和财产将受到保护，你们的教堂和宗教也将会保留。你们唯一要做的，就是应按时缴纳人丁税。"

使臣回去后，把这个信息告诉了大主教。大主教认为哈立德的条件可以接受，于是就下令打开大马士革城门。哈立德的骑兵浩浩荡荡地进了城。

面对大马士革的失手，东罗马帝国皇帝焦急万分，他决定尽力制止阿拉伯人的进犯。公元 636 年，他调来一支十万人的大军，由他的弟弟率领，开赴叙利亚战场。

哈立德此时只有二万五千名穆斯林(信仰伊斯兰教的人，意为“顺从者”)战士，兵力上显然不能同东罗马大军相抗衡。于是，他采取了一个以逸待劳的作战计划。哈立德将大部分部队调到约旦河支流雅穆克河畔休养待命，只派出小股的骑兵前去骚扰敌军。一直拖到 8 月 20 日，才决定与敌人展开决战。

八月份的天气极其炎热，酷热的风挟着大量沙尘，吹得人睁不开眼。此时进行决战，其实是哈立德的一着妙棋。他所以等了两个月，一是为了避开敌军的锐气；再有就是为了等待这样一个炎热的天气。这对于生活在炎热沙漠中的阿拉伯人来说不算什么，但对远道而来的东罗马军队，就实在是难以忍受了。

就在东罗马士兵被热风吹得昏头昏脑时，哈立德下令发动进攻。东罗马军队使用铁索相连，组成坚固的方阵，教士树起许多十字架，诵读《圣经》，祈祷助威。然而，无论坚固的方阵还是教士的祈祷都无济于事。穆斯林战士奋勇拼杀，攻势锐不可当。东罗马人阵脚大乱，溃不成军。

在热风及阿拉伯军队的冲击下，东罗马人死伤极为惨重。一部分逃得快的，虽然躲过了阿拉伯人的刀枪，但逃到雅穆克河边，渡河时却被淹死了不少。一些渡过河的逃兵也未能逃脱厄运。原来，足智多谋的哈立德早已在河岸布下大量伏兵，那里成了东罗马军人的屠场。经过几天战斗，东罗马军队被消灭了七万多，连他们皇帝的弟弟也被打死了。

雅穆克河战役的失败，使东罗马帝国丧失了叙利亚这一富庶的行省。东罗马皇帝听说叙利亚失陷后，感慨又无奈地说道：“叙利亚，如此美好的锦绣河山，还是归于敌人了。”

阿拉伯人在占领了叙利亚后，乘胜进军，不久，小亚细亚的大部分地区都被征服。

公元 661 年，阿拉伯帝国正式形成，首都由麦地那(在今沙特阿拉伯)迁到大马士革。以后，阿拉伯军队同时向北、东、西三个方向大举扩张，向东占领了喀布尔(在今阿富汗)、撒马尔罕、布哈拉、花剌子模(前苏联中亚地区);向西征服了迦太基和西哥特;向北侵入高卢,在波瓦都战役中,遭到法兰克王国宫相查理·马特抵抗,入侵西欧的势头被阻止。

到八世纪初,阿拉伯帝国势力达到了鼎盛期,其疆域东起印度河流域,西临大西洋,成为一个横跨亚、非、欧三洲的大帝国。中国史书将其称为大食帝国。

63 · 阿拉伯数字的来历

我们都知道，数学计算的基础是阿拉伯数字：1、2、3、4、5、6、7、8、9、0。离开这些数字，我们无法进行计算。其实，这些阿拉伯数字并不是阿拉伯人发明创造的，而是发源于古印度，后来被阿拉伯人掌握、改进，并传到了西方，西方人便将这些数字称为阿拉伯数字。以后，以讹传讹，世界各地都认同了这个说法。

阿拉伯数字是古代印度人在生产和实践中逐步创造出来的。

在古代印度，进行城市建设时需要设计和规划，进行祭祀时需要计算日月星辰的运行，于是，数学计算就产生了。大约在公元前 3000 年，印度河流域居民的数学就比较先进，而且采用了十进位的计算方法。

到公元前三世纪，印度出现了整套的数字，但在各地区的写法并不完全一致，其中最有代表性的是婆罗门式：

1 2 3 4 5 6 7 8 9 10 20 30 40 50 60

这一组数字在当时是比较常用的。它的特点是从“1”到“9”每个数都有专字。现代数字就是由这一组数字演化而来。在这一组数字中，还没有出现“0”(零)的符号。

“0”这个数字是到了笈多王朝(公元 320—550 年)时期才出现的。公元四世纪完成的数学著作《太阳手册》中，已使用“0”的符号，当时只是实心小圆点“·”。后来，小圆点演化成为小圆圈“0”。

这样，一套从“1”到“0”的数字就趋于完善了。这是古代印度人民对世界文化的巨大贡献。

印度数字首先传到斯里兰卡、缅甸、柬埔寨等印度的近邻国家。

公元七到八世纪，地跨亚非欧三洲的阿拉伯帝国崛起。阿拉伯帝国在向四

1 2 3 4 5 6 7 8 9 0

周扩张的同时，阿拉伯人也广泛汲取古代希腊、罗马、印度等国的先进文化，大量翻译这些国家的科学著作。公元 771 年，印度的一位旅行家毛卡经过长途跋涉，来到了阿拉伯帝国阿拔斯王朝首都巴格达。毛卡把随身携带的一部印度天文学著作《西德罕塔》，献给了当时的哈里发(国王)曼苏尔。曼苏尔十分珍爱这部书，下令翻译家将它译为阿拉伯文。译本取名《信德欣德》。这部著作中应用了大量的印度数字。由此，印度数字便被阿拉伯人吸收和采纳。

此后，阿拉伯人逐渐放弃了他们原来作为计算符号的 28 个字母，而广泛采用印度数字，并且在实践中还对印度数字加以修改完善，使之更便于书写。

阿拉伯人掌握了印度数字后，很快又把它介绍给欧洲人。中世纪的欧洲人，在计数时使用的是冗长的罗马数字，十分不方便。因此，简单而明了的印度数字一传到欧洲，就受到欧洲人的欢迎。可是，开始时印度数字取代罗马数字，却遭到了基督教教会的强烈反对，因为这是来自“异教徒”的知识。但实践证明印度数字远远优于罗马数字。

1202 年，意大利出版了一本重要的数学书籍《计算之书》，书中广泛使用了由阿拉伯人改进的印度数字，它标志着新数字在欧洲使用的开始。这本书共分十五章。在第一章开头就写道：“印度的九个数目字是‘9、8、7、6、5、4、3、2、1’，用这九个数字以及阿拉伯人叫做‘零’的记号‘0’，任何数都可以表示出来。”

随着岁月的推移，到十四世纪，中国印刷术传到欧洲，更加速了印度数字在欧洲的推广与应用。印度数字逐渐为全欧洲人所采用。

西方人接受了经阿拉伯传来的印度数字，但他们当时忽视了古代印度人，而只认为是阿拉伯人的功绩，因而称其为阿拉伯数字，这个错误的称呼一直流传至今。

64 ·《一千零一夜》

传说古代东方有个国王叫山鲁亚尔，他残暴、嫉妒，因为怀疑王后不贞，就把她杀了。从此，他每天要娶一个少女做妻子，过了一夜，第二天早晨就杀死她。许多女子为此惨遭不幸。老百姓害怕极了，纷纷携带女儿逃之夭夭。但是国王依然命令宰相每天送一个少女进宫。这一天宰相找遍全城，没有找到一个女子，他只能满腹忧愁地回到家里。

宰相有两个女儿，大的叫山鲁佐德，小的叫敦亚佐德。大女儿山鲁佐德年轻貌美，博学机智。当她知道了事情的真相，决心拯救天下姐妹的生命，于是自愿嫁给国王。她带着妹妹一起进了宫。每天晚上，山鲁佐德给妹妹讲一个故事，让国王坐在边上"旁听"。每到天明，山鲁佐德要被处死的时候，故事就讲到了最动人、最有趣的地方，国王忍不住想继续听下去，只好让她多活一天。就这样，她一连讲了一千零一个晚上。国王听了许多故事，终于醒悟了，不但没有杀死山鲁佐德，还正式立她为王后，与她恩爱地生活在一起。

下面就是山鲁佐德讲的一个故事，名字叫"渔翁的故事"。

从前有个老渔翁，靠打鱼谋生。他有个习惯，每天只打四网鱼，便心满意足，不再多打。一天，他去海边打鱼，第一网打上来的是一头死驴，第二网捞上了一个破瓮，第三网是一些碎玻璃和贝壳。他有些着急了，仰起头望着天空说："真主啊，求你把鱼儿赐给我吧！"说罢，渔翁撒下了第四网。可是，当他收网上来一看，竟然是一个胆形的铜瓶，瓶口用锡封着。

渔翁望着铜瓶，喜笑颜开，说道："这个瓶子拿到市上，可以卖它十个金币呢。"他抱着瓶子摇了摇，感到很沉重，里面似乎塞满了东西。他自言自语地说道："这瓶里到底装了什么东西？我要打开看个清楚，然后再拿去卖。"他于是拿出身边的小刀，撬去瓶口上的锡块，然后把瓶放倒，看看有什么东西倒出来。

过了一会儿，瓶里冒出一股青烟，飘飘荡荡地升到空中。烟雾逐渐聚成一团，最后变成了魔鬼。这魔鬼长着城堡似的头颅，铁叉似的手臂，山洞似的大嘴，石头似的牙齿，灯笼似的眼睛，非常凶恶丑陋。魔鬼龇牙咧嘴地威胁渔翁："你听着，我要杀死你！告诉我吧，你希望怎样死法？”

渔翁吓呆了，说：“我把你从瓶里放了出来，救了你，你为什么还要杀我？”

“我把我的故事告诉你吧。我是一个无恶不作的魔鬼，被苏里曼大圣抓住关在这个瓶子里，用锡封了口，盖上印，然后扔进了大海里。我在海中过第一个世纪的时候，心想，谁要是把我救出去，我一定报答他，让他一生有享不完的福。一百年过去了，但没有人来救我。当第二个世纪来临之际，我发誓谁救了我，我就替他开发地下的宝藏。但还是没有人来救我。后来第三个世纪到了，我发誓更好地报答恩人，满足他提出的任何三种愿望。可是整整四百年过去了，始终没有人来救我。我非常恼火，决定杀死解救我的任何人，不过，允许让他自己选择怎样死法。现在你救了我，你说，你想怎样死法？”

“魔爷，我好心对待你，你怎能以怨报德呢？”渔翁又怕又怒地说。

“别多说啦，反正你非死不可！”

渔翁暗暗思忖，难道我就斗不过一个魔鬼吗？于是他对魔鬼说：“我有一事弄不明白，能不能让我知道实情后再死呢？”

“你说吧，不过简单点。”

“这瓶子那么小，根本容纳不下你的一根手指，怎么能容纳你魔爷这庞大的身体呢？”

“你不相信当初我是住在这个瓶里的吗？”

“我没有亲眼看见，是绝对不能相信的。”

这时魔鬼就一扭身体，变成了一团青烟，随后缩成一缕，很神奇地钻进了瓶子。渔翁等到青烟全部进入瓶中，就迅速拾起盖印的锡封，把瓶口塞紧，然后大声说道：“魔鬼！你希望怎么死法？我要把你远远抛入大海中，永远不让你出来！”

这回轮到魔鬼在苦苦哀求了：“好心的渔翁，原谅我吧，刚才我是跟你开玩笑的。你放我出去，我一定会加倍地报答你的恩情！”

“卑鄙无耻的魔鬼，你净是谎言！我再也不让你骗人了。”

说罢，渔翁拾起了铜瓶，使劲一扔，把它抛入远处的大海里。

下面是一个“无赖和厨子的故事”。

从前有个无赖，穷得一无所有，饥寒交迫。有一天，他睡到日上三竿才起床，饥肠辘辘，但一个小钱也没有。于是，他只能漫无目的地到街上溜达，他在一家饭店门前停住了脚步。他见饭店锅中热气腾腾,肉香扑鼻,于是大摇大摆地走进饭店,向厨子打个招呼,说道:“给我五角钱的肉,五角钱的饭菜。”

厨子称了肉,预备了饭菜,一齐端到无赖面前。他开怀大吃大喝,一会儿吃得点滴不剩。肚子吃饱了,但他感到很尴尬,发着愁不知怎样付账。他转着眼睛,东看看,西望望,最后他发现有一只打翻了的火炉。出于好奇心,他伸手提起火炉,见下面露出一条血淋淋的马尾巴。他发现了厨子把马肉混在牛肉中卖的秘密。于是,他很有把握地点点头,泰然自若地走出饭店。

厨子见他吃了饭不付钱,拔腿就走,就喊道:“站住,你这个混蛋!你吃了咱的饭不给钱,若无其事地就走啦?”

“你才是混蛋,胡说八道!”

厨子抓住无赖的衣领,大声喊道:“各位弟兄!你们来看吧,我碰到了这个倒霉家伙,吃了饭,不付钱就走。”

人们闻声赶来,都埋怨无赖,说道:“你吃了多少,付钱给人家吧。”

“我进馆前已经付过一块钱啦。”

“你要是付过半分钱,那么让我的饭店遭火灾!”

“你这傻瓜,其实我给过你一块钱。”无赖大骂厨子,厨子跟他大吵起来,最后两人你一拳、我一拳地打起架来。人们忙着劝架,有人问道:“为什么打架?这到底是什么缘故?”

“哼!”无赖说,“自然是有缘故的,就是为了一条尾巴的缘故。”

听到无赖提起尾巴,厨子立刻明白其中的缘故,随即说道:“哦!你提醒我啦,你确实付过一块钱,是我忘记了。来吧,我把余款退给你。”

……

一千零一夜的故事,内容包罗万象,变化多端,引人入胜,大都来源于古代波斯、埃及和伊拉克的民间神话和传说。它从八世纪起,经过许多人记录整理,提炼加工,前后经历了七八百年,到十六世纪才汇编成册。它反映了中世纪阿拉伯地区的社会生活,显示了古代阿拉伯人民的智慧和想象力,具有浓厚的生活气息,是伊斯兰文化的结晶。

中国古代把伊斯兰教的圣地麦加一带称为“天方”。因此,《一千零一夜》又被译为《天方夜谭》。

65 · 基辅罗斯

在公元八到九世纪的时候，今天的俄罗斯境内生活着斯拉夫人。斯拉夫人是欧洲人数众多的一个民族。当西欧查理曼帝国一分为三时，斯拉夫人还只是些分散的部落。这些部落互相争斗不断，甚至没有一个部落强大到能够称霸。

也就是在这个时候发生了一件古怪的事：这些互相争斗的斯拉夫人部落，也就是后来的俄罗斯人部落，请求北欧人(又称诺曼人)的头领留里克来统治他们。他们对留里克说："尊敬的大王，我们的国家辽阔而富饶，但却没有秩序，请来管理和统治我们吧！"

留里克心想，如此好事岂有推卸之理？于是，他带着一批北欧海盗，来到一个叫诺夫哥罗德的城市，在那里做了统治者。留里克是斯拉夫人的第一个王。这时的诺夫哥罗德还只是个公国，因此统治者称大公。这是发生在公元 862 年的事。

留里克死后，奥列格继位。这个奥列格是个天生的北欧海盗，一天不打仗就不舒服。他率军南下，征服了斯拉夫人的又一个重要城市基辅。奥列格将基辅作为国家的中心。从此，北欧人建立的斯拉夫人国家，就以基辅为名，称为"基辅罗斯"。

奥列格依仗武力，不断地征服其他斯拉夫人部落，使基辅罗斯成为东欧的一个大国。

奥列格一次外出，踩了一条毒蛇被咬后，不久死去，他的继承人是伊戈尔大公。伊戈尔贪婪成性，他继续进行征服，并向被征服地区的居民索取贡物。

每年 11 月，伊戈尔大公就要派兵到各地去"索贡巡行"，即挨家挨户向人民征收贡品——毛皮、蜂蜜、野味等，还把敢于反抗者作为俘虏抓走。这种活动往往要持续整个冬天。

伊戈尔大公开始时把索贡权委托给他的家臣斯维涅尔特。这件事引起伊戈尔亲兵的不满，他们向大公请求："斯维涅尔特捞得太多了，而我们却两手空空。大公！和我们一起去征收贡物吧，你会大有收获，我们也沾沾光。"

伊戈尔开始亲自“索贡巡行”。公元945年冬，伊戈尔和亲兵队到德列夫利安人部落索取贡品。当他们携带大量贡品返回基辅的途中，伊戈尔仍然觉得贡品太少，决定再去搜刮一次。

在贪欲的驱使下，大公带着不多的亲兵又回到村庄上。德列夫利安人被激怒了，他们说：“豺狼如果有了来找牛羊的习惯，就会不断地再来，除非把它杀掉，否则牛羊将被吃光。”

德列夫利安人奋起自卫，消灭了伊戈尔的亲兵队，还将伊戈尔一顿乱棒打死。

伊戈尔死后，他的儿子年纪还小，由他的遗孀奥丽佳摄政。奥丽佳决心向德列夫利安人复仇。她策划了一场骗婚计。

奥丽佳派出使臣对德列夫利安人说：“我们的女大公新近丧夫，她想让你们派出最优秀的领袖向她求婚。”

德列夫利安人不知这是奥丽佳的计谋，派出首领前去求婚。不料“求婚者”被奥丽佳活活烧死。接着，她又派出大批亲兵，血洗了德列夫利安人的许多部落。

公元965年，奥丽佳的儿子维托斯拉夫成为基辅大公，他像他父亲伊戈尔一样侵略成性。公元968年，维托斯拉夫率军入侵保加利亚，占领了保加利亚首都。但不久被东罗马帝国军队打败，维托斯拉夫在撤军途中遭袭被杀。

接着，弗拉基米尔当上了基辅罗斯大公。弗拉基米尔在位时做了一件对俄罗斯影响重大的事，改信东正教。

当时的基辅罗斯人还信仰原始的宗教，常常被邻国人讥为野蛮人。这时，有许多外国的传教士来基辅罗斯传教，奉劝罗斯人改信他们的宗教，如犹太教、伊斯兰教、天主教、东正教等等。

弗拉基米尔大公便派人详细了解各个宗教的情况，最后得出结论说：犹太教不行，因为它的耶和华神太没力量，不能让犹太人保住他们的巴勒斯坦；伊斯兰教也不行，因为它不准信徒喝酒，喝酒对俄罗斯人来说如同生命一样重要；统治西欧的天主教也不行，因为“在那里看不到荣誉”，教皇的权力要超过国王。他最后选定的宗教是东正教。

他派往东罗马帝国考察东正教的使者回来后告诉他，当他们走过君士坦丁

堡圣索菲亚大教堂时，“不知道是在天上，还是在人间，如此美丽、如此壮观的景致，我们难以形容。”

圣索菲亚教堂是东罗马帝国最大的教堂，也是整个基督教世界最金碧辉煌的教堂。弗拉基米尔决定率领俄罗斯人改信东正教。

公元988年，弗拉基米尔宣布东正教为基辅罗斯国教。他下令将原先崇拜的各种神像扔进第聂伯河，全体基辅市民跳进第聂伯河洗个澡，就算接受了洗礼，成了真正的东正教徒了。接着，基辅罗斯各地城乡居民也先后在河中受洗，皈依东正教。

选择东正教也使基辅罗斯人接受拜占庭(东罗马帝国)文化，拜占庭文化在当时是非常先进的。由此，俄罗斯人从“野蛮人”进步为“文明人”。到1015年弗拉基米尔去世时，基辅已从一个小城变成文化的大都市，那里有八个大市场、四十座令人眼花缭乱的东正教教堂。

弗拉基米尔死后，留下了十二位王子，他们为争夺王位而血腥厮杀。最后雅罗斯拉夫战胜他的兄弟夺得王位。雅罗斯拉夫为俄罗斯制定了第一部法典《罗斯法典》。

雅罗斯拉夫于1054年死后，基辅罗斯发生了内乱，分裂成许多小公国。在互相的征战中，基辅罗斯国力趋于衰微，此时，南方草原上的突厥游牧部落波洛伏齐人乘虚入侵。内忧外患使得基辅罗斯的人民苦不堪言，他们盼望能有一位民族英雄挺身而出，救民于水火之中。

1185年，一位叫做伊戈尔·斯维雅托斯拉维奇的王公，怀着救国救民的雄心发动了对波洛伏齐人的战争。可惜他势单力薄，尽管全军奋力苦战，终究因实力相差悬殊，而以失败告终了。

为了赞颂伊戈尔的英勇精神和爱国情怀，一部慷慨激昂、催人奋进的史诗诞生了。这部名叫《伊戈尔远征记》的长诗有许多篇章今天依然脍炙人口。

伊戈尔望了望光辉的太阳，
他看见自己的军队已为黑暗所笼罩(1185年5月1日曾发生日食)。
于是他对自己的武士说道：
“啊，我的武士们和弟兄们，

与其被俘，不如战死。
弟兄们，让我们跨上骏马，
去望一望那蓝蓝的顿河。
我愿，在波洛伏齐草原的边境决一胜负。
俄罗斯人，我愿同你们一道，
或者抛下自己的头颅，
或者用头盔畅饮顿河之水。”

可惜，由于基辅罗斯内部的分裂，几个公国各自为政，彼此不和，再也没有力量去抵抗入侵者了。继突厥人之后，蒙古人又大举入侵基辅罗斯。1240年，拔都率领的蒙古军队占领了基辅。两年后，拔都在伏尔加河的下游萨莱建都，建立金帐汗国，基辅罗斯最终灭亡。

66 · 大化革新

公元 645 年,日本发生了一次宫廷政变,随后进行了大化革新。这个事件对日本社会产生了深远的影响。

当时统治日本的是皇极女天皇,但她是一个傀儡,国家的实权掌握在奴隶主大贵族苏我虾夷手中。

苏我虾夷专横跋扈,权势极大,朝廷中大事由他一人说了算。苏我虾夷还大兴土木,把自家官邸建造得如同皇宫。他甚至不经女天皇批准,将最高官阶的紫冠授予他的儿子苏我入鹿。苏我入鹿是出名的恶少,而且阴险狡猾,他阴谋诛杀了前皇太子。这父子俩控制着朝廷,左右着女皇,一心想有朝一日取而代之。

朝廷中有两人看不惯苏我父子这般猖狂,一个是中大兄皇子,一个叫中臣镰足。中大兄皇子天资聪颖、性情果断,对苏我氏一家的残暴看在眼里,记在心头,总想寻找机会将其除掉,可惜身边没有相助之人。中臣镰足出身名门望族,足智多谋且胆识过人,他在暗中积蓄力量,准备推翻苏我氏专制统治。

他们两人在一次宫廷游戏中相识,共同的志向使他们成为莫逆之交。两人开始寻找机会。他们先把宫廷侍卫争取过来,再联络朝中重臣,共同策划诛杀苏我氏的大计。

公元 645 年 6 月 12 日,机会终于来了。那天是高句丽、百济、新罗等朝鲜三国使臣向天皇进献礼品的日子。中大兄皇子与中臣镰足早已计议停当,准备借机下手。

这天清晨,庄重的鼓乐声从皇宫的太极殿内传出,文武百官列队走进殿堂,根据官阶大小站成两排。皇极女天皇也登上了宝座。苏我入鹿大模大样地站在百官之前,眯着眼听朝官宣读朝鲜三国进贡礼品报表。那报表十分冗长,读得入鹿直犯困。

大殿两侧的帷幕后边,藏着手执利剑、长矛的中大兄、中臣镰足,宫廷侍卫连子麻吕等人,气氛极为紧张。按照事先约定,在朝官读完报表之时,乘苏我入鹿不备,由连子麻吕冲出将其刺杀。可连子麻吕惧怕苏我入鹿的威严,眼见礼品报表快读完了，也迟迟不敢动手。正在唱读的朝官也很紧张，声音发颤，两手发抖。苏我入鹿不觉起了疑心，忽然睁开双眼，一把抓住朝官的手，喝道："为何浑身颤抖？不成体统！"

说时迟，那时快，中大兄皇子从帷幕后跃出，举矛刺入苏我入鹿右肩。苏我入鹿吃了一惊，正想反抗，这时中臣镰足也从旁边冲出，挥剑砍断苏我入鹿的一只脚。

苏我入鹿疼痛难忍，大叫一声，带伤跳到女皇座前，叩头作揖道："臣不知罪，乞望陛下明示。"

皇极女天皇惊呆了，待回过神来，问中大兄皇子发生了什么事。中大兄大声答道："苏我入鹿丧尽天良，企图篡位，无恶不作。今若不杀此贼，国法难容。"

皇极女天皇听罢，半晌不作声，挥挥手，默默退殿。

朝廷侍卫官连子麻吕迅速冲上前。苏我入鹿一看大势已去，仰天长叹："天亡我也！"

连子麻吕一剑刺入他的心脏，苏我入鹿顿时丧命。

苏我虾夷得到儿子被杀的消息，立即调兵遣将，准备反扑。无奈苏我父子平日作恶太多，家臣、卫兵早有不满，此时纷纷出逃。苏我虾夷见众叛亲离，走投无路，政变第二天，不待中大兄皇子率军队围攻，便在自己的"皇宫"里自杀了。

第三天，中大兄皇子拥立他的叔叔为孝德天皇，仿照中国唐朝建年号"大化"(意为"伟大的变化")，迁都难波(今大阪)。

新天皇登基，立即论功行赏。中大兄皇子被立为皇太子(几年后，中大兄即位称天智天皇)，辅助政事；中臣镰足为内大臣；另外两位政变有功之臣任左右大臣。封赏完毕，天皇率群臣在大树下宣誓："皇天借我等之手诛苏我逆贼。今后君臣一心，励精图治，共创皇国伟业。"

公元646年正月初一，孝德天皇发布《改新之诏》，仿效中国盛唐封建制国家的形式，展开了一系列的改革：

建立中央集权的国家制度，废除贵族奴隶主的世袭特权，多数官吏由国家任命。

实行征兵制，军队直属中央指挥。

土地收归国有，成为公地。天皇是全国土地的最高所有者，部民(奴隶)归属国家,改称公民。过去的贵族不再私家占有土地,而成为政府官吏,从国家那里得到俸禄。

仿照中国唐代均田制,实行“班田收授法”。政府给年满六岁的良民,每隔六年授田一次;土地不许买卖,死后必须归还国家,受田人必须承担国家下达的租税和劳役。

这就是日本历史上著名的大化革新。通过大化革新,日本废除了部民制,打击了旧贵族特权,建立了封建国家土地所有制,由奴隶社会进入了封建社会。

67·西欧城市的兴起

公元五世纪西罗马帝国灭亡后，在相当长的时期内，西欧几乎没有城市。古罗马时代发展起来的城市遭到蛮族入侵的破坏，大都成了一片废墟。因为蛮族不需要城市。他们攻入罗马帝国的城市后，就拆毁教堂、宫殿和剧场，取下这些建筑物的石块，去造房子和防御工事。少数的罗马城市被改建成城堡，成了封建国王或主教的驻地。

后来，随着生产力的发展，手工业从农业中独立出来，手工业者需要常常到集市上出售自己的产品。贸易开始复兴了，许多商人也带着外地商品到集市上来出售。时间一久，手工业者也来集市上开作坊，商人们则住下来开设商店。这些集市就成了西欧城市的雏形。公元十一世纪以后，西欧开始出现以工商业为中心的城市。

开始时，这些城市的规模很小，一般居民仅在一万人左右。但到了十二世纪，欧洲相对和平的局面促进了商业的大发展，意大利的佛罗伦萨、米兰、威尼斯和法国的巴黎成为欧洲最大的城市，各拥有近十万人口。

为了防御敌人的进攻，中世纪的西欧城市建得就像一座座堡垒。每座城市都筑有坚实的城墙，通常还环绕着护城河，要想进入城内，必须从吊桥上通过。

城市内最高的建筑是教堂的塔楼，其次是一些领主的住宅塔楼，这是城市内第一批的石头建筑。远远望去，这些塔楼高高耸立在城市的上空，与周围的空旷田野形成鲜明的对照。

走进城门，就是非常拥挤的建筑。庭院和房屋常常紧紧挨着。一幢幢的楼房排列在狭窄而弯曲的街道两旁，它们上下左右相互错落，上层楼比底层楼要突出一些。有一些豪华的房屋，建造了拱形的窗户。初期的城市房屋，内部的设施与农村的并没有差别，屋内的家具仅有一些箱子、长凳和短床。由于房屋基本上是木制的，很容易发生火灾，万一失火，往往整个街区就化为灰烬。

用现代人的眼光看，中世纪的城市仍然是半乡村、不够文明的。道路大多是

泥土路面,尘土飞扬,热闹的地方才铺些鹅卵石。在坑坑洼洼的路面上,挤满了赶车的、骑马的和步行的人。

城里最宽阔的地方是市场。它位于城市的中心,有一块面积较大的广场。广场的四周,首先建立起市议会、法庭、铸币所、关税所,接着又聚集起市民的住宅、店铺和各种货摊。这里还有供城市用水的水井。随着城市的发展,手工业分化的加大,一些城市里出现"新市场",如鱼市、干草市、马市等等。

城镇是富商们集中的居所。某些城市因其特产而远近闻名,米兰的铠甲,佛罗伦萨的毛织品,伦敦和科隆的黄金制品都为这些城市赢得了美誉。

对乡下农奴来说,城市有着强大的诱惑力,它已成为逃亡农奴的庇护所。德国有一句谚语:"城市的空气使人自由"。因为按照惯例,一名农奴逃出来,在城市里居住满一年零一天,就能获得自由。甚至那些自由农民也来到城市寻觅致富良机。

城里的手工业者,为了保障自己的利益,往往同一行业结成联盟,也就是行会。如制革匠组成制革匠行会,首饰匠组成首饰匠行会,等等。每个行会都选举自己的首领,有自己的会所。这种行会每个城市往往有几十个。每个手工业者都隶属于一个行会,否则他就无法在城市里干活。行会有严格的行规,它规定了所属成员的工场规模、作坊的人数、学徒的期限、产品的质量和售价。行会还有军事组织的功能,一旦有敌人入侵,他们就要负责守城。

只有技术熟练的师傅才能成为行会成员。师傅可以开设手工作坊,收几个学徒和帮工,进行小商品生产。学徒的学习期长达四到十年,期满后再以帮工身份在师傅作坊工作几年。帮工有少量工资。帮工经行会审查通过,才可自开作坊,成为作坊师傅。如德国金匠行会规定:要想当金匠师须制造出三件"代表作",一是精工的戒指;二是订婚的手镯;三是剑柄上用的烤蓝色的环。经工匠们组成的评审会批准后,还要举办宴会。总之要成为一名工匠,十分艰难。

城市里的统治阶级是由商人和行会师傅组成的自由民。他们为逃亡农奴或农民提供工作机会,并积累了许多财富。但是市民在法律上隶属于地区封建领主,即王公贵族、大法官或主教,还须向领主缴纳赋税。城市市民为了摆脱封建束缚,与领主进行了长期的斗争,最终赢得了胜利。城市有了自治权,所有市民变成了自由的人。市民成立了市议会,选举出市长和法官来管理城市,甚至还组织起军队来保卫城市。

68 · 卡诺莎之行

公元 1077 年 1 月的下旬，欧洲的阿尔卑斯山区，鹅毛般的雪花漫天飞舞，刺骨的寒风发出阵阵呼啸。在一条蜿蜒曲折的山道上，行进着十几个骑马的人。他们顶风冒雪，艰难地翻越这座高大的山脉。

为首的是一位二十七八岁的青年人，只见他双眉紧蹙，心事重重，不住地扬鞭策马前进。

这位青年人是德意志国王亨利四世。他是一位精明能干、不达目的势不罢休的人。当时的欧洲，正在闹着一场纠纷。德国国王和罗马教皇都在争夺天主教主教的授职权，这其实是一场争夺欧洲最高统治权的斗争。

1056 年，亨利四世即位时，年仅六岁。罗马教廷抓住国王年幼的机会，准备实行教会独立，反对主教由国王授权，想借此削弱德国国王的权力。

1073 年，五十三岁的主教希尔德布兰德当选为教皇，即格列高利七世。他个子矮小，声音尖细，但意志坚强，从不妥协。他认为教皇权力由上帝所授，高于一切。教皇不但有权任免主教，还可以废除君主，惩处和审判国君。反之，谁都无权审判教皇。在 1075 年，他发布了一道敕令：再次重申任命和撤换主教的权力属于教皇，世俗君主无权干涉教会事务。

此时的亨利四世已经二十多岁了，他想通过主教的授职权控制住德国的主教们，因为这些主教也是些大贵族，控制住主教也就能控制住德国。他当然受不了教皇对他权力的限制，双方因此针锋相对，爆发了激烈的冲突。

亨利四世全然不把教皇敕令放在眼里，委派了他的许多支持者去当各地主教。教皇得知后怒不可遏，写信警告亨利四世，要他马上忏悔，交出主教任免权。亨利四世一不做二不休，在 1076 年 1 月召开了宗教会议，公开宣布废黜教皇。他还给住在罗马的格列高利发去一封侮辱的信。信的开头称："希尔德布兰德，你现在已不是教皇，而只是一名假冒的僧侣。"结尾则称："朕，亨利，神授的国王，命令你立即从圣彼得(耶稣十二门徒之一)宝座上滚下来！"

但是亨利过低估计了教皇的力量，格列高利根本不怕亨利的威胁。他以牙还牙，也召开宗教会议，宣布“绝罚”：开除亨利的教籍，废除其王位。

“绝罚”是天主教会一项极重的处分，凡受此处分者，任何人不可与他往来，只有受处分者向教皇或主教悔罪并求得赦免后，才能撤销处分。

亨利四世处于一种极危险的境地，由于“绝罚”而成为孤家寡人，国内诸侯纷纷闹事叛乱，他的王位岌岌可危。他终于明白，除了与教皇和解外别无他法。于是，亨利四世带着少数随从，只身前往意大利向教皇悔罪，这样就出现了开头的一幕。

而格列高利开始时并不知亨利此行的目的。他正离开罗马北上进行巡视，没走多远便听说亨利已越过阿尔卑斯山要与他见面。他吃惊不小，以为亨利要同他算账，因此急忙躲进亚平宁山中的卡诺莎城堡。这卡诺莎城堡围着三层围墙，十分安全。教皇在城堡内焦急地等待着。

不多久，亨利四世一行也来到卡诺莎城堡外。在进入城堡之前，他翻身下马，脱下厚厚的衣帽，把一条表示悔罪的毡毯裹在身上，不顾从天而降的雪花，缓步走进城堡第一道围墙。

亨利四世又脱去靴子，光着脚站在城堡内第一层墙内的雪地上。他痛哭流涕地忏悔着，不时还拍打着胸前，苦苦哀求教皇赦免他。当教皇知道自己已是胜利者时，却拒绝接见亨利，他想好好教训一下这毛头小伙子。

一天、二天、三天过去了，亨利仍然站在雪地里忏悔，丝毫没有离开的迹象。一些主教和修道院长看着亨利真诚悔过的样子，开始为他向教皇求情。

到第四天，教皇决定传见他。这时亨利四世眼含泪水，战战兢兢地说：“教皇陛下，我的主人，我已经认识到我的罪过，这次特地来向您忏悔，祈求您的宽恕。”

教皇的怒气还没有完全消除，他冷冷地回答：“上帝是非常宽容和慈爱的。我们曾经很友善地告诫过你，希望你不要滥用上帝给你的权力，来阻碍教会的自由。可是你不仅不感谢上帝的恩典，反而固执己见，一再分裂教会。为此，我们不得不遵奉上帝的旨意，对你进行绝罚。”

亨利四世听了教皇的严厉训斥，不敢争辩，只是不停地伏地痛哭。这时，教皇身边的主教和亨利身旁的贵族纷纷代亨利求情。最后，教皇心软了下来，说：“看来你的忏悔是真诚的。作为上帝的使徒，我不能拒绝一名忏悔者。为了上帝的慈爱，我决定让你重新回到教会的怀抱中来。但是，你必须在上帝面前立下誓

词，痛改前非。”

亨利四世谢过教皇的恩典，当场写了一份誓词，表示愿意遵照教皇的旨意，改正以前的过错。

亨利四世这才带了随从离开卡诺莎城堡。“卡诺莎之行”后来就成了忍辱投降的代名词。

但是，卡诺莎的屈辱并没有带来和平。亨利四世以暂时的妥协赢得了喘息之机。他以合法的地位回到德国后，立即着手扑灭反对派的叛乱。等到局势稳定和实力增强后，他重新展开与教皇的斗争。1084 年，他率军占领罗马，第二次废黜教皇，另立新教皇，并举行加冕仪式，正式成为神圣罗马帝国的皇帝。教皇没命地向南逃跑，第二年便死于意大利南部。他留下遗嘱，嘱咐他的继承人要继续对皇帝进行斗争，绝不让步。

以后，教皇和皇帝虽然都已易人，但这场权力斗争还是没有结束。直到 1122 年，双方在德国西部的沃尔姆斯城订立“沃尔姆斯宗教协定”，才取得妥协。双方同意，德意志境内的主教不再由皇帝直接任命，而通过教士选举产生，但这种选举必须由皇帝或他的代表出席才有效。主教在领地上的政治权力由皇帝授予，象征是权节；宗教权力由教皇授予，象征是指环。

69 · 欧洲大学的产生

中世纪的西欧，文化教育非常落后，完全被教会把持。教会为了加强封建统治，避免任何反抗意识的产生，有意使人民处于长期愚昧之中。教会禁止一切违背宗教神学的思想存在。教士们刮去古代羊皮纸手稿上的学术著作，改为抄写宗教神话；教会开列大批禁书目录，封锁文化传播。教皇格列高利一世竟公开宣称："不学无术是信仰虔诚之母"。

结果，在中世纪初期，不仅普通百姓全都是文盲，王公贵族也往往目不识丁。社会上只有少数高级教士，由于阅读圣经和宣传教义的需要而掌握拉丁文。

教会是中世纪初期唯一设有学校的地方，教会学校的培养目标是训练为教会服务的工具。学校的教科书只有一本，那就是《圣经》。人们只知信仰上帝，不知道世上还有其他书籍，更不知还有文学、艺术、科学。中世纪初期的欧洲，人们生活在无知的黑暗之中。

但是，随着历史的发展，这种情况也发生了一些变化。尤其是阿拉伯人的入侵和十字军的东征，它使人们接触到了东方文明和基督教以外的世界，使教会垄断文化的局面打开了缺口。

特别是十一世纪以后，随着西欧社会经济的发展，出现了一些新兴城市，市民阶层需要新的文化生活，迫切要求提高文化水平。于是，在西欧的一些城市开始出现城市学校，它们不再受教会的控制。这些学校，就是后来中世纪大学的基础。

十一世纪末，意大利出现的波伦亚大学是中世纪欧洲的第一所大学。十二世纪，法国巴黎大学、英国牛津大学相继出现。到十五世纪时，欧洲已有四十多所大学。在这些大学中，以法国的巴黎大学最为典型和著名。

巴黎大学形成于十二世纪上半叶。1200 年，法兰西国王腓力二世颁布诏书，批准了巴黎大学的成立。巴黎大学集中了来自欧洲各地的求学者。据说有个时期，巴黎大学的学生达到五万多人。巴黎大学的成员不仅有学生和教师，而且还有为学校服务的人，如书铺老板、送信人、药商，包括旅店老板等，都属于大学的成员。教师则根据他们的专长和执教能力，分别组成不同的团体，它相当于现代大学中的“系”。各系中选出的“首席”，就是后来“系主任”的前身。

当时，巴黎大学设有四个学科：文艺、医学、法律和神学。文艺学科是初级科，学生要学习“七艺”：语法（包括拉丁语和文学）、辩证法（逻辑学）、几何（包括地理和自然历史）、修辞（包括散文、诗的写作和法律知识）、天文学（包括物理学和化学），还有算术和音乐。读文艺学科的人数最多，毕业后可以得到学士学位。其他三个学科是高级科，初级科毕业的学生才有资格升入高级科，读完后可以获得硕士学位。巴黎大学与其他大学一样，各科的学习年限较长，文艺科一般要学五至七年。其他三科，每一科也要学习五至七年。

早期的巴黎大学有一位很有名望的教师，名叫阿贝拉尔。阿贝拉尔常常提出一些有争议的观点，从而得罪了当局。当他被禁止在法国土地上从事教学活动时，他就爬上一棵树，学生们簇拥在树下听他上课；当他后来又被禁止在空中上课时，他开始在船上讲课，学生们则聚集在岸上听他讲课。由于他声誉卓著，欧洲各国的学生都慕名前来听课，同样也吸引了各地的教师来巴黎大学执教。

巴黎大学创立初期，学校内具有较浓厚的民主气氛。学生和教师之间的关系都是相当民主的，享有同等权利，并共同选举大学校长。学校由校长领导，不受任何上级管辖。这种大学自治的特点，恰恰表现了它是城市市民反抗封建教会斗争的产物。

欧洲另一所古老的大学是英国的牛津大学。传说牛津城的创始人是一位性情豪放的撒克逊女王，名叫弗莱兹怀特。她嫁给阿加国王不久，国王疾病缠身。弗莱兹怀特祈求上帝救助她的丈夫，许愿建一座修道院来报答。公元 727 年，修道院在泰晤士河畔落成。此后，牛津城在修道院墙外一点点扩展开来。1168 年，由于英王亨利二世与法国国王发生争执，许多英国的教师和学生离开了巴黎大学来到牛津，建立起牛津大学。

牛津大学的特点是拥有众多的学院。最初的学院被称为“学馆”，是来自某一地区的学生组成的同乡会。每个学馆都有自己的宿舍、食堂、小教堂和教师，以后慢慢地变成教学中心，学馆成为“学院”。牛津的学院是由英国各地的贵族、教会捐赠而建立的。学院在招生、管理和教学等方面拥有自主权。牛津大学的重大事务由各学院院长分工负责。现在，牛津大学拥有三十五个学院。

1379 年，牛津大学开始实行导师制度，这个制度一直延续至今。导师很像过去贵族家庭的家庭教师，每周和学生会面，不但负责帮助学生完成学业，还关心学生品格、性情的培养和锻炼。

牛津大学虽然在一个小城市形成，但也经历了城市当局和市民的长期斗争，甚至发生多次武装冲突。在 1209 年的一次武装冲突中，逃散的一部分师生来到卡姆河畔的剑桥镇，仿照牛津大学开始组建剑桥大学。1218 年剑桥大学得到英国国王的确认。

现在的剑桥大学是一所综合性大学，全校共有三十一个学院，六十二个系，一万多名学生。剑桥素来以它的优秀教学质量著称于世，几百年来为世界培养出众多的杰出人才。牛顿、达尔文、凯恩斯、培根、弥尔顿、拜伦等人都在剑桥大学毕业或执教。仅三一学院就有二十多人荣获诺贝尔奖。因此，剑桥大学有“伟人的母亲”之称。

西欧中世纪大学的出现，是世界教育史上一个划时代的历史事件，它不仅打破了教会对文化教育的垄断，也为后来的文艺复兴运动做了必要的准备，从而推动了欧洲社会的进步。

70 · 十字军东征

1095 年 11 月 27 日清晨，在法国克莱蒙城郊外的空地上，聚集着大批的教士、封建主、骑士和普通百姓。这时已是初冬，寒风中人们正在交头接耳，议论纷纷。

太阳升高了，一阵号角伴着鼓声响了起来，人们望见一队人举着一个巨大的十字架，从远处缓缓走近。在他们的后面，跟着一辆装饰华美的大马车。空地的中央是一个用石头和泥土垒起的高台，众人把十字架抬上了高台，七手八脚将它竖立在台子中央。

马车在高台边停了下来，只见教皇乌尔班二世从车中走出，登上了高台。二百多名手执长矛的卫兵守护在台子的四周。人们停止了议论，把目光都投向了教皇，等待着教皇发表重要的演说。

站立在巨大十字架前的教皇，挺了挺身，举起手中的《圣经》，用铜钟般的声音说道："上帝的孩子们！现在在东方，一些叫什么伊斯兰教的异教徒们，正在迫害我们的东正教兄弟。耶稣圣墓的所在地——耶路撒冷已被那些异教徒们占领，这是何等的奇耻大辱啊！那些异教徒是一群十恶不赦的暴徒。主已经在召唤我们到耶路撒冷去，去消灭那些恶魔，去解放圣地！为解放圣地而战的人，将来他的灵魂都可以升入天国！"

听众狂热的宗教情绪被煽动起来，人们狂热地喊着："到耶路撒冷去！解放圣地！"

"消灭异教徒！拯救东方兄弟！"

教皇放下《圣经》，又高高举起胸口的十字架继续说道："孩子们！那东方的国家，遍地是牛乳和蜂蜜，随手都可拾到黄金和宝石！谁到那里都会成为富翁。去吧，把十字布染红，戴在你们身上，你们就是上帝的'十字军'，主会保佑你们无往而不胜的！"

听得如痴如醉的骑士、封建领主和农民们，争先恐后拥上前，向教皇的随行人员领取一块红布做的十字，缝在自己的衣服上，作为参加远征的标志。十字架是基督教的象征，参加远征的人们被称为“十字军”。

教皇还对参加十字军的人许诺，他们在远征期间可以不还欠债，由教会保护他们的家庭和财产。教皇还欺骗人们，说有罪的人参加圣战可以得到上帝的赦免；农奴参加远征，可以得到人身自由。

教皇的号召很快传遍了西欧各地。饱受灾荒之苦的农民、渴望到东方发财的骑士以及一心想扩充自己势力的封建领主们，纷纷组成了十字军。

最早踏上征途的是一批法国、德国的农民。他们变卖仅有的财产，来不及等待骑士队伍，第二年春天就出发了。这些穷人十字军衣衫褴褛，有的还拖家带口，既没有整齐的装备，又没有足够的给养，靠沿途抢劫才勉强生存。这批乌合之众历尽艰辛到达小亚细亚草原时，他们遇到的是突厥(土耳其)人训练有素的骑兵。一场恶战之后，穷人十字军大部分被歼灭，只有少数人侥幸逃回。

1096 年秋天，由西欧骑士组成的有组织的十字军，开始第一次东征。他们由封建领主率领，武器精良，组织严密，总数约有四万人。到 1097 年春，各路骑士到东罗马帝国首都君士坦丁堡会合，随即渡过博斯普鲁斯海峡，踏上艰苦的征途。他们时而越过陡峭的山脉，时而穿过广阔的沙漠。这些平日里养尊处优的欧洲骑士，此时身着重装铠甲，冒着酷热，忍饥挨饿，生活苦不堪言。而且，突厥人对十字军的入侵采取焦土政策，留给他们的只是一片瓦砾。骑士们不得不忍受饥渴，许多人和马在灼热的阳光下倒毙。直到 1099 年 7 月，十字军才到达它东侵的目的地——耶路撒冷。

当时耶路撒冷城内只有一千名穆斯林守军，而围城的十字军达到四万人。十字军尝试着第一次攻城，他们有着狂热的斗志，但缺乏攻城的器械，这次攻城失败了，十字军死伤惨重。此时，十字军干渴难耐，因为穆斯林在方圆几公里的井里都下了毒，井水根本不能喝。

正当十字军一筹莫展之时，一支热那亚舰队运来了投石机和建造攻城塔的材料。这种攻城塔是一种活动堡垒，可以接近耶路撒冷的城墙。

十字军迅速行动起来，在造好两座攻城塔之后就展开第二次进攻。一座攻城塔被城上扔下的火炬烧毁了。另一座攻城塔推进到城墙的北面，这一次，十字军冲上了城墙，在城头升起十字旗。十字军冲进城市，杀死他们遇到的每一个人。全城的金银财宝被抢劫一空，七万多穆斯林和犹太人被杀害。为了寻找更

多的黄金,有的十字军还剖开死人的肚子,从中取出死者生前吞下的金币。在著名的阿克萨清真寺,躲在里面的一万多无辜平民被杀死,血流成河。

这就是所谓的“拯救”圣地行动。

十字军在他们占领的地区建立起十几个十字军国家,最大的叫耶路撒冷王国,此外还有安条克公国(在今土耳其)、的黎波里伯国(在今黎巴嫩)等。

然而,这些国家并不稳固。到 1187 年时,东方国家人民在能征善战的领袖萨拉丁的领导下,消灭了十字军主力,收复了耶路撒冷。西欧封建主和教会组织的第二次、第三次十字军东侵,也都以失败告终。

十三世纪初,教皇组织了第四次十字军东征。原本十字军进攻的方向是埃及,但十字军到达威尼斯时,威尼斯商人向他们怂恿和挑唆,十字军便把进军矛头转向东罗马帝国。这批所谓的基督教骑士,竟然会不顾情义,去进攻和掳掠与他们同样信奉基督的国家。

1204 年 4 月 13 日,十字军在歼灭东罗马帝国舰队后,攻入拥有四十万居民的君士坦丁堡。他们大肆屠杀、恣意抢劫,纵火焚烧三天三夜,把拥有丰富藏书的君士坦丁堡图书馆付之一炬,还将圣索菲亚大教堂镶满宝石的圣台砸成碎块。十字军暴徒们还到处挖掘陵墓,盗取宝藏,牵着骡马进教堂,运走了难以计数的艺术珍宝。君士坦丁堡满目疮痍,一片废墟,一代名城遭到了毁灭性的破坏。这充分暴露了十字军丑恶的侵略面目。

十字军东征前后共进行了八次之多,延续的时间长达二百年之久。1291 年,穆斯林攻克十字军的最后一个据点阿克城(在今地中海东岸),至此,十字军东征宣告结束。这场将近两个世纪的十字军东征,给地中海以东地区的人民带来无比深重的灾难,也给西欧人民心中留下了无法抹去的创伤。

71 · 英法百年战争

1066 年,发生了著名的“诺曼征服”事件。来自法国的封建主打败了英国国王,成了英国的统治者。“征服者威廉”的后裔不仅占有了英国的土地,而且以法王封臣的身份,在法国还占有大量的土地。英法两国为了王位继承权和土地问题,经常发生战争。

1328 年,法国国王查理四世去世,他的侄子腓力六世继位。这时,英国的国王是爱德华三世,他说自己是法王查理四世的外孙,有权继承法国的王位。但这只是借口,真正的原因是英王想夺取法国的纺织业中心地区佛兰德尔。1337 年 11 月,爱德华三世向腓力六世下了挑战书,英法百年战争从此开始。这场战争延续了一百十六年之久。

英法之间的第一场大战发生在海上,时间是 1340 年的夏天。在佛兰德尔北面的港口外,法军集结了二百多艘船只准备入侵英国。英国舰队虽然在数量上处于劣势,但英军的弓箭手站在船尾特地搭建的平台上,利用大弓放箭,速度比法军雇佣来的热那亚弓箭手快得多。

在这种密不透风的箭雨下,法军士兵乱作一团,还未来得及逃跑,英军的船只已靠近了。士兵用铁钩子钩住船,登上敌舰,用长矛和利剑展开搏击战,同时从平台上向下投掷石块。经过数小时的激战,最终法军战败了,大部分法国船只被击沉或被俘获。许多法军士兵为躲避箭雨的攻击纷纷跳到海里,连海面都被鲜血染红了。

英军重创法军舰队,赢得这场海战的胜利,成了英吉利海峡的主人。在接下来的几十年里,英军始终控制着海峡,而且可以不受阻碍地将大批军队运到法国本土,战争从此在法国领土上展开。

1346 年,英法两军在克勒西(位于法国东北部的一个小镇)附近进行了第二场大战。

在这次会战中,以自由农民组成的弓箭手和手执长刀的英国步兵,大战骑马披甲的法国骑士。英国的弓箭手,是一支有组织的训练有素的军队。他们的强弓硬箭,能在一百五十米的距离内,射穿一个身披铠甲的骑士的大腿和马鞍。弓箭手每分钟能射出十支箭。而法军以封建骑士为主,虽然作战勇猛,但军纪很差。雇来的热那亚弩手,使用的弩弓过于笨重,一分钟最多只能发射两支箭。

战斗一开始,法军以密集的骑兵队形,气势汹汹地向英军发动猛烈冲击。但英军阵前纹丝不动,他们沉着地等到敌人冲到弓箭的有效射程时,万箭齐发,射向敌人。刹那间,法国骑士人仰马翻,惨叫声、呻吟声混成一片,许多骑兵尚未冲到英军阵前,就丧命于飞箭之下。一些骑士的战马被射倒了,他们只能下马作战,但沉重的铁甲使他们行动艰难,只能被手执长刀的英国步兵任意砍杀。剩下的那些疲惫不堪的法国骑士,乱成一团,再也顾不上交战,调转马头,狼狈逃窜。

战场上的喊杀声渐渐平息下来,英军阵前布满法军丢下的头盔、武器和死马。一千五百多具法国骑士的尸体倒在地上,而英军只不过损失了四十多人。第二年,英军夺得加来港,这个海港成为英国在欧洲大陆上的统治据点。

1347 年底,双方所有的冲突被迫停止,原因是黑死病袭击了欧洲。鼠疫在四年内夺走了两千万人的生命,占欧洲人口的三分之一以上,英法两国死亡人数也多得惊人。

直到 1356 年双方才恢复元气,重新开战。两军在普瓦提埃城附近发生了第三次大战役。英军由爱德华三世的长子"黑太子"率领,法王约翰二世(腓力之子)亲自披挂上阵,统率全军。

"黑太子"年仅二十六岁,因为总是身穿一副黑盔甲而得名。他十六岁时就参加了克勒西战役,初尝战争的血腥滋味。

"黑太子"率领部队穿越法国中部时,他发现背后有一大队法军在紧追,不久,法军于 9 月 17 日在普瓦提埃城附近追上了他。这天是星期日,法王约翰二世犯了一个致命的错误,没有在当天发动进攻。这使得"黑太子"有时间把部队布置在沼泽地和树林里,这些地方不利于骑兵发挥作用。

第二天,英军的弓箭手躲在树林里放箭,又一次重创了法国骑士。战斗持续了八小时,英军弓箭手在箭用光之后就与敌人展开了肉搏战,最后获得了胜利。法军损兵折将过半,大批骑士当了俘虏,连法王本人也被"黑太子"生擒了。

当"黑太子"押送着法王和许多法国贵族凯旋而归时,在伦敦受到了狂热的欢迎。狭窄的街道上铺上了鲜花,战马也身披彩旗,人们情绪激动,欣喜若狂,从城门到威斯敏斯特的王宫虽然只有三公里远,队伍却花了几小时才走完。

普瓦提埃战役后,双方签订和约,法国被迫将其领土总面积的三分之一多割让给英国,并付出了巨款赎回国王。而英王也放弃对法国王位的要求。百年战争暂告一段落。

以后的几十年时间里,双方的国王换了几任,大小战争又打了几场。到1415年,英国占领了法国的首都和整个的北方,法国王子率领一部分军队退守南方,从此形成南北对峙的局面。

1428年,英军向南进攻,攻打通往南方的门户——巴黎南面的奥尔良城。这时的奥尔良城是法兰西的心脏,要是被英国人占领了,法国就将灭亡!英军进展顺利,不久就包围了奥尔良,大有一举拿下的气势。

这时,出现了法兰西历史上最有奇迹性的一幕,一个农民的女儿,年仅十六岁的贞德拯救了法国。

贞德的勇气,激发了法国人民的爱国精神。她牺牲后,在为贞德复仇的口号下,法国军民攻克一座座被英军占领的城镇。到1453年,法军几乎收复全部失地,英法双方签订了结束百年战争的和约。这场战争以封建战争开始,却以民族战争结束,法兰西完成了民族统一的大业。

72 · 圣女贞德

贞德是一个普通的法国农家姑娘,1412 年 1 月 6 日生于法国洛林地区的一个乡村中。当时的法国四分五裂,正处于一片血腥的混乱之中。英法战争已经进行了七十五年,法国的半壁河山已落入英国人的手中。

童年时代的贞德耳闻目睹了这种战乱生活。在她家门前不远处的道路上,常常可以看到全副武装的英军通过;她也常听大人们愤怒地抨击英军的种种暴行。贞德是一个勤劳的女孩,常替父亲放羊。她没有上过学,但母亲教她读懂了《圣经》,她很早就成了一个虔诚的基督徒。

十六岁那年,她挺身而出,去解救被英军包围的奥尔良城,并且将已经被剥夺了法国王位继承权、正躲在一个城堡里的查理王子带出来,让他正式加冕称王。

贞德主动向查理王子请战。查理半信半疑,但这时他需要借助人民的力量抗击英军,于是查理王子交给贞德一支军队,还替她换上一身光芒闪闪的铠甲。贞德让人到教堂取来一柄宝剑,又制作了一面象征法国王室的白色百合花旗。她身佩宝剑、手执百合花旗,率领着六千法军,浩浩荡荡向奥尔良进军。

英军早已把奥尔良城围得水泄不通,还环绕城墙修筑了十多座堡垒。贞德策马来到其中一座堡垒跟前,将一封书信系在箭上射了上去。

“上帝派使者贞德前来告知你们,立即撤出法兰西,并且赔偿我们的损失。否则,你们将大祸临头!”

英军根本不把贞德放在眼里。贞德一声令下,率领她的法兰西战士们向英军奋勇冲去。正当她攀着梯子登上堡垒时,突然被箭射中,士兵们把她抬下战场。贞德硬是用自己的双手将箭从身上拔了下来。眼看已是日落时分,阵地上双方鸣号收兵。此时,贞德却鼓起勇气,挥动百合花旗高声喊道:“胜利是你们的,冲上去!”

只见她纵身一跃,带领几名战士冲向英军的主堡垒,迅速攀上去,一举拿下了主堡垒。其他的法军战士一鼓作气,攻占了其余的堡垒。奥尔良城就这样得救了。

奥尔良城内钟声齐鸣,此起彼伏。贞德骑着战马,带领法军精神抖擞地开进城内。这时候,奥尔良城沸腾了,人们争相目睹这位女英雄的英姿。在短短的几天之内,这位十七岁的牧羊女就指挥法军创造了奇迹,一举扭转了百年战争的形势。

人们称赞贞德为“奥尔良的女儿”。她的名字从此在法兰西家喻户晓。

解放奥尔良之后,贞德立即着手她的第二项工作,支持查理王子登基称王。按照传统,法国国王必须在兰斯大教堂进行加冕典礼。尽管在通往兰斯(在巴黎以东约一百公里)的大道上,有许多英军严密设防的城堡,但贞德无所畏惧。哪里有激烈的战斗,哪里就一定有她的旌旗在招展。她不断地鼓舞将士们:“勇敢杀敌,一切顺利!”她指挥法军所向披靡,不久就攻占了兰斯城。兰斯的一个英国守将在投降书中写道:“向世界最勇敢的女子投降。”

1429 年 7 月 17 日上午,晴空万里,阳光灿烂,查理王子终于在盛大的加冕典礼中登上王位,史称查理七世。

登基后的查理七世,怯懦的本性开始暴露。他想和谈,不想再与英国人打下去了。而贞德强烈要求乘胜进攻巴黎。

查理七世顾忌贞德的威望,表面上接受了贞德的建议,实际上却并不支持。这年八月,贞德率军进攻巴黎,因为孤军作战,久攻不下,伤亡惨重,只好撤退到离巴黎不远的康边城。

康边城里的法军指挥官怕敌人趁势攻进城堡,当贞德率军退到康边城下准备进城时,城门突然紧紧关上了,吊桥也被拉起。贞德的退路被切断,不幸被追上来的敌人抓住了。抓她的不是英国人,而是英国人的帮凶——法国勃艮第人。

贞德被俘后,勃艮第人将她出卖给了英国人。查理七世竟然无动于衷,不去营救贞德。

贞德受尽了严刑拷打,但她始终坚贞不屈。险恶的英国人又故意把贞德交给宗教法庭审判。法官审问贞德:“你知罪吗? 竟敢女扮男装!”

“我穿男装是为了骑马杀敌。”贞德回答说。

“上帝憎恨英国人吗?”

“我不知道上帝对英国人是爱还是恨,但我确信,侵略者除了被杀死的外,统

统都要被赶出法国。”

“现在还敢狡辩？看你分明是个女巫，等着你的将是火刑柱！”

“为了我的祖国法兰西，我无所畏惧！”

1431 年 5 月 30 日上午，面色苍白的贞德被押到广场上。广场周围的屋顶上都站满了人。

贞德镇定自若地登上高高的火刑柱。火势越烧越旺，很快，大火便吞没了她的整个身体。

贞德没有死，她永远活在法国人民的心中。在贞德爱国主义精神的鼓舞下，法国人民团结奋战，终于在 1453 年取得抗英战争的胜利。

73·吴哥宝窟

1861年1月的一个下午，在柬埔寨茂密的热带森林中，一个名叫亨利·穆奥的法国博物学家正在汗水淋淋地开路前进。当他从榕树的气根和缠绕的藤蔓中钻出来时，突然，眼前朦朦胧胧出现了一座巨大石头建筑的轮廓。绵延的灰色城堡似乎伸向了天际，壮丽的平台回廊飘浮在半空，还有五个形似含苞莲花的高塔刺破青天。整个灰色的建筑被夕阳辉映得通红。

穆奥忘记了自己此行的目的是找寻稀有的昆虫，花了几天时间考察这些建筑。他兴奋地在笔记本上记下："这座建筑完全可以与所罗门圣殿相媲美。它是历史留给我们的最宏伟、最重要、艺术上最完美的古代遗迹。"

穆奥的赞美并不过分。他偶然发现的是高棉帝国神话般的首都吴哥的遗迹。中世纪的高棉帝国疆土庞大，一度包括了现在的整个柬埔寨，以及部分的泰国、缅甸、老挝和越南，它创造了东南亚自古以来最灿烂的文明。

高棉帝国从公元802年兴起，建都吴哥地区，在繁荣昌盛了六百年后，于1432年又迅速地消亡了。热带雨林吞噬了它昔日的繁华，只在吴哥地区留下几百座石头建筑。这些建筑是如此宏伟的灿烂，相比之下，那些受人称颂的希腊、罗马遗迹都相形见绌了。

在湄公河的河谷里，高棉人清除了丛林，种植了无边无际的水稻，还修筑了一批铺有石块路面的道路网。他们还兴修水利，建立起复杂的灌溉系统，把全国的水库河渠串连起来，使农作物免受旱涝灾害。结果，这里的水稻一年可以三熟，不仅养活了众多的人民，而且还给王室和寺庙提供了用之不竭的财源。

高棉帝国最强大的国王叫阇耶跋摩七世（1181—1219年），他想建造一座坚不可摧的王都，于是，集中了大量的雕刻匠、装饰匠和奴隶，开始了这项浩繁伟大的工程。在花费了大量的财力、物力后，终于建成了吴哥通王城（也叫大吴哥）。

吴哥通王城意为"伟大的都城"。它呈方形，每边长三公里，整个城周长达十二公里左右。城墙高八米，全部用巨石砌成。全城共有五道城门，门高约二十米。有一个城门叫"胜利门"，城门上有四个面向四方的菩萨头像，它们面含笑容，凝视四方，神态安详，可能是王都的保护神。城门两侧各有一只石象，象有三个头，长牙着地，鼻子在莲花中卷着，十分威严。吴哥通王城周围有护城河环绕，城内有广阔的街道、众多的宫殿、宝塔和寺庙。城内的大金塔高达四十五米。

在现今柬埔寨吴哥地区，除去吴哥通王城，在大约四十五平方公里的范围内，还分布着各种建筑物六百多座。其中最著名的就是吴哥窟，也就是法国人穆奥发现的那座宝窟。

吴哥窟(也称小吴哥)是全世界最大的宗教建筑，占地超过一平方公里，它使用了超过三千万立方米的石材，它的体积是埃及金字塔的十倍。这座神庙建于十二世纪上半叶，供奉着印度教的大神毗湿奴金像，后来这座神庙成为佛教徒的圣地。它的中心神殿上有五座镀金的宝塔，高达六十五米，象征着佛教的宇宙中心和众神之家——须弥山；它的外墙表示世界的边缘，四周环绕着大海。

人们可以想象吴哥窟当年的朝圣景象。信奉佛教和印度教的朝圣者，沿着一条长约六百米宽阔的通道进入圣地，这条通道象征着通往天堂的彩虹桥，途中还须穿过有七头蛇雕像守护的大门，然后进入围城。最后朝拜者登上层层台阶，来到一个建于高台上的圣坛前进香，这个圣坛上耸立着代表众神之家的须弥山的五个镀金尖塔。

吴哥窟的伟大不仅在于寺庙建筑的本身，还在于回廊上的石刻浮雕，它表现了高棉工匠们卓越的艺术才能。

最低层的回廊高二米，四周长约八百米。所有壁面都布满精巧的石刻浮雕。由于回廊有屋顶覆盖，所以，石刻至今保存得很完整。浮雕的题材大多取材于印度的神话故事。这种浮雕被称为“石头上的电影”，以连环画的方式讲述着一个个神话故事。还有一些浮雕描绘了战斗场景，如在金边湖上展开的水战，双方军队乘着多桨的战船，互相厮杀。在激烈的水战中，受伤的士兵倒挂在船旁，被鳄鱼咬住……

吴哥窟的石料来自四十多公里外的扁担山。那里出产的一种质地极好的砂岩石，是很理想的雕刻材料。它石质松软，颗粒细密，便于精雕细刻。采用这种石料，艺术家们运用纯熟的手法，刻出了一幅幅逼真的瑰丽画卷。

数百年来，吴哥宝窟隐藏在浓密的森林中。二十世纪开始，人们有计划地把这座城市从森林的巨掌中解救出来，这是一项长久而艰巨的工作。高大的榕树和木棉树将根枝伸进了每一个裂缝，裂开了石柱门框，推倒了巨石，还将宏伟的神殿缠绕了起来。

现在，那些摆脱了植物围困的古建筑又受到新的威胁，古庙由于失去几百年来缠绕着、保护着它的植物，受到了热带暴雨的侵蚀；松软的砂岩在细菌的攻击下已开始分解。唯一的解救办法是把这些建筑的石头一块块拆下来，在加固的水泥地基上再建起来，并在四周铺设排水管道。患了“石头病”的建筑，还须涂上特制的化学保护剂。

一直到今天，拯救吴哥宝窟的工作仍在继续中。

74 · 蒙古旋风

十三世纪初,默默无闻的蒙古人突如其来地闯入了历史,在杰出的统帅成吉思汗及子孙的领导下,不到五十年时间,就征服了当时“文明世界”的大部分地区。那么,这股横扫欧亚的蒙古旋风是如何兴起的呢?

蒙古是中国北方的一个游牧民族,他们在大草原上放牧牛羊,哪里有丰茂的水草,就把帐篷装上马车,迁移到哪里。因此整个村庄常常在流动。他们的大部分时光都在马背上度过,每个成年男子都是优秀的骑兵和弓箭手。

1206 年,蒙古各部落召开部落首领大会,共推铁木真为“大汗”(皇帝),尊号“成吉思汗”(大地之主)。蒙古就这样成为一个统一的国家,开始向外侵略扩张。首先,蒙古南下,大败金国,占领了中都(今北京),把宏伟的宫殿抢掠一空,所有的房屋被夷为平地。接着,蒙古军队挥师西进,直指中亚。

一次边境事件成了成吉思汗西侵的借口。

1218 年,一支四百五十人的蒙古商队来到中亚的花剌子模(位于今哈萨克斯坦、土库曼斯坦、阿富汗、伊朗北部的一个国家)经商,竟被诬陷为间谍,在边境城市全部被杀害。只有一个替商队赶骆驼的人逃了回去,把消息报告给成吉思汗。

成吉思汗勃然大怒,发出“你要战,便就战”的最后通牒,然后率领二十万蒙古大军,带着四个儿子,从新疆北部出发,横越帕米尔高原,浩浩荡荡向花剌子模杀来。花剌子模是中亚的一个伊斯兰国家,它经济发达,人口众多,物产丰富,有许多城墙高大、易守难攻的城市。

第二年秋天,蒙古军队逼近花剌子模的一个边境城市,城里的人们变得紧张不安起来,议论纷纷:“听说蒙古军队要打过来啦!”

“不久前,他们刚刚打败了强大的金国,占了金国的都城。据说中都到处是堆积如山的人骨。”

“难道真主的军队会打不过蒙古人吗?”

“蒙古人是游牧民族,他们来似天坠,去如闪电。看来一定有一场大仗要打,不知我们的城墙是否能够挡住这些野蛮人的进攻?”

花剌子模的老百姓惊恐不安,他们的国王更是日夜忧虑。他不但担心蒙古军队的进犯,还害怕集中军队抗敌会使领兵将领势力大增,战后与自己争权夺利。因此,他将四十万军队分散到各个城市,让这些城市各自为战,指望蒙古军攻不破主要城堡后,会自行退走。

花剌子模的边境城市只有三万守军,没有援军和存粮,只能依靠坚固的堡垒死守。蒙古军队数倍于城内守军,而且有马队从后方源源不断地运来作战物资。这个城市已经被围攻五个月了。

攻了一段时间后,蒙古军在城外架起了新式攻城武器——火炮与大型投石机。蒙古军队哪里来的这些武器呢?原来,自从几年前蒙古军攻打金国、占领中都以后,学习那里汉人的先进技术,学会了使用火炮等新式武器;而且这次进攻花剌子模,随军同行的还有一万个汉人工匠,他们能熟练地使用和维修攻城器械。

"轰!轰!轰!"

蒙古人的攻城大炮和投石机吼声震天,不久,城墙一角就被轰开了一个大口子,城上的守军也给投石机投出的巨大石块砸死。

蒙古士兵潮水般从缺口冲入城内。剩余的花剌子模军队又在城内要塞坚守了一个多月,最后终于粮尽弹绝,全部战死。

就这样,蒙古军攻克了一座又一座城市。蒙古军攻城前,先下最后通牒,只有毫不迟疑地开城投降,才不屠城。如果稍遇抵抗,城破之后便把居民先赶到旷野中几天,把城市洗劫一空,然后杀死守城军士,把工匠挑出来分给贵族带回草原,把妇女和儿童分给士兵,把部分战俘和少年编为"队伍",攻城时用皮鞭和马刀强迫他们爬云梯,让他们为蒙古人进攻送死。

1221年初,蒙古军开始进攻花剌子模都城。成吉思汗先派出他的长子术赤和次子察合台率军攻打,但连攻数月未能攻克。于是他又命三子窝阔台统一指挥全军,发动更猛烈的攻击。守城军民在坚守了半年多后,城池终于被攻陷。但是守军拒不投降,又与蒙军展开巷战。经过七天七夜激战,蒙军付出巨大代价后,才占领全城。破城后,蒙古军残杀了城内的几十万男子,将妇女和儿童掳为奴隶。随后,又放了一把大火,烧毁了所有建筑。蒙古人还不罢休,又掘开了大河的堤岸,向城内灌水。往昔繁华的花剌子模京城,变成了水乡泽国。

灭亡了花剌子模以后,蒙古旋风继续向西方扫荡,越过高加索,进入顿河、伏尔加河一带。到十三世纪三十年代,蒙古的疆域已扩展到中国的黄河流域、朝鲜半岛、中亚和伊朗大部、西伯利亚南部,形成了一个庞大的帝国。

为了统治这个庞大的帝国,成吉思汗在 1227 年去世前,将帝国分给他的四个儿子。

长子术赤,领有俄罗斯、里海、咸海一带;次子察合台分得花剌子模以东的中亚一带;三子窝阔台分封在蒙古以西、天山一带;四子拖雷领有蒙古本部及中国北部。以后随着征服地区的扩大,形成了四大汗国:即窝阔台汗国、察合台汗国、钦察汗国和伊儿汗国。后来,窝阔台汗国并入了察合台汗国。拖雷的儿子忽必烈灭亡了南宋,建立了元朝。

75 · 俄罗斯的统一

十三世纪中叶，成吉思汗的孙子拔都率领强大的蒙古军队，一举击败基辅罗斯公国。1242 年拔都在伏尔加河下游的萨莱建立起庞大的钦察汗国。因为蒙古人住在金黄色的帐篷里，所以俄罗斯人又称钦察汗国为“金帐汗国”。

此时，俄罗斯各公国都沦为金帐汗国的附庸，长期向大汗称臣纳贡。金帐汗国的大汗为便于统治，在各国王公中挑选一个代理人，封他为“全俄罗斯大公”，凌驾于其他王公之上，由他代表蒙古人向十二个俄罗斯公国征收贡赋。

到了十四世纪，莫斯科公国崛起。由于莫斯科地处交通要道，伏尔加河等大河都从附近流过，周围又有森林、沼泽作屏障，离蒙古人统治中心很远，在这里做生意比较安全，因而它逐渐兴盛起来。1325 年，伊凡 · 卡利达任莫斯科公国大公，他是一位很有谋略的人。他表面上装得非常温顺，千方百计地取悦金帐汗国，不时地把金银财宝献给大汗，由此取得“全俄罗斯大公”的称号。但伊凡在背地里不断扩充自己的领土和势力，到他死时，莫斯科公国的疆域已扩大了好几倍。

1359 年，伊凡的孙子季米特里 · 伊凡诺维奇担任莫斯科大公，莫斯科公国的实力更加强大了。

季米特里继位时年仅十岁，但他的志向很高。他从小随军出征，习惯了戎马生涯，成年后，终于成为一名能征惯战的大公。他大力加强莫斯科的城防，用石头城墙代替原来不坚固的木质城墙。他还严格训练军队，寻找机会准备摆脱蒙古人的控制。

这时，金帐汗国内讧不断，开始衰落，就连大汗也不停地更换。季米特里觉得这是一个千载难逢的好时机，于是率领他的军队，一举赶跑了驻在境内的蒙古兵，宣布莫斯科公国从此独立。

对于莫斯科公国的反叛行为，金帐汗国的大汗马麦汗十分震怒，他立即派遣军队去讨伐。结果，在一次会战中，蒙古军陷入重围，被季米特里杀得大败而回。

马麦汗闻讯后恼怒地说：“处死那些任性的奴隶！把他们的城市，所有的基督教堂化为灰烬！我们要靠俄罗斯的金子才能活下去！”

他准备同莫斯科公国决一死战。

1380 年 9 月，马麦汗亲自率领十五万大军浩浩荡荡杀向莫斯科。

季米特里迅速派出特使，日夜兼程赶到俄罗斯各公国请求援助。很快，他联合起十万兵力，渡过顿河，开进了库里科沃原野。一场大战即将展开。

库里科沃是一个不太大的原野，四周山岗起伏，沟壑纵横，沿顿河一侧丛林密布，原野的中央是一片沼泽地。这种地形极不利于蒙古骑兵的合围战术，却为俄罗斯联军的埋伏提供了良好条件。

9 月 8 日晨，大雾弥漫，季米特里利用地形特点，精心布阵。在中央是大团队，两边是右翼团队和左翼团队，在大团队前面是先遣团队。另外，他还将一些精锐骑兵埋伏在后方的丛林里。整个阵地绵延约十公里。

时近中午，库里科沃原野上空的浓雾渐渐消散。蒙古军向前推进，在离俄罗斯联军不远的地方停了下来。按照常规，俄军中冲出一位骑兵勇士向蒙古军挑战，蒙古军也出来一位勇士应战。在两军中间的空地上，两位勇士骑在马上，杀向对方。几个回合下来，双方都受伤落下马来。这时，嘹亮的军号响起了，呼喊声、马嘶声、兵器撞击声交织在一起，双方会战正式开始了。

蒙古兵以排山倒海之势发起猛攻，一鼓作气，先后击退了联军的先遣团队和左、右翼团队。紧接着，蒙古兵分几路向俄罗斯联军的大团队发起更为猛烈的冲锋，企图一举突破联军阵地，直捣中军大营。然而，由于原野上多是沼泽，骑兵行动缓慢，一连几次冲锋都没能得逞。

傍晚时分，蒙古兵的轮番冲锋已经持续了三个多小时，攻势渐渐减弱。战场上，经过多次冲锋和肉搏，双方死伤累累。库里科沃原野上，几公里宽的地带上都被鲜血染红了。伤者在呼号，尸体成了堆。俄罗斯联军损失惨重，连季米特里本人也在交战中受了伤，大公旗帜也被蒙古人砍倒。

天色暗下来了。蒙古骑兵趁着黄昏时微弱的暮色，准备发起最后一次攻击，彻底击败俄军。而季米特里立即组织反击，并且有计划地把蒙古军吸引到联军主力的后方，那里有精锐的骑兵埋伏着。一场恶战在原野上展开，蒙古军撕开了俄军左翼的一个口子，企图借机绕到联军主力的后方，一举包围全歼联军主力。

就在这千钧一发之际，季米特里迅速将丛林中的骑兵队调出。这些俄军骑兵就像猛虎下山一样向蒙古军后方扑去，蒙古军猝不及防，迅速溃败。这时，站在山冈上观战的马麦汗惟恐蒙古军被全歼，赶紧下令全线撤退。于是，蒙古军舍弃了无数的行军帐篷和粮草辎重，仓皇而逃。

俄罗斯联军一鼓作气，追出一百多里，才收住脚步。

库里科沃大战，俄蒙双方都受到很大损失，死伤人数达十几万人。但最终俄罗斯联军战胜了强大的蒙古军队。

由于这场大战的胜利，季米特里大公被俄罗斯人赞誉为“顿河英雄”。库里科沃之战的胜利，打破了蒙古人不可战胜的神话，从根本上动摇了金帐汗国的统治，也让俄罗斯人民看到了独立的曙光。

后来，王位传到伊凡三世手里，莫斯科公国在他统治时期变得更加强大了。十六世纪初，他的儿子瓦西里三世最终完成俄罗斯的统一大业。

76 · 奥斯曼帝国的兴起

在亚洲与欧洲交界的达达尼尔海峡西岸，有一个叫加利波里的城堡，它是拜占庭帝国(东罗马帝国)的一处要塞。土耳其人已经将它围困了很长时间，由于城堡有坚固的城墙，一时难以攻克。

1354 年 3 月 2 日深夜，一场突如其来的强烈地震降临到这里，加利波里的城墙轰然倒塌了，接着天空又下起倾盆大雨，城内的居民和士兵在睡梦中惊醒后四散奔逃。趁着余震和大雨，城外的土耳其人从城墙的坍陷处攻了进来，未遇到任何抵抗，很快就占领了全城。这是土耳其人入侵欧洲的第一个落脚点。土耳其苏丹(国王)觉得，这次胜利是神的相助："真主站在我一边，显示出他的意愿，使城墙倒塌。我的部队已占领了全城，我们要感谢安拉。"

土耳其人属黄色人种，他们本是突厥部落的一支(土耳其就是突厥二字的转音)。他们是为了躲避蒙古铁骑，才来到小亚细亚半岛的。在这里，土耳其人信奉了伊斯兰教，建立了几个酋长国。其中有一个酋长国名叫"卡伊"。

公元 1281 年，奥斯曼成为卡伊酋长国的首领，从此掀开了土耳其历史新的一页。人们称这个酋长国为奥斯曼土耳其国。

奥斯曼是一位传奇般的人物。年轻时，他曾想娶一位有名望的宗教领袖之女为妻，但被拒绝。后来有一天，他对那位宗教领袖说，自己晚上做了一个梦，梦见他的腰部生出了一棵树，树叶都变成了剑刃，指向君士坦丁堡方向。那位宗教领袖懂得解梦。这个梦的意思很明显，它预示着奥斯曼的子孙会统治全世界。于是宗教首领把女儿嫁给了奥斯曼，并亲自为他佩戴一把武士之剑——以后历代奥斯曼统治者都要佩带的武器。

年轻的奥斯曼富有谋略。十三世纪初，拜占庭帝国遭到西方十字军入侵，国土四分五裂。尽管土耳其离拜占庭的一些城市很近，奥斯曼完全可以乘人之危去弄块地盘。但是，他在掌权的前二十年时间里，并未尝试去进攻它们，而是养精蓄锐，冬天练兵，夏天到肥沃的草场上去休养生息。他的军队人数在不断壮大。

直到1301年,羽翼丰满的奥斯曼军队才与拜占庭军队第一次交锋。奥斯曼先用弓箭骚扰敌军,然后采取猛攻战术,一举突破了敌军的防线。

接下来,他又征服了附近的突厥人各酋长国,宣布成立独立统一的公国。1326年夺取了拜占庭的布鲁萨城,并将其定为国都。

攻克布鲁萨之后不久,奥斯曼就去世了,他被埋葬在布鲁萨,坟墓面朝着君士坦丁堡方向。当他的儿子成为苏丹,佩带上他那柄双刃武士剑时,满朝大臣悲从中来,齐声痛哭。因为是奥斯曼率领他的人民,把一个弱小部落逐步发展成为一个强大的民族。人们在他的墓碑上刻着这样一句话:“愿他如奥斯曼一样伟大。”以此来激励以后的奥斯曼统治者。

奥斯曼的继承人是他的次子乌尔汗,乌尔汗的才干丝毫不亚于他的父亲。乌尔汗任命他的哥哥当宰相。乌尔汗兄弟俩将首都布鲁萨建设成一个贸易中心。来自欧洲的羊毛衣料、来自中国的丝绸、来自北方蒙古汗国的毛皮、来自南方阿拉伯地区的香料和糖都在这里进行交换,通过贸易增强了奥斯曼国的经济和政治实力。

他们还聘请希腊人任顾问,在造船、手工业和建筑方面出谋划策。在征服的城市里,他们建造了宏伟的清真寺、大量的救济所和客店,吸引了大批移民的到来。

一位叫伊东·巴图塔的阿拉伯旅行家1333年来到布鲁萨,他看到的这座城市“集市繁荣,街道宽阔”。乌尔汗本人亲自接见了他。他这样形容乌尔汗:“乌尔汗是突厥国王中最伟大的一位,他拥有最大的财富、土地和军队。他拥有将近一百座要塞,他的大部分时间都在这些要塞之间来回巡视,他从未在一座城市里住过一整月。乌尔汗同他的父亲一样,坚持武士精神,与异教徒作战,不是在宫殿里而是在马背上统治国家的。”

乌尔汗还建立了一支常备军。这支常备军的规模初期并不大,只有一万人,但装备精良,训练严格,仍然采用突厥的战斗体制。战士要终身服役,不得建立家庭,但待遇优厚,享有特权,并且每个人都以征战为荣。

一位法国目击者这样描写奥斯曼军队:“当战鼓擂响,他们会以迅雷不及掩耳之势发动袭击,决不后退,直到军令发出,否则决不停息。他们的武装轻便,一夜之间可以走完欧洲军队三天走完的路程。”

有了这台无坚不摧的战争机器，乌尔汗很快攻占了拜占庭在小亚细亚的全部领土。接着，他又把战争之矛指向欧洲。1354 年，土耳其人渡过达达尼尔海峡，趁着地震，占领了拜占庭要塞城市加利波里，将它变为进军欧洲的桥头堡。

1360 年，乌尔汗的儿子继承王位，称穆拉德一世苏丹。在他的指挥下，拜占庭境内的名城一座座相继陷落。这样，拜占庭帝国仅仅保留着君士坦丁堡一座城池和几块属地。1363 年，拜占庭被迫求和，降为奥斯曼帝国的一个属国，在土耳其人的包围之下苟延残喘。

77 · 君士坦丁堡的沦亡

公元1451年,十九岁的穆罕默德成了奥斯曼土耳其的最高统治者。这位新苏丹年纪虽轻,但渴望名垂青史。他的最大理想就是要攻占拜占庭的首都君士坦丁堡,把它变成伊斯兰教的中心。

君士坦丁堡是一座千年古都,位于欧洲大陆的南端。它北临金角湾,南靠马尔马拉海,东与小亚细亚半岛隔海相望,只有西面与陆地相连。这是一座易守难攻的城堡,四周修建了坚固的城墙,城墙上每隔一百多米就筑有一座堡垒。几个世纪以来,君士坦丁堡城墙成功地抵御了二十二次外敌入侵。

苏丹穆罕默德具有非凡的军事和外交才能。他在还没有做好战争准备的时候,先散布和平的言论。他强调将遵守以往与拜占庭签订的和约,绝不侵犯拜占庭领土。

但是他另一方面则在加紧备战。他很快组成一支十万人的庞大军队。这些土耳其军队纪律严明,装备齐全。其中最勇敢的是一万二千名士兵组成的近卫军军团。近卫军士兵从小离开家庭,从军习武,勇猛过人,在最激烈的战斗中才出现他们的身影。

苏丹深知君士坦丁堡固若金汤,如何攻克它是一个十分棘手的问题。在反复考虑并与大臣们商量后,他决定造一种威力巨大的火炮,来轰塌君士坦丁堡的城墙。

在匈牙利工程师的指导下,几个月后这种大炮终于制成了。试射那天,苏丹亲临现场观看。随着一声惊天动地的巨响,硕大的石弹将远处的一段城墙打得粉碎。效果真是好极了。

接下来的问题是,如何将巨炮运到前线?为此,苏丹动用了六十头牛,拉着大车将大炮缓缓运往前线。不久后,三十门巨炮被放置到城墙的四周。

同时,苏丹还装备了一支由一百二十五艘军舰组成的巨型舰队,封锁了海峡的西侧,彻底阻止外来供应船援助拜占庭。

1453年4月6日,土耳其人的巨炮开始轰击君士坦丁堡正面城墙,战斗打响了。君士坦丁堡的防御部队由七千人组成,其中包括两千名外国志愿军。守城战士组织严密,装备的守城武器有标枪、弓箭、投石器、原始火药枪、火炮等。

连续几天的炮轰,城墙的外墙被轰开几处缺口,成群的土耳其士兵冲向缺口。拜占庭士兵在城墙上用火药枪和火炮不断进行还击,许多土耳其士兵毙命,血流满地。白天的无数次进攻都被打退。到了夜晚,守城战士偷偷出城修补缺口。他们用木板和围栅挡住缺口,再在上面堆上装满泥土的袋子和木桶。第二天,土耳其的火炮会再次将缺口炸开;而到晚上,守城者又会将缺口补上。就这样,战争进入僵持状态。

正面强攻不行,土耳其士兵又开始挖掘地道,准备从护城河和城墙的下面钻进城里。但是,城里居民发现了土耳其人的行动,用水和火把挖了一半的地道破坏了。

除了陆战,海上也发生了战斗。一天,四艘支援君士坦丁堡的热那亚军舰,冲破土耳其海军的封锁,驶入了马尔马拉海。苏丹立即派出几十艘战舰进行拦截,但被热那亚水兵击沉了好几艘。那四艘军舰最后驶进金角湾,靠上了君士坦丁堡的码头。

援兵和给养的及时到来,使得全城军民欣喜若狂。他们在城墙上大声嘲笑土耳其海军无能。第二天,土耳其海军司令就被苏丹革职了。

表面上看,战事似乎朝着有利于拜占庭的方面发展。但就在此时,苏丹总结了教训,一个大胆的计划在他心中形成。

在君士坦丁堡的北面有一条狭长的海湾,叫金角湾。金角湾的入口处,拜占庭军队拉了一条粗大的铁链以阻挡土耳其舰队的进入。苏丹决定绕过阻拦的铁链,从海湾对岸的陆地上,用人力将战船从山坡上拖过去,出其不意地进入海湾,攻击君士坦丁堡防守较薄弱的一翼。

4 月 22 日晚,土耳其海军的八十艘船悄悄绕过金角湾口,靠上了岸边。接着土耳其人人拉马拖,将船拖到岸上。然后,土耳其人又在陆地上铺设了一条木板滑道,木板上涂上大量的油脂,这样可以减少拖船的摩擦。一夜工夫,这些船只通过滑板,翻越山坡,终于运进了金角湾。

第二天一大早,君士坦丁堡的守卫者看到金角湾里出现了敌军舰队,他们简直不能相信自己的眼睛,难道这些船是从地下钻出来的吗?

就在人们疑惑吃惊之际,土耳其舰队已开始在君士坦丁堡的另一端开始了炮轰,拜占庭人只好从越来越少的防守人员中抽调一部分去抵抗。

最后的决战时刻来临了。穆罕默德苏丹对士兵们喊道:"真主的士兵们,你们即将赢得最后的胜利!在你们的面前,是一座建筑宏伟、财宝无数的城市。破城之后,你们可以尽情地劫掠三天,城中的一切财物、珠宝,以及人口都属于你们。而我,只要得到征服这座城市的荣誉!"

5 月 29 日清晨,土耳其士兵从海上和陆上两个方向发起猛攻。在君士坦丁堡全长六公里的城墙下,数万土耳其士兵奋力攻城。所有的战鼓敲起,所有的军号吹响,鼓舞着进攻者爬上城墙。而君士坦丁堡城内,所有的教堂钟声敲响,激励着守城者奋勇抵抗。

战斗进入了白热化状态。在炮火的掩护下,土耳其人一批批在黑暗中向前冲去,但又一批批被挡了回来。这时,苏丹打出他的王牌,他命令精锐的近卫军军团参战。这些人身披金光闪亮的铠甲,头戴以羽毛装饰的头盔,轮番向前冲杀。在他们的猛烈攻击下,君士坦丁堡越来越危急了。拜占庭帝国的皇帝也亲临城头,指挥战斗。

就在此时,发生了一件令人意想不到的事。在北面的城墙某处,一名拜占庭士兵出击后返回,未将城墙上的出击口小门锁紧。几个土耳其近卫军士兵发现了这个致命的失误,他们强行从这个出击口进入,并打开了一条进入城内的通道。很快,增援部队未遭任何抵抗进入了城内。

"土耳其人进城了!"这喊声比巨炮的威力还大,它彻底摧毁了守军的抵抗意志,他们纷纷逃离战场。拜占庭皇帝意识到大势已去,他紧握利剑,冲向迎面杀来的敌人,死得非常壮烈。

土耳其人像潮水一样涌入城市。他们大肆洗劫,许多居民沦为奴隶,豪华的宫殿烧起大火,无数的艺术珍品化为灰烬,所有教堂、修道院遭到破坏。不到半天,城市各处挂满了无数的小旗子,每面旗说明该处房屋已被彻底洗劫。举世闻名的圣索非亚教堂被改为清真寺。没过多久,奥斯曼土耳其帝国就把都城迁到君士坦丁堡,并将它改名为伊斯坦布尔(意为伊斯兰之城)。

君士坦丁堡陷落了,有一千多年历史的拜占庭帝国(东罗马帝国)终于灭亡了。

78 · 玛雅文明

美洲原是一片荒原和丛林，没有远古人类的足迹。大约在两三万年前，亚洲一些蒙古人部落，越过亚洲大陆东北部的白令海峡，来到了美洲的阿拉斯加，以后逐渐散布到美洲全境。这些来自亚洲的蒙古人被称为印第安人，他们创造了发达的美洲文化，最著名的有三个——玛雅文明、阿兹特克文明和印加文明。

古代玛雅人居住在今天的墨西哥南部、危地马拉和洪都拉斯地区。公元四世纪到九世纪，玛雅文明发展到鼎盛时期。

高超的建筑艺术是玛雅人的出色成就之一。

在洪都拉斯西部的科潘地区，有一座玛雅古城遗址。它坐落在一个深山峡谷中，面积约十五公顷，有金字塔、广场、三十六块石碑、六座寺庙和大量的祭坛等。这些建筑上雕刻着形态生动的神、人或动物图案，以及许多象形文字。一座寺庙的台阶上有人身狮首像。它口里衔着蛇，一只手里攥的也是蛇，另一手则拿着火炬——雨神的象征。这是一座天文气象的祭祀庙宇。

在科潘遗址的广场中央，有两座极其相似的庙宇。每座占地约三百平方米。庙的墙壁和门框上刻着人物、魔鬼及其他各种图案，有条地道把两座庙宇沟通起来。地面上，两庙之间是个石铺球场。球场两端各有一块方石，方石中间有一个圆洞，用作"球篮"。每逢祭祀仪式，玛雅人便在此举行球赛，借机选拔和培养勇士。有关这座古城的最后一次记载是公元 805 年。

在墨西哥尤卡坦半岛另有一处著名的玛雅文明遗址，名叫奇钦伊查。这里有一座被称为"库库尔坎"的著名金字塔。"库库尔坎"在玛雅文中意为带羽毛的神蛇。这座金字塔呈方形，高三十米，分九层，最上层是一座六米高的祭坛。金字塔四面各有九十一级石砌台阶。台阶总数加上一个顶层正好代表一年三百六十五天。台阶两侧有宽一米多的边墙。北面阶梯的边墙下端雕刻着带羽毛的蛇头，高约一点四米，长约一点八米。

每年春分、秋分两天下午，"库库尔坎"出现蛇影奇观。太阳开始西下的时候，阳光通过呈阶梯状的金字塔西北角，投射到北坡西边墙上，映现出七个等腰三角形。在人们的视觉中，边墙从上到下，由笔直逐渐变为波浪状，直到蛇头，好像一条巨蟒从塔顶向下爬行。随着太阳落山，蛇影渐渐消失。玛雅人信仰太阳神，认为羽蛇是太阳的化身。每当“库库尔坎”金字塔出现蛇影奇观时，玛雅人便纵情歌唱，翩翩起舞。

玛雅人不但是高超的建筑师，而且是天才的画家。他们留下了许多美丽生动的图画。1946 年在墨西哥博南帕克神庙发现了一幅巨型壁画。

画面上有一位玛雅人的首领站在中央，头戴高帽，颈戴金项链，身穿兽皮衣，手握一根权杖。两位威风凛凛的将军，正在向首领汇报。将军们昂首挺胸，威武雄壮，头戴巨冠。巨冠上饰有龇牙咧嘴的动物形象。地上还有许多战俘，赤身裸体地躺着、跪着。这显然是一幅得胜献俘图。

玛雅人的天文历法也达到极高水平。他们使用一种太阳历，把一年分为十八个月，每月二十天，外加五天作为禁忌日，共三百六十五天，闰年加一天。玛雅天文学家对太阳年的计算误差只有十七秒，简直达到难以置信的准确程度。他们的计数法是根据手和脚的二十个指头而产生的，为二十进位制。他们用“点”表示一，用“横”表示五，画一个“贝壳”表示零。玛雅人使用零的符号要早于欧洲整整八百年。

玛雅人还创造了自己的象形文字，有八百个书写符号，三万个词汇，一般是刻在祭坛、陶器和石柱上的铭文。玛雅人把他们的文化、历史用毛笔记在兽皮上，编写成书。这些书由祭司用不同的颜色写成，色彩绚丽，图文并茂。

在玛雅城里，每隔二十年就要建立一些石柱，石柱上刻有题词，记载重要事件的内容和日期，因此，玛雅文明是有确切纪年可考的。

玛雅人的农业，对全世界人民作出了巨大的贡献。他们首先培育了玉米、马铃薯、西红柿、向日葵、烟草等农作物。如今，这些农作物已经传播到全世界，成为各国人民日常的食品了。

不久前，考古学家在洪都拉斯出土的一个玛雅陶瓶中，发现了制造巧克力的原料——可可的残余物。这证明，早在公元前 500 年，玛雅人就用可可制造美味的巧克力了。

然而，使人惊奇的是，丰富多彩的玛雅文明，到公元九世纪末，西班牙人入侵美洲之前的六百年的时候，突然中断和消亡了。玛雅的遗迹，大都湮没在人迹罕至的丛林深处。玛雅文明的兴衰至今依然是不解之谜。

79 · 阿兹特克文化

大约在十二世纪，印第安人阿兹特克部落为了躲避敌人的追击，从北方的故乡迁徙到墨西哥河谷。传说有一天，战神对正在寻找栖息地的阿兹特克人说："你们去寻找一只鹰，它栖息在一株仙人掌上，口中还衔着一条蛇，找到之后，那个地方就是你们居住的地方。"阿兹特克人遵照战神的指示，来到了特斯科科湖畔的一个岛上，果然看到一只鹰叼着一条蛇站在仙人掌上的奇特景象。于是他们便在此居住下来，并把这里称为"特诺奇蒂特兰"，意为"仙人掌之地"。在十六世纪初西班牙人入侵美洲之前，阿兹特克统一了周围的部落，发展到鼎盛时期，全国有人口六百万。都城特诺奇蒂特兰有三十万人口，是当时世界上最繁华的城市之一。

阿兹特克人以务农为主，主要种植玉米、豆类、蔬菜、棉花和烟草。由于小岛的面积有限，他们在岛屿四周建了许多人工岛。他们先在湖面上打桩，然后扎上木筏，铺上河泥，最后在上面种植庄稼，这种人工岛是浮在湖面上的；或者在沼泽地带筑起挡土墙，在挡土墙间堆上许多芦苇作基础，再在芦苇上铺上湖底的沃土。人工岛的边缘和角落种有柳树，以防泥土流失。这些人工岛，阿兹特克人称为"查那巴斯"，欧洲人则形象地叫它"水上花园"。

阿兹特克人以擅长于城市建筑而著称，在设计和建筑首都特诺奇蒂特兰中充分反映出他们的聪明才智。他们在特斯科科湖畔定居不久，就开始建造都城，到 1487 年才正式竣工，前后用了二百余年的时间。他们先在岛的中央建起庙宇，以此为中心修筑两条南北、东西交叉的大道，大道将全城分为四个市区。他们在市区中心，也是全城制高点建筑了以神庙为主体的建筑群，其中有国王和贵族居住的许多房屋和宫殿。

阿兹特克国王居住的王宫令人叹为观止。宫殿四壁饰满羽蛇浮雕，栩栩如生。房间里到处挂满绚丽多彩的地毯和布帘，就连木柱子上都雕满了花鸟虫鱼。在国王就餐的大厅里，还有一扇金制的屏风挡在餐桌前，为的是不让朝臣看见国王进餐的样子。在王宫里，还有一座专供国王一人赏玩的庞大园林，里面饲养着

几乎所有中南美洲的野生动物，其中包括成群的獏、美洲豹和养在坛子里的响尾蛇。园林里栽种着来自各地的奇花异草。据说当时的国王蒙特祖马的生活非常奢侈，他住的宫殿有一百多间屋子，有一千多个服侍他的女奴，他每顿饭要吃三十多种菜肴。吃饭时，还有歌唱、舞蹈和杂技节目的表演。

特诺奇蒂特兰市中心最主要的建筑是神庙，在广场中心屹立着二十座大小不等的庙宇。这些庙宇被称作美洲金字塔。它们也用石块垒成，但造型与埃及金字塔不同，顶部不是尖的而是平的，四面均是等腰梯形。最大的一座金字塔是祭奉战神威齐波罗奇特利的，高约四十六米，占地约八千一百平方米。金字塔四面都有石砌台阶，从地面到塔顶共一百十四级。塔身分四层，每层都有“回”形平台把四面台阶连成一片。金字塔顶端的平台上建有两个庙堂，堂内有神像、祭台和祭器。阿兹特克人有以活人作为祭品的习惯。每次出征前和战争胜利归来，总要把人当祭品押上祭坛，用刀挖出心脏来敬献给战神。

阿兹特克人很重视自己的外表穿戴。男人们大多披挂宽大的斗篷和绶带，妇女则穿拖到地面的长袍。他们的衣服有棉布的，但大多数是用野鸡、鹦鹉和蜂鸟等珍贵鸟羽精心编缀起来的。鸟羽编织是古代美洲特有的工艺之一。阿兹特克人，不论男女都戴头饰、手镯、脚镯、耳环和鼻环。这些饰物一般都用金银和珠玉制成。金匠的工艺技术精湛，他们铸造的金鸟，头、舌和四肢都可以活动。他们还制作一种花边状的项圈，用珍珠、绿松石珠、红色小贝壳和小金珠串成项圈，每隔一段距离就用一个金环结起来，最外圈是一排二十四只小金铃。当人们集会的时候，便是一片金光银影，令人眼花缭乱。

每隔五天，阿兹特克人便来到城北的市场进行交易，这个市场常常聚集起三到五万人。人们携带着蜂蜜、香草、布匹、陶器和羽毛织物来这里，进行贸易。阿兹特克人没有货币，一般都是以实物交易，有时也用珍贵的可可豆和装满金粉的鹅毛杆进行交换。

阿兹特克人在文字上的发展，没有玛雅人那样成熟，仍使用绘画文字。但他们在医学方面却有相当成就。他们知道许多草药的用途，如用洋地黄治心脏病，用奎宁治疟疾，还能用一种草药制作麻醉剂，这在当时是很先进的。

1519 年，西班牙殖民者侵入特诺奇蒂特兰，并将它一把火烧毁。阿兹特克人成千上万被屠杀，阿兹特克文明的发展从此中断。以后，墨西哥人在特诺奇蒂特兰的废墟上建立起了墨西哥城。

80·印加帝国

在拉丁美洲安第斯山高原，有一块叫库斯科的谷地，海拔约有三千四百米，这里是印加文明的摇篮。从公元1000年至1534年，库斯科一直是印加帝国的首都，十六世纪印加帝国处于鼎盛时期，它的领土面积达到一百万平方公里，包括厄瓜多尔、秘鲁、玻利维亚以及智利和阿根廷的部分地区。

库斯科是高原城市，在印第安语中的原意就是“离太阳最近的城市”。有关库斯科的起源，印加人中流传着这样一个神话传说。

很久很久以前，创造之神比拉科查在的的喀喀湖心太阳岛上创造了一对青年男女，男的叫曼科·卡帕克，女的叫玛玛·奥柳，两个人互生情意，终成眷属。创造神传授给他们各种技艺，赐给他们神奇的金杖，并告诉他们四处寻找金杖沉没之地，然后在那儿定居。这对年轻人遵照神的指示，带着金杖，浪迹天涯。有一天，他们来到了库斯科盆地，像往常一样将金杖插入地里，顷刻之间，金杖消失得无影无踪，他们终于找到了神灵指引的地方，于是便在这里安居乐业，生息繁衍，建立起库斯科城。曼科·卡帕克成了第一个印加国王。此后，历代印加帝王不断兴建，库斯科规模不断扩大，名扬天下，被印加人视为神圣之地。

城内最大的宗教中心是科里坎查太阳神庙，印加人最崇拜太阳神，他们认为自己是太阳的儿女。太阳神庙是一座长七十米、宽六十米的长方形建筑物，四周建有王宫和祭司的官邸。整个庙宇用精心修整的、平坦而巨大的石板砌成，为了让空气流通，屋顶造得很高。大殿的四周墙壁从上到下全部镶上厚厚的纯金片，所以这座神庙得名“金宫”。在神庙正面墙壁上有太阳神像，它是个绘有男子脸形、周围放射出光芒的用黄金制成的圆盘。它面朝东方，在受到初升的太阳光直接照射时，就放射出万道金光。在太阳神像的左右两侧，按照古代习俗在金御椅上供奉着历代印加王的木乃伊，远远望去，它们就像真人。大殿中央置有一个华丽的御椅，举行典礼时，印加王便坐在御椅上。印加帝王在这里以太阳神的化身自居，向全国发号施令，从而把全体印第安人凝聚在一起。

太阳神庙的附近建有五座正方形的小神庙，分别供奉众星神、雷神和闪电神等。这些神庙的墙壁也都是用金银宝石装饰的。

太阳神庙的西部有一座献给太阳神的“黄金花园”，园中的花草树木、飞禽走兽全都是用黄金白银制成，甚至有一片用金银制成的玉米田。玉米的叶、穗、茎用白银铸成，而玉米穗的须则用黄金丝制成，它们被焊接在一起。一位西班牙参观者描写道：“黄金花园里的植物，完全按照自然大小和姿态制作，带有叶子、花和果实，有的正在吐蕾，有的花半开，有的盛开了。花园中金银制的小鸟栖于林梢鸣叫，蝴蝶和蜜蜂在花丛中采蜜……各种动物形象栩栩如生，使人真假难辨。”相传西班牙殖民者进入花园后，信以为真，直到用手采摘花朵时才发觉全是黄金和白银制品。

印加人除了修建宏伟的宫殿和神庙外，还以首都为中心，建设了通往全国的道路网，有两条主要道路，一条沿太平洋由北向南而行，全长五千六百公里，另一条由西向东从太平洋岸边通到高原地区，全长四千公里。这两条大道贯穿了整个国境，沿途还修了不少支线。这些道路宽达五到八米，逢山筑隧道，遇水架桥梁，遇到河面较宽时，则利用“吊桥”或渡船。路面平坦坚固，还有专人负责养护路面。

为了快速传达信息，印加王拥有一支信使兵团，信使兵团的工作是跑步快速传递信息。沿路每隔两三公里便设有一个驿站。信使到达一个驿站前先用海螺鸣号告知，驿站闻讯后准备另一个信使接替跑步送信。这种传递信息的体系很有效，每天能传二百五十公里。

印加人没有创造出文字，他们发明了被称为“基普”的结绳记事法。他们在一条主绳上系上很多小绳，以绳上打结的多少来表明数字，用颜色和长度的不同来记事。

印加是世界农业文明的创造地之一。在安第斯山上修有层层梯田，筑有长长的引水渠槽。他们使用青铜制造刀、镰和锄等农具，还懂得使用羊粪和鸟粪作肥料，以提高农业产量。印加农民培植了四十多种农作物，如玉米、花生、木瓜、番茄、马铃薯等，对世界农业的发展有着巨大的贡献。

像阿兹特克一样，印加帝国在 1500 年发展到鼎盛期。但是他们在殖民者的洋枪火炮攻击下，不堪一击，不到四十年两大帝国都落入西班牙殖民者手中，这不能不说是一个历史的悲剧。

81・哥伦布发现新大陆

“啊！看见海岛了。”一位水手突然激动地大叫起来。大家兴奋地拥到船前的甲板上。哥伦布立刻双膝跪下，感谢上帝。他让船队朝海岛驶去，但船队行驶了几个小时也没有看到什么海岛，他们先前目睹的所谓海岛只不过是地平线上一缕和陆地相似的云彩。

水手们再也忍不住了，满腔的怨气一下子都爆发出来。他们吵吵嚷嚷地围住哥伦布，有的甚至嚎啕大哭：“海军上将先生，我们在海上航行两个多月了，陆地在哪里啊！”

“你究竟要把我们带到哪里去啊？我们还有老婆孩子，不想死在海上，现在就回家去。”

水手们愤怒地嚷嚷着。他们觉得，越往西越离家乡远了，说不定再也回不了西班牙。有人提出，要是哥伦布不立即返航，就把他扔进海里。

这时，哥伦布虽然忧心忡忡，但向西航行的信念仍然坚定不移。他平静地向大伙讲西航的种种好处，并保证说：“希望你们能相信我，三天之后我们必定能到达陆地。那时，我会加倍付给你们工资。”

克里斯托夫・哥伦布，1451年出生在意大利海滨城市热那亚，是一位纺织匠的大儿子。当时的热那亚是一个航海业兴盛的城邦，来往船只很多，哥伦布从小就对航海产生了浓厚的兴趣，学到了不少航海知识，还学会了绘制海图。十八岁时，他成了一名水手，到过英国、几内亚和冰岛等地。一个偶然的机会，他读到了《马可・波罗游记》，从此他认为东方是“充满黄金和财富”的天堂。因此，他渴望到东方去寻找黄金和财富。

当时，地理学家托斯堪内里提出了地圆说，认为从欧洲向西航行可以到达亚洲。哥伦布对此深信不疑。他根据托斯堪内里的原理，绘制了一张地图，把印度画在了美洲的位置上，认为欧洲西海岸到印度大陆不过五千英里。

为了实现横渡大西洋远航亚洲的计划，哥伦布不断地游说各国给予支持，最终西班牙王后伊莎贝拉答应资助他，给了他一笔钱。

经过半年的准备，1492 年 8 月 3 日拂晓，刚被封为海军上将的哥伦布率领船队，从西班牙南端的帕洛斯港扬帆出发了。这是一支由八十七人分乘三艘木帆船的船队，其中的“平塔”号和“尼雅”号较小，“圣玛丽亚”号最大，它长约二十米，宽约六米，排水量一百三十吨。哥伦布就是站在这条船的甲板上指挥航行的。

现在，哥伦布刚平息了众人的怒火。第二天，即 10 月 11 日，就看见海水里漂浮着一些带有树叶的树枝，还看见一群候鸟飞过，这说明离陆地不远了。当晚，水手们又发现远处的海面上有亮点在闪烁，他们认为那可能是灯光。人们迫切地希望能找到陆地。

船队破浪前进。10 月 12 日清晨两点钟，一个水手从“平塔”号的桅杆上首先发现了陆地。他高声大叫：“陆地！陆地！”这时，船上的人对天放炮，把发现陆地的好消息通知另外两艘船。水手们欣喜若狂，欢呼雀跃，兴奋得不能入睡，都站在船头等待着黎明的到来。

天亮后，船队靠上了一座小岛。哥伦布带领船员们，踏上了出海七十天来第一次遇到的陆地。上岸以后，大家高兴得泪流满面，跪在地上，抚摸着土地。哥伦布把这个岛命名为圣萨尔瓦多岛，意为“救世主岛”，它就是现在加勒比海上的巴哈马群岛中的华特林岛。

这时，船员们周围聚集起了许多土著居民，他们身体半裸，脸上涂着油彩，头上插着鲜艳的羽毛。土著人用警惕的目光注视着这些白种人。哥伦布吩咐水手们把身上的玻璃项链取下套在土著人的颈上。土著居民一见他们并无恶意，就取来了淡水和食物。哥伦布认定土著人是印度人，于是称他们为“印第安人”，也就是印度人的意思。这个错误的名称一直沿用到现在。

第二天，哥伦布带领众人在岛上转了一圈，他们在岛上并没有找到香料和黄金。于是，他雇佣了当地的六名居民做向导，于 10 月 14 日离开圣萨尔瓦多岛，向西南继续航行。不多几天，船队到达了巴哈马群岛中最大的古巴岛。哥伦布在这里看到了欧洲人从未见过的玉米、马铃薯、烟草等，他将这些植物的种子带回西班牙，后来传播到全世界。

哥伦布饶有兴致地探索着岛上的一切，他尤其关心的是能否找到黄金。可是，他万万没有料到，一场灾难正等待着他。

10 月 25 日，“圣玛丽亚”号猛地一震，“不好！”水手们惊叫起来，原来船触礁了，再也无法航行。哥伦布只好决定返航。他在岛上留下三十九名水手，为他们扎好营房，并留够一年的食物。1493年初，哥伦布和剩余的水手驾着幸存的两艘小船返航。途中，他们遭到了飓风的袭击，但是船只却奇迹般地挺了过来，海浪把哥伦布一行送到欧洲海岸。

1493年3月15日，哥伦布的船队回到了西班牙。帕洛斯港人声鼎沸，鼓乐齐鸣，人们簇拥在街道两旁，欢迎哥伦布的归来。

哥伦布的前面走着几个印第安人，他们头上插着羽毛，身上佩戴着鱼骨和金属片做成的装饰品。接着是水手们抬着的各种奇异的植物，手里还提着装在笼子里的鹦鹉。哥伦布走在队伍的最后，在鼓乐声中向群众招手致意。这是哥伦布一生中最得意的时刻。当他来到王宫，在国王和王后面前跪下时，国王和王后立刻让他坐在他们旁边，并让人把他的酒杯斟得满满的。

后来，哥伦布又三次出海航行，又发现了加勒比海地区所有的重要岛屿，他还到过中、南美洲的一些海岸。只是，他的几次远航都没能找到梦寐以求的黄金。他后来渐渐受到人们的冷落，并且身染重病，卧床不起。1506年5月20日，哥伦布在极度失意中离开了人世。

令人遗憾的是，哥伦布至死都认为他到达的是印度，他见过的土著人是印度人。后来，意大利航海家亚美利哥仔细考证后指出，哥伦布到的不是印度，而是欧洲人从未见过的一块新大陆。于是，这块新大陆就以他的名字来命名，叫“亚美利加洲”，即美洲。

哥伦布在人类历史上首次完成了横渡大西洋的航行，为以后全部发现美洲大陆奠定了基础，也为麦哲伦环球航行提供了必不可少的资料，他的功绩是永远值得人们纪念的。

82 · 人类的首次环球航行

十五世纪末，西方航海家进行了一次又一次的远航探险，一个重要目的，就是想寻找一条能够顺利到达“东方香料群岛”的新商路。1498年，达·伽马由非洲南端到达印度之后，各国对东方的贸易竞争达到了高潮。1505年，葡萄牙派遣一支船队到东印度群岛建立贸易区。随船去的，有一位二十四岁的年轻葡萄牙士兵，他就是麦哲伦。

麦哲伦是葡萄牙人，当他看到一些人从东方发财回来，非常羡慕，也想到东方去碰运气。

他在东方参加了多次殖民地战争，曾三次负伤，成了跛子。麦哲伦在葡属东印度群岛一呆就是八年，这既增长了他的航海知识，又使他认识到，美洲西面的大洋就是亚洲东面的大洋。他相信地球是圆的，向西航行也一定能到达香料群岛(在今印度尼西亚)。因此，他决定进行一次环球航行。

麦哲伦兴奋地向葡萄牙国王提出自己与众不同的设想，希望国王支持他的向西航行计划。可是，葡萄牙国王拒绝了他的请求。麦哲伦转而去请求西班牙的国王。他向国王呈献了绘制得非常详细的彩色地球仪，上面标明拟定的航线。西班牙国王急于在同葡萄牙的竞争中取胜，于是批准了他的航海计划，让他着手组织一支船队，准备出航。

1519年9月20日，在西班牙塞维利亚城的外港，一支船队扬帆起航。这支船队由五条大船、二百六十五人组成。每条船都装着各种商品，还装备了火枪火炮。

船队离开西班牙后，在茫茫的大西洋中航行，一直向西走了整整七十天，11月29日到达巴西。他们沿着巴西海岸向南行驶，寻找通往“大南海”(太平洋早先的称呼)的海峡。

第二年的3月底，船队到达阿根廷的南部。船员们疲惫不堪，加上这时寒风逼人，风雪交加，麦哲伦下令在此抛锚过冬。

船员们离开阳光明媚的西班牙有半年多了，已经筋疲力尽。停泊期间，多次寻找通往“大南海”的海峡都没有成功。面对这荒无人烟的土地，天寒地冻，粮食越来越少，船员中灰心、失望和不满的情绪日益增长，结果几个船长联合起来发动了叛乱。他们控制了三条船，坚决不服从麦哲伦的指挥，并勒令麦哲伦前来谈判，这时形势十分危急。

但麦哲伦却镇定自若。为了迷惑叛乱者，他派人送去一封信给叛乱者，表示愿意谈判，与此同时他又组成一个十五人的武装小分队，伺机行动。当一个叛乱船长态度傲慢地阅读麦哲伦的来信时，送信者突然拔出暗藏的短剑刺进了他的咽喉，武装小分队迅速夺回了这三条船。一场叛乱很快平息了。

在圣胡利安港过冬的日子里，麦哲伦曾派一艘船向南探路，不幸被浮冰撞碎沉没了，船只剩四艘了。

到了 1520 年 8 月，位于南半球的圣胡利安港进入早春时节，冰雪消融，船队继续向南航行。

船队向南航行了两个月后，到达南纬五十二度的地方，驶入了一个宽阔的海口。为了弄清航路，麦哲伦派两艘船去探测。到了第八天，突然听到“轰！”“轰！”的鸣炮声，原来，探测船沿着海口向前行驶了两天，发现水是咸的，而不是淡水，由此推断这里一定是海峡。探测船便返航鸣炮，向大家报告这一令人振奋的消息。

海峡通道忽宽忽窄，曲折难行。为航行安全，麦哲伦派出一条船去探路，可是再次发生意外，有人囚禁了船长，驾船掉头逃回了西班牙。现在，麦哲伦的船队只剩下三条船了。

这三条船在漫长的海峡中走了二十八天，直到 11 月 28 日，终于发现了海峡的西口。当浩瀚无边的“大南海”出现在眼前的时候，船员们在甲板上欢呼、跳跃：“大南海，我们终于见到你了！”

一向沉稳的麦哲伦竟抑制不住内心的激动，流出了眼泪。人们为了纪念麦哲伦的功绩，后来就把这条海峡命名为麦哲伦海峡。它在南美洲的南端。

麦哲伦知道，到了这儿，只实现了他计划的一部分。他最终的目的，是要通过这条航线到达东方的“香料群岛”，再回到西班牙，那才算是完成这次远航的任务呢。于是他下令船队向西北航行。

船队在“大南海”航行了三个月零二十天，一直是风平浪静，太平无事，所以，他们就把这个大海洋命名为太平洋。

虽然没有狂风暴雨、惊涛骇浪威胁船队，但是饥饿和疾病却夺走了不少海员的生命。在太平洋航行的日子里，粮食吃光了，淡水没有了，人们只好饮用变质的淡水，吃皮带、老鼠甚至木屑充饥。因为吃不到新鲜的蔬菜，很多人得了坏血病，牙床肿胀，有十九人因此而死亡。但麦哲伦仍然很坚定，他要继续前进。

船队终于到达了菲律宾群岛。麦哲伦在岛上竖起十字架，宣布这里归西班牙国王所有。他还以西班牙王子菲利普的名字命名，这就是今天菲律宾地名的由来。

在这里，麦哲伦见到了中国和阿拉伯的船只，知道终于到了他梦寐以求的亚洲。麦哲伦欣喜若狂。他想在这里建立殖民地，为此，他在菲律宾群岛插手了当地两个部落的战斗。在帮助其中一个部落进攻另一个部落的时候，麦哲伦被当地人杀死了。

麦哲伦的助手卡诺带领剩下的两条船、一百十三人逃离了这个群岛。他们漂向东南，到达了他们日思夜想的目的地——香料群岛(又称摩鹿加群岛)。他们用低价换取了大批香料，装了满满的两船，然后穿越马六甲海峡，经过印度洋向西航行。

但在回国途中，他们又被葡萄牙海军抢走一条船。1522 年 9 月 6 日，这些绕地球一周的人们回到西班牙的塞维利亚港时，只剩下一条船和十八名海员了。

麦哲伦的壮举轰动了整个欧洲。地理学上千百年来争论不休的问题迎刃而解了。既然一艘船从西班牙出发，一直向西航行，最后又回到了西班牙，这就雄辩地证明：地球是一个由海洋环抱的圆球。

83 · 但丁和《神曲》

十四世纪初,欧洲进入文艺复兴时代,这是一场新兴的资产阶级思想文化运动。它的中心,最初在意大利,后来扩及德国、英国、法国、西班牙等地。文艺复兴的概念最初是意大利的艺术家们提出来的,意思是主张复兴古希腊、古罗马时期的古典文化。其实它并不是单纯的复古,而是反封建的新文化的创造。

文艺复兴运动以人文主义为思想核心。它以人为中心,主张人的尊严和价值。它歌颂爱情,要求个性解放,发展个人才智,提倡冒险精神。它提倡人性,反对神性;提倡人权,反对神权。总之,人文主义反映了新兴的资产阶级的要求。

但丁就是早期意大利文艺复兴的杰出代表人物。他的长诗《神曲》,无情地批判了中世纪封建社会的种种罪恶,表达了人类对理想世界的追求,使人们看到了新思想文化的一缕曙光。恩格斯称赞他是中世纪的最后一位诗人,同时又是新时代的最初一位诗人。

但丁于 1265 年诞生于意大利最大的手工业、商业城市佛罗伦萨。他是古罗马人的后裔,曾祖父参加过第二次十字军东征,立下战功,受封为骑士。后来家道中落,到他父亲时,已沦为普通市民,他的父亲是法庭的文书。

但丁的少年时代在故乡度过。他很早就开始学习拉丁文、诗学、修辞学和古典文学作品。青年时代的但丁更是博览群书,多才多艺,对各门学科都有很深的研究。他特别推崇古罗马诗人维吉尔,把维吉尔当做自己的精神导师。

在但丁的一生中,有两件事对他的影响最大。第一件是爱情。青少年时代的但丁,曾热烈地爱慕着一个名叫贝娅特丽齐的少女。

但丁与贝娅特丽齐的第一次相遇是在 1274 年。那年春天,九岁的但丁跟着父亲去贝娅特丽齐家赴宴,第一次见到了同是九岁的贝娅特丽齐。她容貌清秀,仪态端庄,身着红衣,谈吐不凡。但丁一见面就喜欢上了这个女孩。随着年龄的增长,但丁一直把贝娅特丽齐当做自己的爱慕对象。

九年后,但丁又一次在街上意外地碰到了她。那天,十八岁的贝娅特丽齐穿着雪白的衣服,高贵而端庄,与两位女友正在逛街。但丁有些不知所措,站在边

上忘了打招呼。倒是贝娅特丽齐微微一笑，大方地向但丁致意，还热情地向他施了一礼。诗人非常激动，觉得自己已到天堂的边际了。此后，他们两人再未相见，但是但丁已深深地陷入对贝娅特丽齐的思念之中。

后来，二十一岁的贝娅特丽齐与一个银行家结婚。不幸的是，1290 年贝娅特丽齐就因病去世了，死时才二十四岁。对贝娅特丽齐的死，但丁悲痛万分，感到一切都失去了生气。一年后，但丁写诗赞美贝娅特丽齐，抒发自己对她真挚的爱恋之情，寄托自己的哀思。这部诗集取名为《新生》。诗人在诗中说贝娅特丽齐就是“爱情的化身”。她有“说不尽的温柔，说不尽的高雅”，她的光辉“竟使天上增加了荣耀”。但丁在《新生》一书中发誓，要创作一部绝世之作。诗人后来在伟大的长诗《神曲》中，实现了自己的诺言。在《神曲》中，贝娅特丽齐成为但丁游历天堂的引路人。

对但丁影响巨大的第二件事，是他积极投身于佛罗伦萨的政治斗争。

1300 年，但丁作为医药行会的代表，参加佛罗伦萨最高行政会议，当选为六名行政官之一，任期两个月。当时的意大利正处于分裂状态，而佛罗伦萨又是政治斗争激烈的城市。城里的政治势力分为黑白两党。黑党代表的是贵族的利益，支持教皇；白党代表商人利益，反对教皇。但丁坚决地站在白党一方，反对教皇拥有世俗权力，这使教皇大为恼怒。但丁期满卸任后，黑党当政。黑党对但丁大肆迫害，竟将他终身流放，永远不许回佛罗伦萨。

但丁从此开始流亡生活。其间，他周游意大利各地，访友讲学，熟悉了社会各阶层，丰富了人生阅历，加深了对国家面临的社会政治问题的认识。1304 年，但丁意识到返回家乡的希望已不存在，便决心著书立说。晚年的但丁，定居于古城拉韦纳，并受到拉韦纳统治者的保护和支持。在拉韦纳，但丁生活安定，他把绝大部分精力用于《神曲》的创作。

《神曲》不是用拉丁语，而是用意大利方言撰写而成。“神曲”的意大利语原意是“神圣的喜剧”。《神曲》全长一万四千多行，分为《地狱篇》、《炼狱篇》、《天堂篇》三部分。每篇三十三歌，加上序曲，共一百歌。

在我人生旅程的中途，
我从一座幽暗的林中醒来，

我在里面迷失了正确的道路。

全诗以中世纪文学特有的幻游形式开始，叙述但丁在“人生的中途”所做的一个梦。在梦中，但丁在一个黑暗的森林中迷了路。黎明时分，他沐浴着阳光朝山顶攀登。突然，在他的面前出现了三头猛兽——豺、狮、狼。诗人惊慌呼救，这时出现了古罗马诗人维吉尔，他受但丁情人贝娅特丽齐的委托，前来搭救但丁。

但丁在维吉尔的带领下游历了地狱和炼狱，地狱共九层，上宽下窄，像一个大漏斗。地狱阴森恐怖，凄惨万分，凡生前做过坏事的人的灵魂都被罚在地狱中受刑，并根据罪孽的大小安排在不同的层次，罪孽越重，越在下层，所受的刑也越重。例如，但丁把迫害过他的教皇安排在第八层地狱，让他头朝下地埋在地洞中。

炼狱里的灵魂罪孽较轻。炼狱是一座浮在海上的山，也分为七层。生前犯有罪过、但可以得到宽恕的灵魂，在那里忏悔罪过、断除孽根后，他们可以升入天堂。

在炼狱山顶上的地上乐园，维吉尔隐退，贝娅特丽齐来到诗人身边，引导他游历天堂。天堂庄严光辉，充满欢乐和爱，住着生前正直行善的人。天堂也分为九重。九重之上是上帝的天府，天府是上帝和天使们的住所，充满着光芒和爱，这里才是人类的理想境界。

《神曲》虽然描写的是梦幻世界，却是现实的反映。一行行优美的诗句，无不带有诗人强烈的爱憎情感。地狱是现实的社会，披着宗教外衣的教皇、教士干着不可告人的卑鄙勾当，使世界陷入悲惨的境地。天国是人们争取实现的理想境地。炼狱是从地狱到天堂的必经之路，那里充满苦难，但有光明的未来。

1321 年，《神曲》的最后一篇《天堂篇》脱稿不久，但丁不幸染上疟疾，于同年 9 月 14 日逝世于拉韦纳。拉韦纳人民隆重地安葬了但丁。

几百年以后，佛罗伦萨终于想起了自己的伟大诗人，佛罗伦萨人想把但丁的遗骨迁回去，但迁葬一事遭到了拉韦纳人民的坚决反对。他们认为但丁是属于他们的。拉韦纳人民毫不客气地对佛罗伦萨人说：“诗人活着的时候，你们拒之门外；诗人死了，你们却要迎回他的遗骨！”因此，诗人的遗骨至今仍然安葬在拉韦纳。

84·薄伽丘与《十日谈》

薄伽丘是意大利文艺复兴的先驱，与但丁、彼特拉克(意大利诗人，著有大量的十四行抒情诗)并称为文艺复兴时代的三大文豪。

薄伽丘的父亲是意大利佛罗伦萨的一个富商，母亲是法国人。1313 年薄伽丘出生在法国，不久，母亲就去世了，父亲把他带回佛罗伦萨，由继母抚养。家境的富裕，使薄伽丘受到了良好的教育。薄伽丘从小就喜爱文学，特别是和诗歌结下了不解之缘。他七岁的时候，就能随口说出儿歌似的小诗，被小伙伴们称为“诗人”。

十四岁时，父亲把他送到那不勒斯学习经商，当推销员。但是薄伽丘酷爱读书，对推销商品毫无兴趣。“这个小淘气，”父亲抱怨道，“买的书比他卖的货要多。”

薄伽丘不仅熟悉文学作品，也熟悉生活。他喜欢与书籍为伴，也喜欢与女孩子在一起。至于薄伽丘家的生意，“让我爸爸去料理吧——他的血管里流着金黄色的液体，我的血可是红的。”

父亲没有能把儿子培养成商人，失望之余，决心让他成为律师，便把他送进那不勒斯大学。薄伽丘对法律课程感到厌烦。当时，学校里大多数学生，在但丁的影响下，都在探讨地狱、炼狱和天堂的奥秘。在这三门课程外，薄伽丘还加了一门功课——探索人间的奥秘。

这时的那不勒斯国王是一位开明君主，他的宫廷里聚集着一大批文人学者，著名诗人彼特拉克也是宫廷的座上客。薄伽丘有机会参加宫廷的社交活动，结识了许多文人学者，扩大了文化方面的见识，特别是他与彼特拉克志同道合，情谊深厚。

在那不勒斯，薄伽丘开始了他的文学创作活动。同时，他又狂热地爱上了罗伯特国王的私生女玛丽亚。这一段浪漫生活，在他后来的创作中留下了深深的痕迹。他给玛丽亚起了个富有诗意的名字：菲亚美达(意为小小的火焰)。薄伽丘写了一部以她的名字命名的小说；在《十日谈》里，有一个主人公也用了她的名字。

1348 年到 1353 年,薄伽丘完成了他最出色的作品《十日谈》,这是一部短篇小说集。它故事生动有趣,情节离奇,充满了人文主义的精神。

《十日谈》的书名有什么来历呢?

原来,在 1348 年,一场可怕的鼠疫降临到佛罗伦萨,城内十室九空。在一个夏日的黄昏,城里的七个少女到教堂去祈祷,她们又碰到三个男青年。这三男七女决定离开这恐怖的城市,一起到郊外一处风景优美的别墅避难。他们在乡间终日闲暇无事,为了消遣时光和排忧解闷,除了欢宴歌舞、欣赏风景之外,便是讲故事,每人每天轮流讲一个故事,十天之内,总共讲了一百个故事,故名《十日谈》。

《十日谈》里的故事,像《天方夜谭》那样,取材于许多国家的民间故事。但是薄伽丘把这些故事情节移到意大利,注入了新的人文主义血液,增加了生活的气息。《十日谈》是欧洲的第一部现实主义小说,它嘲笑了教会的丑恶,歌颂了爱情的真诚,赞扬了人们对幸福生活的追求。

其中有一个这样的故事。

有一个国王想勾引一个女人。他急于想得到这个女人,于是就把她的丈夫送到十字军里,而且,不经邀请就到她家里来吃饭。

女主人无法违背国王的命令,又不愿屈服于他的淫威,就准备了一桌全鸡宴。摆在桌上的鸡,每一只都用不同的方法烹调。当国王看到满桌的鸡,没有其他菜时,感到很诧异:“夫人,你们这里除了鸡就没有别的食品了吗?”

“有的,陛下。但是天下的女人,也像鸡一样,尽管穿着不同的衣服,其实都是一样的。”

国王明白了她的意思,立刻回到了自己妻子的身旁。

还有一个犹太人亚伯拉罕的故事。

有个商人叫亚伯拉罕,他诚实可靠。亚伯拉罕是犹太教徒,他的朋友杨诺想让他改信基督教。杨诺对亚伯拉罕说,只有信基督教,死了以后才不会下地狱受罪。亚伯拉罕表示,他只信仰自己的宗教,不愿意改变信仰。

几天后,杨诺又来劝说亚伯拉罕改信基督教。亚伯拉罕经不起好朋友的相劝,同意改变信仰,做个基督教徒。

“但是在这以前,”亚伯拉罕说,“我要到罗马去一趟,去见见教皇和红衣主教，看看他们的作风。如果他们的所作所为，比犹太教神圣和高明，我就改信基督教。否则，我还是信奉我的犹太教。”

杨诺听了，十分不安。“我算是前功尽弃了。”他自言自语道，“如果亚伯拉罕到了罗马，看到教士们的种种罪恶，他不仅不肯做基督徒，即使是个基督徒，也要改信犹太教了。”

所以，杨诺就劝他不要去罗马，说是路途遥远，要花不少钱，但亚伯拉罕决心已定。

亚伯拉罕骑马来到罗马，开始观察教皇和红衣主教们的言行，也仔细地了解教士们的日常生活。他惊奇地发现，教会里的人，上上下下都在干坏事。他们搜刮钱财，敲诈勒索，买卖人口，迷恋美色，无恶不作。“他们不仅拿普通人的血做交易，甚至也拿基督徒的血做交易。”亚伯拉罕看清了基督教会的黑幕后，就回到家乡。

合乎逻辑的结尾应该是这犹太人从此远离基督教。但是，薄伽丘最后来了个惊人之笔，把一则故事变成了一篇杰作。

亚伯拉罕对他的朋友说：“我要成为基督徒！”

他解释说：“因为，既然教士们这样地败坏基督教，想使基督教信誉扫地，但是事实上基督教却发展得很迅速，这就不难看出，是上帝把基督教作为最神圣的一种宗教在加以保护的。”

《十日谈》问世以后，受到封建教会的极端仇视。教会还时常派人上门去辱骂和威胁薄伽丘。有一次，他愤怒极了，甚至想把所有的著作，包括《十日谈》全部烧毁，幸好他的朋友彼特拉克苦苦相劝，《十日谈》才得以留存至今。1374 年，彼特拉克去世，薄伽丘非常悲痛，忧郁成疾。第二年，这位文学大师也与世长辞了。

85 · 蒙娜丽莎的微笑

在法国巴黎罗浮宫博物馆里，经常有成群的人簇拥着，观赏一幅少妇的肖像画。她那优美、端庄，发自内心的微笑，猛然看去，给人一种柔和和温馨的感觉；当你一看再看，走近画像仔细瞧时，又觉得她的微笑是那样的神秘和深邃。长期以来，这幅肖像画一直以一种不可思议的力量，抓住了观众的心，使人浮想联翩。它就是文艺复兴时期的著名画家达 · 芬奇的杰作《蒙娜丽莎》。

1452 年，达 · 芬奇出生在意大利佛罗伦萨附近的一个小镇上。达 · 芬奇的父亲是当地有名的律师。优越的家庭环境，使达 · 芬奇从小接受了良好的教育。

达 · 芬奇勤奋好学，善于思考。父亲希望他成为一个学识渊博的律师，但是，达 · 芬奇特别爱好绘画，时常到街上去写生，邻居们都称赞他是小画家。十四岁那一年，全家来到了佛罗伦萨。在达 · 芬奇的一再央求下，父亲把他送到一个艺术工场去学艺。他的老师就是这个艺术工场的著名画家和雕塑家维罗基奥。

起初，老师只让他学画鸡蛋。达 · 芬奇按照要求，每天对着鸡蛋画，画了一天又一天，他有些不耐烦了。他问老师："为什么老是画鸡蛋呢？"

维罗基奥告诉他："画蛋可不简单呀，在一千个鸡蛋中，没有两个形状完全相同；即使是同一个鸡蛋，如果变换一个角度，或者照射的光线不同，它的形状也不同了。这是绘画的基本功，这可以训练手和笔，让它们熟练地服从大脑的指挥。"

达 · 芬奇豁然开朗。从此，他刻苦练习绘画的基本功，绘画技巧突飞猛进。

不久，维罗基奥接受市政厅的委托，要完成一幅《基督受洗》的油画。在画两个天使时，他对天使的造型犹豫不决。

这时，达 · 芬奇走了上来，要求试一下。结果他把画面上的天使画得充满了灵性。作品拿出去展出时，人们一致认为这是维罗基奥画过的最好的人物造型，维罗基奥非常惭愧。据说，从此以后维罗基奥放弃绘画，只是专心搞他的雕塑去了。

终于，达 · 芬奇结束了十年的学徒生活。强烈的求知欲望，驱使他对几何、物理、化学、天文、生物学都产生了浓厚的兴趣。他白天在野外观察写生，晚上在灯下埋头读书学习。一次，达·芬奇为了了解人体，特意买下一具尸体。在地下室微弱的灯光下，他一边解剖，一边做笔记。

1495年，达·芬奇为米兰的一个修道院制作壁画《最后的晚餐》。这是取材于《圣经》的一个故事。画面讲述的是，耶稣在餐桌上，对他的十二个门徒说："你们中间有一个人出卖了我。"话音刚落，全场震惊。餐桌上坐着的十二个门徒，有的大惊失色，有的义愤填膺，有的感到绝望，有的则想为自己申辩。只有一个门徒神情紧张，身体后仰，右手紧握着钱袋。他就是收受统治者三十块银币后，将耶稣出卖的叛徒犹大。在犹大的背后，是黑暗的阴影。而在耶稣的背后，却是开启的窗户，一片阳光照射进来。犹大的卑劣形象与耶稣的庄严、肃穆、泰然自若的神情，形成了强烈的对比。达·芬奇对邪恶的憎恨和对真理的赞美，在这幅名画中表达得淋漓尽致。

在创作《最后的晚餐》的过程中，达·芬奇通常在拂晓时分就来到修道院，爬上脚手架，在墙壁上辛勤地作画，直到暮色降临才停止一天的工作。他的绘画速度很慢，常常要对前一天画好的部分不断地进行修改。为了寻找可供参考的模特，他有时几天不能动手。修道院副院长以为他工作拖拉，便去向米兰大公告状。当大公找达·芬奇问话时，他回答说："这幅画还有两个头像没有画好，一个是耶稣，很难从人间找到这样神圣的仪容来做模特儿；另一个就是犹大，他的叛徒嘴脸很难表现。如果副院长催得太急的话，我只好照他那副尊容来画了。"

大公听了哈哈大笑，并没有责备他。就这样，这幅画整整画了四年才最终完成，现在，这幅画还在那家修道院的墙上。

1503年，达·芬奇开始创作《蒙娜丽莎》。这是一幅人物肖像画。蒙娜丽莎是佛罗伦萨一位富商的妻子，也是达·芬奇的好友。达·芬奇刚开始为她画像时，她年仅二十四岁。据说，在这之前不久，蒙娜丽莎心爱的女儿刚刚夭折，因此她整天闷闷不乐。为了让模特能微微一笑，画家一边为她画像，一边请人在她身边奏乐，或雇小丑在她旁边表演，想方设法地引出女模特发自内心的微笑。这微笑似乎在她脸上一掠而过，既显示了她内心的激动，又没有失去安详的表情。画家画出了蒙娜丽莎内心深处微妙的心理活动。

《蒙娜丽莎》是达·芬奇最喜爱的作品，一直把它留在自己身边。直到他

去世后,法国国王弗朗西斯一世花了一万二千里弗(法国金币名),才从达·芬奇弟子那儿买下它,从此被收藏在法国的艺术宫殿罗浮宫中。

达·芬奇的晚年,在米兰工作了十七年,后又到过威尼斯和罗马。最后他在法国定居,成为法国国王的宫廷画师。

晚年的达·芬奇把自己一生在科学和绘画上的经验,加以整理,写成了五千多页的手稿。这些手稿几乎涉及了当时所有的学科,简直就像一座巨大的宫殿。

1518年,达·芬奇的右手不听使唤了,他的身体越来越虚弱,这是他长期劳累的结果。此时的达·芬奇只能在床上仰卧了。1519年5月2日,达·芬奇在法国与世长辞,终年六十七岁。

86 ·“画圣”拉斐尔

走进德国德累斯顿美术馆，人们可以看到一幅文艺复兴时期的名画，它叫《西斯廷圣母》。画中的圣母是那样的纯洁端庄，充满慈爱，仿佛正从天堂向人间走来。参观的人们都在这幅画前驻足不前，流连忘返。这是举世闻名的意大利文艺复兴时期的画家拉斐尔的代表作。

拉斐尔与达·芬奇、米开朗琪罗，被誉为意大利文艺复兴时期的“三杰”。但是这三位大师的艺术风格却各具特色。有人形象地比喻说，达·芬奇的作品犹如深深的海洋，米开朗琪罗的创作就像险峻的高山，而拉斐尔的手笔仿佛是明朗开阔的原野。

拉斐尔于 1483 年出生于意大利中部一个叫乌尔比诺的城市。他的父亲是一位宫廷画师，在当地小有名气。父亲成了拉斐尔的启蒙老师。拉斐尔的幼年是不幸的，当他年仅八岁时，母亲就去世了；十一岁时，他又失去亲爱的父亲。好心的乌尔比诺公爵夫人收养了他。

1500 年，拉斐尔来到培鲁基诺的画坊，向著名画家培鲁基诺学习绘画。拉斐尔在画坊受到严格的训练，不仅学习放大草图、素描构图等绘画技巧，而且还学习透视学、解剖学、建筑学、文学和哲学等各方面的知识。由于他善于学习，有很强的模仿能力，他的习作跟老师的作品达到了真假难分的程度。如果不署名，他的作品常常被人们认为是培鲁基诺的作品。

拉斐尔二十一岁时，来到了佛罗伦萨。在这座文化名城里，居住着意大利的艺术大师，到处都留下了巨匠们的传世杰作。乔托(意大利文艺复兴时期画家和建筑师)的钟楼高高耸立，基培尔提(佛罗伦萨著名雕塑家)的青铜门浮雕闪闪放光，米开朗琪罗的《大卫》雕像已矗立在市政厅广场上，而达·芬奇的杰作《蒙娜丽莎》即将问世。他目睹这些伟大艺术家的巨作感到振奋，仿佛走进了一座艺术宫殿。拉斐尔决心向当代最有成就的艺术大师们学习，进一步提高绘画技巧。

从此，拉斐尔埋头钻研大师们的绘画和雕塑艺术。他仔细研究和临摹了达·芬奇和米开朗琪罗的作品，受到了很大的启迪和鼓舞，并开始在自己的绘画中形成独特的柔和、典雅的风格。

在佛罗伦萨期间，拉斐尔创作了许多幅非常优美的圣母画像。

圣母玛利亚的形象，一直是中世纪画家们的表现题材。但由于基督教神学的影响，拉斐尔之前的画家们，所画的圣母苍白消瘦、僵硬呆板，一副受苦受难的模样。而拉斐尔画的圣母像的最大特点是，满含着人文主义的理想，体现了人间的美好。在他的高超的画笔下，圣母不再是一个纯粹的宗教人物，而是成了一个普通的人间少妇，她年轻、端庄、美丽、丰润、健康，眉宇间洋溢着母亲的慈爱和幸福。她身边的年幼的耶稣，一改满脸的苦难相，而被描绘成一个天真活泼的孩子。圣母和圣子，完全是一对现实生活中的母亲与孩子。画家正是借圣母之名，歌颂了普通女性的美。

拉斐尔这时期创作的圣母像，以《花园中的圣母》最有代表性。创作这幅画还有一段趣闻。一天，拉斐尔在花园中散步，看见一位美丽的少女正在花丛中剪枝，艺术家被她那富于魅力的形象所吸引，立即敏捷地将这位姑娘的形象速写下来。不久，他用这位少女做模特儿，创作了这幅名画。因这姑娘是园丁的女儿，故这幅画又称《美丽的园丁之女》。

1508年夏秋之际，拉斐尔受教皇的邀请，来到罗马工作。教皇给拉斐尔的任务是，在进入教皇宫的签字大厅内画四幅寓意壁画，题名为“神学”、“哲学”、“法学”和“诗学”。这些壁画虽然是为罗马教廷服务的，但拉斐尔巧妙地将人文主义精神和希腊古典的艺术美融入到壁画中。

这四幅壁画中最具代表性的是题为“哲学”的壁画。这幅画是以柏拉图创办雅典学院为题材，所以也称《雅典学院》。拉斐尔在这幅壁画中，将不同时期的人物集中于一个空间，把古代希腊、罗马和当代意大利的五十多位哲学家、科学家、艺术家和名流荟萃一堂，在一间宏伟的大厅里，他们展开了热烈的讨论。

在画面的中央，衬着明亮光辉的天空背景，古典哲学的两个伟大代表柏拉图和亚里士多德正步入大厅。左边是苏格拉底正在同一组人交谈，左下边是以数学家毕达哥拉斯为主的一组人。右边画着天文学家托勒密、物理学家阿基米得等人。拉斐尔还把自己和朋友画在上面。在广大的空间里，他们有的在激昂地演说，有的在苦苦地思索，有的在谦虚地求教，有的在热心地讲解，洋溢着浓郁的学术气息。画中的人物众多，但十分和谐与平衡，反映了人类追求真理的探索精神。

在罗马期间,拉斐尔画了著名的《西斯廷圣母》。这幅画是拉斐尔为西斯廷教堂所创作的。

在这幅画中,我们看到,帷幕刚刚揭起,一位身披长袍、赤足的母亲,怀抱婴儿,从云端冉冉地降临人间。人群欢声雷动,热烈地迎接圣母的到来。画面左侧跪着教皇,仰望圣母表示自己的崇敬心情,并以手示意,好像是把圣母介绍给观众。右侧蹲着的是一位女圣徒,她内心充满喜悦,把头刚从圣母的方向转过来,注视着下面的两个小天使。画面下端的两个小天使活泼可爱,他们翘首仰望圣母,又若有所思。这两个小天使,据说拉斐尔是根据他对门面包房的两个小男孩画成的。

这幅画在 1754 年被人用两千威尼斯金币(相当于七十公斤重的黄金),从西斯廷教堂的修士手里买走,给了德国德累斯顿美术馆。

拉斐尔虽然受到教皇的器重,但他对教会的黑暗腐败非常不满。有一次,两个红衣主教对他的创作品头论足,说他把圣彼得和圣保罗两个圣徒的脸画得太红了。拉斐尔当即讥讽道:“我是故意画得这么红的,两位主教大人,他们在天堂里看到你们这样的人在治理他们的教会,所以他们脸红了。”

拉斐尔不仅是一位绘画大师,还是一位杰出的建筑师。1514 年,教皇委任他为圣彼得大教堂的建筑总监,并负责整个罗马城的古迹保存和发掘工作。拉斐尔深入研究建筑学,提出了许多创见。他雄心勃勃,曾想重新恢复古罗马城市昔日的辉煌。为此,他付出了一生的最后五年。

1520 年初春,拉斐尔由于长期劳累过度,身体虚弱,不幸得了恶性感冒,因高烧不退,于 4 月 6 日他生日的那天,突然逝世。令人惋惜的是,他只活了短短的三十七年。

拉斐尔是一位多产的艺术大师,短促的一生创作了近三百幅作品。他独创了自己典雅通俗的风格,并把绘画艺术推进到新的高峰,因此被誉为“画圣”。

87 · 雕塑巨匠米开朗琪罗

近几个月来，谁也不知道在佛罗伦萨的一个院子里发生了什么事。人们在院子围墙外经过时，总是能听到铁凿敲打石头的叮当声。在这个院子里放着一块奇特的大理石。那还是以前的一位雕刻家雕凿报废后扔下的，石头底部还凿开了一个三角形的裂缝。尽管有几个雕刻家曾来看过石头，想把它利用起来，但都感到无从下手，又摇着头走开了。

一个寻常的星期一，1501 年 9 月 13 日上午，一个叫米开朗琪罗的年轻小伙子手持铁凿，大步来到这块大石头跟前。从此，他在那里苦干了两年半的时间，得到的报酬是四百个金弗罗林(金币名称，约合二千美元)。市政府的官员对作品很满意，决定将它放到市政厅的广场上。

四十个人动用绞盘和滚木干了四天，才把这尊叫《大卫》的塑像移到了广场。大卫是《圣经》中的以色列民族英雄。人们看到，这是一尊高达五点三米的大理石裸体男子立像。米开朗琪罗把牧羊少年大卫，雕刻成一个即将出征的健美的青年形象。他双目炯炯，凝视前方，左手握着甩石鞭，右手拿着一块石头，准备给敌人以致命的打击。

米开朗琪罗将石块上的缺陷都加以利用。石头又高又薄，正好雕刻勇士那高大的身躯；而底部的三角形裂缝，又恰好成了两条粗壮大腿中间的空隙。大卫雄健四肢上的每一块肌肉、每一条血管都雕刻得惟妙惟肖，人们仿佛可以看到热血正在勇士的躯体里奔流。它是文艺复兴时期对人的尊严和力量的颂歌。

米开朗琪罗 1475 年出生于佛罗伦萨附近的卡普勒斯镇。父亲是镇上的官员。他六岁的时候，母亲就去世了。米开朗琪罗在学校的学习很糟糕。他爱画画，回到家里还往墙上画，为此，他挨过父亲的多次打骂。

米开朗琪罗十三岁的时候，被父亲送进佛罗伦萨的一个画室学艺。有一天，几个学徒在欣赏老师的一幅妇女肖像画时，米开朗琪罗拿起铅笔，在画上改了几笔。老师虽然发现这鲁莽的孩子改得很对，却不能容忍画室有这样一位天才的学生，于是把他赶出了画室。

他又来到佛罗伦萨富商美第奇开设的一个雕塑工场学艺。这是一所真正的艺术学校,收藏了大量的古代和现代的雕塑作品,经常有学者大师来此工作。米开朗琪罗在这里学习了三年,接触人文主义学者,学习和临摹艺术大师的作品。他在这里学到了柏拉图的伟大思想,熟悉了但丁的非凡诗句,也受到了主人洛伦佐·美第奇的器重。

1492年,洛伦佐去世。他的儿子不知道给米开朗琪罗安排什么工作,一个冬天的早晨,竟让他在花园里堆一个大雪人。于是年轻的雕塑家匆匆逃离了佛罗伦萨,流落到罗马。

在罗马,米开朗琪罗完成了他的一件杰作《哀悼基督》。圣母玛利亚的膝上抱着死去的耶稣,给人的感觉是既悲哀又优美。当这件雕塑陈列在罗马圣彼得大教堂时,全城为之轰动,人们认为这一杰作一定出自名家之手,绝没想到是一个刚满二十五岁的青年的作品。于是,米开朗琪罗在夜里偷偷溜进圣彼得大教堂,在雕像上刻上了自己的名字。这是一尊唯一有米开朗琪罗签名的雕塑。

1508年,罗马教皇宫中的西斯廷教堂要画壁画。这时的米开朗琪罗已是著名的雕刻家。一些嫉妒他的人,故意向教皇提议让米开朗其罗来画,企图让他出丑。米开朗琪罗一再声明,自己是雕刻家,绘画不是他的本行。但教皇固执地坚持要他来画,米开朗琪罗推辞不过,被迫接受了任务。

这是一项令人望而生畏的绘画任务。西斯廷教堂像一个黑暗狭窄的盒子,高度超过了宽度。天花板被屋顶天窗分割得支离破碎,形成许许多多不规则的曲线和三角形。所有这八百多平方米的天花板都要绘上拱顶画。

在四年的时间里,米开朗琪罗攀着梯子爬上脚手架,仰面朝天地躺着作画。他每天工作十几个小时,像服苦役一样地辛勤创作,常常废寝忘食。当1512年底最后完成这幅作品时,年仅三十七岁的米开朗琪罗竟变成了一个弯腰弓背的"老头"。

这幅巨型绘画取材于《圣经·创世纪》,名称就叫《创世纪》。人们抬头观看这幅巨画时,好像看见《圣经》中上帝创造世界及人类始祖的故事正在天空中上演,依次是上帝创造天地、人类坠落(亚当受诱惑吃禁果后坠落人间)、大洪水(诺亚时期的大洪水)的故事。画面上有三百多个主要人物,个个庄重威严,栩栩如生。每幅画都充满着雕塑般的力量。《创世纪》轰动了整个意大利,被认为是世界历史上最

伟大的美术作品。

1516年,米开朗琪罗完成了又一件著名雕塑《摩西》。摩西是古代犹太人领袖,带领在埃及受奴役的犹太人逃出埃及。《摩西》雕像雄伟异常,他的一条腿缩向后面,手里握着铭刻着法典的石板,仿佛马上就要从座椅上站起来,率领人民投入战斗。据说,米开朗琪罗完成这尊雕像后,用木槌敲了它一下,命令道:"好了——你站起来吧!"

米开朗琪罗六十多岁时,又开始新的工作——当建筑师。他设计和主持了罗马圣彼得大教堂的建筑工程。其中的大教堂圆屋顶是他的代表之作。直到今天,这座高达一百三十三米的教堂圆顶,几乎在罗马城的每个角落都能看到。

1564年2月,雕塑家、绘画家、建筑师米开朗琪罗死在自己的工作室,终年八十九岁。教会原想把他安葬在圣彼得教堂,而米开朗琪罗故乡的人们,设法把他的遗体偷偷地运了回去,隆重地安葬在佛罗伦萨的名人墓地——圣克罗切教堂。

88 · 塞万提斯和《堂吉诃德》

在西班牙中部有一个叫拉曼查的地方，这一带空旷辽阔，除了稀疏的村落、缓缓旋转的风车，以及零星的牧人、羊群之外，几乎再没有别的什么了。

一天，在拉曼查的一条大道上，来了两个人。一个是身体瘦削的骑士堂吉诃德，他骑着一匹瘦马，穿着一副旧铠甲，一手拿着一块盾牌，一手握着一柄长枪。另一个是他的侍从，骑着驴子的农夫桑丘。这两个人正漫无目的地闲逛着。

这时候，他们发现平原上有三四十架风车。堂吉诃德一见就对他的侍从说："真是交上了好运！你瞧，桑丘，那边出现了三十多个可怕的巨人。我要去跟他们打，把他们一个个杀死，咱们得了战利品，可以发财。这是正义的战斗，消灭他们是为上帝效劳。"

桑丘说："您仔细瞧瞧，那不是巨人，是风车。那些胳膊似的东西是风车的翅翼，给风吹动了就能推转石磨。"

堂吉诃德说："你真是外行，不懂冒险。他们确是货真价实的巨人。你要是害怕，就站在一边祷告吧，我一个人单干，跟他们大伙儿拼命好了。"

说着，他拍马上前，径直朝前冲，嘴里直嚷道："你们这伙没胆量的下流东西！不要跑！来跟你们厮杀的，不过是个单枪匹马的骑士！"

这时微微刮起一阵风，转动了那些庞大的翅翼。堂吉诃德一边高喊着，一边端着长枪，飞马向第一架风车冲上去。他一枪刺中了风车的翅膀，不料翅膀在风里转得正猛，把长枪打成几段，一股劲把堂吉诃德连人带马直扫出去；堂吉诃德滚翻在地，狼狈不堪。等到桑丘赶上来营救时，堂吉诃德已经爬不起来了……

这是著名长篇小说《堂吉诃德》中的一个有趣片断，它的作者是文艺复兴时期的西班牙作家塞万提斯。

1547年，塞万提斯出生于西班牙中部的一个没落贵族之家。全家靠父亲看病卖药的微薄收入维持生活。塞万提斯童年记忆中印象最深的，就是父亲把家中的一点衣物收拾起来拿去典当，紧接着因欠债被法官关进监狱。父亲走后，小塞万提斯跟着他的两个姐姐一起生活，在饥饿和泪水中受尽了煎熬。

一家人省吃俭用,让塞万提斯上了几年中学。年轻的塞万提斯非常好学,如饥似渴地吸收着知识,哪怕是路上拾起的字纸,他也要细看一番。

塞万提斯二十二岁时到文艺复兴的发源地意大利,在罗马当了一名红衣主教的随从。后来,他应征入伍,参加了西班牙驻扎在意大利的军队。

不久,土耳其舰队入侵地中海,西班牙与意大利的威尼斯组成联合舰队共同抗敌。塞万提斯当上了西班牙一艘战舰上的水兵。1571 年,雷邦多海战爆发。战斗刚一打响,正在发着高烧、躺在船舱里休息的塞万提斯,立刻冲到舱外。他刚冲到甲板上,就被两颗子弹射中胸膛,接着左臂也受了伤。虽然联合舰队获得大胜,但塞万提斯的左臂却落了个终身残疾。

1575 年,塞万提斯怀揣军功章,从驻地返回西班牙。不料,途中他遇上了阿拉伯海盗,被掳掠到北非阿尔及利亚服苦役。五年以后,亲友好不容易付出一大笔赎金,塞万提斯才得以赎身回国。

塞万提斯回到了阔别十余年的祖国。他是一位残疾的老兵,指望能受到国王加封。但他白白地等了几年,最后只好拿起笔来,开始写点东西。他写了一些剧本,但微薄的稿酬无法维持全家生活。为了糊口,他又谋得了一个税务员的职位,后来又当过军需官。由于塞万提斯不会算术,弄错了好几笔账,被关进了监狱,后来缴了罚款才被放出。

在狱中,塞万提斯学会了盗贼和凶手的行话。他想到了西班牙的平原和大道上,那里有闲逛的赌徒、教会名流、一无所有的流浪汉、女扮男装的侠女、吉普赛马贩子、酗酒成性的赶驴者,他们都曾经是他路途上的伙伴。塞万提斯构思着要把他们写进书里去。

出狱以后,塞万提斯再度拿起笔来,准备创作酝酿已久的小说。很快,一个充满幻想的老骑士堂吉诃德出现了。

堂吉诃德是拉曼查的一个穷乡绅,阅读骑士小说入了迷,失去了理智,决心像骑士那样,行侠仗义,闯荡天下。他把自己装扮成一个游侠骑士,把邻村的一个挤奶姑娘作为意中人,还找了邻居桑丘做自己的侍从,前后三次周游天下。由于他一心只想建立骑士功勋,竟把幻想当现实,将风车当巨人、旅店当城堡、羊群当敌人,不顾一切,提矛冲杀,结果到处碰壁,干了许多蠢事,闹了不少笑话,吃尽了苦头。但他仍执迷不悟,险些丧命,最后被人送回家。临终时他才醒悟,痛骂骑士小说对人的毒害;于是立下遗嘱,不许他唯一的亲人外甥女嫁给骑士,否则就别想继承他的遗产。

开始写小说的时候,塞万提斯只是要对风靡一时的骑士文学嘲弄一番,但是,五花八门的社会生活很快进入了堂吉诃德的视野。小说塑造了几百个生动的人物,在读者面前展开一幅广阔的西班牙社会生活画卷。

当塞万提斯握着鹅毛笔不停地写作时,他的周围却传来一阵阵嘈杂声。原来,他当时居住在沿街的一所下等公寓里,一家七口都挤在二楼的几间小房里。楼下是一家小酒馆,而楼上则是一家妓院。从小酒店到妓院,每天吵吵嚷嚷,上上下下都要把他家的住房当过道。而塞万提斯写稿的书桌,恰恰就放在这个过道上。正是在这种嘈杂喧闹、极端困难的条件下,他的传世名著《堂吉诃德》第一部于 1605 年出版了。

这部小说在西班牙获得极大的成功。第一版在几个星期内就卖完,同年又在西班牙重印四次,不久被译成英、法文出版。应读者的强烈要求,塞万提斯答应再写一部续集。正当他要动笔的时候,他得知《堂吉诃德》已有续集在书店出售。一个自称阿维纳奈达的作者竟然嘲笑他是个穷鬼,并以拙劣的笔法、污秽的词句把堂吉诃德和桑丘描写成疯子和傻子。塞万提斯一怒之下,不到一年时间就写成了续集。续集在 1615 年出版。

第二年,即 1616 年 4 月 23 日,69 岁的塞万提斯告别人世。这一天,恰巧英国大文豪莎士比亚也与世长辞。

由于塞万提斯在《堂吉诃德》中辛辣地讽刺了天主教会等封建势力,教会对他恨透了。因此,塞万提斯死后落葬时,教会连一块墓碑都没让立。但他的名著早已家喻户晓,深入人心。在他逝世两百多年后,人们在西班牙首都马德里的广场上为他建立了纪念碑,纪念碑雕塑的就是堂吉诃德和桑丘这两个不朽的人物形象。

89 · 戏剧之王莎士比亚

莎士比亚于 1564 年出生在一个商人家庭。四岁时,父亲被选为一个小镇的镇长。那时,常有剧团来小镇巡回演出。小莎士比亚深深地喜欢上了戏剧,他觉得戏剧神奇极了,便经常和小伙伴们一起,学着剧中的人物和情节演起戏来。

但不幸的是,他父亲经商失败,十四岁的莎士比亚只好离开学校,给父亲当助手。十八岁时他结了婚,不到二十一岁,已有了三个孩子。

1586 年,莎士比亚随一个家乡的戏班子步行到了伦敦。他希望能在伦敦找到一份工作,以便养家糊口。当时伦敦是个新兴的工商业城市,人口近二十万,开设了好几家剧院。

一次,泰晤士河对岸的一家剧院正需要一个看马人,莎士比亚谋得这个差使后,干得非常出色。骑马来的观众都愿意把马交给他看管。工作之余,莎士比亚就悄悄地看舞台上的演出,还坚持自学文学与历史,并自修了希腊文和拉丁文。

莎士比亚不仅头脑灵活,而且口齿伶俐。当剧团需要雇用一些临时演员跑龙套时,莎士比亚便获得了显示自己才华的机会。开始,他不过演些次要角色。后来,由于他出色的理解力和精湛的演技,终于被剧团吸收为正式演员。

那时,由于剧团之间的互相竞争,经常要上演新戏,所以对剧本的需要非常迫切。莎士比亚大量阅读各种书籍,了解了英国的历史,他开始创作起历史题材的剧本。

莎士比亚二十七岁那年,完成了历史剧《亨利六世》。剧本上演后,大受观众好评。他在伦敦戏剧界崭露头角。

1595 年,莎士比亚写了一个叫《罗密欧与朱丽叶》的悲剧。剧本上演时,不少观众被感动得热泪盈眶。它的故事是这样的:

在意大利的维罗那城里,蒙太古家族与凯普莱特家族是势不两立的仇敌。

一天,凯普莱特家举办了一次盛大的化装舞会。蒙太古家的独生子罗密欧戴着假面具前来参加舞会。他与凯普莱特家的独生女儿朱丽叶一见钟情,坠入爱河。

在劳伦斯神父的帮助下,两人悄悄地举行了婚礼。不幸的是,两家不久又发生仇杀事件。朱丽叶的表兄在决斗中被罗密欧刺死,罗密欧因此被赶出城市。朱丽叶被父亲许配给了另一个贵族青年。

朱丽叶深深地爱着罗密欧,坚定不移。在神父的安排下,她喝下了一瓶安眠药,能假死四十小时,同时神父派人通知罗密欧立即赶来。谁知送信人没有及时送达。而罗密欧听说朱丽叶已经死去,急速赶回,他悲愤交加,服毒自尽。朱丽叶苏醒过来后,见爱人已死,便拔出罗密欧的匕首自杀了。悲剧发生后,两家人都感到追悔莫及,最终消除了几代的仇恨,重新和好。

莎士比亚在这部悲剧里,揭露了封建制度的冷酷,歌颂了坚贞美好的爱情。

1599年,莎士比亚所在的剧团建成了环球剧院,他投资并当上了股东。他还在家乡买了住房和土地,以供养老之用。当时英国王朝更替,社会动荡,莎士比亚的两个好友为了改革政治,发动叛乱,结果一人被送上绞架,另一人被投入监狱。莎士比亚悲愤不已,倾注全力写成剧本《哈姆雷特》,并亲自扮演其中的幽灵。

故事讲的是,哈姆雷特本来是个无忧无虑的丹麦王子。他在国外读书期间,阴险的叔父为了篡夺王位,竟杀死了哈姆雷特的父亲,还霸占了他的母亲。哈姆雷特一回国,他父亲的鬼魂就把自己的被害经过一五一十告诉了他,要儿子为他复仇。

于是,哈姆雷特开始装疯卖傻,同时寻找机会,了解事实的真相。他又请来戏班子,将父亲鬼魂讲的情节编成戏,叫戏班子演出给叔父和母亲看。果然,在演出过程中,他的叔父惊慌失色,哈姆雷特证实了杀害父亲的凶手就是叔父。

哈姆雷特决心报仇。他单独去见他母亲,发现帷幕后有人,认为是叔父在偷听,便一剑刺去,却错杀了他情人奥菲利娅的父亲。

叔父视哈姆雷特为眼中钉,肉中刺,便把哈姆雷特送到英国,想叫英王杀害他。哈姆雷特在途中发现了这个阴谋,立即赶回丹麦。回国后他才发现,自己的情人奥菲利娅由于父亲丧生,爱人又远去英国,发疯后落水身亡。哈姆雷特痛悔莫及。

叔父又唆使哈姆雷特情人的哥哥与哈姆雷特决斗,双方最后都中了毒剑。哈姆雷特临死前终于刺死了叔父,他的母亲也饮毒酒死去,四人同归于尽。

《哈姆雷特》以古代丹麦为背景，影射的却是英国的现实生活。阴险无耻的叔父，代表了腐朽黑暗的封建势力；热爱生活、敢于抗争但又优柔寡断的哈姆雷特，则代表具有人文主义思想的新兴的资产阶级。

以后，莎士比亚又写出了《奥赛罗》、《李尔王》和《麦克白》。这些悲剧连同《哈姆雷特》，被誉为莎士比亚的四大悲剧，是莎士比亚最重要的戏剧作品。

莎士比亚的作品情节生动，语言精炼，笔调幽默辛辣，广泛反映了当时英国的社会风貌。他塑造了哈姆雷特、奥赛罗、麦克白、夏洛克、罗密欧和朱丽叶等许多著名的人物形象。莎士比亚是最伟大的戏剧天才。他的朋友本·琼生说，莎士比亚“不属于一个时代，而属于所有的世纪”。

1616 年 4 月，莎士比亚的好友来他的老家斯特拉福镇看望他，大家开怀畅饮。莎士比亚多喝了几杯酒，不幸得病，卧床不起，于 4 月 23 日溘然长逝。

90 · 哥白尼的天文革命

公元1473年2月19日，波兰维斯瓦河畔的托伦城诞生了一个漂亮可爱的男婴。这个男婴名叫尼古拉·哥白尼，后来成为近代天文学的奠基人。

哥白尼的父亲是个商人，曾任托伦市市长，母亲是本城一个富商的女儿。但是，在哥白尼幼年时，父母就双双去世。好心的舅舅务卡施伸出了援助之手，把四个外甥接到自己家里抚养。

务卡施舅舅是个牧师，也是一个人文主义者。他的家里常有一些学者名人来闲聊。这些客人大多通晓天文地理、文学音乐，他们谈笑风生，妙语连珠，常常聊到半夜。每当舅舅与客人们忘情地畅谈时，哥白尼总是静静地坐在大人们的身边，眨巴着蓝色的眼睛，仔细听那些令人神往的故事和独特的见解。这样日积月累，一些知识就沉淀在哥白尼的脑海里，神秘的大自然激起了他那强烈的好奇心。

光阴似箭。一晃，哥白尼长成了一个英俊少年。舅舅考虑到外甥的前途，决定将来让他到教会工作。为此，他把哥白尼送到克拉科夫去上大学。

克拉科夫是当时波兰的经济、文化中心，地处东、西欧交通要冲，较早受到意大利文艺复兴思潮的影响。哥白尼兴趣广泛，如饥似渴地吸收着新思想、新知识。他对学校的天文学和几何学特别感兴趣，一捧起书本就舍不得放下。

哥白尼在克拉科夫大学研究了古罗马天文学家托勒密的天文学理论，学会了利用天文仪器进行观察。

1495年，哥白尼来到文艺复兴的发源地意大利，先后在几所著名的意大利大学学习。1499年，二十六岁的哥白尼受聘到罗马大学教授天文学。

在欧洲的大学里，天文学都是按照托勒密的“地球中心说”(也叫“地心说”)来讲授的。最早提出“地球中心说”的是古希腊哲学家亚里士多德。公元二世纪，托勒密使它系统化了。托勒密认为地球是一个静止球体，居于宇宙的中心，日月星辰都环绕地球运转。这种理论后来被罗马教会看中，说什么地球是上帝创造的，它是宇宙的中心。上帝“按照自己的形象”创造了人，把人安排在地球上。日月星辰也都是上帝创造出来装饰宇宙的。所以,教会一千多年来,一直把托勒密的“地心说”奉为经典,不允许人们有丝毫的怀疑。

哥白尼在研究中发现,早在公元前三世纪,古希腊哲学家阿里斯塔库斯就提出了与亚里士多德相反的观念。他认为,宇宙的中心不是地球而是太阳,地球只是围绕太阳运行的一个星体。哥白尼通过对前人著作的钻研和天文测量的实践,越来越对“地球中心说”产生了怀疑。

1506年哥白尼离开意大利,回到波兰,在弗赖堡大教堂当教士。从此,他获得了一定的报酬和充裕的时间,专心从事他所热爱的科学研究工作。

弗赖堡濒临波罗的海,是个小小的渔港。教堂建在一座小山包上,周围有坚固高大的城墙,墙上筑有箭楼。哥白尼搬进了城门上的一间箭楼,一住就是三十年,直到去世。

这座箭楼三角形的楼顶向前倾斜,几乎伸到城墙的外边。楼的上层有三个窗口,从那里可以看到辽阔的天空,外边有一个小阳台,每当在窗口观察天象受到限制时,他便跑到阳台上,那里一览无余,是观天的好地方。哥白尼日复一日地在这个简陋的住所凝视宇宙,常常忘了吃饭睡觉。

哥白尼自己动手做仪器,他制作了测量行星距离的“三弧仪”、测量月球和行星位置的“捕星器”和测定太阳高度的“象限仪”。

哥白尼在阳台上设置了一个小小的天文台,用这些简陋的天文仪器进行天体观察。就是在严寒的冬夜,只要星星在夜空中闪烁,哥白尼就抓住机会,穿上皮袄,束紧风帽,把笨重的仪器搬到箭楼的阳台上,通宵达旦地观察。

1525年秋天,哥白尼开始在弗赖堡聚精会神地写他那本不朽名著《天体运行论》。这本书中选用的二十七个观测事例,有二十五个就是他在箭楼上亲自观察记录下来的。

这时,他住的箭楼上来了一个女管家,名叫安娜。她金发碧眼,皮肤白皙,漂亮迷人。她的家庭很富有,有许多富家子弟对她竞相追逐。但是极有主见的姑娘不去理会那些花花公子,而一心一意地爱着才华横溢的哥白尼。尽管当了教士的哥白尼没有结婚的权利,但勇敢的安娜还是抛弃了世俗的偏见,与哥白尼住在一起。哥白尼身边添了一个温柔可爱的女子,更加灵感倍增,写作的速度加快了。

《天体运行论》是一部长达六卷的巨著。在书中，哥白尼大胆地提出：

太阳是宇宙的中心，所有行星都围绕太阳运转；地球不是宇宙的中心，而是绕太阳运转的一颗普通行星。

人们每天看到太阳由东向西运行，是由于地球每昼夜自转一周的缘故，而不是太阳在移动。

天上的星体看上去在不断移动，也是因为地球本身在转动，而不是星体围绕着静止的地球转动。

月亮是地球的卫星，一个月绕地球转一周。

哥白尼在书中有力地批判了托勒密关于地球是静止的理论。他指出，地球运动时，地球上的人似乎觉得整个宇宙在转动，这正如人在行船时，不觉船动而觉得陆地和城市后退一样。地球不动是假象，地球围绕太阳转动是确实无疑的。

哥白尼的学说被称为“太阳中心说”(也称“日心说”)，它否定了统治一千多年的“地心说”。这是天文学上一次重大的革命，大大扩展了人类的视野，使人类对宇宙有了全新的认识。

由于担心教会的迫害，他迟迟不敢将书稿送去付印出版。直到 1542 年，他已是六十九岁的老人，自知将不久于人世时，才同意把《天体运行论》书稿送到德国纽伦堡出版。

1543 年 5 月 24 日，《天体运行论》的样书从纽伦堡寄来了。此时，躺在病榻上的哥白尼已无力翻阅此书，他只是摸了摸书的封面，就告别了人世。

哥白尼是波兰人民的光荣和骄傲。1830 年，波兰人民在华沙竖立起了哥白尼的纪念像。在盛大的揭幕典礼上，波兰诗人激动地朗诵道：“这个喜庆的日子终于来临了！哥白尼曾以半个世纪的工夫凝眸注视太阳，今天太阳终于把它仁慈的光芒倾注在他的身上……”

91 · 伽利略的新发现

在意大利中部的比萨城内，有一座举世闻名的斜塔，它是比萨大教堂的钟楼。斜塔是八层圆柱形的大理石建筑，高达五十五米，由于它看上去岌岌可危，但却斜而不倒，因而引来无数游客前来参观。

1590 年的一天，在比萨斜塔下聚集了一群人，他们不是来参观斜塔的，而是来观摩一场物理实验的。

比萨大学的年轻教授伽利略，通过多次试验，发现不同重量的物体从同一高处下落，只要所受空气阻力、风力等相同，那么速度是相同的，会同时落地。他把这称作自由落体定律。为了使人们接受他的论点，他决定在比萨斜塔上做一次公开的实验。

千百年来，人们都认为古希腊思想家亚里士多德的论点是正确的。亚里士多德曾在《论天》一文中写道："重物要比轻物下落得快。"比萨大学的教授们也对此深信不疑，他们来此是要看伽利略出丑的。

这天，伽利略和他的助手，以及两个见证人一起，登上斜塔的顶楼。他一手拿着一个十磅重的铅球，另一个手拿着一磅重的铅球。

"请大家看清楚了，我把铅球扔下来！"

说罢，他把手一松，只见两只铅球同时落在地上。他再做了一次实验，结果还是相同。在场观众都惊呆了，他们在想，亚里士多德怎么会说错呢？几个固执的老教授不相信自己的眼睛，竟胡说什么伽利略在施展魔法，铅球才同时落地。

伽利略 1564 年诞生在意大利比萨城的一个没落贵族家庭，父亲是当时有名的音乐家，也是杰出的数学家。1581 年，十七岁的伽利略考入比萨大学，遵从父命学医。但在大学里，伽利略爱上了数学。

一天傍晚，伽利略与同学们一起来比萨大教堂祷告。他看到教堂里悬挂在空中的大吊灯，被点灯人扯到一边，加满灯油点着了灯，然后放开了手。于是，吊灯随着吊链在半空中荡来荡去，在人们头顶上静静地划着弧线，弧线渐渐变得越来越短……

这时，伽利略望着竟忘记了祈祷。一般常识认为，一个吊着的物体摆动的幅度越大，所需的时间就越长。但年轻的伽利略发现事实并非如此。他观察得非常仔细，没有钟表，他就用自己的脉搏来测量，事实证明他的观察是正确的。

他十分激动，回到家里后，他找来一些一样长的绳索，系上同样重量的重物，让它们来回摆动，再加以比较。他发现每次摆动往来所需时间总是相等的。就这样，他发现了著名的摆锤的等时性定律。后来出现的挂摆时钟，就是根据他发现的这个原理制造出来的。

在比萨大学，他根据阿基米得的浮力原理和杠杆原理，发明了一套根据重量分析金属的天平，从而名声大振。1589 年，二十五岁的伽利略获得比萨大学数学教授的职务。

伽利略还对大炮的炮火着了迷。当时炮手们已知道，要击中远处的目标，必须抬高瞄准器。但抬高多少，只是靠估计。伽利略证实，弹道是一条抛物线。他通过一系列的运算告诉炮手，要命中一个已知距离上的目标，瞄准器需要抬高多少。就这样，他发现了物体运动的奥秘——惯性。

伽利略的科学发现，被比萨大学的教授们认为是一种狂妄的表现，在他们看来，所有的科学问题都已被亚里士多德彻底解决了，因而拼命攻击伽利略。伽利略愤然辞去比萨大学的职务。

1592 年，伽利略移居威尼斯。在友人的帮助下，他来到帕图亚大学任教。这里有优厚的薪金和良好的研究环境，他在帕图亚工作了十八年，度过了他生命的黄金时代。

在学术空气自由的帕图亚大学，每逢他上课时，大厅里都会挤得水泄不通。远至瑞典和苏格兰的学生也慕名而来，他们中间的许多人，后来成了著名的学者。伽利略告诉他的学生们，宇宙中没有任何东西是一成不变的，所有东西、所有原子、所有星球都在运动。

1609 年，伽利略听说荷兰人发明了望远镜，他通过别人的一点描述，凭着自己独特的天赋，成功地研制出世界上第一架天文望远镜，它可将物体放大三十三倍。他给这架望远镜取了一个漂亮的名字“老发现者”。当威尼斯总督和议员们跟着伽利略，气喘吁吁地爬上钟楼楼顶，果然他们通过望远镜，清楚地看到了帕图亚的街道以及街上的行人。议会经过投票表决，决定给伽利略加薪。

在那个值得纪念的夜晚，当伽利略转动着“老发现者”搜索天空的时候，他发现，月球表面并不像亚里士多德所说的那样平滑，而是呈现不规则的凹凸起伏；银河也不是人们所说的某种云彩，而是由千千万万颗暗淡的星星所组成！

伽利略在一年之内还作出了其他惊人的发现：

木星旁边有四颗运转着的卫星；

地球并不是各天体围着旋转的唯一中心；

太阳也像地球一样，是绕着自身的轴旋转的；

太阳上面有黑子；

土星周围有光环……

1610年，威尼斯出版了他的《星际使者》，向全世界宣布了他的发现。有人赞叹说：“哥伦布发现了新大陆，伽利略发现了新宇宙。”

当时的天主教会反对哥白尼的“日心说”。他们认为地球是宇宙的中心，太阳围绕着地球转动，而地球是不动的。1611年，伽利略发表《关于太阳黑子的通信》一文，明确表示支持哥白尼的“日心说”。因此教会在1616年给伽利略下了一道禁令：不准讲授哥白尼的学说。

在伽利略的请求下，教皇曾前后六次召见他。他小心翼翼地向教皇介绍了哥白尼的学说。教皇同意他把对“日心说”赞成和反对的论点一起写出来，但不允许他作出地球是绕着太阳转动的结论。此后，伽利略花了六年时间，写成了《关于两种世界体系的对话》一书。这本书把哥白尼学说，当做“一种纯数学假说来叙述”，骗过了教会的检查机构，于1632年在佛罗伦萨出版发行。

但是，教会的权威人士很快发现，伽利略在书中仍支持哥白尼的学说，于是，把他押上了宗教法庭。当时的伽利略已年近七十，身患重病，体质虚弱。在法庭上，他的精神和肉体受尽了折磨。1633年6月22日，他被迫双膝跪地发誓：哥白尼的理论纯粹是一派胡言乱语。他保证以后永远不再宣传和谈到它，违犯了甘愿受死。

据说，伽利略刚宣布完他的誓言，就低声咕哝道：“不管怎么说，地球毕竟是在运动着的。”这说明伽利略并没有放弃自己所坚持的学说。

伽利略被判处终身监禁，监外执行。他的晚年境遇极为凄凉，只有他的女儿在他身边照料他。1634年，他的女儿先他而死，他更加孤独和痛苦。1642年1月8日，伽利略含冤离开了人世。

92・知识就是力量

“知识就是力量”,是一句至理名言。它激励着人们掌握知识,向科学进军。这句名言是近代实验科学的创始人、英国科学家培根提出的。

1561年,弗兰西斯・培根出生在英国伦敦的一个贵族家庭。他的父亲博学多才、精明能干,是英国女王伊丽莎白的掌玺大臣;母亲是一位颇有名气的才女,精通几国语言,曾将不少拉丁文名著翻译成英文。培根的父母十分崇尚教育,他家的餐厅壁炉上面长年悬挂着一张“教育使人进步”的条幅。培根就是在这样的家庭环境中成长起来的。

培根从小身体不好,性格内向。但是他酷爱学习,喜欢思考问题,常常独自一人躲在僻静的角落里埋头苦读。父亲十分钟爱他,经常带他到王室去游玩。伊丽莎白女王见他举止文雅,谈吐不凡,也非常喜欢他,亲热地称他为“小掌玺大臣”。

十三岁时,父亲送他到剑桥大学读书。一次,他在校园里散步,心中感到很烦恼,因为在大学里没有学到自己感兴趣的知识。他读的剑桥大学,虽说是欧洲的一流大学,但也被“经院哲学”(一种为神学辩护的哲学,专门论证宗教教条的正确)统治着。学校里充斥着神学的争辩,思想僵化,方法老套。他觉得在这样的学校学习简直是有害而无益。

这时,培根看见地上有一队蚂蚁正在搬家,众多蚂蚁忙忙碌碌地工作着。培根仔细地凝视了很久,若有所思地对自己说:“对! 我也应该这么做,抛弃那些高谈阔论,从事情的最细微处着手,用实践去验证一切!”

培根立志从事实验科学以后,在实验室和图书馆内默默地度过了十几年。他根据自己的亲身观察和实践,总结了不少科学结论。

1597年,培根的处女作《论说文集》问世。该书出版后,风靡一时,多次再版,从而激发了培根的创作热情。1625年再版时,这部书已由最初的十篇论文增至五十篇。在这部著作里,培根将自己对社会的认识和思考,以及对人生的理解,浓缩成许多绝妙的、富有哲理的格言和警句,寓意深刻,耐人寻味。例如:

“没有友谊,则世上不过是一片荒漠。”

“最能使人心神健康的预防药就是朋友的忠言规劝。”

“顺境的美德是节制;逆境的美德是坚忍。”

“过分求速是做事情最大的危险之一。”

1620 年,培根的又一部新书问世了,这就是他的代表作《新工具》。在这本书里,培根最早提出了“知识就是力量”的口号。他认为,只有掌握科学知识,才能改造和利用自然,让自然为人类服务。他还提出科学实验的重要性,强调只有通过科学实验,才能最终获得知识。因而,培根被人们认为是近代实验科学的奠基人。

为了表彰培根做出的贡献,英国国王詹姆斯一世授予他子爵封号,并封给他大法官的职位。名誉和地位并没有使培根停滞不前。他把人们思想上的一些谬误、偏见,总结为四种“假象”。

一天,国王召见培根。他问培根:“培根先生,听说您最近总结出了人生的四种‘假象’,我很想听听你的见解。”

培根回答说:“陛下,臣所说的四大‘假象’,第一种是‘种族假象’,即混淆人类本性和事物的本性,而以人的感觉作为万物的标准;第二种是‘洞穴假象’,就是人们根据自己的性格爱好、所受的教育以及所处的环境来认识事物;第三种是‘市场假象’,也就是咬文嚼字,玩弄概念;第四种是‘剧场假象’,即恪守传统、迷信权威。陛下,这四种‘假象’都是阻碍人们获得科学知识的囚笼。”

听罢这一席话,国王对培根的智慧更加赏识。

培根离开王宫,又回到实验室。他在思考新的问题,如何用科学的方法来获取知识?他认为,要发现事物的奥秘,除了进行深入的观察,还应掌握一套科学的方法。培根把这套方法总结为归纳、分析、比较、观察和实验的理性方法,并称之为“归纳法”。

1621 年,培根六十大寿,在生日晚会上,一位贵妇人问培根:“培根先生,您的归纳法,如果用形象的言语来表达,应该怎么讲?”

贵妇人似乎想给培根出一个难题。

培根幽默地答道:“不做只收集材料的蚂蚁,也不做从自身抽丝结网的蜘蛛,要做既采蜜又加工的蜜蜂。”

1626 年 3 月底的一个寒冷的日子,培根乘马车郊游。当时他正在研究冷热理论及其实际应用问题。当路过一片白皑皑的雪地时,他突然心血来潮,决定就地进行一次实验。他从一位农妇那里买来一只母鸡,当场将鸡杀掉,并亲自动手将雪填进鸡的肚子。不幸的是,他虚弱的身体经不住风寒,支气管炎病复发了。回家后,培根的病情急剧恶化,于 1626 年 4 月 9 日清晨病逝。

93 · 血液循环之谜

血液在人体内是怎样流动的呢？

这在今天已是一个很普通的科学常识了。然而，科学家为了揭开人体血液流动的秘密，花了两千多年时间，并且付出了血的代价。

早在公元前四世纪，古希腊哲学大师亚里士多德就认为，心脏通过血管来运送血液，但血液只存在于静脉中，而动脉里充满着由肺进入的空气。

公元二世纪，古罗马有一个名医叫盖伦，他通过对动物的活体解剖，来研究血液运行的情况。他在活的动物身上，把一段动脉上下两头结扎住，然后把这段动脉剖开，发现动脉里也是血液而不是空气。但他认为心脏只有两个心室。

文艺复兴运动时期，大科学家达·芬奇悄悄地解剖了三十多具尸体，第一次画出了优美而准确的心脏瓣膜图。他还发现心脏有四个腔(左心房、右心房、左心室、右心室)，而不是盖伦说的只有两个腔(左心室、右心室)。

1533 年，法国科学家塞尔维特秘密出版了一部书，在书中他第一次提出人体心脏与肺部之间的血液小循环(肺循环)，这是一个重大的发现。但教会认为他的发现是异端邪说，竟宣布他为异教徒，并处以火刑。1553 年 10 月 27 日，塞尔维特在日内瓦被活活烧死。

与塞尔维特同时代的意大利医学家法布里夏斯，在 1574 年发表了《论静脉瓣》一书，他指出静脉中有瓣膜存在，就好像水闸的闸门一样，能控制住血液，使它朝心脏方向流动。

最后发现了血液循环规律的是法布里夏斯的学生威廉·哈维。

哈维于 1578 年生于英国肯特郡。他天资聪颖，勤学好问。十六岁时，哈维以优异成绩考入著名的剑桥大学，攻读文学、哲学、医学和自然科学。哈维学习十分刻苦，三年后获得文学学士学位。但由于学习生活过分紧张，他终于病倒了，只能返乡治病。当时的医疗水平还很落后，母亲为他请来的是一个江湖医生，只会用放血的方法进行“治疗”。哈维饱受病痛的折磨，长期卧床，这时他暗下决心，立志弃文从医，在医学方面做一番事业，造福于民。

1600 年,哈维身体刚刚康复,就风尘仆仆地来到意大利帕多瓦大学求学。这是一所有几百年历史的著名大学,人才荟萃,名师济济。在神学统治的中世纪欧洲,教会极力宣扬"上帝厌恶流血",反对人体解剖。因此当时欧洲几乎所有的大学,都严禁人体解剖实验。惟独帕多瓦大学例外,它十分重视人体解剖实验。哈维认为这里正是他研究医学的最理想的地方。他有幸成为著名医学家法布里夏斯的学生。在名师的指导下,哈维在学业上进步很快,尤其在解剖学方面更是出类拔萃。1602 年,他获得了帕多瓦大学医学博士学位。

后来,他回国在一所医院里工作。他工作勤勤恳恳,不图名利,以救死扶伤为已任,无论贫富贵贱,来者不拒,表现出崇高的医德。他还常常免费为穷人治病。

哈维早就想研究血液的流向问题。在帕多瓦大学求学时,他曾将这个问题向法布里夏斯提出过。老师未能帮助他解开这个疑团。他决心自己进行探索。

哈维动手在自己家中建起了实验室,从此开始了艰辛的实验。他有时一头钻进实验室里三十六个小时不出来,他的妻子无可奈何,只能默默地将饭菜放到他的书房里。哈维先后解剖了八十多种动物,终于发现了血液运动的规律。

一次他和助手在一条狗身上做著名的绳子扎结手术。哈维对助手说:"你瞧,我用绳子结扎动脉。你看看会有什么情况出现?"

"先生,我看见绳子结扎的上方,那儿的动脉膨胀起来了!"助手回答道。

"对,这是靠近心脏的动脉,里面充满了血液,而且每一次心跳就有一次脉搏。"

"真是太奇妙了! 您看结扎的下方那段动脉瘪了下去。"

"是啊,这段动脉远离心脏,里面既没有血液,也没有脉搏。这说明动脉里的血是从心脏来的。"

不久,哈维又用同样的方法观察静脉,结果所发生的情况正好相反,静脉里的血液一律朝心脏回流。

哈维还将数学方法运用于血液循环的研究。他发现人的每次心跳,从心室中排出的血为两盎司。如果一个人每分钟心脏跳动七十二次,那么每小时为四千三百二十次,这样每小时从心室排出的血液就有八千六百四十盎司,即五百四十磅(合二百四十五公斤),约相当于一个人体重的三倍。如此大量的血液离开心脏

后流到哪里去了呢？这些血液又来自何处？唯一正确的解释是：血液作着循环运动，流出心脏和流回心脏的是同一部分血液。

通过一系列的实验，哈维终于发现了血液的循环规律。他认为，心脏就像一只“泵”，当它收缩的时候，就把血液压出来进入动脉；当它舒张的时候，里面又充满了血液。血液都是朝一个方向流动的，它从心脏流出，经过动脉遍布全身，再经过静脉流回心脏，如此周而复始，永远不停。哈维的这一发现，终于揭开了千百年来的血液循环之谜。

1628 年，哈维在德国法兰克福出版了《论心血运动》一书，正式公布了血液循环的发现。

哈维的血液循环学说犹如哥白尼的“日心说”一样，在当时的医学界和生物界，成为爆炸性的奇闻。人们议论纷纷，有人说他是“江湖骗子”，有人认为他的理论是“有害无益”。有的大学教授竟然这样说：“以前的医生不知道血液循环，也照样看病。”

但哈维面对谗言，毫不畏惧，经常用实验来证明他的理论。事实证明，哈维的观点是正确的，他的血液循环理论被越来越多的人所接受。

从 1618 年起，哈维就被英国国王聘为御医。英王查理一世支持他的研究工作，还把皇家动物园的动物提供给他做实验，有时国王还亲自到实验现场，看哈维做实验。当 1642 年英国内战打响后，哈维站在王室一边，被任命为王子的保护人。在炮火纷飞的战场上，哈维一刻也没有忘记自己的事业。无论走到哪里，他都不顾自身安危，四处寻找可供解剖的动物。

内战结束后，哈维用他的积蓄，为皇家医学院建造了一座宏伟的图书馆和会议厅。

1657 年，哈维因长期劳累，因病去世。皇家医学院为他举行了隆重的葬礼。1883 年，皇家医学院在他的墓地上竖起了一块石碑，上面的题词是：“发现血液循环，造福人类，永垂不朽！”

94 · 宗教改革家马丁 · 路德

在布满车辙的道路上，挤满了周围乡村的农民，他们有的步行，有的骑马，川流不息地向德国的一个城镇维登堡涌去。在维登堡市场的中央，大名鼎鼎的红衣主教特策尔已搭起了一个讲坛，上面树起了一个带有教皇像的大十字架。绣着金钱的天鹅绒软垫上放着几份证书，证明他是经教皇本人授权的。讲坛旁摆着一个橡木做的钱柜，两个表情木然的僧侣在看管着钱柜。

原来，罗马教皇以修缮圣彼得大教堂为借口，正派手下人分赴德国各地出售所谓的"赎罪券"。

很快，讲坛周围已挤满了农民和市民。特策尔开始演讲了：

"孩子们，上帝是仁慈的，他在尘世间的代表——教皇陛下，派我来这里为你们赎罪。"

"人类犯的滔天大罪一天有多少？一年有多少？一生有多少？真是无穷无尽，罪人要在炼狱中受到最严厉的惩罚。可是靠这些'赎罪券'，你一次就能终身免除全部惩罚。"

见人们半信半疑，主教又干咳了几声，继续说道："请把购买赎罪券的钱币投到这个柜子里来吧！钱币落入钱柜，'丁当'一响，你们的灵魂就可以从炼狱跳上天堂！"

一些虔诚的教徒听了主教的话后，哆嗦着从口袋里摸出钱，投入钱柜。他们小心翼翼地收好"赎罪券"，指望着死后灵魂能进天堂，不再受罪。

可是，也有人在悄声议论："胡说！我们可不能上当！这是骗钱的把戏！"

"按他的说法，上帝岂不是太贪财了！"

这是发生在 1517 年 4 月一件事。到了这一年的 10 月 31 日，维登堡大教堂门口聚集起了更多的人，他们不是来做弥撒的，而是来看教堂大门旁边贴出的一张文告：

"关于赎罪券的效能……"有人大声念着，"……很显然，当钱币投入钱柜丁当作响的时候，增加的只是教皇贪婪爱财的欲望……"

95 ·“羊吃人”的灾难

绵羊是温顺的动物,它只吃草,怎么会吃人呢?但这是发生在中世纪英国的真实事情。请看英国著名的人文主义思想家托马斯·莫尔,在他的《乌托邦》一书中这样写道:“绵羊本来是那么驯服,吃一点就满足,现在它们却变得很贪婪和凶狠,甚至要把人吃掉,它们要踏平我们的田野、住宅和城市……”

这究竟是怎么一回事呢?

原来,在十五世纪开始,随着新航路的开辟,海外贸易扩大了,人们对呢绒的需求日益增加,从而使得毛纺织业繁盛起来。毛纺织业的原料——羊毛的价格也不断上涨。

英国原本是一个传统的养羊大国。因为,英国是岛国,气候温和,雨水充沛,草木茂盛,适合畜牧和养羊。英国农民几乎每户都以养羊为副业,为国内外呢绒工场提供羊毛原料。

现在,养羊业与农业相比,变得越来越有利可图,一些有经济头脑的英国贵族就开始投资养羊业。但养羊需要大片的土地作牧场。贵族们先是用篱笆把荒地或公共土地围起来做牧场,接着又把原来租种他们土地的农民赶走,甚至把他们的房屋拆除,把所有可以长草的土地都圈占起来养羊,这就是英国历史上有名的“圈地运动”。

一时间,在英国到处可以看到被木栅栏、篱笆、沟渠和围墙分成一块块的草地。对贵族来说,圈地养羊既省钱又省劳力,原来需要二十人耕种的土地,改为牧场后只需一个牧羊人,而牧羊人的工资又是农村劳工中最低的。当时流行这样一句话:“绵羊的蹄子把沙子变成黄金。”

如此一来,大批被赶出家园的农民流离失所,无家可归,只能四处流浪,不少人甚至病倒饿死。这便是托马斯·莫尔所描述的“羊吃人”的现象。

1547 年,英王爱德华六世登基。当时的英国,到处都是失地流浪的农民,他们找不到工作,有不少人沦为盗贼和乞丐,社会秩序十分混乱。英王因此宣布反对“圈地运动”。但一心想发财的贵族们谁也不肯歇手,圈地活动有增无减。

于是国王转而颁布法令,禁止农民流浪乞讨。法令规定:只有年老和丧失劳动力的人才能乞讨,而且必须持有政府发放的乞讨执照。凡是身强力壮的流浪汉,一律逮捕,并加以鞭打,然后遣送回原籍。第二次违令被捕,除了受鞭刑外,还要割去半只耳朵。谁要是第三次违令被捕,则判处死刑。

后来,国王又颁布了更为严厉的法令:凡流浪三天不干活者,就在胸前打上烙印,送回原籍,套上锁链强迫劳动;凡拒绝强迫劳动者一经别人告发,就判为告发者的奴隶;奴隶逃亡超过十四天的,就被判为终身奴隶,并在前额和背上打上烙印;如果逃亡三次的,则以叛逆罪处死。这样一来竟有十万流浪汉被判处绞刑!

终于,被逼得无以为生的失地农民开始造反,其中最有名的是罗伯特·凯特领导的起义。

1549年夏,在英国东部的诺福克郡,当地政府逮捕了几百个无业流民,准备马上处以绞刑。这些流浪汉被关押在相互连通的四间大石屋中。

在被关押者中有一个长得结实的年轻人,他就是罗伯特·凯特。他悄悄对身边的一个关押者说:“兄弟,看来这一两天之内,我们都要被处死。我认识你,你叫康士恩,是远近闻名的石匠。你年轻,又有手艺,怎么就这样白白死了呢?”

康士恩摇了摇头,无可奈何地说:“唉!这日子叫人怎么过呢?家里的田被占了,又找不到活干,只好出来流浪。流浪又招惹谁了,竟然说我们是罪犯。”

“兄弟,我已经约了几个人,准备今天夜里冲出去!”

“几个人怕不行吧?”

“依你说怎么办?”罗伯特·凯特问道。

“依我看,我们几百个被关押的兄弟一起杀出去,反正待在这里也是等死。”康士恩一咬牙,说道。

“好!我们去分头组织。”

他们两人把暴动的想法告诉了众人,流浪汉们都觉得等死不如造反,于是大家纷纷想办法砸断了铁链。罗伯特·凯特和康士恩带头从屋顶的天窗中爬了出去,转到石屋的前院,趁两名看守不备,用石块砸死了他们,然后又找到钥匙打开了石屋的铁门,放出了所有被关押的流浪汉。

众人操起棍棒、石块,在罗伯特·凯特率领下,直扑诺福克郡兵器库,夺取了

许多武器,又向诺福克郡首府进军。

罗伯特·凯特的起义队伍不断壮大,沿途有大批失业工人、破产手工业者参加。到 7 月初,队伍迅速扩大到两万人。起义队伍势如破竹,到 7 月底,就攻占了诺福克郡首府诺里季城。凯特宣布废除圈地,还地于民。

英国政府惊恐万状,一方面派人与起义军商量,假意答应起义者提出的要求,另一方面派出了沃里克伯爵率一万五千名雇佣军前往镇压。

沃里克是一个久经沙场的老将,他手下的骑兵也都训练有素。不久,他们就将罗伯特·凯特的农民军包围起来。经过两天的战斗,起义军大部分逃散了,剩下的一小部分,集中在旧车辆构成的工事后面,准备抵抗到最后。沃里克对起义军许诺说:“只要放下武器,就让你们安全离去。”

凯特最后率领残余部队停止了抵抗,但他们全部被抓了起来。罗伯特·凯特以及三百名起义军,最后还是被送上了绞架。

被起义吓坏了的诺福克郡地主贵族们,还嫌沃里克伯爵心慈手软,杀得太少。据说,沃里克对他们说:“你们想把农夫们杀光了,自己去种田吗?”

这次起义是英国历史上规模较大的一次农民起义,虽然失败了,但在一定程度上遏制了诺福克郡的圈地运动,保存了那里的许多自耕农。这些自耕农后来成为十七世纪英国资产阶级革命时期议会军的主力。

96 · 血腥的殖民

这是西方历史上最不光彩的一章。

十五世纪末开始的地理大发现，包括达·伽马到达印度、哥伦布发现新大陆、麦哲伦环球航行等活动。地理大发现的直接结果就是殖民帝国的建立。欧洲最著名的殖民帝国，有以下四个：葡萄牙、西班牙、荷兰和英国。

这些国家的殖民地，往往比本国领土大上几十倍，甚至上百倍。殖民地的人民也多于本国的好几倍。欧洲的殖民者，依靠先进的武器和工具，对殖民地人民进行最野蛮、最血腥的统治。因此，这些殖民地的被征服史是用血与泪写成的。

葡萄牙是欧洲的一个弹丸小国，但却是最早进行海外殖民的国家。葡萄牙位于欧洲的最西端，西面就是辽阔的大西洋，葡萄牙人很善于航海。1497 年 7 月，航海家达·伽马从葡萄牙扬帆南下，沿非洲西海岸航行，十一月绕过南非的好望角，到了非洲东海岸。然后在一个阿拉伯领航员的指引下，达·伽马船队穿越了广阔的印度洋，于 1498 年到达了印度。达·伽马的这次远征，开辟了通往印度的新航路，还运回大量香料、丝绸、宝石、象牙等物品，获得纯利竟达远航费用的六十倍！

1502 年，达·伽马奉命向印度洋作第二次航行。这一次，他升任葡萄牙海军上将，率领着二十艘船只组成的舰队，沿路到处耀武扬威。

在印度洋上，他遇到了一艘商船，船上有四百名非洲的摩尔人，他们是去麦加朝圣的。达·伽马喝令这艘船停下，然后率领葡萄牙人上了船，强迫船上所有的人交出一切财物，随后下令放火烧船。商船船长哀求达·伽马："阁下，你把我们全毁了，什么也得不到。你可以把我们戴上镣铐，把我们送回岸边。如果我们不能让你的船不费分文地装满香料，你就可以下令烧死我们。请想想，我们是举手投降的，并没有丝毫反抗。请你凭着人类的良心看着办吧！"

达·伽马的良心是坐在自己的船舱里，通过舷舱欣赏大火吞噬商船的景象。妇女紧紧地搂住儿童，用最动听的语言苦苦哀求饶命。其他人则绝望地想扑灭船上的大火。最后，达·伽马下令开炮轰击，把熊熊燃烧的船沉入海底。

达·伽马的这种暴行,以后成了葡萄牙人对付被抓商船的惯例,有时在烧船前还要把船上的人割耳、割鼻、挖眼;在岸上对付土著人也是如此。

葡萄牙人想通过这条新航线,垄断东西方的香料贸易。为此,他们攻占了作为贸易必经之处的咽喉要地:非洲南端的好望角、进入波斯湾的霍尔木兹海峡、连通两大洋的马六甲海峡。随后,葡萄牙人还攻占了印度的果阿,把它作为在印度进行贸易的基地。这样,葡萄牙人就基本上完成了他们的殖民帝国蓝图,帝国的面积并不大,但它包括了东西方贸易的每一个咽喉要地。

这时,西班牙也开始殖民掠夺,并与葡萄牙发生冲突。1494年,在罗马教皇的仲裁下,西班牙与葡萄牙签订了一个条约,在佛得角群岛以西约两千公里的地方划一条线,规定线的西边属西班牙,以东属葡萄牙。这就是所谓的"教皇子午线"。这样葡萄牙就获得了几乎整个亚洲和非洲,外加南美洲的巴西。西班牙则获得除巴西外的整个南北美洲。

西班牙征服美洲靠的是两个殖民头子:科尔特斯和皮萨罗。

科尔特斯于1519年带着十一条船和七百来名士兵,还有几匹马,从古巴出发,前往美洲阿兹特克帝国。

科尔特斯一到阿兹特克,便把许多印第安人的首领请来,在他的营帐前会谈。为了炫耀武力,他命令一门加农炮开火。"轰隆"一声,炮弹蹿出炮管,飞行时发出刺耳的声音,跃过山顶。听到这么巨大的响声,印第安人个个胆战心惊。

印第安人从来没有见过马。科尔特斯在印第安人面前牵来一匹种马(雄马),随后又偷偷在他们后面放上一匹牝马(母马),于是种马猛烈地刨地嘶鸣、狂乱不已,眼睛瞪着印第安人,其实是望着传来牝马气味的方向。印第安人却以为这匹种马是在向他们怒吼。

然后,科尔特斯告诉印第安人,说他们已是西班牙人的臣民,命令他们放弃原来的宗教。这批印第安人在科尔特斯的连哄带吓下,愿意臣服西班牙殖民者。

科尔特斯不费什么力气就一直打到阿兹特克的首都特诺奇蒂特兰。阿兹特克王蒙特祖马对西班牙人毫无戒心,十分友好。科尔特斯竟利用印第安国王的天真,将他囚禁起来,然后就假借蒙特祖马的名义大肆搜刮金子和银子。当西班牙人为了抢劫金子竟然破坏印第安人的神庙时,他们终于起来反抗了。可是长矛、弓箭哪是火枪、大炮的对手,最后反抗者被杀尽,特诺奇蒂特兰被夷为平地。

以后，殖民者在特诺奇蒂特兰的废墟上建立墨西哥城，成为这一大块殖民地的首府，科尔特斯就是第一任总督。

另一个殖民者皮萨罗在 1531 年来到印加帝国，他的部队只有一百多人、两门火炮和几匹马。

当皮萨罗来时，老印加王刚死，他的两个儿子为争王位打得不可开交。结果哥哥赢了，杀了弟弟。这个新印加王对殖民者表示欢迎，亲自去看望这些新来的“客人”。皮萨罗竟不客气地将这位好客的国王逮捕起来，关进了一间屋子。这间屋子长七米、宽五米、高三米，体积约一百立方米。皮萨罗对印加王的臣民说，如果他们想救国王的命，就得用黄金把这间屋子填满。

五个月后，印加人运来了工艺精美、金光灿灿的黄金器物，把房间填得满满的。皮萨罗迫不及待地建起了几座熔炉，将黄金器物和饰品统统熔化，制成金锭，以便运输和分赃。印加人天真地相信殖民者像他们一样会守信用，但他们错了。得到如此巨大的财富后，皮萨罗根本没有释放印加王，而是直截了当地将他绞死，临死前还逼他改信了基督教，说是这样可以免除下地狱受苦。

灭亡印加帝国后，皮萨罗就把这里变成了一个新殖民地，就是现在的秘鲁。

在西班牙人到达美洲的最初五十年中，被屠杀的印第安人数达一千二百万以上。

葡萄牙、西班牙的殖民掠夺充满着血腥，可是随后的殖民者做起了更为邪恶的生意——贩卖非洲黑奴。参与贩奴的国家有葡萄牙、法国、荷兰等，不过最大的奴隶贩子是英国人。

英国最早的黑奴贩子是霍金斯，早在 1562 年他就把一批黑奴运到美洲，经过两次这样的贩运之后，他一下子成为全英国最有钱的人。

贩运黑奴可以牟取高达几十倍的暴利。在非洲，最多花三十英镑可以买到一个黑人，运到美洲后至少可以卖上二百英镑。还有什么生意比这更赚钱呢？

最初，殖民者亲自抓捕黑人，但经常遭到黑人们的激烈抵抗，伤亡太大，捕获不多。后来，他们改变策略，在非洲西海岸设立收购奴隶的商站，唆使部落酋长到内地捕掠奴隶，然后用枪支、甜酒、玻璃珠等东西，从部落酋长手中换取奴隶。捕获的奴隶先被关在沿海商站的地牢里，等候贩奴船转运。

在贩奴船上，船舱里拥挤不堪，空气闷热污浊，饮食和卫生条件极其恶劣，传染病时常流行,奴隶死亡率高达百分之三十到五十。

黑奴贸易给西方,尤其是英国带来了巨额财富,为他们早期资本主义的发展提供了原始资本。在黑奴贸易中,共有一千万黑人被卖到美洲做奴隶,但非洲因此而损失的人口超过一亿。也就是说,殖民者为了把一个黑人从非洲运往美洲做奴隶,要杀害九个人!

以上只是西方列强血腥殖民活动的一个缩影。

年仅十三岁的阿克巴继承了莫卧儿帝位。阿克巴是莫卧儿帝国又一位杰出的统治者。

阿克巴幼时未受到良好的教育,但却锻炼了一副强壮的体格。他在将军巴伊拉姆汗的辅佐下,开始治理莫卧儿帝国。他刚继位时,莫卧儿帝国的领土很小,首都德里被阿富汗贵族希姆占领。

希姆聚集起十万军队、一千五百头战象,想一举消灭弱小的莫卧儿人。而阿克巴的军队总共只有两万人。一些大臣劝阿克巴退出印度,回喀布尔休养生息。但巴伊拉姆汗将军力排众议,提议调动一切力量与希姆决战。阿克巴采纳了这建议。

决战的地点,是德里以北的帕尼帕特,三十年前阿克巴的祖父巴卑尔取得重大胜利的地方。

1556 年 11 月 5 日,第二次帕尼帕特战役打响。战斗开始时,希姆派出战象进行冲锋,莫卧儿军有些慌乱。但莫卧儿军很快稳住阵脚,发挥了侧翼进攻的优势,同时由弓箭手组成的射骑队展开进攻。战局发生改变,阿富汗人开始溃退,希姆本人也被乱箭射死。

第二次帕尼帕特战役的胜利,使莫卧儿人军威大振。很快,莫卧儿人攻占了德里。以后,莫卧儿帝国走上了不断扩张的道路。

1560 年,阿克巴亲政。他建立起完备的中央集权制度。君主有至高无上的权力,下设四个大臣,分管财政、军事、工商业和司法。全部政府官员都授予军阶,按军事方式编制起来。军阶分三十三级,最高级可指挥一万三千人,最低级可指挥十人。

阿克巴虽是一个正统的伊斯兰教徒,但在宗教问题上却比较宽容。他废除了对非伊斯兰教徒征收的人头税,政府中也任用了许多印度教徒,甚至还请来了基督教牧师布道。他注意革除印度教社会陋习,下令允许寡妇改嫁,废除寡妇殉葬制度。

阿克巴亲自处理帝国政务,有条不紊。他每天黎明就起床,日出后在皇宫窗台前向市民互道早安。然后上朝,朝廷上有各种人,有富人也有穷人,有男人也有女人,有印度人也有穆斯林,阿克巴耐心地倾听人们的上诉,认真审理案子。中午时分,阿克巴退朝,去处理后宫事务。下午,他召开宫廷会议,处理日常的国

家事务，发布命令，讨论官职任命。然后，他视察马厩，检查一下大象和马匹，也查看一下作坊或工作室。傍晚他在自己的书房接见大臣和心腹顾问，处理机密事宜。他建立的日常工作制度，也传给了莫卧儿帝国的后继者们。

在阿克巴统治印度的四十多年时间里，他通过战争和怀柔两种手段，不断地扩大帝国领土。他不仅统一了北印度，而且还占有了南印度的部分地区。

1605 年，阿克巴去世。在他统治期间，他把一个年轻脆弱、内外交困的国家，变成了一个繁荣富强的帝国。

此后，杰汉基、沙吉汗、奥朗则布相继成为莫卧儿的统治者，此时的莫卧儿帝国仍很强盛。但是到了十八世纪中叶，欧洲列强涌入，争相攫取印度的财富。首先来的是商人，接着来的是军人。终于，在 1857 年，莫卧儿的末代皇帝被英国人驱逐到了缅甸。

98 · 伊凡雷帝

在莫斯科红场的南面，有一处美丽的彩色建筑，叫圣·瓦西里大教堂。它由九座圆顶高塔组成，中间一塔稍大并高高隆起，四周八座小塔紧紧围绕。每座塔各有不同形状的圆顶，各塔塔身花纹奇异，色彩绚丽，整个建筑仿佛是一座童话中的城堡。这是俄国沙皇为纪念征服喀山王国而建造的，它于1560年竣工。因为这座建筑太美丽了，沙皇伊凡四世不想让他的建筑师再造出比这更辉煌的建筑，竟然下令弄瞎了建筑师的眼睛！这个沙皇在俄国历史上以暴虐著称。

1530年8月25日，莫斯科克里姆林宫诞生了一位小王子，他就是后来的沙皇伊凡四世。这时，阵阵雷声在莫斯科上空轰鸣，万里晴空中，一道闪电击中了克里姆林宫。这是一个不祥之兆。俄罗斯贵族派出一个代表团，来到俄罗斯东边的喀山汗国，请求可汗解释这个天象。这时，善解天象的可汗妻子说："沙皇已经在你们中诞生，他生有两排牙齿，一排用来吞食我们，一排用来吞食你们。"

因为这位未来的沙皇诞生在雷鸣之时，脾气又暴躁，后来被称作"伊凡雷帝"。

伊凡四世从小多灾多难，三岁时，他的父王便因病去世，八岁时，代他执政的母亲又被人毒死，剩下他孤单单一人。那些宫廷大贵族从来不把年幼的伊凡四世放在眼里，成天在他面前争权夺利，大吵大闹，甚至威胁他、侮辱他，把他当做克里姆林宫的"囚徒"。这使得伊凡四世从小对那些贵族老爷充满仇恨，并且变得特别残忍。少年时的伊凡四世经常残忍地将小鸟拔掉羽毛、挖掉眼睛，看着它们慢慢死去；或者把小猫、小狗从塔楼上扔下，从中寻找乐趣。好在他的启蒙老师、大主教马卡林教他读书、写作，使他成为一位有文化知识的俄罗斯统治者。马卡林还向他灌输树立君王的权威、建立东正教大帝国的思想。

1547年，伊凡十七岁了，到了登基的年龄。克里姆林宫大教堂举行了隆重的加冕仪式，大主教马卡林把一顶从东罗马帝国传下来的皇冠戴在他头上。为表明自己已拥有无限的权力，他采用了"沙皇"的称号。沙皇一词并非伊凡的创造，它来源于古罗马皇帝的称号"恺撒"(俄语"沙"是从拉丁文"恺撒"一词转音而来)，伊凡四世成了俄国第一位沙皇。

年轻的伊凡虽然加冕称帝，但宫中掌握实权的是大贵族格林斯基家族。格林斯基是伊凡的舅舅，一直在各地横征暴敛，独断专行，莫斯科人民为此怨声载道。

伊凡加冕后的第五个月，一场可怕的大火降临在莫斯科。时值盛夏，久旱未雨，火势凶猛，城市大部分被焚，一千七百人被烧死，大批居民流离失所。这时流言四起，人们传说是格林斯基家族的人放的火。于是暴怒的群众将仇恨都集中到格林斯基身上，他们冲进克里姆林宫，找到格林斯基家族中的一人，当场用石块将其砸死。市民又将格林斯基家的住宅洗劫一空，并杀死了所有能找到的格林斯基的家族成员。面对怒不可遏的群众，沙皇伊凡四世发誓将惩处格林斯基家族。群众这才散去。

伊凡四世被这次人民造反吓得胆战心惊，他得出一个教训：应该自己行使权力来治理国家，再也不能让大贵族为所欲为。于是，伊凡四世开始进行政治改革。他大力加强皇权，削弱和打击大贵族势力，提高中小贵族、城市商人的地位。他统一了全国的法律，起用中小贵族担任法官；还颁布《兵役条例》，规定凡拥有一百五十俄亩土地的人出一名骑兵服兵役，增加了沙皇军队的力量。

伊凡四世稍稍稳固了自己的统治后，便开始向周边地区扩张，以扩大沙皇俄国的版图。

伊凡的侵略矛头首先指向伏尔加河中游的喀山汗国。喀山汗国是蒙古人建立的封建国家，由于地处交通要道，商业繁荣、土地肥沃、物产丰富，俄罗斯历代统治者都对它垂涎三尺。伊凡四世曾三次派兵入侵喀山，但都以失败告终。但他野心不死，在对军队进行改革后，又开始第四次入侵。

1552 年，伊凡四世亲自率领十五万大军、一百五十门火炮，还运来了移动攻城塔，于 8 月下旬直逼喀山城下。喀山守军不过三万，只有火绳枪，但喀山军民不畏强暴，奋起抵抗。经过一个月的攻城战，俄军仍然不能破城。

这时，伊凡想出一计，他命人从城外抓来三百四十人作为人质，押到城下要挟喀山守军投降。可喀山守军拒绝投降。恼羞成怒的伊凡下令在城下处死全部人质。随后，俄军又发动了更为猛烈的进攻。喀山军民英勇不屈，誓死抗敌。俄军每前进一步，都要付出很大的代价。

最后,俄军破坏了地下水道,切断了喀山水源,并花了十天时间,挖开一条直到城墙底下的二百米的秘密通道。俄军在炸毁一段城墙后,冲进城内。10 月 2 日,喀山城终于被攻陷。喀山守军大部分被杀,妇女、儿童被俘,财物被劫,房屋被焚。喀山汗国被纳入俄国的版图,伊凡四世随即自称"喀山沙皇"。

以后,伊凡又占领了伏尔加河下游的阿斯特拉罕汗国。为了取得波罗的海的出海口,伊凡又与波兰、瑞典打了一场长达二十五年的战争,结果以失败而告结束。

伊凡四世在对外扩张的同时,在国内则致力于打击世袭大贵族的权力,为此他精心设计了"特辖制"。

1564 年 12 月 3 日,沙皇及其家属突然乘马车从克里姆林宫出走。沙皇这次出走不同寻常,行动严守秘密,气氛格外阴沉,预示着一场严酷的争斗即将到来。

一个月后,当大贵族和主教的代表找到沙皇,恳请他复位时,伊凡痛斥大贵族对他不忠。他表示同意复位,但必须给他非常权力,以处置不听话的大贵族。第二年 2 月中旬,沙皇回到首都,宣布实行"特辖制"。

他先把全国领土划为普通区和特辖区。特辖区主要在俄国中部,约占全国一半土地。这些地方富饶、繁荣,具有重要军事意义。特辖区内土地一律变成王室的财产,由沙皇分封给对他忠诚的中小贵族。而特辖区内大贵族一律移居到边远地区。

然后,伊凡四世建立特辖军,以清除不忠于沙皇的大贵族。特辖军骑兵由一千人组成,其成员都经过严格挑选。特辖军身穿黑色服装,在马鞍边上挂着一个狗头和一把大刷子,表示扫除一切叛逆分子。在沙皇的直接指挥下,特辖军镇压和屠杀了许多大贵族集团。

伊凡四世生性多疑,反复无常,又极端残忍。他依靠特辖军,前后共杀死四千名大贵族,杀害的平民百姓更无法计算。但在长期的国内斗争和对外战争中,他变得精神失常。一次,他在暴怒之下失手打死了自己的儿子,随后又悔恨不已,刚过五十岁就已显著衰老,神情呆滞。1584 年 3 月 19 日,伊凡四世在下棋时突然倒地而亡,死因不明,至今仍是个历史悬案。

99 · 尼德兰革命

1566 年早春的一天,浩瀚的大西洋波澜不兴,一艘西班牙商船正在海面上缓缓行进着,船上满载着从美洲抢掠来的金银财宝。水手们很兴奋,因为再有半天的航程,就可以返回西班牙港口了。

这时,远处的海面上出现了几个小黑点,很快越变越大,正朝着西班牙商船驶来。瞭望的哨兵登上了桅杆,仔细地观察着。

“报告长官,是一些小渔船。”

西班牙船长松了一口气,他最担心的是碰上英国的海盗船。可这些渔船虽然破旧,速度倒是挺快的。不一会儿,渔船就驶近了。还没等西班牙船长反应过来,周围的渔船上就发出喊声:“我们是‘海上乞丐’,立刻停船让我们上船!”

渔船上伸出无数的火枪和火炮,对准了西班牙船只。说时迟,那时快,一些“乞丐”已用钩子钩住商船,敏捷地爬了上去。

西班牙人此时毫无防备,只能乖乖束手就擒。西班牙船长垂头丧气地站着,眼睁睁地看着满船的财物被搬到渔船上。随着一声哨响,渔船又都离开商船,向着大洋远处驶去……

消息传到西班牙,国王腓力二世怒不可遏:“该死的尼德兰‘乞丐’! 你们将会为此付出沉重的代价。”

“尼德兰”是荷兰语“低地”的意思,它包括现在的荷兰、比利时、卢森堡和法国北部的部分地区,人口约有三百万,大小城市一百四十座,人称“城市之国”。

新航路发现以后,欧洲的商业中心转移到大西洋沿岸,促进了尼德兰经济的发展。其中的阿姆斯特丹城以航运业和捕鱼业著称,佛兰德尔地区以毛纺织业闻名,安特卫普则是南方最大的港口城市,经济往来极为繁忙。

十六世纪初,尼德兰归西班牙王国统治。西班牙国王在尼德兰推行专制政策,横征暴敛,拼命搜刮,当时西班牙国库收入的半数来自尼德兰。

西班牙是一个天主教国家,而尼德兰人大部分信仰新教。西班牙国王为了维护专制统治,在尼德兰设立宗教裁判所,残酷迫害新教徒。国王颁布诏令:对于那些传播新教,或接触新教书籍的人,男的杀头,女的活埋或被烧死。

尼德兰从贵族、市民到广大劳苦大众,全都忍无可忍。终于,到 1566 年,人们纷纷组织起来,砸天主教堂,捣毁圣像、圣物,焚毁地契,冲击监狱,掀起了一场声势浩大的起义。西班牙贵族辱骂造反的尼德兰人是“乞丐”,而起义者则高呼“乞丐万岁”,还把“乞丐”的标志——一个讨饭袋绣在衣服上,以此作为起义的标志。

西班牙国王为镇压起义,派出了以残暴闻名的阿尔法公爵到尼德兰任总督。1567 年,阿尔法率领着一万八千名西班牙士兵到达尼德兰,在许多大城市布防,开始镇压革命运动。

阿尔法一到尼德兰,就设立一个名叫“防暴委员会”的特别法庭,大批逮捕起义者,不经审判就处以死刑。尼德兰各地布满了绞架和断头台,火刑柱的浓烟弥漫大地,先后有八千人惨死在阿尔法的屠刀下。刽子手们到处杀男人,烧女人,砍贫民,绞贵族,连安特卫普的一个市长也给杀了。一时间,尼德兰到处是腥风血雨。

紧接着,阿尔法在尼德兰加紧搜刮钱财,征收苛捐杂税。他扬言:“宁把一个贫穷的尼德兰留给上帝,不把一个富裕的尼德兰留给魔鬼。”

但是,尼德兰人民并没有被西班牙的白色恐怖所吓倒。他们在海上和密林中组织起游击队,自称“海上乞丐”和“森林乞丐”,到处打击敌人。

1572 年 4 月,一支由二十四艘战船组成的“海上乞丐”游击队,向尼德兰北部城市布里尔发起攻击,很快攻占全城。阿尔法的军事防线被撕开了一个大缺口,海上游击队在尼德兰本土建立了据点。

1572 年 7 月,尼德兰北方各省已基本独立,贵族奥兰治亲王威廉被推举为总督。

在南方的密林中,活跃着一支支“森林乞丐”游击队,他们不断地袭击西班牙驻军,让他们不能安生。南方的“森林乞丐”与北方的“海上乞丐”互相呼应,使阿尔法腹背受敌,顾此失彼。

1574 年 5 月,西班牙军队经补充后卷土重来,包围尼德兰的滨海城市来登。来登市民坚持抵抗达数月之久。当城中弹尽粮绝,西班牙人派出使者,让来登人开城门投降,来登人回答道:

“只要你们还听得见城里有狗吠猫叫的声音，就知道城市守得住。为了保卫我们的妇女、我们的自由和我们宗教，免受外国暴君的摧残，我们宁可吃掉自己的左手来保全右手，也决不投降！”

后来，“海上乞丐”掘开堤坝，打开水闸，用洪水淹没敌军，敌人伤亡惨重，被迫撤退。

为了巩固革命成果，1579 年初，北方各省与南方的部分城市组成乌特勒支同盟。同盟宣布永不分裂，制定统一的最高权力机关。1581 年，它们宣布不承认西班牙对尼德兰的统治权，成立联省共和国。因为各省中荷兰省地域最大，经济也最发达，所以联省共和国后来改称为荷兰共和国。从此，尼德兰分成两部分，北部形成独立的荷兰共和国，南部仍然处在西班牙统治之下。

直到 1609 年，西班牙同北方缔结了休战协定，这实际上是承认了共和国的独立。而尼德兰的南部后来则形成比利时和卢森堡。

尼德兰革命是人类历史上第一次成功的资产阶级革命。通过革命，建立了欧洲第一个资本主义共和国。但这次革命只是区域性的，对世界历史的影响较小；所成立的共和国只是一个贵族式的共和国，保留了很多封建残余。所以，我们说它是中世纪最后一场革命，它给人们带来资本主义即将开始统治世界的信息。

100·“无敌舰队”的灭亡

1588年7月中旬的一天，一支庞大的西班牙舰队浩浩荡荡地向英国海域进发。这支舰队拥有大小舰只一百三十艘，舰载火炮三千门，陆海军人员共三万人，西班牙人骄傲地称它为“无敌舰队”。7月21日，“无敌舰队”驶进英吉利海峡。

英国女王伊丽莎白得知敌舰来犯，立刻派遣早已等候多时的英国舰队前去拦截。

第二天清晨，西班牙舰队司令西多尼亚公爵，登上旗舰瞭望台，观察英国舰队动向。他看了一会儿，脸上露出了笑意，轻松地对部下说：“哈哈，伊丽莎白肯定把造军舰的钱花在做华丽的衣服上了。你们瞧，她的舰船数量倒不少，只可惜太小了。那也能称作舰队吗？”

随即，他命令舰队全速逼近英国舰队，一场大海战即将展开。

这场海上冲突是如何引发的呢？

事情还得从地理大发现谈起。哥伦布发现美洲后，西班牙人到处抢占殖民地。到十六世纪中叶，西班牙的殖民势力范围已扩大到欧美亚非四大洲。西班牙依靠庞大的舰队，垄断了许多地区的贸易，干预欧洲各国事务，不断发动战争，一时间竟然成为世界霸主。而此时的英国，通过圈地运动、海外贸易、殖民掠夺，羽翼渐渐丰满，也想称霸天下。这样，两个扩张中的帝国，不可避免地要发生冲突。

西班牙国王腓力二世处心积虑地想控制英国。早在1568年，英国(当时称英格兰)的邻邦苏格兰国内发生政变，苏格兰女王玛丽逃到英国，投靠她的亲戚——伊丽莎白女王。但她一到英国，就被伊丽莎白软禁起来。而玛丽是西班牙国王腓力二世的求婚对象。于是，玛丽被囚禁后，腓力二世便开始了营救活动。他秘密联合英国国内的天主教徒，发动武装暴动，企图救出玛丽，让她当英国女王。但是这次武装暴动很快被伊丽莎白镇压下去。腓力二世并不死心，多次派遣间谍去英国谋刺女王。

伊丽莎白很幸运，几次暗杀都被她摆脱了。可是，她知道，只要玛丽还活着，腓力二世就不会停止阴谋活动。但若将玛丽处死，西班牙就可能公开发动反对英国的战争。如何处置玛丽，成了伊丽莎白非常头疼的问题。

转眼间，玛丽被伊丽莎白囚禁快二十年了。这天，国务大臣匆匆地来找女王。

“陛下，有好消息了。”他有些喜形于色，“玛丽与外国勾结的密信，已被我们派出去的间谍查获。这下我们有处死玛丽的借口了。”

“可处死她会引来西班牙人的舰队。”女王不安地说。

“英国与西班牙迟早会开战，我们的皇家海军早已准备就绪。只有打败西班牙的无敌舰队，我们才能掌握制海权，从而无敌于天下。”

“我绝对相信我们无畏的海军将士，但这可是一场空前的大战啊。”

“看在耶稣基督的分上，陛下，你应该像一个伟大的国王一样发挥你的力量来保护自己，果真如此，则一切毫不可怕。反之，危险就在眼前。”

伊丽莎白终于不再犹豫，下令处死玛丽。

玛丽一死，西班牙国王腓力二世本想指望玛丽颠覆英国的企图破灭，除了对英宣战，没有第二条路可走。他立即行动起来，用了整整一个夏天，集合起庞大的“无敌舰队”，并且任命西多尼亚公爵任舰队总司令。可惜这西多尼亚公爵，本是个陆军将领，不但没有海战经验，甚至还会晕船。

腓力二世此次与英国交战，不仅是因为伊丽莎白处死玛丽，更是因为伊丽莎白纵容英国海盗，抢劫西班牙从殖民地运载金银的船只，使西班牙蒙受了巨大的损失。有人形容，这些英国海盗的抢劫活动，就像一根绞索套在了西班牙国王的脖子上。因而，腓力二世发誓要不惜一切代价，征服英国，消灭伊丽莎白。

海战在 7 月 22 日凌晨爆发。英国舰队抢占了上风的位置，排成一字长蛇的纵队，一面行驶，一面从远距离发炮轰击。一时间，炮声隆隆，水柱冲天，好几艘西班牙军舰中弹起火。

西班牙人又将战舰排成几路纵队，快速前冲，企图以巨大的舰身撞击英舰。不料，英国战舰灵巧地躲开西班牙舰队，根本不让西班牙战舰靠近。不仅如此，这些小巧灵活的英国舰只，原本大都是海盗船，竟能够横过来开炮，而且火力猛，弹无虚发。不一会儿，又有几艘西班牙战舰被击沉。这时，西多尼亚公爵才领教

这些英国“小船”的厉害。

原来，海盗出身的英国海军将领豪金斯，为了迎战西班牙舰队，将英国战舰进行改进，增加了舰的长度，去掉了船楼结构，把许多火炮装在舷窗内而不是装在甲板上，使它的火力强度和准确性大大提高。此外，他们还尽量避免与西班牙舰队近战，而采用远距离炮击。相比之下，西班牙军舰既高又大，行动缓慢，自然成了英军“小船”炮击的靶子。

激烈的战斗持续了一整天，“无敌舰队”几艘分舰队的旗舰被击伤，退出了战斗，还有几艘军舰被击沉。接下来的几天战斗中，英国人仗着高超的航海技术，想战则战，想走则走。他们可以用舷炮远距离打击西班牙人；而西班牙人拿手的接舷战却无法施展，火炮射程又近，常常打不中英舰。交战的第六天，“无敌舰队”躲进多佛尔海峡（英法之间连接北海和英吉利海峡的海上通道，法国人称为加来海峡），在此等待援军的到来。

7月28日午夜，月黑风高，云雾重重。西班牙舰上的水手均已酣睡。英国人巧施妙计，把八艘小船装上沥青、油脂和柴草，趁着顺风点燃后向西班牙舰队驶去。顿时，一片火海，烈焰熊熊，“无敌舰队”陷入了混乱中，在断缆开航时各船乱成一团，有的着火烧毁，有的相撞沉没。剩下的西班牙舰只乘着风势向北逃窜，准备绕过苏格兰、爱尔兰回国。可是这些舰只在海上遇上了大风暴，不少舰只沉没了，有的甚至被刮到了挪威海岸。

到1588年10月，西多尼亚公爵带领残部，历经千辛万苦回到西班牙时，仅剩下四十三艘残破舰船，“无敌舰队”几乎全军覆没。西班牙从此一蹶不振。而英国一跃成为海上强国，开始走上了称霸世界的道路。

101 · “长期议会”和《大抗议书》

英国伦敦。坐落在泰晤士河西岸的威斯敏斯特宫庄重典雅。时值深秋，雾气从河面升起，弥漫开去。更确切地说升腾、弥漫的不是雾气而是杀气，就在这里，议会下院议员皮姆、汉普顿、马尔腾等人为代表的共和派与国王查理一世的专制王权的斗争，从今天起进入白热化。这天是 1640 年 11 月 3 日。

刚愎自用的查理一世终于在停止议会十一年后再度召集这次议会。他是想让议会通过他讨伐苏格兰的经费筹集方案。由于他强令苏格兰民众改变他们多年的宗教信仰，独尊英国国教，激起了苏格兰人的强烈反抗。想不到议会开会不久，皮姆等议员就提出要起诉查理一世的宠臣斯特拉福伯爵。

当时英国议会中的上院，百余名议员都是贵族。下院里，代表新兴资产阶级利益的皮姆等议员才七十多位，在下院五百多位议员中只占少数，但是共和派议员却得到伦敦民众的支持。成千上万名民众，将要求惩处反动首脑人物斯特拉福伯爵的请愿书投向下院。下院以绝对多数票通过了判处斯特拉福伯爵死刑的提案。提案送达上院，贵族议员傲慢地拒绝讨论：“就这样判处一位大臣死刑，有悖于我们贵族的高贵精神。”

可是神色紧张的门卫报告：“宫门已被无数市民包围。那些人狂热地高呼‘制裁、制裁’的口号呢！”

“不得了了！那些粗野的人竟然拦住我的马车，质问我是否投票赞成处死斯特拉福伯爵。他们还说如果我反对，今晚就捣毁我的住所……”一个满脸惊慌的议员进门后，气喘吁吁地说道。

整整两天，伦敦市民上街游行，齐声痛骂拒绝处死斯特拉福伯爵的议员是“卖国贼”！所有的店铺都关了门。民众的压力终于灭掉了上院的气焰。但是，投票赞成处死斯特拉福伯爵的议会提案，必须经过国王签署。查理一世当然要拯救自己的宠臣。于是，民众又涌向王室当时居住的白厅，一拨一拨衣着破旧的平民涌进宫廷花园。王后、公主们吓得手脚发软。于是，国王被迫让步。

处死斯特拉福伯爵那天，伦敦有二十万人兴高采烈地赶去观看。

在民众的力量推动下，共和派议员皮姆等人又通过议会，相继逼查理一世签署了好几项抑止王权、有利于新兴资产阶级发展的提案。其中有“三年法案”。它规定议会必须定期召开，两届议会期间相隔时间不得超过三年；还有提案规定不经过议会同意，国王不得收税；过去在议会停止期间国王征收的“船税”被宣布为非法。同时议会又要求国王释放一些被关押的共和派人士，取消多个封建王权的特权机构，等等。还有一项提案规定，非经议会同意，国王不得下令解散议会。就这样，这次从 1640 年 11 月 3 日起召集的议会，断断续续一直存在到 1653 年，被后世史书称为“长期议会”。

“长期议会”又拟了一篇《大抗议书》。提出《大抗议书》是为了维护议会的权益，所以它列举了查理一世过去长期不召集议会、滥用权力的一系列行为，共二百零四项；还提出工商业自由、成立长老派教会组织等。其中只有很小篇幅提及英国手工业者和农民的贫苦生活现状，而且全文语气极为恭顺，处处充斥着对国王感恩戴德的词语。但是，讨论《大抗议书》时却横生风波，从 1641 年 10 月 20 日起足足花了一个月时间，八易其稿，还是争论不休。

原来，议会内占大多数的贵族议员，亲眼目睹共和派议员由于得到广大民众的支持，一次次逼得国王让步，因此兔死狐悲，深感民众力量的可怕，担心自己的贵族权益也会丧失，便阻挠《大抗议书》顺利通过。11 月 22 日表决那天，从下午起直到黄昏，还是争论不休。某些情绪激烈的贵族居然取下帽子，拔出佩剑砍向地面，表示反对。

这时，一位衣着朴素、衬衣领不那么挺括的议员，激昂地大声说道：“如果今天我们否决了《大抗议书》，明天我就卖掉一切财产，离开英国，我不想再看到英国。我知道还有许多诚实的人也将这样做……”

这位坚决支持《大抗议书》的议员，就是从二十八岁起，在 1628 年和 1640 年两度从汉丁顿地区入选议会的克伦威尔。直到午夜，议会才以十一票的微弱优势，通过了《大抗议书》。

可是，国王拒绝接受《大抗议书》。1642 年 1 月 4 日，查理一世亲率三百余名武装卫士，直闯议会所在地。途中，他们遭到成群结队的市民、水手、脚夫和伦敦郊区农民多次阻拦。按照英国当时法律，国王率兵冲进议会抓人是违法的。但查理一世气急败坏，他想抓住皮姆等五个共和派议员，杀一儆百。可是皮姆等五

人已经不知去向。

“鸟……儿飞走……了!”查理一世结结巴巴地说。他天生口吃,即使经过治疗后,仍只有平心静气时才能说话流利。

查理一世的军队回王宫途中,有民众向国王座车投进一个纸团。打开一看,上面写的字是:“以色列人,回你们的帐幕去!”这句话是史籍中,公元前十世纪犹太部落民众嘲笑无能平庸的国王罗波安的时候使用的。

皮姆等人是在民众掩护下躲藏起来才脱险的。几天后,民众又簇拥着皮姆等五人,以胜利者的姿态回到威斯敏斯特宫,他们受到民众的夹道欢迎。一路上,人们高呼:“保卫议会,保卫王国!”“与议会同生死!”此起彼伏,声震长空。

查理一世眼看伦敦的局势已无法控制,1642 年 1 月 10 日,他只得匆匆逃离首都,那些顽固的保王贵族议员们也相继退出议会,跟着离开伦敦。议会随即命令英国武装部队应服从议会调遣。查理一世则组织保王的贵族武装。1642 年 8 月,查理的保王军队在英格兰中部的诺丁汉树起军旗。

从议会、王宫的唇枪舌剑,到战场的刀光剑影,英国资产阶级革命就这样开始了。

102 · 查理一世被押上断头台

英国国王查理一世逃出伦敦后，在诺丁汉集结起忠于他的贵族武装——王军。王军与忠于议会的议会军多次交战。尽管忠于议会的军队兵员较多，但他们是由英国各郡地方武装联合组成的，装备和军服各式各样，作战能力也参差不齐。议会军与王军作战最初时往往是胜少负多。惟独议员克伦威尔在他家乡汉丁顿郡建立的军队常打胜仗。这支由平民与自耕农组成的骑兵有很强的战斗力，而且纪律严明，被称为“铁军”。

克伦威尔出身乡绅之家。他曾在剑桥大学读书，两次当选议员，是议会下院中代表新兴资产阶级利益、反对封建王权的政治家，又具有出色的军事才干。

1644 年 7 月 2 日，英格兰北部的马斯顿荒野里，王军与议会军两军对峙，一场决战即将展开。但直到黄昏，谁都没有冒险发动进攻。

眼看太阳下山，乌云渐起。往常，夏天常有阵雨。在雨中开战，谁都占不了便宜，王军统帅罗伯特亲王估计对手也多半这样想，就传令准备安营做饭。他计划明天与对手决一胜负。不料此时议会军却突然发动了攻击。

王军仓促组织反击。正拼杀时，一队骑兵挥刀杀入，他们高喊着：“天兵杀过来了，天兵杀过来了。”个个勇猛非凡，毫无畏惧地将王军的骑兵、步兵冲得阵势大乱。这支骑兵就是克伦威尔的“铁军”。

王军中有支“白衣军”——因为军服是用没染色的白羊毛织成的，正在围攻议会军的步兵方阵，眼看即将取胜，想不到“铁军”从背后杀来。“白衣军”腹背受敌，死伤惨重。在夜晚的月光下，伤亡倒地的白衣军横七竖八，如同一块块裹尸体的白布散落在荒野里，让人感到战场的恐怖。

马斯顿荒原一战，王军大败。奉命追击的一支议会军队伍行动迟缓，英王查理一世乘机逃脱。在战斗中脖子负了轻伤、用布包着的克伦威尔，有几分恼怒地追问那支队伍的将领曼彻斯特伯爵，为什么不及时阻击？

“你知道什么？我们打败国王九十九次，他与他的后代仍是国王，我们只要被国王打败一次，我们就会被绞死，我们的子孙将成为奴隶。”

“如果是这样,我们当初就不该拿起武器。”克伦威尔气愤地回敬道。

经过克伦威尔等人的强烈要求和提议,五个月后,议会通过了《克己法案》,这一法案规定议员不得担任军队将领。那些思想保守,有意与国王妥协的议员就此被取消了对军队的控制权。克伦威尔用兵有方,成为议员中唯一的可率军作战的将领。同时,议会军也开始改组,在“铁军”基础上扩编,成立了一支有七千多骑兵和一万四千余名步兵组成的“新模范军”。他们是从出身低微的平民、自耕民和手工业者中招来的,入伍前必须宣誓忠于国家和议会。“新模范军”军纪严明,作战勇敢,并且一律穿红色军服,他们是英国历史上第一支国家常备军。

“新模范军”的司令由非议员又不是贵族的费尔法克斯担任。他要求克伦威尔出任他的骑兵统帅。经过多次战斗后,议会组建的“新模范军”果然屡屡取胜,攻下了王军大本营牛津城。查理一世剃去头发,刮掉胡子,乔装改扮,仓皇逃走。他写的请法国、爱尔兰、丹麦等国派兵干涉英国的信件,来不及烧毁,落入议会军队之手。

有了查理一世里通外国的证据,英国议会下院投票通过组成法庭,审判从苏格兰“引渡”回来的查理一世。审判在 1649 年 1 月 20 日进行。

“查理·斯图亚特,你所犯下的罪行,引发了英国大地上的战事与流血,本法庭将审讯并判决你。”

没戴假发套、身穿黑衣的查理一世作为一名被告出庭。他强作镇定地反问法官:“是谁给予你们这么大的权力?”

“是英格兰的民众。是英国国家的议会。”

原来,查理一世被押回英国后,他曾经希望英国议会中那些思想保守、主张与王权妥协的议员们掌权,那么自己还有机会东山再起。他还逃跑,与苏格兰贵族勾结,组织保王势力与议会军再次作战。克伦威尔率领“新模范军”一次又一次粉碎了他的阴谋和保王军的进攻。议会上院里的那些贵族议员,坚持拒绝批准下院成立审判查理一世的法庭。下院里,代表新兴资产阶级的众多议员,经过激烈的讨论后,通过投票干脆取消了上院。从 1649 年 2 月 7 日起,那些贵族议员与上院一起,从威斯敏斯特宫内消失了。

法院收集的证人和证据,充分证明了查理一世破坏法制,挑动反对议会的二次内战,推行暴政,使成千上万的英格兰人在战争中丧命,犯下了“暴君、卖国贼、杀人犯和国家公敌”的罪行，理应判处死刑。

一个严寒的冬天，查理一世被押上断头台。行刑官手起斧落，英国第一个被公开处死的国王就这样结束了生命。

查理一世的被处死，标志着英国封建制度的结束。英国议会下院宣布取消君王制，成立英吉利共和国，这是英国资产阶级革命取得的胜利成果。

103 · “护国主”克伦威尔

1649 年 8 月 13 日，一支载满着一万两千多名士兵的船队从英格兰的港口，横渡圣乔治海峡，驶向爱尔兰的都柏林。一位身材魁梧、衣着华贵的统帅，威风凛凛地站在主舰的甲板上，他就是克伦威尔。自从半年前查理一世被送上断头台处死后，他成为没有国王的英吉利共和国最有实权的人物。

一阵风浪袭来，船身剧烈摇晃。克伦威尔顿时脸色惨白，晕乎乎地直想吐。他赶紧躲进船舱内，思考着如何镇压爱尔兰民众的反英大起义。

舰队到达都柏林后，克伦威尔先发表了一篇讲话：“我带兵来这里，是来进行一项神圣的工作。我要传播基督的福音，使血迹斑斑的爱尔兰土地，恢复原先的幸福与安宁……”

然后，克伦威尔又发兵攻打德罗盖达城。他将攻城大炮运到城下，集中炮火轰开了城墙，杀死了手持武器抵抗的两千多名爱尔兰士兵。对于固守在教堂里的守军，他用火攻，烧了教堂，击毙了从火堆中逃出来的爱尔兰士兵。他又将这种“屠城”的残杀情况，通告爱尔兰各城守军，威胁他们交出城池，举手投降。

九个月后，镇压了爱尔兰民族起义的克伦威尔又匆匆赶回英格兰。因为议会让他回来带兵出征苏格兰。苏格兰拥护王权的封建贵族，已拥立查理一世的儿子查理二世当新的国王。

克伦威尔率领一万六千名士兵进军苏格兰。英勇善战的苏格兰人顽强抵抗。苏格兰士兵熟悉地形，经常在凌晨时分袭击英格兰军队的后卫部队。

这天，克伦威尔的一万余士兵被两万多苏格兰人阻挡在海边的邓巴城郊。决战前夜，克伦威尔打着火把，骑马来回奔跑，调动布置自己的部队。

第二天天刚亮，克伦威尔的六个骑兵团和三个步兵团就发动了攻击。苏格兰人措手不及，匆忙集中兵力反击。一阵激烈的拼杀后，克伦威尔将四个团的后备队再次投入战场。这时，朝阳从海面升起，克伦威尔喊道：“上帝高高升起了。让他的敌人见鬼去吧！”

训练有素的英格兰士兵奋勇拼杀，苏格兰军队被击溃了，阵亡三千多人，还

有九千余人被俘。而投入进攻的英格兰士兵一共才一万一千多人。

“克伦威尔比魔鬼还可怕。《圣经》上说世人抗拒魔鬼，魔鬼就会离开你。可你如果抗拒克伦威尔，他却向你迎面扑来。”邓巴城郊的战斗后，一个苏格兰传教士惊魂未定地这么说道。

经过几次大的战斗，拥护查理二世的苏格兰人被彻底打败，查理二世逃往国外。爱尔兰和苏格兰的土地都被并入英吉利共和国内。

战功显赫的克伦威尔得意洋洋地回到伦敦。议会把汉普登宫奖励给他，作为他的别墅。可是克伦威尔却又有了个新的念头。

12 月里的一天，一些议员与几位大臣被召集到议长府邸聚会。一进门，他们才发现真正的召集者是克伦威尔。他说今天是自己召集手下的高级将领开会，同时邀请你们几位来，是请大家一起议一议，英格兰究竟建立共和体制好，还是封建君主体制好？

“英格兰数百年来就是君主制。如果从继承传统的角度看，建立君主制更好。得要有一个好君王啊。”那是议员和大臣的意见。

“不！为了推翻君主制，我们的将士流血苦战，如今已经宣布共和体制，为什么要改回去呢？”军官们坚持共和制。

他们可能并不完全明白克伦威尔想成为一国之君的真实想法。克伦威尔知道自己当君王，必然会遭到议会中那些忠于王权和忠于共和议员的双重反对。于是他让忠诚于他的一些高级军官出面。

这天，克伦威尔召集军官们开会，又特地邀请一些议员参加。

“关于解散议会，制定新宪法的问题，我们早就向议会送上请愿书，为什么迟迟不给我们答复！”一位军官高声责问后，马上得到了其他军官的赞同。

“我们已经组织一个委员会，正开始讨论。明天，我想我们会加快进行这件事的。”紧张的气氛使这些议员深感不安。

次日，议会果然加紧讨论此事。但这时，门被粗暴地推开了，克伦威尔怒气冲冲进来：“你们在这里呆得时间太长了，应该让位给更合适的人。你们这些酒徒、色鬼、恶魔，不配再担任议员！我以上帝的名义让你们滚开！”

在克伦威尔身后，是几十名全副武装的士兵。

从 1640 年 11 月开始的这届议会长达十三年，史称“长期议会”，就这样被克伦威尔驱散了。这天是 1653 年 4 月 20 日。

后来，克伦威尔授意组成的一届新议会，也因未能符合他的意愿，再次被他解散。

八个月后，在没有议会的情况下，由克伦威尔手下高级将领成立的“军官议会”拟出一个《施政文件》，这是英国历史上第一个以文件形式出现的成文宪法。《施政文件》宣布克伦威尔成为终身制的“护国主”，并规定英国国家政权由“护国主”、议会和国务会议共同掌管。事实上“护国主”是英国的独裁者。议会决议和国务会议委员人选，都必须经过“护国主”批准才能生效。

1653 年 12 月 16 日，克伦威尔举行宣誓仪式。

“由于国会处在解散状态，而国家的形势迫切需要一个强有力的统治，请阁下接受‘护国主’的职位。”兰伯少将说完后，一名高级军官宣读《施政文件》。克伦威尔随后举起右手，宣誓自己忠于并遵守《施政文件》。他解下自己的佩剑，取过兰伯少将呈上的另一把剑挂在腰间。这样便象征着“护国主”今后将按宪法，而不按军事指挥权来统治英国。

克伦威尔郑重其事地做完这一切，心中欣喜万分。不久后他又设法让议会通过决议，宣布“护国主”是世袭的。克伦威尔从此成为不是国王的国王，独裁统治英国达五年之久。

104·“光荣革命”与《权利法案》

盛夏里的一天，荷兰的海港有艘来自英国的船靠岸。只见一名海员步履匆匆下船后，走上码头，他看看四周没人注意他，就快步走出码头，消失在商贩叫卖声十分喧闹的街头。

荷兰王宫。执政的威廉亲王刚走出妻子玛丽的房间，就有随从报告说，有名海员刚从英国赶来，有重要机密一定要当面呈见亲王。

“从英国来?”威廉亲王暗想。当今英王詹姆士二世是自己妻子玛丽的父亲。他要是有事，也不可能让一名海员来转告啊！亲王有几分疑惑地命卫士将那海员带进宫来。此人举止彬彬有礼，恭敬地向亲王行礼后，从贴身衣袋里掏出一封信，双手呈上。

威廉打开信看后大吃一惊。原来这是一封邀请书:“为了英国国家的安全和法制，特呈请殿下率兵渡海来到伦敦，代替年迈的国王詹姆士二世，治理英国。”

“邀请书”下面签名的是英国几位当权大臣，还有海军、陆军将领以及伦敦大主教。

“请亲王殿下不必怀疑。我的真实身份是英国海军将官赫伯特。”那位海员打扮的人说。这是1688年7月里的一天。

这些年来，英国政局一直不平静。

自从“护国主”克伦威尔病死以后，他的儿子缺乏克伦威尔的军事才干和政治威望，很快就被迫辞去世袭的“护国主”职位。英国政局群龙无首，军队将领争权夺利。原本就是保王势力成员之一的英军驻苏格兰司令蒙克乘机带兵进入伦敦，成立以保王贵族为主的新一届议会。被克伦威尔数次打败、流亡在法国的查理一世的儿子查理二世，被蒙克等保王贵族们迎回，立为国王。

复辟上台的查理二世登基后半年，就开始疯狂报复、迫害参加过英国资产阶级革命的人。1661年1月，那些保王党人在查理二世支持下竟然挖开坟墓，将克伦威尔等主张共和的将领、议员的尸体拉出来，吊在绞刑架上示众，还砍下头颅，挂在威斯敏斯特宫前。连已去世的克伦威尔母亲、妻子和女儿的尸体也不放过。

查理二世让保王贵族们组织法庭。当年判处查理一世死刑的那些法官,被宣判犯有重罪而遭到杀害。查理二世在外交上与法国加强联系,利用法国天主教支持封建王朝的势力,巩固自己在英国的统治。他的复辟王朝威胁着在英国革命中崛起的资产阶级和新贵族的利益。

查理二世死后,他的弟弟继承王位,被称为詹姆士二世。詹姆士二世在打击资产阶级和新贵族利益方面比查理二世更厉害。他起用不少维护封建王权的天主教徒担任朝廷要职。

当时英国维护封建王权的贵族们都世代信奉天主教,主张共和的许多资产阶级议员和在英国革命中发达起来的新贵族都是新教徒。自从 1648 年处死查理一世后,英国政局是信奉新教的议员、将军们占主导地位。可是詹姆士二世却要让信奉天主教的保王贵族逐步掌握实权,他甚至命令新教教堂内要公开朗读有利于天主教的《容忍宣言》。伦敦七位新教的主教由于上书反对这种做法,被詹姆士二世抓起来关入狱中。他还要让法庭追究他们所犯的罪。但是法官尽管想按照詹姆士二世的旨意行事,开庭后也无法证明七位主教上书有罪,当法庭宣布他们无罪开释时,等候在法庭外的近万名市民齐声欢呼。詹姆士二世的倒行逆施,使政府中的大臣们深感不安。就在七位主教无罪释放的当天夜晚,一些信奉新教的贵族和军队将领起草了一份邀请书,让海军将官赫伯特乔装打扮送往荷兰,请同样是新教教徒的威廉亲王来英国统治。

威廉亲王当然不会放弃当英国国王的机会。1688 年 11 月 5 日,他率领三十艘军舰、六百条船运输的一万两千名士兵,在英格兰西部德文郡的图尔港登陆。詹姆士二世得到消息,慌忙调兵抵抗,但是议会不拥护他,百姓反对他,军队当然也不愿替他卖命。派去的军队不但不抗击,反而由将领带领,一批批归顺威廉亲王。连詹姆士二世任命的英军总司令约翰·丘吉尔也带领两名军官向威廉投降。一队荷兰卫兵奉命将詹姆士二世押往罗切斯特,途中他们故意放这位战败的国王逃往法国,这是威廉亲王对他岳父网开一面的安排。

威廉亲王兵不血刃,半个月就进军伦敦。英国的贵族与议员们组成的协商会议在 1689 年 2 月 6 日通过决议,宣布詹姆士二世"退位",由威廉和玛丽夫妇作为英国国王与女王共同统治英国。这次英国君王更替的政变,被后来的历史学家称为不流血的“光荣革命”。

半个月后,伦敦举行了威廉和玛丽的君王加冕典礼,典礼极其隆重。

这天,衣着华贵的威廉夫妇先听一名议会秘书大声宣读《权利宣言》。内容包括:从今以后英国国王不能是天主教教徒,也不能与天主教徒结婚;国王未得议会同意不得征税;未得议会同意,和平年代国王不得招募军队;议会由选举产生并经常开会,议员有言论的自由等等。这项《权利宣言》是为维护资产阶级和新贵族的政治利益,对国王权力进行限制,由协商会议制定的。后来《权利宣言》以法令形式颁布,被称为《权利法案》。

“我以我自己及我妻子的名义宣布,我们将衷心接受这个宣言……我们将以英国议会制订的法律作为治理这个国家的准则……”听秘书朗读完《权利宣言》后,威廉面色严肃地如此当众宣布,然后戴上王冠。

由于玛丽女王不理朝政,实际上英国由威廉统治。从 1640 年开始的英国资产阶级革命,虽然没有彻底摧毁封建势力,但毕竟建立了保证维护资产阶级利益的政权。从此,英国成为世界上第一个有君王,然而王权在议会和法律制约下的资产阶级君主立宪制国家。

105 · 牛　顿

“嗨！这是谁做的小玩具啊！”几个孩子围在边上舍不得离开。这座小小的玩具磨盘，和镇上真的磨盘一模一样。阵风吹来，照样能旋转；麦子倒进去，照样能磨出面来。只是没有风的时候就没办法了。怎么能让它在没有风的时候也能转动自如呢？这个磨盘的发明人，一个瘦弱而聪明的少年来了。只见他把风磨的叶片拆下来，装上一只笼子形状的大轮子，又在笼子形状的大轮子里面关进去一只白老鼠。白老鼠好奇地走了几圈，就飞快地踩动轮子，少年赶紧把麦子倒进磨盘，黄澄澄的面粉就这样磨出来了。

少年的双眼放出喜悦的光彩，周围的小伙伴们一片欢呼。

这个少年叫艾萨克·牛顿。他的特点是特别会动脑筋，曾做过日晷等许多小玩意。因为上学学费贵，他就不再上学，成了一名牧童。但他常常边放牧边看书，以至于羊吃了庄稼都不知道。他的母亲十分生气，镇上的学校校长却深为感动，从经济上帮助牛顿。这样牛顿得以再次进入校门，并且渐渐显露出自己的才华，成了学校的优秀学生，而且对很多科学问题都有浓厚的兴趣。

1661 年，经学校推荐，牛顿进入著名的剑桥大学三一学院。在大学里，他如饥似渴地读了许多大科学家的名著，引起了校长的注意。这位校长本人是一位著名的数学家，他无私地把自己多年的数学心得教给了牛顿，并让他担任自己的科研助手。这一切，为牛顿将来在科学上的成功打下了坚实的基础。在校期间，牛顿开始记录名为《流水账》的学习笔记，随时记下一些思考时的心得。这些智慧的种子后来长成了参天的科学大树。

春天来了，剑桥大学附近的街市星期日有热闹的集市，牛顿与他的同学也来集市逛逛。他走过一个卖玩具和饰物的摊位时，一个三棱镜吸引了他。牛顿买下了三棱镜，回到学校就进了实验室。

牛顿早就注意到彩虹这一自然现象，但虹的本质是什么？他要搞个水落石出。他布置了一间暗室，只让一束阳光进入室内，阳光在墙上投射出一片白光。

牛顿在投射进来的光束中放上那个三棱镜，刹那间，墙上出现了一段人造彩虹。原先白光的位置上，现在分布着一条彩色光带，依次为红、橙、黄、绿、蓝、靛、紫七种色彩。牛顿赞叹着彩光的亮丽。他把三棱镜取走，彩光又变成了白光。这个现象屡试不爽。然而，为什么会这样呢？为了找到原因，牛顿又买了一个三棱镜，进行实验。

这就是著名的光的折射实验。牛顿通过这一实验，不仅发现了光的折射规律，而且发现了太阳的光谱。他提出了光的颜色学说，后来进一步提出了光的微粒学说，还由此发明了世界上第一架反射望远镜，可以清楚地看到木星及其卫星。

然而这些光学发明与牛顿在力学上的成就相比，只能算是小巫见大巫。牛顿把他在《流水账》中的思考笔记整理出来，提出了著名的力学三大定律，为运动、力、时间、空间等下了定义，建立了经典力学体系。在计算物体的运动时，他发明了微积分这个极为重要的数学工具，为变量数学作出了巨大的贡献。

一个春天的下午，牛顿在一棵苹果树下思考引力问题。突然，"噗"的一声吸引了他的注意，原来是一只苹果掉在了地上。苹果落地，这个千百年来人们熟视无睹的现象，对一个善于思考的人却是一个发明的契机。牛顿想，苹果为什么不往天上飞而往地下掉呢？为什么不向前后走也不向左右跑呢？他马上想到，一定有某种力在吸引着苹果，而且这种力和质量有关。然而，这是一种什么样的力呢？顺着这条思路走下去，从苹果想到月球，从地球想到太阳，他终于发现了万有引力。

牛顿能有这么多发现，当然与他保持经常思维的习惯有关，但有时因为过于投入，也会闹出笑话。有一次他请朋友吃饭，刚要开始，他忽然想起自己在楼上还藏有一瓶好酒，于是请朋友稍等，他上楼去取酒。谁知牛顿走过实验室门口时，忽然想起了一个新的实验方法，于是马上推开实验室的门，一头扎了进去，做起实验来。而他那位可怜的朋友却还在楼下眼巴巴地等待着美酒呢！那位先生面对着满桌佳肴，忍饥挨饿，咽着口水。后来实在饿得不行了，他只得上楼去找牛顿，发现牛顿正干得欢呢！

"我当你在取酒呢！原来你在酿酒啊！"朋友说道。

牛顿这才如梦初醒，连声向朋友道歉。

正因为牛顿有这种专注投入的精神，他才有可能成为一名杰出的大科学家。

1686 年 4 月 28 日,牛顿关于力学的系统理论著作《自然哲学的数学原理》写完。当天晚上,伦敦皇家学会的会议厅内聚集了许多英国一流的科学家。主持会议的皇家学会负责人宣读这本书的几个选段,与会者听了都感到深受启迪。尽管牛顿本人没有在场,但《自然哲学的数学原理》阐述的理论,为人类的力学研究奠定了基础,成为世界科学史上的经典著作。

106·揭示财富奥秘的亚当·斯密

十八世纪二十年代,英国苏格兰的小镇柯卡尔迪有一家铁匠铺。五个健壮威猛的铁匠在这里干着制作铁钉的活儿,天天如此,月月如此。

有一天,一个小男孩偶然路过这里,就被铁匠铺炉火熊熊、热气腾腾的情境吸引住了。那个长相清秀的孩子着迷似的看着五个铁匠的分工:第一个把铁丝抽出,第二个把铁丝拉直,第三个把铁丝断开,第四个把铁丝烧红,第五个则挥动铁锤,把烧红的铁丝打成铁钉。"叮当!叮当"的声响,灼热的红光,五条身强力壮的汉子,这些在小男孩眼里看来,是那么有趣。

这个叫亚当·斯密的孩子当然没有想到,铁匠铺的景象在四十多年后会被他再现于惊世巨作《国富论》中。

亚当·斯密于1723年6月生于英国柯卡尔迪,他是个遗腹子。父亲生前是军事法官。斯密从小文静内向,喜欢思考,受到良好教育;后来进入格拉斯哥大学学习,并赴牛津大学深造。1748年至1763年,他在格拉斯哥大学任教期间,写出了成名作《道德情操论》。书中,他运用比喻提出了"内在的人"的概念,提出了在"人人为自己"的利己活动背后,道德通过每人内在的良知而起着调节作用。此书一出版便引起轰动。亚当·斯密成了英国第一流的哲学家,在海峡对岸的法国,他的书也同样畅销。斯密本人也因此当上了格拉斯哥大学的校长。

亚当·斯密经过多年研究写出的《国富论》于1776年3月问世。该书第一章讲述劳动分工对生产发展的作用。文章生动地再现了斯密当年所见的铁匠铺场景。书中从生产铁钉的分工现象,统计出十个工人一天可以生产出铁钉四万八千枚,远远大于一人从头包到底的效益,指出了分工是劳动生产力提高的最根本原因。

斯密生活的年月,正值欧洲各国相继完成了农业革命,进入殖民地大扩张的时代。生产力迅速发展,财富不断增长,却没人提出适应这个时代的新的经济观念。当时,人们对经济的认识还比较肤浅,以为财富的增长意味着获得更多的金银;以为世界的财富总数是一个恒量;以为一国财富的增多必然意味着另一国财富的减少,等等。

《国富论》的出现对上述观念形成强烈的冲击。该书是斯密花了十二年的时间阅读和思考的结果。斯密指出:金银不是财富增长的源泉,只有包含着人类劳动的商品才是财富的源泉;一国的富强也不意味着另一国的贫困。他还区别了生产性劳动和非生产性劳动,总结了“重农主义”和“重商主义”的观点,指出“人人为自己”的利己行为通过市场这只“看不见的手”的调节,产生了出乎意料的结果——人与人之间的互利,以及与社会利益的协调和一致,等等。

《国富论》开创了现代意义上的经济学这门学科。它的划时代意义是十分明显的,人们把它比喻为经济领域中的“牛顿定律”。《国富论》还总结了诸如货币、资本、价值、市场、公共财政等一整套概念和规则,这些经济学的原理从此影响了人类世界长达二百余年。直到二十世纪中叶,它的一些论点才为凯恩斯的政治经济学理论所修正。

该书第一版半年后便销售一空。但斯密并未以此为满足,而是不断补充和增订。当时他已被任命为苏格兰的海关关长,工作变得非常繁忙。因此他只好利用业余时间,抓紧分分秒秒来思考问题。

据说有一次斯密去海关,守门的警卫对他行持枪礼致敬。他竟把手杖随手托起,也还之以持枪礼。那警卫大吃一惊,赶忙后退一步给他让路,没想到他也后退一步重复警卫的动作。警卫赶紧把他引入大楼。他也乖乖地紧跟警卫,迈着与警卫相同节奏的步伐走到了会议厅门口,警卫再次后退一步向他敬礼,他也后退一步向警卫敬礼。旁人看到这一幕大为惊奇,上前问斯密在干什么时,斯密这才如梦初醒。原来他如此投入地陷于沉思中,压根就没想到自己刚才的动作,如同演了一场滑稽戏。

长期紧张的工作与思考损害了亚当·斯密的健康,他于 1790 年 7 月逝世。然而后人只要提起《国富论》,就会想起亚当·斯密——现代经济学的始祖。

107 · 一脚踢出了“珍妮机”

影响世界历史进程的英国工业革命，是被一个男子“一脚踢出来”，然后才开始的。这个故事还是真实的呢！

事情要从1764年里的一天说起。英国兰开郡有个纺织工詹姆斯·哈格里夫斯，那天晚上他回家，开门后不小心一脚踢翻了他妻子珍妮正在使用的纺纱机，当时他的第一个反应就是赶快把纺纱机扶正。但是当他弯下腰来的时候，却突然愣住了，原来他看到那被踢倒的纺纱机还在转，只是原先横着的纱锭现在变成直立的了。他猛然想到：如果把几个纱锭都竖着排列，用一个纺轮带动，不就可以一下子纺出更多的纱了吗？

哈格里夫斯非常兴奋，马上试着干，第二年他就造出用一个纺轮带动八个竖直纱锭的新纺纱机，功效一下子提高了八倍。为了纪念自己的妻子，机器被他取名为“珍妮机”。由于当年他没能申请到专利，因此只能自己生产“珍妮机”来赚钱。“珍妮机”不但效率高，而且纺出的纱质量也比较好，因此哈格里夫斯的生意不错，“珍妮机”也渐渐流传开来了。

这天夜晚，哈格里夫斯夫妇晚餐后正在谈论“珍妮机”给他俩带来的日渐富裕。突然一阵杂乱的脚步声出现在他家门口，然后，门被粗暴地撞开，一群怒气冲冲的男男女女冲进来。他们不由分说，将房里制作好的“珍妮机”通通捣毁：“你制作的害人机器见鬼去吧！”甚至有人还放火，点燃了哈格里夫斯的房屋。他们夫妇俩被赶出了兰开郡的小镇。

原来，英国工业革命发生后，大量失去土地的农民涌入城市，为工场主打工谋生。当时英国占领了印度作为殖民地，印度生产的棉纺织品价廉物美，热销一时，引发了英国本土棉纺业的繁荣。但是，织布机械由于机械工人凯伊发明飞梭技术，生产率大大提高。织布需要的棉纱，却还是依靠众多家庭手工业的纺车慢慢纺出来。所以棉纱供不应求，收购价格较高。“珍妮机”的发明使棉纱产量上升，于是，织布厂收购棉纱价格下跌。那些没有使用“珍妮机”的纺纱工人不但产量低，而且棉纱又卖不出好价钱。日子久了，他们的怒气爆发，才有捣毁机器那一幕的发生。

哈格里夫斯夫妇不得不流落诺丁汉街头，但他俩还是努力改进“珍妮机”。1768年，哈格里夫斯获得了专利；到了1784年，“珍妮机”已增加到八十个纱锭。四年后英国已有两万台“珍妮机”了。

工业革命不断地催生出新的发明。1769年，理查德·阿克莱特发明了卷轴纺纱机。它以水力为动力，不必用人操作，而且纺出的纱坚韧而结实，解决了生产纯棉布的技术问题。但是水力纺纱机体积很大，必须搭建高大的厂房，又必须建在河流旁边，并有大量工人集中操作。于是，1771年，他建立起有三百名工人的工厂；十年后工人增加到六百名。纺织业就这样逐渐从手工业作坊过渡到工厂大工业，到1800年，英国已有这样的工厂三百家。但这种机器纺出的纱太粗，还需要改进。童工出身的塞缪尔·克隆普顿于1779年发明了走锭精纺机。它结合“珍妮机”和水力纺纱机的特色，又称“骡机”。这种机器纺出的棉纱柔软、精细又结实，很快得到应用。到1800年，英国已有六百家“骡机”纺纱厂。

英国纺纱业的大发展，使织布业反倒显得落后了。1785年，牧师卡特赖特发明水力织布机，使织布工效提高了四十倍。到1800年，英国棉纺业基本实现了机械化。

纺纱机、织布机由水力驱动，使工厂必须建造在河边，而且受河流水量的季节差影响，造成生产不稳定，这就促使人们研制新的动力驱动机械。1785年，瓦特的改良蒸汽机开始用做纺织机械的动力，并很快推广开来，引起了第一次技术和工业革命的高潮，人类从此进入了机器和蒸汽时代。到1830年，英国整个棉纺工业已基本完成了从工场手工业到以蒸汽机为动力的机器大工业的转变。

蒸汽机作为动力，从纺织业开始，逐渐被广泛应用于采矿、冶金、磨面、制造和交通运输等各行各业。1807年，美国人富尔顿发明汽船。1814年，英国人斯蒂文森发明火车。当进入十九世纪四十年代，英国的主要产业均已采用机器，完成了工业近代化，成为世界上第一个工业化的资本主义国家。

就这样，从工场手工业过渡到机器大工业的工业革命，是先从英国的纺织业开始的。继而，工业革命的先进技术又被美、法、德、俄等欧美列强广泛吸收和采用，大大提高了劳动生产力，又促进了商业和运输业的发展，加速了城市化的进程，极大地改变了人类的生活。

108·瓦特与蒸汽机

一个文弱的孩子守在炉子旁,呆呆地看着炉子上煮水的水壶。水快开了,强大的水汽直往上冒。尽管壶盖紧紧地盖着,可还是颤颤巍巍地动了起来。水汽越来越多,越来越强,先是从盖的边缘往外冒,接着是集中力量把壶盖往上顶。一下,两下……终于,强大的蒸汽把壶盖顶起,直冲向炉子上方。

"詹姆斯,我从来没看到过你这样的孩子。半个小时过去了,你一言不发,一会儿把水壶盖盖上,一会儿又取下……你不能去看看书,或者做些有意义的事情吗?"孩子的姑妈责备地说。

她当然不可能想到,这个叫詹姆斯·瓦特的孩子今后做的最有意义的事情,就是从看这水壶的蒸汽开始的。

瓦特从小热爱学习,善于观察。他的学习成绩非常优秀,数学成绩总是全班第一。回家后还主动找书看,研究天文、化学、物理等学问,并逐渐掌握好几种语言。此外,他动手能力也很强,经常到他父亲的工场里去看大人们干活,或者当个小帮手,学点修理仪器、制作模型等技术。

他十七岁那年,父亲因轮船失事牵连而破产了,家道一落千丈。上大学根本不可能,他还得设法养活自己和贴补家用。于是,这个聪明的孩子只得去当学徒谋生。他先后到了格拉斯哥、伦敦等地去学艺,以便将来成为一名工匠,可以靠手艺养活自己。

伦敦的冬天又阴又冷,晚上九点以后,屋子里更是冷如冰窖。工作了一整天的瓦特推开租用的小屋简陋的门,疲乏地躺到床上,可是他只稍稍放松了一下,马上像弹簧一样地蹦起来,走向桌子跟前。桌子上,一大堆拆洗了一半的仪器,今天必须装好,明天还得送给客户呢!他啃了些干面包,喝了点水,马上又精神抖擞地干了起来。瓦特一旦投入了工作,很快就陶醉其中了,也根本忘记了时间,一直干到装配结束,才感到周身疲乏。他甚至来不及梳洗一下,一歪在床上就睡着了。他实在太累了。

在伦敦的一年学徒期间,瓦特不但拿不到一分钱的报酬,而且还要付学费。

师傅只供他吃饭。他每周工作五天，从清晨一直到晚上九点。周末的两天和晚上，他从工场揽一点活来干，这样才能缴学费和有一点生活费。这种日以继夜的苦干锻炼了他的本领，但也极大地消耗了他的体力，以至于学徒生活结束之后，瓦特休息了整整一个夏天才调养过来。

那时的瓦特不但技术优秀，而且基础扎实，一些复杂的仪器如经纬仪、罗盘、四分仪等等都可以拿得下来了。他精湛的手艺渐渐引起了人们的赏识，格拉斯哥大学的教授迪克特地聘请他为大学的仪器修理工。一些来大学实验室参观的科学家看到这个修理工心灵手巧，与他交谈之下发现他的知识很丰富，于是，这些科学家就成为瓦特的新朋友了。

当时，铁匠纽可门发明的蒸汽机已经出现了。但这种蒸汽机相当粗糙，应用范围又很窄。1764 年，瓦特帮助学校修复了一台纽可门式蒸汽机。在修理时，爱动脑筋的瓦特发现这台机器效率不高，于是他萌发了改造蒸汽机的愿望。经过反复思考，他发现其效率不高的原因在于冷却过程是在汽缸里完成的，而冷却过程完成后还得把汽缸重新升温，这一过程浪费了很大的热量。瓦特的天才性创造就是制作了一个分离式冷凝器，让冷却过程在汽缸外进行。这种改良后的蒸汽机可以节约四分之三的能源，而功率却得到了提高。

纽可门式蒸汽机的第二个缺陷是只能做往复运动而无法做旋转运动，这就大大限制了它的使用范围。瓦特对此又进行了艰苦的研究和试验。在这期间，瓦特遇到了一系列的不幸。1773 年，为他提供研究资金的工业家罗里克破产了，研究经费因此中断。同年，妻子又去世了，留下了好几个年轻的孩子。尽管这样，瓦特仍然没有停止研究。他搬到了伯明翰，找到了新资助人，继续研究。1784 年，他发明了平行传动装置，使蒸汽机开始能做旋转运动。继而在 1788 年，他又发明了离心式调节阀。1790 年，他设计制作了汽缸示动器，使蒸汽机得到了极大的完善，广泛地应用于各行各业。

千百年来，人们只知道肌肉力(人力、畜力)和自然力可以作为动力，可以做从收割、打铁到推磨、拉车等各种工作，但是肌肉力和自然力都是受到自然界限制的。如何克服这种限制呢？瓦特用他完善的蒸汽机，使能源突破了自然力和肌肉力的限制，完成了人类历史上一次巨大的能源改革，极大地推动了工业革命的进程。所以今天，我们一提到蒸汽机，首先想到的是瓦特，而不是纽可门。

109 · 斯蒂文森和“旅行者”号机车

1799 年里的一天，英国的一所煤矿职工子弟学校像往常一样上课了。但今天的课堂上却有点不同寻常：来了一个高大健壮的小伙子，看上去只有十七八岁的模样。“这样的大龄学生和我们这些七八岁的同学一起上课?”少年们相互间交换着意味深长的眼光。但这小伙子却丝毫不理会这些，径自走到后排坐下，并认认真真地开始听起课来。

这位大龄学生，就是后来被称为“火车之父”的乔治 · 斯蒂文森。他出身于一个煤矿工人之家。由于家里贫困，他十四岁就开始在煤矿上干活了。一直到十七岁，他还是一个文盲。可是这个青年有个与众不同的优点，那就是当他发现某一个必须改变的问题时，就会马上着手想方设法去改变它。

斯蒂文森聪明好学，很快就读完了子弟学校的课程。他继续在煤矿工作，并能把学到的知识应用到工作中去，所以不久他便当上了煤矿的机械师。几年以后，斯蒂文森又通过自学成了工程师。

那时煤矿已废除了马拉的矿车，而代之以蒸汽机作动力的蒸汽机车了，也已经出现了矿用的铁路。斯蒂文森每天出入于矿山，他成天看到拉矿石的蒸汽车在铁路上来往穿梭，一个想法突然跳出来了：蒸汽车既然能拉煤，能不能用来载人呢?其实这个问题不是没有人想过，而且已经有人干过了，英国的一个名叫特莱维茨克的矿山牧师就尝试过。他于 1801、1803、1804、1808 年先后制造又改进、装配出四辆蒸汽机车，但不是因行进时水烧干而烧毁机车锅炉，就是车轮打滑出轨而撞毁，试验一次次都失败了。连续的失败使特莱维茨克心灰意冷，最后彻底放弃了。

在 1812 年的伦敦工业展览会上，斯蒂文森无意中见到了陈列品中那辆特莱维茨克制作的蒸汽车，欣喜万分。他左看右看舍不得离开，足足看了三小时，研究载人用的蒸汽车也就是火车的念头更强烈了。从此，他把业余时间和精力完全投入在这上面，阅读了大量的书籍。

1814 年，斯蒂文森装配出了世界上第一辆有实用价值的蒸汽机车——“半统靴”号。那车外形像一只平放的柏油桶，下面有四只轮子，车顶有一根烟囱，拖着八节货车车厢和一节客车车厢,车速是每小时四英里。试车那天,车的确开动起来了。但是机车颠簸得非常厉害,简直像在轨道上跳,还不断发出巨大的撞击声,烟囱中大量火星四处飞扬,蒸汽机车还时不时地发出又尖又响的啸叫声。

"半统靴"号引来了很多人观看,可是附近的牛、马都被那啸叫声吓得惊慌失色,四处狂奔。机车一次次来回跑着,围观的人渐渐变成抗议的人。人们被这巨大的响声所激怒,飞舞的火星也随时有引发火灾的危险,颠簸的车厢更是随时可能翻车。愤怒的人们对他吼道:"你再不解决这吓人的怪叫声,我们就要采取行动,彻底砸毁你的机车!"

机车只得停驶。但斯蒂文森不甘心失败,他一定要设法让机车稳当安全地跑起来。于是,他又花了整整一年的时间,对机车加以改进。他用导气管把喷出的蒸汽废气引到烟囱里面去,这样不仅减少了噪声,而且加快了炉内的空气循环,使煤烧得更旺,还增加了机车的牵引力;在机车底部,他加装了减震弹簧,增加了机车的稳定性和抗震性;机车车轮的功能也大大提高。

1825年,英国政府决定在"煤都"达林顿和海港斯托顿之间铺一条铁路来运煤。开始是准备用马拉车来运煤的,那时已是总工程师的斯蒂文森抓住机会,向有关机构再三建议,使用经改良的新式铁轨:长达十五英尺,设有导向凸缘的熟铁轨,并在铁轨的枕木下加铺小石子使铁轨平稳。他还到处游说,要求人们使用他改良后的机车,"一台机车等于五十四马,行驶起来又安全"。他的执着努力终于感动了有关政府要员。

这一年的9月27日,春风满面的斯蒂文森登上了机车驾驶台。世界上第一列火车的试通车开始了。随着汽笛一声长鸣,一股白汽喷上蓝天,斯蒂文森摘下帽子向大家挥舞,人们则报以热烈的掌声。慢慢地,机车开出了车站。这列名为"旅行者"号的机车,身挂三十多节车厢,载客四百多位,还拉运了煤与其他物品,平稳行驶,时速已达十五英里。当时还有人不服气,骑着马与火车比速度,结果大败而归。这是世界上第一次出现人制造的机械车速度比马的速度快的情景。

斯蒂文森并没有满足,机车进一步得到改进。四年之后,也就是1829年,他造出了"火箭"号,不仅载重量得到大幅增加,最高时速达到了二十九英里。

从"旅行者"号机车开始,火车渐渐取代了马车,成为人类在陆地上旅行和运输货物的主要交通工具。

110 · 彼得大帝

在俄罗斯圣彼得堡的涅瓦河畔，有一座巨大的塑像。那是一个头戴桂冠的骑士，他骑坐的骏马扬起前蹄，后蹄踩着一条巨蛇。他就是俄国历代沙皇中第一个被称为“大帝”的彼得一世。

1689年9月，十七岁的彼得在大贵族支持下，将野心勃勃、把持朝政多年的同父异母姐姐索菲娅关进修道院，才真正成为掌握政权的沙皇。

让众多大臣纳闷的是，彼得当朝后便将日常政务交给自己母亲、太后纳塔莉娅和几个他信任的贵族大臣处理，自己离开克里姆林宫。他有时指挥亲信士兵组成的团队进行军事演习式的游戏，更多时间他则出现在莫斯科的侨民区——日耳曼村。

日耳曼村里聚集着许多外国人，其中有医生、工程师、教师、商人、军官。与这些来自世界各地、掌握专业知识的人广泛接触，能长见识，所以彼得常来这里。他还虚心地向他们学习航海、天文、几何、数学等知识。这都是过去他很少听说过的。

原来，当时以莫斯科为首都的俄国非常闭塞、落后。农奴制束缚下的农业发展缓慢，工业与手工业水平与西欧相比差距很大，贵族子弟中也有相当多人是不识字的文盲。连莫斯科都没几所学校，医生更是缺乏。这一切，都让彼得深感俄国的落后面貌必须改变。

入夜，克里姆林宫内，烛光下，彼得让侍从展开地图。他看到俄国北方唯一通海的港口阿尔汉格尔斯克港。他回忆起几个月前带着百多名官员曾到达那里的情景，那是彼得第一次看到海洋。令他深深震动的是，港口有不少船，却没有一艘是俄国的。港口堆积的大量木材、皮毛等俄国特产，都是俄国人用人拉马运才送到这里。这些货物统统由外国商船运出去，卖贱卖贵全由外国商人说了算。况且这个港口一年有九个月冰冻着。

彼得眼光往下看，南边的亚速海、黑海，土耳其把持着。往西，波罗的海又是瑞典人控制。俄国要发展，要进步，首先要有船，要有海军，要有通向海洋的海港

……想着想着,彼得不禁捏紧了拳头。

彼得在1695年发动了争夺出海口的第一次战争,攻打土耳其控制的亚速城堡,但却被土耳其人打败。没有海军是这一仗战败的原因之一。因此彼得一世就大力抓造船、造军舰。他命令集中全国人力和材料,用皮鞭监督工程进度,同时他自己也像一名木匠一样流着汗亲自参加造船。

"只有陆军的君王是只有一只手的人,同时又有海军,才是双手俱全的人。"彼得在心里念叨着这句话。

一年半后,俄国建立了它历史上的第一支舰队。然后彼得再次发兵攻打亚速城堡。尽管这次取得了胜利,但是要战胜控制黑海的土耳其,俄国现有的舰只和造船技术力量还远远不够。看来,必须出国学习先进技术,同时用外交手段与西欧国家联络,共同对付土耳其。于是,彼得一世果断地宣布,派俄国名门贵族出身的子弟五十人组成留学生团,去威尼斯、荷兰和英国,学习航海和造船技术。他们没有完整地掌握技术不得回国;一旦发现有擅自回国者,将罚没其全部家产。然后他又决定组织一个高级使团出访欧洲各国。他本人将以使团随员身份,隐藏其中参加。

彼得的这两个决定,在贵族官吏中招来了一片反对声。当时的俄国人认为离开俄国去异国他乡,是违背祖宗教诲的行为,沙皇陛下隐藏身份出国,更是有失帝王的威严。

这天,几位贵族元老大臣在莫斯科郊外的一座修道院忧心忡忡地聚会。他们共同商量后决定冒死进谏,劝阻彼得出国。第二天,一位白发苍苍的贵族带着几位老臣求见沙皇。彼得一世一听就明白了他们的来意,断然颁旨,将头脑守旧的贵族大臣软禁几天:

"朕不想见他们。请他们去普列奥布拉任斯基村休息些日子吧。"普列奥布拉任斯基村是当年索菲娅公主软禁彼得与他母亲的地方。彼得计划先在使节厅举行告别宴会,第二天也就是1697年2月24日,他随同总人数为二百五十人的庞大使团出访欧洲。

一切准备就绪,突然近卫军队长紧急求见:"陛下,臣得到可靠消息,射击军上校齐克列尔已纠集一些武装卫士,将在告别宴会中暗杀陛下!"

彼得一世听后,脸部肌肉抽搐着,表情古怪。这个齐克列尔当年就是索菲娅公主篡夺朝政时的亲信，射击军是索菲娅将彼得母子软禁在普列奥布拉任斯基村的武装卫队。少年时度过的那段提心吊胆的日子，顿时重现在彼得眼前。正因为少年时代频频遭受这种刺激，彼得才会染上每当痛苦时，脸部肌肉立即抽搐的古怪毛病。想到这些，彼得传令近卫军立即捉拿齐克列尔等叛乱分子。严刑审问后，那些乘权贵大臣反对彼得出访之际图谋暴动的贵族、军官全部被处死。

“据他们招供，陛下，您的岳父和几个叔叔也是反对陛下出访的，如何处置？”近卫军队长为难又小心翼翼地问。

“哼！统统赶出皇宫，严加看管。”彼得一世毫不留情。

然后，彼得隐身其中的使团出访欧洲。在阿姆斯特丹，他参观了造船厂。彼得又打扮成木匠在船厂虚心学习。在伦敦，彼得偷偷混进议会上院听议会的辩论。在柏林，彼得在武器制造工厂贪婪地问这问那。一直到维也纳，彼得才以沙皇身份与奥地利皇帝商谈结盟反对土耳其的事宜。

一年多后，彼得一世率使团回到莫斯科，在普列奥布拉任斯基村接见文武大臣。彼得身穿简洁的服装而不是俄国传统的长袍，热情又不失威严地讲述欧洲的先进文明。随后，他又严肃地说：“各位大臣留的长胡子，就是守旧、落后的表现……”

说完，他拿出剪刀，不由分说将一位大臣的胡子剪掉了。在场的贵族们大惊失色。

这么多年来，俄罗斯人一直认为胡子是“上帝给男人最珍贵的装饰品”。可彼得认为要改变俄国落后的面貌就必须从改变陈规陋习做起。他下令剪去长胡子，贵族不得穿宽大长袍，而要穿简洁的服装。他又改革军队，扩建海军；还下令办印刷厂印报纸，开办一批技术学校，建立科学院，改变历法。他还在涅瓦河口建立了新城——彼得堡，命令居民迁入彼得堡居住，最后将首都从莫斯科迁到彼得堡。因为彼得堡地处通波罗的海的芬兰湾，便于对外交往，吸取学习世界先进科学文化，改变俄罗斯落后的面貌。就这样，俄罗斯从彼得一世开始，政治、经济、文化、科学得到了极大的发展，与西欧各国的差距迅速缩短了。

一天，彼得一世亲自带人在彼得堡大街上种树。好多军官和士兵看到沙皇这么做，也感动地加入了植树的行列。彼得抬头看到有个军官在一旁没动手，却在狡猾地笑。彼得没有立即下令惩罚他，而是意味深长地说：“你是在笑我，看不到这些树长大成林的日子吧。不错,但我还是要这么做,因为我们的后代可以用这些木材造军舰。你是个鼠目寸光的傻瓜,我不是为自己,而是为俄罗斯的利益而这么做。”

这一席话,让那军官听得面红耳赤,也让民众对俄罗斯的兴旺增加了信心。

111·叶卡捷琳娜女皇

一支由三十辆雪橇组成的车队,在俄罗斯大地日夜行驶。车队中,一位不到二十岁的姑娘身裹厚厚的皮大衣,看着车外被白雪覆盖的田地、森林,心中暗暗吃惊俄罗斯土地的辽阔。她是普鲁士的公主索菲亚,因许配给俄国大公彼得·乌尔里希为妻,正赶赴莫斯科。她的行装只有两三条裙子、一些衬衣、一打袜子和手绢。这是1744年2月里一个寒意重重的日子。

当时俄国执政的叶丽萨维塔女皇,专横跋扈,却是彼得大帝的女儿。叶丽萨维塔准备把皇位传给自己的外甥彼得·乌尔里希大公。索菲亚今后就是皇后了。索菲亚是个德国人,没有任何俄国贵族的势力可以依靠,这门亲事是福还是祸?索菲亚为此冥思苦想。

进了俄国皇宫,成天在叶丽萨维塔挑剔、苛刻目光的监视下,丈夫彼得大公又只顾玩木偶兵、与情妇鬼混,索菲亚干脆一门心思学习俄罗斯语言、风俗习惯;并且改信俄国的宗教——东正教,改用俄语的名字叶卡捷琳娜。她经常半夜起床,温习俄语语法和词组,结果着凉生了肺炎,一度病危。

太子妃叶卡捷琳娜因学习俄语生病的消息传开后,叶丽萨维塔女皇很感动,朝中贵族大臣们也对这个来自德国的女人产生了好感。叶卡捷琳娜还读孟德斯鸠、伏尔泰关于政治、民俗的著作,伏尔泰的著作使她着了迷。她又与宫中一些老年贵族妇女交谈,不但提高了俄语水平,也了解了俄国宫廷的历史和许多秘闻。这一切使叶卡捷琳娜在朝廷内外建立了良好的口碑,同时她也暗中物色了一些亲信。

叶丽萨维塔病重去世,大公彼得成为新沙皇彼得三世。彼得三世个性古怪,对姨妈叶丽萨维塔毫无感情。在悼念已故女皇期间,他在灵柩前做鬼脸、说笑话,还举行演出娱乐活动,要求参加者不许穿黑色的服饰,自己当众狂欢。而叶卡捷琳娜却天天去教堂跪在叶丽萨维塔灵柩前祈祷,甚至痛哭。于是,从贵族大臣到平民百姓都对皇后非常敬重。同时人们对新沙皇彼得三世却暗暗不满,因为彼得三世上台后与俄国世敌普鲁士极其友好,下令俄军改穿普鲁士军服,实行普鲁士军纪。他命令解散成立半个世纪的近卫军。他攻击教会,宣布没收东正教教会的部分财产。这些做法使俄国贵族、教会、军队都非常恼火。彼得三世甚至还准备废黜皇后叶卡捷琳娜。

工于心计的叶卡捷琳娜决定先下手为强。1762年6月28日,她在亲信奥尔洛夫兄弟组织的近卫军支持下,发动政变,宣布彼得三世退位,皇后成为叶卡捷琳娜女皇。

叶卡捷琳娜女皇先将彼得三世关押在洛普莎别墅,然后又说他暴病亡故。女皇重赏支持她上台的功臣;叶丽萨维塔时代及彼得三世当朝的大臣一律留用;撤销彼得三世没收教会财产的法令;对普鲁士、法国、奥地利、英国同时保持友好态度。这些措施稳定了政局和人心。

为了解决国库财政空虚的危机,叶卡捷琳娜女皇宣布,名门望族垄断某些商业取得的利润,必须上缴国库;同时又提高税率,发行大量纸币,出售国债。她自己还在议会上宣布:“朕决定放弃使用议会资金!”

原来这笔议会资金是那些垄断商业部门捐献给历代沙皇任意使用的一笔钱,总额占俄国财政预算的十三分之一。皇帝带头节约开支,贵族大臣们即使反对也不敢多言。财政困难得到了缓解。

“我但愿上帝交付给我的这个国家兴旺,因为只有国富,我才能富裕……沟通里海和黑海的联系,再打通它们与北方各海的联系,扩展与中国和东印度诸岛的贸易,我的俄罗斯就能强大得超过欧、亚任何国家……”夜晚九时,叶卡捷琳娜女皇写完这些表示她施政方针的文字后,在宫中疲倦地放下笔。她从早晨五点起,就连着审批公文,连吃饭都没好好休息一下。她就是这样度过自己的执政初期。

一场天花袭击俄国,叶卡捷琳娜决定引进疫苗接种,抵御天花。俄国民众却根本不信这方法。这天,英国著名的疫苗接种专家应女皇邀请来到圣彼得堡。叶卡捷琳娜女皇说由自己亲自试一试疫苗。当英国专家用手术刀在叶卡捷琳娜胳膊上划了一下时,整个宫廷都激动万分。整整九天,宫廷内外都为女皇陛下祈祷。“那个英国江湖骗子要是因此让我们陛下毁了容,他和他的子孙将永远被诅咒!”不少人怒气冲天地骂着。

但是,一天天过去了,女皇安然无恙。人们被事实所折服,疫苗便推广开了。

科学技术知识也逐渐在俄国得到了进一步传播。弃婴收容所、助产士学校、医院和贵族女子学校,陆续在俄罗斯出现。

叶卡捷琳娜与伏尔泰通信长达十五年,与狄德罗谈论教育、文化问题,以开明君主的形象出现。俄国广大农奴却仍在地主压迫、剥削下痛苦地生活着。1767年,叶卡捷琳娜女皇颁布一条法令:“凡是未经主人许可而向女皇递送诉状者,呈递人与诉状起诉人皆将被鞭打,并流放他乡,终身服苦役。”

她又将大量土地和农奴赏赐给她的不少宠臣。俄国贫富悬殊、民不聊生的局面激起了多次农民起义。叶卡捷琳娜不得不出动重兵,她甚至让身经百战的著名元帅苏沃洛夫带兵,残酷地镇压了普加乔夫起义。

控制俄国政局后,叶卡捷琳娜女皇发动了六次侵略战争,与普鲁士、奥地利瓜分了波兰;战胜土耳其,建立了黑海舰队,打通了自彼得大帝以来俄国一直想取得的黑海出海口;将克里米亚收入俄国版图;与瑞典作战,确保了俄国在波罗的海的地位。俄罗斯的领土大大扩展了。

“我这个德意志的公主两手空空来到俄国,可是为俄国取得了克里米亚和波兰,这些可以说是我的嫁妆吧!”叶卡捷琳娜女皇得意洋洋地这样夸耀自己。

一位沙俄外交官员却评论道:“我们不得不承认,叶卡捷琳娜女皇在执行自己的计划时所采用的方法,远离了正直与诚实的品德,而这些品德是各国应保持的始终不渝的政治准则……”

112 · 普加乔夫起义

俄国名将苏沃洛夫接到叶卡捷琳娜女皇急调他回莫斯科的诏令。半个月后他从对土耳其作战的战场上赶到莫斯科。只见皇宫前的广场上放着大炮,喀山等地的贵族地主带着家眷,衣冠不整,如逃难似的涌进首都,他们被普加乔夫农民军的迅猛攻击吓破了胆。据说攻下喀山后,普加乔夫的军队将直闯莫斯科。难怪首都的贵族大臣们都一个个神情紧张,仿佛大祸临头似的。

一支农民组成的军队,竟然让女皇不得不调俄军名将来抗击!苏沃洛夫在莫斯科总督那里拿了一份全权处置普加乔夫农民军的委任书,便身裹士兵斗篷,乘坐一辆轻便马车,带着十几名卫士,在 1774 年 8 月 24 日那天出发,赶去伏尔加河下游的重要城市萨拉托夫。普加乔夫的农民起义军主力据说就在那一带。

途中,苏沃洛夫开始综合他听说的关于普加乔夫的传说和俄军情报部门提供的材料,心中默默地分析他将面对的作战对手。

一年多前,俄罗斯东南的乌拉尔地区出现一个自称是彼得·费多罗维奇皇帝,即彼得三世的人。他说十多年前叶卡捷琳娜为了篡位当女皇,宣称彼得三世退位,并暴病而死。其实她将彼得三世关押起来,彼得三世设法逃了出来。那人自称自己就是隐姓埋名逃出来的彼得三世,如今决定起兵报仇,夺回皇位。他将带着农民们打回莫斯科。他重当皇帝后,民众一定会过丰衣足食的好日子的。其实,彼得三世确实已死。据可靠情报,那个自称彼得三世的人,其实是个叫普加乔夫的农民。他参过军,有作战经验,为人豪爽仗义,因此得到农民的热烈拥护。

苏沃洛夫的思考突然被打断了。卫士们看到一彪武装人马如一阵狂风急骤冲来,迅速包围了马车。苏沃洛夫看到其中有些人穿着顿河哥萨克的传统服装。一个看上去是头目模样的人举枪对准马车中的苏沃洛夫问道:“你们是什么人?”

卫士们被这伙人的气势镇住了,根本不敢拔枪抵抗。苏沃洛夫顿时明白自己遇到了普加乔夫的部下。他立即向卫士使了个眼色,狡黠地回答:“彼得·费多罗维奇皇帝手下的人。”

“不对吧？我们的人从不带刺刀的。”那头目用怀疑的目光盯着卫士的刺刀。自从彼得大帝改革军队以后，俄军一律配备刺刀。

苏沃洛夫机警地说：“我们这些人奉命去执行一项特别任务……”他胡乱搪塞了几句。那头目才挥挥手，带着武装队伍离去。

苏沃洛夫总算领教了普加乔夫农民军的厉害。看来，俄军波将金将军与普加乔夫交手后，向女皇递上的报告没有夸大其词。那报告上写道：“普加乔夫这个恶魔虽被击溃，但随时可能卷土重来。他渡过伏尔加河时身边只有五十多人，到阿拉特里就成了五百人了。到了萨兰斯克就聚集到一千二百人，在奔萨和萨拉托夫又有一千多人跟随着他，而且他还弄到了火炮和弹药……”

这些年来，叶卡捷琳娜女皇为筹集军费和获得更多金钱供自己和皇室享用，强行增加税收，还任意将土地及大量农奴封赏给自己的宠臣。农民日子过得越来越苦。乌拉尔山的矿工实在受不了牛马不如的生活，被迫罢工反抗，遭到了女皇军队的镇压。顿河地区的哥萨克人生性自由，女皇实行限制他们自由的歧视政策，激起他们的反抗。如今，有个自称彼得三世的人说跟他去打天下就能过上幸福生活，允诺给哥萨克自由、平等，自然就得到民众的拥戴，成群结队的农奴、矿工、哥萨克跟着普加乔夫起义了。他们包围地主庄园，杀死那些压迫他们的贵族地主，夺回财物，拉走牲畜，声势浩大。

由于普加乔夫的农民起义军以灵活的方式作战，今天出现在这里，明天又出现在那里，沙俄军队一时无法招架。好不容易调动军队击溃了这里的起义队伍，可普加乔夫又在另一地方出现，一发号召，又有许多民众跟着他造反。

经过苏沃洛夫等能征惯战的将领调动军队集中攻击，普加乔夫起义军终被击败了。由于起义军内部叛徒的出卖，俄军抓住了普加乔夫。

苏沃洛夫第一次看到这个难以对付的对手，只见普加乔夫壮实的中等身材，圆脸，一头不驯服的黑发，胡子茬又密又长，眼睛黑亮，即使戴着镣铐，他还是保持自信的神态。

陆军上将帕宁傲慢地审问普加乔夫：“你怎么敢拿起武器，公然与我对抗？”

“公爵阁下，我已经带兵反抗女皇了。对你，我还能怎样呢？”普加乔夫毫无畏惧，用嘲弄的语气反诘道。

被激怒的帕宁将军气得忘记了自己的贵族身份和此刻的地位，竟然如同见

到红布的公牛，捏紧拳头朝被镣铐锁着的普加乔夫扑了过去。

1775 年 1 月 10 日，莫斯科波克罗夫大教堂前的广场上，白雪被鲜血染红。农民起义领袖普加乔夫被当众处死。据说沙俄政府对这种犯上作乱的暴徒，将处以四马分尸、再斩首的残忍刑法。叶卡捷琳娜女皇为了显示自己的仁慈，改为先斩首，再四马分尸。其实，她是害怕更多农民像普加乔夫一样起来反抗她的统治。

为了消除民众对普加乔夫的怀念，俄国政府下令将普加乔夫起义时风起云涌的地区亚伊克城和亚伊克河，分别改名为乌拉尔斯克和乌拉尔河；而且明令禁止人们再提起“普加乔夫”这个名字。帕宁还下令将每个有人参加普加乔夫起义的村庄，都放上绞架，威吓人民不准再造反。

苏沃洛夫在处理那些农民起义省份的事务时，明智地加以安抚而不是镇压。好多年后，他在自己的回忆录中写道：“……我曾经用了那个恶人的名字，但今天回想起来，我并不觉得惭愧。”

这是一段很值得回味的文字记载。

113·十二月党人

在西伯利亚矿山深处，
请你们保持高傲的忍耐，
你们的辛劳不会白费，
也不会空怀崇高的进取心。
……爱情和友谊
将会冲破幽暗牢门，来到你们身旁。
犹如我这自由的歌声一样，
飞进你们服苦役者的牢房。
……

这首悲壮的诗，是俄国著名诗人普希金献给俄国最早结成秘密组织起义，反抗沙皇专制统治的贵族革命者的。

1825年12月26日，是新沙皇尼古拉一世举行登基仪式的日子。这个身材高大、矫揉造作，装出威严模样的尼古拉坐上皇位，实在有几分心虚。他的大哥沙皇亚历山大一世突然死亡，因为他没有儿子，按理应由二哥，当时任华沙总督的康斯坦丁继位。可是，据说康斯坦丁声言放弃皇位，这才轮到尼古拉一世登基。因为为人粗野、独断专行，尼古拉知道自己在彼得堡的近卫军中缺乏威信。甚至彼得堡总督米洛拉多维奇将军都说，尼古拉即位称帝，他不敢保证首都治安的稳定。

果然，尼古拉在当天上午十时，对向他宣誓效忠的贵族大臣说："哪怕我只做一个钟头的皇帝，我也要尽职。"这时，圣彼得堡参议院广场上，彼得大帝铜像前，有八百余名近卫军士兵手执武器列成方阵。还有一些军队也陆续赶来。军官们对部下鼓动道："康斯坦丁已被关进了牢房。我们决不向尼古拉宣誓效忠。"反对沙皇的起义就这样开始了。

原来，指挥起义的是一些反对专制统治，要求在俄国实行宪法、废除农奴制的贵族军官组织的秘密团体。他们的计划是在尼古拉即位之际，发动武装起义。

首先占领参议院广场，强迫参议院宣布在俄国废除农奴制、实行民主宪法、召开制宪会议，阻止尼古拉当沙皇；然后就夺取冬宫，逮捕皇室成员，占领涅瓦河口的军事要塞和军火库，控制邮政局和其他政府机关。

不巧的是，这天尼古拉一世一早就命令参议院成员向自己宣誓效忠。贵族议员在仪式举行完后已经各自散去。尼古拉一世的登基诏书也已经在城内散发。起义计划的预定步骤被打乱了。同时，不知什么原因，负责指挥起义队伍的特鲁别茨科依上校也一直没出现在广场上。一时起义部队无人领导，白白在广场上挨冻，没有发动军事攻击。

尼古拉一世虽然不全知晓这些，可早已慌了手脚。他无法调动近卫军，只得匆忙发令调首都卫戍部队。下午二时，大批忠于尼古拉的军队赶到，将起义军队包围起来时，广场的起义官兵们已有三千多人了。因为原计划集结的各支反对尼古拉的近卫军都赶到了广场。

"叶甫盖尼将军，你现在最好把皇室成员护送出去，离开彼得堡。"尼古拉强作镇定地命令。

首都卫戍部队发起了攻击，立即被起义士兵击退。一些胆大的百姓也用木柴在背后投掷卫戍部队。

总督米洛拉多维奇将军被皇帝命令到广场去劝说起义军，他是参加过 1812 年俄国抗法卫国战争的名将，或许有些威望，可以安抚军心。但是，起义军官用手枪击伤了他。

"只有用大炮轰击了。"尼古拉一世悍然下令。

"可是，陛下，广场上有大炮却没有炮弹呀！"

下午五时，去远处军火制造厂拉炮弹的马车终于赶到。排炮开始向起义军队发起两轮炮击。冬天，天黑得早。大炮的轰击火光中，在广场冻饿了一天的起义官兵一片混乱，有不少人逃到冰冻的涅瓦河上。

"朝涅瓦河上的叛乱者开炮！"冰层被炮弹炸裂开了，不少士兵掉进冰河中死去。反对沙皇的贵族革命起义就这样被残酷地镇压了下去。

"叶甫盖尼，我最不明白的是，当时他们怎么没有马上抓我们俩，把我俩当场枪毙了？"尼古拉一世事后还心有余悸地对叶甫盖尼将军说。

在彼得堡，对起义者的全面搜捕展开了。在乌克兰，起义者在南部的暴动计划也被沙皇军队镇压了下去。

因为这次起义发生在12月,所以起义者被称为“十二月党人”。被抓捕的十二月党人几乎全部是贵族,相当多还是军官。一百二十一名“叛乱者”中,十三名有上校军衔。

尼古拉一世亲自参加对十二月党人的审讯。他软硬兼施,威逼他们认罪。他一会儿许诺给某人的家属发一笔安抚费;一会儿竟然流着眼泪,对某人诉说俄国的不幸局面。尼古拉一世对其中的别斯土舍夫少尉说:“只要你今后坚决效忠我,我可以原谅你。”

“陛下,这正是我们抱怨的,也是我们暴动的原因。你是沙皇,可以随心所欲,想怎样做就怎样做。这是越权的行为……我想还是让法律决定吧。”别斯土舍夫回答。

尼古拉一世下令,判处一百多人流放西伯利亚服苦役。他冷冷地说:“我在位一天,他们就休想离开西伯利亚。”另有五人被判处死刑,其中有少尉别斯土舍夫、彼斯杰尔上校和诗人雷列耶夫。

在彼得堡的保罗要塞,处决彼斯杰尔上校和诗人雷列耶夫的绞索断了。两具尸体从空中沉重地摔下,四肢摔断了。行刑者又将鲜血淋淋的尸体套上绳子,残忍地再次吊起来示众。

雷列耶夫生前写过一首长诗,诗中借主人公的自由,表示自己为反抗暴政将义无反顾:

如果有谁最早站起来,
去反抗压迫人民的人们,
我知道毁灭将等待着他。
命运已经注定我应该死去,
但请告诉我,何时,何地?
曾经有过不需要牺牲就能获得的自由?

十二月党人失败的重要原因,是他们只相信自己而不发动广大民众参与革命。但是,他们的勇敢精神以及沙皇对他们的疯狂迫害,呼唤着俄罗斯人民起来反抗暴政。

114 ·“五月花”号

英国的普利茅斯港迎来了极不平凡的一天。一大群清教徒(基督教新教中的一派)从德尔夫特、哈勒夫特等地远道赶来。他们明天将搭乘“五月花”号帆船到新大陆去冒险。虽说只有六十六人,但是他们拖儿带女,带着行李;还有不少亲朋好友前来送行,此去天涯海角,他们要陪伴亲人度过这最后的一夜。其实,这一夜谁也没有睡,他们一次次地倾心交谈、叙旧、祈祷……

很快,天亮了,出发的人要上船了,可是送行的人还希望再谈一会,再多看几眼,再拥抱一下,因为到新大陆去的确是极大的冒险,而且对很多人来讲,这辈子永远不可能再见面了,实在是生离死别啊!

时间终于到了,人们紧紧地、长时间地拥抱、吻别,千叮咛万嘱咐,个个泪如雨下,叹息声声,使周围的人都唏嘘不已。随着开船的信号发出,他们全体下跪,虔诚祷告。牧师含着热泪,仰望上空,祈求上帝赐福保佑。历史将永远记住这一天——1620 年 9 月 16 日,“五月花”号驶离普利茅斯,驶向新大陆的未知世界。

途经南安普敦港时,“五月花”号遇到了来自荷兰的“顺利”号。“顺利”号载着三十五名清教徒,也是到新大陆去的。因为“顺利”号又破又旧,所以这三十五名乘客干脆也登上了“五月花”号。这样船上共有一百零一名乘客了,其中包括一些妇女和儿童。他们多数是清教徒,是为了躲避宗教迫害而远赴重洋的。另外还有一些贫穷的工匠和农民。

航行虽然充满了希望,但每年的九、十月份恰巧是一年中最不利于航行的季节。海上时而狂风大作,时而惊涛骇浪,可谓前途茫茫,生死未卜。船上的生活条件极为艰苦,甚至不如囚犯。一些人很快就病倒了,也有不少人因饥饿、分娩而死亡。死者的尸体被无奈的同伴们抛入大海。船上的十八名妇女,后来只剩下四人。狂风不仅延长了他们的行程,还把船往北吹去。

经过四十多天的航行,终于,他们远远地看见了陆地,不由欣喜万分。但后来发现这不是他们要去的弗吉尼亚,而是在弗吉尼亚北面六百四十四公里处的马萨诸塞。

眼看快要到美洲了，船上一名叫威廉·布雷德福特的男子发起倡议：为了今后我们齐心协力建设共同新家园，我们应该订立一个共同的契约。他的建议很快得到大家的赞同。于是在1620年11月11日，船上仅存的四十一名成年男子一起商定了今后共同遵守的自治纲领，这就是著名的“五月花公约”。公约如下：

“以上帝的名义·阿门。

“……

“为了上帝的荣耀，为了我们的国王和基督信仰和荣誉的增进，我们漂洋过海，以在弗吉尼亚北部开拓最初之殖民地，因此在上帝面前结盟：同心协力为较佳秩序与生存建立一个文明政体。为使上述目的得以顺利进行，要随时制定、拟定和设计那种公认最合适殖民地全体人民利益的公平法律、条例、法令、法规以及设立治理机构。我们全体保证遵守与服从。”

接下来是四十一名男子的签名。

“五月花公约”用文字形式确立了在上帝与法律面前人人平等的资产阶级民主权利，后来成为美国建国史上一个极为重要的文献；也是以后无数自治公约的第一个，并在很大程度上成为英国的北美殖民地社会成员遵守的共同模式。这个公约是教会盟约形式的民主协议，表明了移民们对自由民主的向往以及希望政府来源于人民之中的愿望。它对以后的《独立宣言》甚至美国宪法都有重大影响。因为这一公约，“五月花”号上的移民们被称为“移民始祖”，尽管他们所建立的普利茅斯定居点实际上是北美大陆的第二块殖民地。第一块殖民地是弗吉尼亚的詹姆城。

虽然到达了新大陆，但等待这些历尽艰辛、筋疲力尽的拓荒者们的，并没有温暖的住所、可口的食品，而是荒原、森林和野兽。他们面临着饥饿、寒冷和死亡的威胁。但是，回身望去，他们横渡过来的茫茫大洋已经变成了千重波峰、万里鸿沟，把他们与文明世界完全隔绝了。他们除了背水一战，艰苦创业外别无他法。

实际上，第二年的大饥荒使幸存下来的人口又死去一半。后来多亏当地印第安人的帮助与指点，才使来自“五月花”号的居民能够生存下来，繁衍下去，最终建立起理想的社会和国家。

115·列克星敦的枪声

10 月,北美纽约的气温谈不上燥热,可在纽约举行的会议气氛,却仿佛热得要爆炸了。因为英国政府颁布法令,要求北美殖民地必须实行“印花税法”。分布在北美洲各地的十三个殖民地中有九个派出代表聚会在这里讨论此事。1765 年的 10 月是一个多事之秋。

“去年他们征收了‘糖税’,让我们经营糖与咖啡生意的,甚至卖麻布、丝绸的都要交税。现在又要征什么‘印花税’,简直毫无道理。”一位代表说。

“是啊。英国政府在伦敦,我们在北美洲。我们签订合同、办理执照、颁发文凭、印刷出版报纸杂志和书籍,凭什么都要贴上向他们购买的印花票,支付给伦敦这笔税金呢?”另一位代表也气愤地说道。

“问题的关键是在议会里,没有代表我们北美殖民地民众利益的议员。按照英国法律,征税必须听取代表被征税的民众议员的意见。征‘印花税’,未经我们民众代表同意,剥夺了法律赋予我们的自由,是违法的暴政行为!”一位代表咬文嚼字,说出了反对“印花税”的合法理由。

“印花税”本来就被北美殖民地的广大民众抵制,当这次会议发出“要自由,不要‘印花税’”的号召后,北美大陆立刻掀起了反对征“印花税”、抵制使用英国货物的抗议浪潮。北美民众成立了“自由之子”、“自由之女”社等抗英组织,投入抗议活动,一些出售“印花税”票的英国官员被愤怒的民众捉起来,他们身上被涂上柏油,粘上鸡毛后,又被拖上街示众。如此强烈的抗议浪潮使英国政府不得不在半年后就宣布废除“印花税法”。

但是,为了填补与法国交战引发的国库亏空,英国政府仍然想方设法加强掠夺北美殖民地民众创造的财富;同时限制北美大陆的殖民地发展工业,又巧立名目,再次征收赋税。英国还向北美大陆派去大量军队,控制民众反抗的局面。1770 年 3 月,驻波士顿的英军与当地民众发生冲突时,竟然开枪射击手无寸铁的平民,造成民众五死六伤。

“波士顿惨案”激起了波士顿及北美各殖民地民众的极大愤慨。各殖民地都组织集会,声讨这骇人听闻的暴行。波士顿市民发起组织了“通讯委员会”,目的是加强联络,共同对付英军。其他各殖民地的“通讯委员会”也相继成立。十三个殖民地的“通讯委员会”逐渐成为北美民众团结起来反抗英国政府暴政、争取自由的领导机构。

1773 年,英国政府又决定在北美殖民地实行“茶叶税法”。征收“茶叶税”,事实上是强迫北美民众饮用英国在东印度公司储存的茶叶,同时还要民众掏钱交税,当然遭到人们的反对。费城、纽约、波士顿等港口拒绝给运英国茶叶的货船卸货,那些船只好停在港口里。

就在这一年的 12 月 16 日夜里,一些印第安人突然出现在波士顿的码头。他们悄悄进入满载茶叶却没人卸货的英国轮船货舱,将茶叶一箱箱抛进大海。原来他们是打扮成印第安人的波士顿“自由之子”成员。

“白天,我们八千多市民集会,要求你们原船离开波士顿,将这些茶叶运回英国。你们不理睬。那么好吧,我们只得自己动手啦!”那些“自由之子”们干完后,脱去印第安人服装,痛快地离去。

发生在波士顿的茶叶倾倒入海事件传到伦敦,英国政府极为恼怒。三个月后,英国接连颁布五项苛刻的法案,内容包括封锁波士顿港口;未得到殖民地总督许可禁止市民集会;英军士兵在北美犯罪,当地法律无权追究等。英国政府再次增派兵员,任命英军驻北美殖民地总司令盖奇担任波士顿市所在的马萨诸塞总督,以便直接动用武力镇压北美民众的反抗。

北美民众为了争取自由,开始组织民兵。尽管他们武器简陋,但英勇果断,随时可以为争取自由而投入战斗。这些民兵被称为“一分钟人”——一旦遇到紧急情况,他们在一分钟后就能拿枪集合起来。

1774 年 9 月,十三个殖民地的代表聚集费城开会,通过了《权利宣言》。这个宣言宣布:北美大陆的殖民地人民理应享有生命、自由和财产的权利,在伦敦的英国政府无视民众这些权利,施行暴政,必须谴责;封锁波士顿港等五项法案是“不可容忍法案”,英政府必须废除。

这次会议的宣言署名者为“大陆联盟”,代表了十三个北美殖民地民众团结起来、争取自由的严正立场。这次会议因此也被称为“大陆会议”。大陆会议从此逐渐成为北美十三个殖民地民众争取自由、独立运动的最高领导机构。

驻北美的英军总司令盖奇对北美民众的反英独立运动不敢掉以轻心,他的侦察人员报告,波士顿附近的康科德可能藏有北美民兵的一些枪支弹药。盖奇决定派军队连夜从波士顿出发,捣毁民兵的武器储存点。

1775 年 4 月 18 日夜,英军的夜袭队伍刚出发,波士顿的"自由之子"等组织得到英军将袭击康科德的消息,非常着急。康科德还有两位领导北美自由运动的重要人物,必须通知他们撤离。赶去报信的波士顿银匠里维尔等几人在夜色中骑马急驰。他们要抄小道赶在英军到达前,先到康科德。他们在途中路过列克星敦村,当地的"一分钟人"立即拿起武器,埋伏在村口准备狙击,拖延英军进兵的时间。

第二天清晨,薄雾笼罩。数百名穿红色军服的英军在雾气中倒是惹人注目,可英军却没有发觉村口路边、林中民兵的枪口。直到听到"离开此地"的喊声时,英军才知道遇到了北美民兵。

英军军官根本没把对手放在眼里,几支旧猎枪怎么能与训练有素的士兵对抗? 他拔出指挥刀命令:"继续前进!"

双方就这样交火了。"一分钟人"熟悉地形,枪法又准。英军士兵连夜奔袭,疲劳轻敌,一交手英军就死的死,伤的伤。

英军仗着人多势众,还是冲破了列克星敦民兵的狙击线。英军冲进康科德镇搜查,却一无所获,因为民兵武装早已转移、撤离。英军只得调头返回波士顿。这段路对英军来说才真正是苦难的历程,石头边、草丛里,树边、村口,突然会飞出一颗颗子弹,准确地击中一名名英军士兵。在"一分钟人"神出鬼没的袭击下,二十五英里的路途对英军来说简直是死亡之路。多亏盖奇从波士顿又派出不少英军,还拉来两门炮增援,这支八百人的军队才以死亡两百多名士兵的重大代价返回波士顿。

列克星敦的枪声,宣告北美殖民地民众武装争取独立的斗争正式开始。

116·美国第一人华盛顿

列克星敦之战发生后的第二十天,第二届大陆会议在费城召开了。北美十三个殖民地民众代表在会上讨论的议题之一就是:争取北美自由和独立,需要建立一支军队。马萨诸塞的波士顿附近已聚集了近两万名民兵,他们就是组建这支"大陆军"的基础。可是由谁出任大陆军总司令呢?

马萨诸塞的代表、律师约翰·亚当斯的建议,几乎毫无异议被一致通过,大陆军的统帅应该是弗吉尼亚的代表乔治·华盛顿。

"我深知这项任命的荣誉。尽管我深感不安,惟恐自己的能力和军事经验难以胜任。然而,我将为这项神圣使命而竭尽全力。"个头不高、体格健壮、四十多岁的华盛顿说这番话,并不完全是出于谦逊。他深知要指挥一群有为自由奋战的激情、却毫无正规战斗经验的民兵,去战胜一支训练有素、能征善战的军队,有多么的艰难。因为他比较了解驻北美的英军实力。

二十四年前,当过三年土地测量员的华盛顿,因为熟悉当地地理,被驻北美英军编入军队,成为陆军少校。当时为了与法国争夺北美土地,驻北美的英军经常与法军交战。一次法军设下埋伏,华盛顿所在的英军部队中了圈套。英军将领布雷多克在激战中阵亡,担任他副手的华盛顿临危不惧,果断指挥英军士兵浴血奋战,终于突围而出。这一仗,华盛顿的军帽被子弹洞穿,他的战马两次被击中。华盛顿因为这一战功被英军升为陆军准将。可是他没多久就辞去军职,回乡料理自己的庄园去了。因为他时时感到英军部队里对殖民地出生将士的不信任和猜忌。

从 1775 年 5 月开始,华盛顿着手训练大陆军。一年以后的一天凌晨,大陆军围攻波士顿的战役打响了。

驻守波士顿的英军根本没把那些没有统一军服的北美民兵放在眼里。可是一交火,英军就遭到炮击,这是怎么回事?英军指挥官拿起望远镜瞭望,这才发现城南多彻斯特高地上突然出现大陆军修筑的炮垒。轰击英军的炮弹就是从那里发射的。原来,昨夜华盛顿派遣大陆军士兵趁夜色潜入那里,筑好炮垒,架起了居高临下轰击英军的大炮。波士顿的英军防地完全被大陆军炮火所控制。眼看守城无望,英军只得仓皇撤离波士顿。

尽管波士顿之战使大陆军士气大振,但毕竟英军实力较强。接下来双方半年中五次交战,大陆军连连告败。华盛顿鼓励士兵为自由而战,不要气馁,要在撤退中寻找战机,向英军发起攻击。

1776 年 12 月的圣诞之夜,寒风刺骨。华盛顿率领大陆军冒着严寒,夜渡冰块漂浮的特拉华河。他们要在黎明前攻击有一千多英军防守的特兰敦。寒冷使行军速度减慢,登岸时已是凌晨,赶到特兰敦估计将是上午,不能如期攻击,但撤回又有可能被英军发觉。华盛顿果断决策,继续前进。当大陆军在上午八时进攻特兰敦时,躲在房内御寒的英军毫无戒备,迅速溃败,近千名英军当了俘虏。特兰敦之战,及时扭转了大陆军的连败势头,从此大陆军在独立战争中越战越勇。

1781 年 9 月,在弗吉尼亚的港口城市约克镇,大陆军包围了八千英军。炮声隆隆,子弹横飞,英军在康华利将军指挥下顽固抵抗。华盛顿为了取得攻击最佳效果,亲临交火第一线观察战况。

突然,英军一颗子弹呼啸着射到华盛顿身边的大炮炮身,掉落下来。他身边的士兵万分紧张:"将军,我们此刻不能没有你呀!"士兵扯着他的手臂要他后撤到安全的地方去。

"不必紧张。你瞧,这颗子弹是强弩之末,已经没有杀伤力了。"华盛顿镇定自如地继续观察,指挥战斗。

终于,英军无法突破大陆军包围,竖起了降旗。

一个月后,在约克镇广场,举行了英军受降仪式。身穿红色军服的数千名英军神色迷茫地放下武器,队形不整,垂头丧气地行走着。四周是服饰凌乱却士气高涨的大陆军士兵。

大陆军在华盛顿率领下取得约克镇之战的胜利后,英国在军事上已不可能控制北美大陆。它被迫于 1783 年 9 月签订和约,承认北美殖民地民众建立的美利坚合众国的独立。

华盛顿在北美独立战争胜利后,主动辞去军队总司令之职,回到农庄。他本想离开政坛,在园艺种植中平静地生活,然而,独立战争胜利后北美大陆成立的

联邦政府软弱无力，十三个州如同十三个独立国家各自为政，美利坚合众国缺乏一部有制约力的宪法。华盛顿热爱家乡故土，决心呼吁各政界人士团结合作，建立一个有强健法制的美国。

经过华盛顿的努力，1787 年 5 月，在费城召开了制宪会议。四个月后，会议讨论制定的美利坚合众国宪法草案被通过。从此美国建立了立法权、司法权和行政权三权分立、相互制约的联邦共和制政府。

1789 年，德高望重的华盛顿被推选出任美国第一届总统。四年后他因治国有方，在选举中连任第二届总统。又过了四年，按照华盛顿的政治经验和出色政绩，他如参加第三届总统选举，仍会以优势当选。但是华盛顿却发表了致美国人民的告别辞："我已下定决心，谢绝任何将我列为候选人的盛情。我越来越确定自己的退休是必要的，而且是会受欢迎的。我应当退出政坛……"

六十五岁的华盛顿第三次在功成名就之际辞去官职，不仅显示出他卓越的民主意识，而且也为美国总统连任不超过一届开创了先例。因为美国宪法赋予总统的权力相当大，年限的限止，有利于保证执政者不至于大权独揽，侵害政治民主。

1799 年 12 月 14 日，华盛顿因病逝世。美国民众万分悲痛。英国军舰降半旗，法国政府机构悬挂十天黑纱，世界各国都深切悼念这位出色的政治家。

"他是独立战争时期的第一人，和平时期的第一人，美国同胞心目中的第一人……"美国国会追悼他时，有位政治家在演讲里如此评价这位伟人。

117·杰弗逊和《独立宣言》

1775年5月10日，北美洲的费城召开第二届大陆会议，会议议题是已经打响第一枪的美国独立战争如何继续进行。弗吉尼亚州代表杰弗逊从威廉斯堡足足坐了十天马车才赶到。当这位红头发、高个头、体形瘦弱的绅士进入会场时，立即引发与会者一阵轰动。

“是他。这就是《英属美洲权利概论》的作者。”

“是吗？想不到他笔锋如此犀利，可又那么年轻。”

在北美十三个州，乃至英国的政界人士，几乎没有人不知道那篇洋洋洒洒六千余字的《英属美洲权利概论》。它批驳了英国政府所谓的“北美人是英国人后裔，英国政府为北美人立法是天公地道”的谬论，理直气壮地宣称：“作为自由的人民，我们有权利要求承认自然法则赋予我们的权利，而不是长官的恩赐。”文章结尾更是掷地有声：“上帝赐予我们生命，同时也赐予我们自由，武力能毁灭它们，但无法阻止它们结合。”

当经过激烈争论，第二届大陆会议决定将反抗英国统治、争取独立的斗争进行到底，并发表宣言昭示世界时，由杰弗逊、富兰克林等人组成宣言起草委员会的结果几乎是众望所归的事。

六月盛夏，暑热烘烤着费城。杰弗逊呆在一幢楼房的二楼，全神贯注地伏案疾书。足足花了十七天，他才写就一篇仅一千五百余字的宣言。宣言开篇即庄严宣告：

“我们认为这些真理是不言而喻的：人人是生而平等的，他们都被造物主赋予某些不可转让的权利，其中包括生命权、自由权和追求幸福的权利……任何形式的政体妨碍这种目的时，人民有权利去改变它，或废除它……”

宣言斩钉截铁地宣告：“这些联合起来的殖民地从此成为，而且名正言顺地应当成为自由独立的合众国，它们与大不列颠国之间的一切政治联系亦应从此完全废止。”

1776年7月4日，这篇以《独立宣言》名义发表，实质上可以认为是反映资产阶级上升时期人民要求民主主权的宣言书，经过五十六名代表签署通过。顿时，费城街头，独立运动的战士朝天鸣枪，教堂敲钟，人们一片欢呼，庆贺美国的独立。今天，7 月 4 日已成为美国的国庆日。

杰弗逊在《独立宣言》中运用了法国启蒙思想家卢梭的“社会契约说”和英国哲学家洛克的“天赋权利说”。但他变动了洛克主张的“追求财产”，改为“追求幸福”。同样，本着他一贯坚持追求自由的政治主张，1776 年 10 月，杰弗逊回到弗吉尼亚，他要全力投入家乡的立法工作。他全力主张通过了废除封建色彩浓厚的长子继承法和限嗣继承法；作为一名优秀的律师，他花了三年时间让州议会通过了《弗吉尼亚宗教自由法规》，因为他认为过去多年来要求弗吉尼亚人民必须信奉英国国教的规定，违背了人们的自由选择权利。

1801 年 3 月 4 日，许多政界要人聚集在尚未完全修建好的美国国会大厦门前。这天，新当选第四届美国总统的杰弗逊的宣誓就职仪式在此举行。眼看仪式举行时间快到了，可街上却没见马车驶来。要知道，前任总统四年前可是乘坐豪华马车来的哟。这时，人们才看到街上有个衣着朴素的人步行过来，原来杰弗逊是从自己寓所里步行走来这里，参加宣誓仪式的。人们不由得更生敬意。

杰弗逊上任后，立即废除前任总统四项限制民主权利的法令，又通过了实施节约国库开支、削减军费等措施，尤其是他设法巧妙地从法国拿破仑手中买下路易斯安那约一百多万平方英里的土地，使美国日后经济发展有了良好的基础。凭借出色的政绩，杰斐逊连任一届总统。1809 年，他放弃了再连任一届总统的任何努力。因为他认为如连任两届总统很可能会危害政治民主。从此，除了战时的特殊情况，美国总统最多只得连任一届成了惯例。

离开政坛后，杰弗逊又将精力投入到创办弗吉尼亚大学的事务中，从定校址到派人越洋前往欧洲聘请专家任教，他事事关注。1825 年 3 月，八十二岁的杰弗逊终于看到了弗吉尼亚大学的开学仪式。1825 年 7 月 4 日，他去世了。这天正巧是《独立宣言》发表四十九周年。

杰弗逊的墓碑上镌刻着他生前自拟的文字：“美国《独立宣言》的起草人、弗吉尼亚宗教自由法规作者和弗吉尼亚大学之父。”尽管杰弗逊的民主自由思想，未能突破种族歧视的局限，在他执政时也曾剿杀印第安人，诱买印第安人土地，但他仍是资产阶级民主主义者中一位杰出的政治家。

118 · 启蒙运动

如果你去法国巴黎游览，走进国家图书馆，就可以看到一件奇特的展品：一只盒子，里面装着一颗人的心脏。这只盒子上面刻着一句话：

“这里是我的心脏，但到处是我的精神。”

这就是法国伟大的思想家、被誉为“启蒙运动的王子”伏尔泰的心脏，以及他极具个性的留言。

据说，法国大革命爆发后，被软禁在宫中的法国国王路易十六读到了伏尔泰和卢梭的著作，不禁哀叹：“这两个人灭亡了法国。”

这句话只说对了一半。由伏尔泰、卢梭等人的思想研究成果掀起的启蒙运动，不仅深刻地影响了法国，更影响了欧洲及整个世界的历史进程。

伏尔泰的真名叫弗朗索瓦·马利·阿鲁埃，1694 年生于巴黎的一个平民家庭中。他才华出众，特别喜欢对看不惯的事物发表议论。他二十一岁时，就因为写了一首讽刺诗，得罪了摄政王而遭到流放。可伏尔泰坚持不平则鸣，继续用讽刺诗抨击黑暗的专制王朝。有一天他在散步时遇到摄政王，摄政王说要给他看一件他从来没有见过的东西。

“什么东西？”伏尔泰问道。

“巴士底狱。”摄政王阴冷地回答。

两天后，伏尔泰就被关进了巴士底狱。那一年他才二十二岁。

伏尔泰被关了十一个月。但是他居然利用狱中的时间写出了长篇史诗《亨利亚特》，出狱后还立即以伏尔泰的笔名，发表了悲剧《俄狄浦斯》。该剧表面上是反对天上的神，但却点明要害：“一个国王对他的臣民来说是一个被崇拜的神”，鲜明地表达了反封建的主题。

《俄狄浦斯》在 1718 年 11 月开始公演。听说悲剧作者刚从巴士底狱出来，吸引了不少好奇的人，他们看了以后又都被伏尔泰的才华所征服。于是，《俄狄浦斯》连演了四十五场，场场爆满，观众竟达二万七千多人次。一时间，巴黎的街谈巷议都少不了谈论《俄狄浦斯》。

《俄狄浦斯》的成功使伏尔泰获得了名声。但是因为得罪封建贵族，他第二次被关入巴士底狱。由于朋友相助，伏尔泰被保释出狱，他于1726年渡海去了英国。

八年以后，一本由二十五封书信介绍英国先进的政治体制和科学、文艺成果，批评法国封建专制制度的书《哲学通信》在法国出版。法国当局极为恼怒，下令查禁此书，通缉作者。

《哲学通信》的作者就是伏尔泰。他在英国三年，敏锐地感受到英国当时资产阶级政治制度的优越性，远远胜过法国的封建专制统治。他深受以牛顿为代表的自然科学以及英国文学艺术成果的影响，经过思考和分析后，写成了《哲学通信》。它如同投向封建制度的第一发炮弹，尽管当局查禁，《哲学通信》一年里还是印刷了十次，在欧洲思想文化界影响极大。

从此以后，伏尔泰写了大量文学、史学、科学和哲学作品，如《老实人》、《天真汉》、《牛顿哲学原理》、《路易十四时代》、《哲学词典》等。这些著作介绍了先进的科学文化知识；又以机智嘲讽的风格，批判了法国教会的虚伪、封建专制制度的腐朽。从此伏尔泰的才华和声望如日中天。连普鲁士国王弗里德里希和俄国女皇叶卡捷琳娜都将他待为上宾，企图利用他的名声，塑造自已贤明君王的形象。

伏尔泰六十八岁时，听说了一件宗教迫害案，极为气愤，声称："我要向全欧洲控诉"，经过他出面全力调查，终于为冤死的人卡拉平了反。1778年伏尔泰逝世，仇视他的封建贵族和教会不准在公墓里安葬他。十三年后，法国大革命时代的民众为伏尔泰补行国葬。他的灵车上写着："他使人的理性飞速发展；他为我们的自由铺平了道路。"

与伏尔泰齐名的卢梭出生在瑞士日内瓦的一个贫寒家庭。十二岁辍学后，他当过钟表店学徒、家庭教师、乐谱抄写员等。他刻苦自学，阅读古希腊名人传记，同时贫困、不安定的流浪生活又让他时常体会到生活中的种种不公平。1749年，三十七岁的卢梭偶然看到了法国第戎科学院的征文题目。刹那间，燃起了他灵感的火苗，他立即作文应征，以一篇《论人类不平等的起源》荣获一等奖，卢梭从此一举成名。以后，他又写出了《社会契约论》等多本名著。

卢梭对社会中不公平现象的思考和切中要害的分析，某种程度上与他流浪生活中的见闻有关，他忘不了青年时代流浪在法国与瑞士边境小镇的那个中午。

那天，他走得又累又饿，看到路边一间农舍，就走进去掏出钱说希望能吃一顿午餐。那农夫上下打量他一番，冷冷地说："我只有牛奶和黑面包。"

卢梭只得用牛奶与黑面包充饥。农夫在一边看到这个年轻人饥不择食的模样，又看看卢梭简陋的服装、和善的目光，便改换了语气说："别忙，我还有好吃的东西呢。"

农夫又拿出火腿、鸡蛋和酒，让卢梭大感意外。

"小伙子，不要见怪。刚才我把你当做税务官的探子呢！"

农夫告诉卢梭，因为那些税务官挖空心思要农户交税，他只得把较好的食物藏起来。封建制度对平民百姓的压迫和欺辱，就这样形象地印在了卢梭心间。

从《论人类不平等的起源》到《社会契约论》，卢梭提出人类三个阶段的不平等，分别起源于私有制的形成、国家的出现和暴政的盛行。他认为一切权力应属于人民。当权力被统治者篡夺并用来压迫人民、奴役人民时，他认为人民有权利举行起义，有权用暴力来消灭篡权者。卢梭的思想后来被浓缩成著名的法国资产阶级大革命口号——自由、平等、博爱，而且对世界各国的资产阶级革命运动产生了深刻的影响。

卢梭的著作《爱弥尔》、《新哀洛绮丝》和《忏悔录》，文笔优美，不仅当时广为流传，而且成为影响深远的传世经典名作。

启蒙运动还有两位颇具影响力的人物：狄德罗和孟德斯鸠。狄德罗因编纂《百科全书》而出名。这部规模达十七卷、还有十一卷插图的《百科全书》篇幅浩大，力求总结当时先进的哲学、科学、技术知识。狄德罗满腔热情地传播知识，宣扬唯物主义，对各种宗教迷信和偏见发动了猛烈的进攻。如在"圣餐"的条目下，只写着"参阅食人俗"等。孟德斯鸠因写《波斯人俗札》而一举成名。孟德斯鸠博览群书，花了整整二十年的时间写成了《论法的精神》，提出了防止专制独裁的著名的司法、立法、行政三权分立学说，这个学说日后成为大多数近代资产阶级国家政体的理论基础。此书是十八世纪最具影响力的政治经典作品。

启蒙运动是人类历史上继文艺复兴之后又一次伟大的思想解放运动。它高举科学和理性的大旗，提倡唯物主义和人道主义，将人们从中世纪的愚昧和迷信中唤醒。启蒙运动提倡的思想，成为资产阶级革命的重要源头之一。

119 · 攻占巴士底狱

巴黎市郊东部，有座阴森森的古堡。它像一头巨大的怪兽瞪着平民百姓。八个高大塔楼、宽阔的深水壕沟，1382 年建造的这座巴士底城堡到了十六世纪，成为法国专制君王关押政治犯的牢房，所以被人们称为巴士底狱。

1789 年 7 月 14 日清晨，成群结队的巴黎民众涌向巴士底狱。他们要攻占这座象征法国专制王朝的魔窟。

就在二十多天前，法国国王路易十六在凡尔赛宫召开三级会议。那个时代，法国国家权力由国王和封建贵族、宗教僧侣掌握。这次三级会议的召集，就是国王想在封建贵族和宗教僧侣，当时被分别称为第一等级、第二等级的代表支持下，向第三等级的代表施加压力，要第三等级拿出钱来，解决国王、贵族胡乱花钱造成的国库空虚的财政危机。第三等级的成员，包括新兴资产阶级、农民、城市平民、手工业者和自由职业者等等。他们是当时法国社会财富的创造者，可在政治上没有实际权利，以前一直得听国王、贵族的吩咐行事。然而在这次三级会议上，第三等级的代表不再那么顺从了，他们要求限制国王权力，把三级会议变成法国的最高立法机关。国王路易十六怎么能允许这种敢于犯上作乱的行为呢！在巴黎广大民众支持下，第三等级的代表在网球场单独举行会议，邀请包括一些自由派贵族在内的第一、第二等级代表参加。这场政治斗争到了 7 月 11 日，形势突变。国王调集军队来凡尔赛宫，准备以武力威胁，解散第三等级召集的国民议会。巴士底狱塔楼也架起了大炮。

巴黎人民对路易十六的昏庸统治早就强烈不满了。市民们纷纷涌上街头，与军队发生冲突。7 月 13 日，巴黎上空响起了警钟，手工业者、小商人、职员和大学生们手持斧头、短刀，冲进军火库，夺取了几万支枪。武装的民众几乎控制了巴黎所有的街区。到了第二天清晨，只剩下巴士底狱还在国王军队手中。

“到巴士底狱去！到巴士底狱去！”武装民众黑压压地冲了过去。

“开炮！”巴士底狱守卫司令命令道，于是塔楼的大炮向民众轰击，守军从堡垒窗口开枪射击。武装民众在街垒后开枪还击，一些同情民众的士兵也加入攻

击巴士底狱的行列。由于巴士底狱围墙厚,门外有又深又宽的壕沟,守军已经拉起吊桥铁索。再多的民众也无法攻下这座古堡。

“他们有炮,我们也有炮!”几尊锈迹斑驳的古炮不知从哪里被找到拉来了。谁当炮手呢?“我来!”一名小酒铺的伙计自告奋勇。古炮的威力太小了。武装民众一个个被守军的炮火、枪弹击伤。

“我们要真正的大炮!去找,让那些站在我们这边的士兵兄弟来吧!”

“木匠!架起云梯,烧这些国王走狗!”火把点了起来,云梯运来了,但是隔着壕沟,无法靠近巴士底狱。这时已混战了大半天了。

突然,一片欢呼声响起:“我们的大炮来了,我们的枪手来了。”

同情民众的炮兵拉着大炮出现了。炮火猛烈地轰击巴士底狱。炮弹击中吊桥的铁索,吊桥坠落下来。民众踏上吊桥冲过壕沟,杀进巴士底狱。守军无奈地挂起了白旗。

路易十六在凡尔赛宫听到民众攻占巴士底狱的消息,气急败坏地说:“这简直是造反!”

“不,陛下。这是一场革命。”一位贵族回答。这个贵族已感受到法国资产阶级大革命的威力了。

革命烽火也相继在法国全国燃起。各地城市民众涌上街头,占领市政府。农民们也拿起农具造反,烧毁地主庄园。

路易十六和封建贵族在强大的民众面前只得让步,承认了国民议会。后来国民议会又改称制宪会议,专门讨论制定宪法,限制封建国王的权力。巴黎成立了由资产阶级代表组成的市政厅,管理巴黎市,还组织了国民自卫军。曾经参加美国独立战争、担任过华盛顿副官的拉法耶特出任国民自卫军司令。

“我宣誓,愿把自己的生命献给保卫自由的事业。”三十二岁的拉法耶特当场持剑在手、郑重宣誓。他下令拆毁巴士底狱,又决定采用蓝、白、红三色帽徽作为国民自卫军的徽章。

拉法耶特原先是法国三级会议中第一等级贵族的代表。他赞成第三等级,原因之一是参加北美独立战争的经历,使他拥护自由、平等、博爱的资产阶级革命口号。就在民众攻打巴士底狱的前几天,国民议会开会时,拉法耶特掏出一份纸质泛黄的文件,这是他从美国费城带回,珍藏十年的材料。然后,他一字一句地朗读起来。他朗读的这份《欧洲人权和公民权宣言》,日后成为《人权宣言》的草稿。《人权宣言》的第一句就是:“人生来是自由的,权利上是平等的。”

法国制宪会议通过了《人权宣言》,倡导自由、平等、博爱,推翻了千年来的封建特权和贵族等级制度。它不但动摇了法国封建王朝,也使俄国、普鲁士和奥地利的王室感到震惊。

尽管拉法耶特是《人权宣言》的起草者之一,但他本质上是主张君主立宪的贵族。攻下巴士底狱后,法国的政权落到拉法耶特等君主立宪派人士的手中。路易十六表面顺从,暗中却筹划着向革命民众反扑的阴谋。

120 ·《马赛曲》的诞生

“前进，祖国女儿，众同胞，光荣的日子来到了。暴君举起染血的旗帜，对着我们冲来了……武装起来，同胞，把队伍组织好，前进，前进，用肮脏的血做肥田的粪料！”一支从马赛赶来的义勇军，唱着这首歌，出现在巴黎。

这是法国人民奋起抗击普鲁士、奥地利军队，保卫国家的特殊时刻。1792年7月11日在法国大革命中诞生的政府发布“祖国在危险中”的法令，要求法国各地民众，凡适龄的人都准备投入战斗。这支从马赛赶来的民众义勇军五百多人足足步行了二十多天赶到巴黎。在途中一唱起这首歌，他们就感到热血沸腾。

普奥军队为什么要进攻法国呢？这要从差不多一年前的一个夜晚说起。那晚，在邻近法国北部边境的小镇瓦伦，有一辆急速行驶的马车被邮站站长拦了下来。虽然车上乘客持有外国人身份证明，又是平民打扮，邮站站长还是认出了其中的一男一女正是法国国王路易十六和王后。原来，他俩想乔装改扮，逃到外国，然后在欧洲各封建王室支持下带兵杀回来，镇压法国大革命。不料被识破，只得灰溜溜地被武装农民押回巴黎。

国王外逃的消息激起巴黎市民的极大愤怒。当时任国民自卫队司令的拉法耶特出面保护了国王王后。路易十六回到巴黎后，如同热锅上的蚂蚁，时刻想着复辟的鬼主意。

奥、普、俄、西班牙等国王室没多久都收到路易十六的密信，请他们派兵干涉法国政局。生怕法国大革命成功，引发自己国内民众造反的共同利益，使欧洲封建王室产生兔死狐悲之感。于是，由普、奥军队组成的联军充当干涉法国大革命的先头部队。

路易十六和王后探听到法军的防御计划，立即密报普奥军队，因此法军防线连告失守。普奥军队攻下了凡尔登要塞，逼近巴黎。

在这种严峻形势下，法国各地民众组织的义勇军纷纷赶赴巴黎。

这天，驻防法国东部边境城市斯特拉斯堡的工兵上尉鲁日·德·李尔，接到凯勒曼将军的一封信，请他在4月24日到圣埃蒂安广场去参加欢送义勇军出征的晚会，并希望他在会上能朗诵一首鼓舞士气的诗歌。

李尔是个多才多艺的军官，能写诗谱曲，又会演奏小提琴。他知道这个晚会是斯特拉斯堡市长狄特里希组织的，狄特里希也喜欢诗歌和音乐，于是，李尔写了首富于爱国激情的小诗，准备到欢送晚会上去朗诵。

4 月 24 日，李尔来到了欢送义勇军的会场。他聆听着狄特里希市长的慷慨陈词，尤其是狄特里希讲，即将出征巴黎的义勇军没有足以鼓舞斗志的歌曲可唱，未免让人遗憾。听到这里，李尔不由心中一动："我难道不能为义勇军写一首激昂向上的歌曲吗？这是我的责任呀！"

晚上，李尔回到家里，激动的心情久久不能平静。他一口气写了六段歌词，并用分节歌的形式谱了曲。一首影响法国历史和世界历史的歌曲就这样诞生了：

前进，祖国女儿，众同胞，
光荣的日子来到了。
暴君举起染血的旗帜，
对着我们冲来了，
……
武装起来，同胞，
把队伍组织好，
前进，前进，
用肮脏的血做肥田的粪料！

这首歌曲原名叫《莱茵军团战歌》，它很快传播开来。马赛的五百多名义勇军就是一路唱着这支铿锵有力、激情洋溢的战歌，克服疲惫酷热，连续行军二十多天，在 7 月 30 日赶到巴黎的。

这时，普奥联军步步进逼，巴黎危在旦夕。8 月 10 日，全城警钟长鸣，巴黎人民再次举行起义。马赛义勇军高唱着《莱茵军团战歌》，与起义的民众一起冲进路易十六居住的杜伊勒里宫，将企图复辟封建王朝的路易十六夫妇抓了起来。

从此，这首歌曲名声大振，因为是马赛的义勇军把它带来的，它被改名为《马赛曲》。

9 月 20 日，法国的义勇军在色当的瓦尔密高地与普奥联军展开决战，这是法军由守转攻的关键一仗，士气高涨的法军奋勇搏杀，取得大胜。

第二天，由普选产生的国民公会作出决议，废除封建专制的君主制度，建立共和国。9 月 22 日，法兰西第一共和国宣告成立。1795 年，法国政府决定，将《马赛曲》定为国歌，让人们永远记住义勇军在捍卫民族独立、保卫祖国的神圣事业中建立的功勋，记住法国大革命艰苦卓绝的奋斗历程。

《马赛曲》壮丽激昂的曲调，早已被热爱自由光明的世界各国人民所喜爱。

121 · 审判路易十六

瓦尔密之战胜利后，巴黎的国民公会宣布法兰西第一共和国成立。对被废黜的路易十六及其王室成员如何处置这个问题，在国民公会上多次讨论过。成员大都来自法国的吉伦特省、代表工商资产阶级利益的吉伦特派反对审判路易十六。左派雅各宾派坚决要求公审路易十六，说："有一名锁匠讲，自己曾被带进王宫，在宫内设立了一个秘密铁柜……应该通过公审原国王，搞清这件事。"

在雅各宾派代表坚持下，国民公会派人进入杜伊勒里宫路易十六原先居住的房内，果然搜查到了这个秘密铁柜，在柜中找到一些秘密文件，都证明了路易十六一直通过保王贵族，与国外反动势力保持密切联络关系。

面对这些文件，吉伦特派不敢再反对审讯路易十六了。

1792 年 12 月 11 日，国民公会大厅成了公审的法庭。沮丧的路易 · 卡佩，即路易十六被带入法庭，要求他面对国民公会派出的代表，一一对秘密铁柜中保存的文件作出解释。"我记不清了……那是些由大臣们负责的事……"路易 · 卡佩推得一干二净，对国民公会代表提出的三十三条罪行顽固地否认。"那文件上你的签名不是假的吧！"被废的国王无言以对。他沉默片刻，又要求宽延四天时间，让他可以给自己找一位辩护者。

审判进行到第十五天，路易 · 卡佩的辩护者塞兹又一次要求发言："国民公会是无权让它的代表审判国王的。路易 · 卡佩在位期间，是法国历代君王中最公平的一位，是他召开了三级会议，也听取三级会议代表的意见……"

"不！国王与外国势力密切联络，要求他们派兵干涉法国，就是叛国行为。当了国王，犯叛国罪不能例外，同样要受惩罚。"国民公会的代表一一驳斥塞兹的辩护理由。

1793 年 1 月 14 日，国民公会根据审判的记录，由代表投票决定路易 · 卡佩是否有罪，是否由国民公会判决他。结果，绝大多数代表认为路易 · 卡佩有罪，国民公会判决他是合适的。

接下来在如何定路易十六的罪名，如何惩罚他的问题上，国民公会里展开了

激烈的辩论。同时,街头也发生了骚乱。主张处死路易十六的民众占了绝大多数,他们甚至挤到国民公会会场的走廊里高呼:“死刑！死刑！”

国民公会里,代表们在激烈辩论后,最终还是以投票方式表决。代表之一马拉提议:要以公开表明自己态度的唱名方式进行投票表决。

表决从开始到结束,延续了一个昼夜,结果七百二十一票中,有三百八十七票赞成立即判处犯叛国罪的路易·卡佩死刑。

几天后,是按期执行前国王路易十六死刑的日子。那天是星期日,巴黎笼罩在白蒙蒙的冷雨中。路易十六脸色苍白地走出囚室,他看到有两位身穿黑色法衣的天主教教士走了进来。他们是奉命来带路易十六去刑场的。

路易十六悄悄拿出自己写的遗书,交给其中一位教士,被那教士拒绝:“我只是来带你上断头台的。”

原来他是札克·卢,一名热烈拥护法国大革命的天主教神父。法国民众攻占巴士底狱后,他在自己主持的宗教仪式中,欢呼:“最腐败的专制垮台了!”不久,天主教会解除了他的神父职位。如今他是巴黎市府委员,后来又成为革命派的头领。

路易十六被押上马车,由一队武装士兵沿途警戒着,驶向革命广场。将近上午十点钟,马车赶到广场,路易十六跪着进行临终前的宗教仪式,然后被反绑双手,推到断头台前。

“我是无罪的！我无罪而死。从断头台我将接近上帝……”路易十六挣扎着向围观的人们声嘶力竭地叫喊着,可是行刑队的队长桑泰尔高声发令:“鼓手!”国民自卫军鼓声齐起,路易十六微弱的声音淹没在正义的鼓声中。

断头台上,路易十六——路易·卡佩身首异处,这天是1793年1月20日。处死路易十六九个月后,法兰西第一共和国又宣布废除多年的历法,实行共和历法。9月22日法兰西第一共和国成立之日,作为新历法的开头日——元旦。一年分为十二个月,分别依次称为葡月、雾月、霜月、雪月、雨月、风月、芽月、花月、牧月、获月、热月、果月。

新生的法兰西第一共和国只生存了十多年,野心勃勃的拿破仑就发动了“雾月十八日政变”,先取得“第一执政”的头衔,然后又称帝。法国政治体制又从共和国变为帝国。

122 · 罗伯斯比尔——从革命到毁灭

法国国王路易十六加冕典礼举行的这天，天空阴沉沉的，但巴黎路易国王学院的门口还是热闹异常。因为加冕典礼之后盛大的入城式队伍将从这边经过。

"来了！来了！"人们骚动起来，但很快又安静下来。雄壮的军乐队开路，缀满了鲜花的皇家马车缓缓地驶过来了。马车在学院门口稍稍停了一下，只见一个个子不高、衣着华丽的大学生从人群中走了出来。他向国王、王后行了礼，然后下跪，大声背诵了一段诵词。这时天突然下雨了，但那学生的情绪却丝毫未受影响，仍然声音响亮。国王和王后对他报以和善的微笑，路旁的人也都对他投去赞许的目光。

然而，谁也没有想到，十八年后的 1793 年，就是这名大学生的极力主张，结果国王和王后被送上了断头台。

这名穿着借来的礼服的大学生马克西米利安·罗伯斯比尔，那年只有十七岁，是国王学院的优秀生。1781 年毕业后，他开始了律师生涯，但他主要的兴趣却在社会科学方面。罗伯斯比尔阅读了大量著名思想家的著作，特别欣赏卢梭的思想，并且潜心研究社会政治理论，把大量时间投入到对时局的关注上。1789 年，未满三十一岁的罗伯斯比尔通过竞选当上了全国三级会议的代表，后来又成为国民公会的议员。

在议会上，罗伯斯比尔发言不多，可是往往一语中的。凭着雄辩的口才、犀利的观点以及正直的人品，他很快就成为颇具影响力的议员之一。那时法国大革命已经开始了，民众要求共和、反对封建王朝的呼声一浪高过一浪。1791 年，被民众力量吓坏了的国王路易十六写信请求外国军队进驻法国，自己却化了装企图逃跑，终于在边界上被抓住了。

对于如何处置国王，已经控制法国政局的资产阶级革命力量各派别意见不一。罗伯斯比尔彻底抛弃了对国王的幻想，在制宪会议上作了一次极有分量的发言。他认为路易十六勾结外国军队来镇压人民，已经对人民犯下了滔天大罪。他慷慨激昂地说道："路易应该死，因为祖国需要生！"

罗伯斯比尔主张立即判处国王死刑的这一句名言使民众的情绪沸腾到了极点,全国上下立即传遍了“处死国王”的呼声。于是,在1793年1月,路易十六被送上了断头台。

处死国王、废除王权之后,经过武装起义,代表工商资产阶级利益的吉伦特派被推翻。法国新政权由以罗伯斯比尔为代表的小资产阶级激进分子掌管,由于这些人常在巴黎的雅各宾修道院聚会,所以被称为雅各宾派。

雅各宾派掀起的革命暴风雨吓坏了欧洲各国的封建王朝,外国封建势力纷纷派兵干涉法国大革命;同时法国国内各派政治力量斗争激烈,商人乘机哄抬物价,经济与治安一片混乱。

针对这错综复杂的局面,雅各宾派推出了当时世界上最激进的资产阶级宪法,公布了土地法令,实行经济统制政策,颁布“全面最高限价法令”,以稳定局面。这些措施赢得了广大民众的支持,社会混乱的局面得到控制。已成为雅各宾派领袖人物之一的罗伯斯比尔,成为当时最高权力机关公安委员会的首脑。

法国大革命取得了初步胜利,但参与革命的各派力量的斗争却越来越激烈。罗伯斯比尔为了实现他的政治主张,即卢梭的人民主权、人民暴力革命和人民公仆的思想,开始实行“革命民主专政”的恐怖政策。1794年6月,执政的雅各宾派公布了新的法令,废除被告预审制,甚至规定在缺乏证据的情况下,法庭可以根据“内心的确定”来定案。如此种种极端的法令很快地导致斗争的扩大化,法国近代史上的“大恐怖”开始了。

从6月10日至7月27日,在不到七星期的时间里,就有一千三百七十六名男女被砍头,每天都有人在证据不足的情况下被处死。掉落的人头如同屋顶落瓦,造成巴黎人人自危、草木皆兵的恐怖局面。人们不敢上街,不敢说错一句话。社交生活完全停止。国民公会形同虚设,委员们不敢投票。雅各宾派专政变成了恐怖暴政的代名词。

从巴黎开始向全国扩散的恐怖暴政,严重地损害了法国大革命。然而罗伯斯比尔没有清醒过来,仍然在忙于清除反对自己的左派和右派力量。1794年7月27日的国民公会上,好几位国民代表在一片混乱中提议逮捕罗伯斯比尔。接着大会迅速投票表决,通过决议,逮捕了罗伯斯比尔和他的三个战友。

平时极其自信、自尊心极强的罗伯斯比尔忍受不了这突如其来的变故,举枪自杀,但由于他没有拿稳枪,子弹只打伤了脸颊和下巴。第二天下午,四辆囚车把罗伯斯比尔等人送到革命广场断头台。在途中,他听到旁观者高呼:“打倒极权!”沿途不少原来的贵族、上流社会人士在看热闹,广场四周的窗口都高价出租以供人观看,许多妇女甚至穿上节日的盛装,如同去赴宴一般。当年那些被罗伯斯比尔的演讲鼓动得热血沸腾、热情拥戴他的人,今天却兴高采烈地来看他的死刑!

罗伯斯比尔面对这一切,心中或许五味杂陈,感慨万千。当行刑者举起罗伯斯比尔的头颅示众时,人群中爆发出一阵阵欢呼,恐怖时代终于结束了!

法国资产阶级革命家罗伯斯比尔的悲惨结局告诉人们,无节制的权力会导致疯狂,缺乏深谋远虑、仓促制定的政治措施,即使是良好的愿望也不会产生符合客观实际的效果。政治家的决策,必须反映广大人民的共同意愿,人民的拥护是政权稳固的基础。任何违背历史潮流的人物,哪怕他再杰出,他的结局也一定是悲剧性的。

123 · 弗里德里希大帝

如果不是父亲威廉一世的强烈反对，他的儿子弗里德里希二世很可能就成为一名优秀的音乐家了。

弗里德里希自幼聪慧机敏，显露出了出众的音乐才能，吹得一手很好的长笛；而且喜欢收集名画，写诗作曲。但他的父亲、普鲁士国王威廉一世则相反。这位普鲁士国王性情粗鲁残暴，惯用棍棒、体罚来管教臣民，“治理”国家。那时，普鲁士是德意志帝国下面的一个邦国，原本并不强大，威廉一世凭借他的铁腕，将普鲁士推上了强国之路。他对人们称呼他为“士兵国王”感到非常自豪，竭力向儿子灌输军国主义思想，决意要把儿子培养成一名标准的普鲁士军人。

于是，酷爱艺术的儿子与崇尚强权的父亲发生了激烈的冲突，闹得不可开交。结果，1730 年 3 月，十八岁的弗里德里希干脆逃往国外，但在过边境线时被守军截住。威廉一世龙颜大怒，下令将桀骜不驯的儿子关进牢房；陪伴弗里德里希同行的好朋友凯特则被处死。

父子两人的这场尖锐对立，以一年后儿子的让步而告终。弗里德里希答应学习军事，老国王这才把儿子接回了王宫。

经历了这场风波后，弗里德里希似乎成熟了许多。他把精力投入到了学习之中，尤其是在 1736 到 1740 年这四年间，他如饥似渴地阅读了许多哲学、历史、文学著作。二十六岁那年，他写信给自己的崇拜偶像、法国启蒙思想家伏尔泰，从此，两人以散文和诗的形式保持书信往来，伏尔泰还帮助这位普鲁士王子修改和润色法文文稿。弗里德里希二世即位后不久，曾邀请伏尔泰来访，这位启蒙巨人在波茨坦客居了三年。自然，聪明的弗里德里希二世心里明白，这非常有助于树立他开明专制君主的形象。

弗里德里希的下属对此最有发言权。他们发现，平时温文尔雅、风流倜傥的王子一到军营观看演习操练，或者外出视察，监督税收，就完全变成了另外一个人。这时的弗里德里希一丝不苟，严厉地要求下属遵守秩序和纪律，无条件地服从他的命令。他们预感到，这将是一位说一不二、果断威严的君王。

1740年,威廉一世去世,弗里德里希二世登基。他在位达四十六年,刚登基时普鲁士军队只有九万人,到1786年则达到二十万人。他深知,军队是他开疆拓土、侵略扩张的最重要的工具,因此,不惜以国民收入的五分之四充作军费,投入到军队的建设中。在他强有力的组织下,普鲁士军队成了欧洲大陆上一支装备精良、战术先进、纪律严明、训练有素的劲旅。

1740—1742年和1744—1745年,弗里德里希二世指挥他的军队,两次对奥地利发动西里西亚(在今波兰西南部、捷克北部和德国东部)战争,最终打败了奥地利,普鲁士终于占有了土地肥美、物产丰饶,面积约三万五千平方公里,有"奥地利王冠上的明珠"之称的西里西亚,国土一下子扩大了三分之一。

弗里德里希二世从此被普鲁士人奉若神明,尊称为弗里德里希大帝(又称腓特烈大帝)。

奥地利人咽不下这口气,1756年8月,普鲁士与奥地利重新开战,七年战争(1756—1763年)爆发。法国与奥地利结成同盟,俄国与瑞典不愿看到普鲁士强大,也加入到了法奥同盟中;而普鲁士只有英国一个盟友。

在七年战争中,普鲁士四面受敌,处境非常不利。虽然弗里德里希二世以他的军事指挥才能,一度挡住了敌军。但战局很快急转直下,1760年,俄军攻占了东普鲁士后,长驱直入,一度占领了柏林;法、奥军队乘机夹击,使普军雪上加霜。弗里德里希二世濒临绝境,他在给兄弟的信中沮丧地写道:"谁也不来帮助我们……我看不出有任何拖延或者防止我们灭亡的可能性。"

极度绝望的弗里德里希二世甚至准备退位了。这时,发生了一件意想不到的事。1762年1月,俄国女皇叶丽萨维塔去世,即位的彼得三世是弗里德里希二世的狂热崇拜者,他立即下令俄军撤兵,并在5月5日单独与普鲁士签订和约,归还所有被俄军占领的地区;还出兵帮助普军攻打奥军,使普军转败为胜。

1763年2月,普鲁士与奥地利签订《胡贝尔茨堡和约》,普鲁士对西里西亚的绝对占有权得以确认。普鲁士由此跃居欧洲军事强国之列,迈出了雄踞德意志、争霸欧罗巴的重要一步。

弗里德里希二世有句名言:"国王是国家的第一仆人。"他在统治期间,减轻了农民负担,修筑公路,开凿运河,促进了采矿、纺织、造纸和玻璃工业的发展,建立了简便而有效的税收制度,使国力迅速上升。他还对普鲁士的法律进行改革,

取缔了中世纪遗留下的多种酷刑，选拔了一批受过良好教育、公正廉明的法官。他受启蒙思想的影响，提倡科学和艺术，聘请许多具有启蒙思想的学者到他设立的科学院中任职。普鲁士的初等教育在他统治期间也有所发展。

与这些文治相比，弗里德里希二世的武功更加显赫。1772 年，他伙同沙皇俄国和奥地利第一次瓜分波兰，夺得了波兰约三万六千平方公里的土地。1786 年弗里德里希二世病逝后，普、俄、奥又在 1793 年、1795 年两次瓜分波兰。1740 年弗里德里希二世上台时，普鲁士的国土为十一万八千九百平方公里，到十八世纪末，则扩张到三十万五千六百平方公里，人口从二百二十四万增加到八百六十八万，普鲁士成为德意志境内最大的邦国。

弗里德里希二世的军事思想则给后人留下了一份有价值的遗产。他推崇进攻，认为战争的目的就是消灭敌人的有生力量，主张选择有利战机，集中优势兵力，分割敌军，各个击破。拿破仑就从他的这种战略思想，以及他所创立的炮兵与骑兵结合的战术中，得到借鉴，进而称雄欧洲大陆的。

124・战争巨人拿破仑

法国大革命引起了欧洲各国封建王室的惊恐。在他们支持下,法国保王贵族势力在法国南部发动叛乱,占据了战略要地土伦军港。英国和西班牙的十多艘军舰也开进土伦。收复土伦,成为法国革命政府的当务之急。政府派出两支法国军队围攻土伦,还让特派员萨利切蒂赶去督战。

土伦原本难攻易守,保王军队又有英、西军舰相助,所以更加猖狂。攻不下土伦,萨利切蒂也束手无策。这天部下报告有人来访。随即,一位个头不高、脸色苍白、鼻梁笔挺的青年军官走了进来,他带科西嘉土音的问候使萨利切蒂顿感亲切。他俩都是科西嘉人。来客是奉命去阿尔卑斯山地区的炮兵尉官拿破仑·波拿巴。他路过此地,听说同乡兼至交萨利切蒂在这里,就来相聚。

看到萨利切蒂愁眉不展,拿破仑询问原因后立即转身观看土伦地图。对了,萨利切蒂猛然想起,拿破仑读过军校,因成绩优秀被保送巴黎军官学校,最出色的科目之一就是地理,而且又拥护法国大革命,于是就向他求助。

拿破仑看着土伦港口地形图,略作沉思,那双如鹰隼般锐利四顾的蓝眼睛顿时神采飞扬。他指着地图上土伦港口的里卡尔半岛,向萨利切蒂说出了先攻占里卡尔半岛,然后在半岛上集中炮兵火力,就可内轰土伦城保王军,外击英西舰队的取胜之道。萨利切蒂大喜过望,立即向法军司令全力推荐拿破仑,请他出任攻击土伦的炮兵指挥。

1793 年 12 月 16 日,按拿破仑的作战方案,法军经过三个梯队的冲锋,拿下了里卡尔半岛。拿破仑参加第三梯队作战时受了轻伤,他军裤沾着血迹,但仍沉着指挥法军用里卡尔半岛的所有大炮轰击敌军,果然立即见效。土伦终于收复。

一份土伦之战的报告被送到巴黎公安委员会,其中写道:"……无法用文字形容拿破仑这一战的功绩,他具备伟大的知识以及同样伟大的智慧和勇气,遗憾的是,用这些语言对于极有天赋的将才而言,仅仅是一种空泛的评价……"

三天后,公安委员会命令陆军部将尉官拿破仑破格提升为将军。凑巧的是当时法国最有权力的公安委员会核心人员罗伯斯比尔的弟弟,正巧在土伦。他把亲眼目睹的拿破仑功绩,也详细地用书面报告送达巴黎。

两年后,时刻企图复辟封建王朝的贵族保王党势力又在巴黎煽动民众游行示威。当时巴黎卫戍司令梅努暗中支持保王势力。梅努被撤职后,新上任的司令巴拉斯面临极其严峻的局面,明天,保王势力两万多人将向巴黎革命政府所在地发动攻击,而自己眼下能调动的只有六千人。无奈之际,他突然想到土伦之战的功臣拿破仑。

由于罗伯斯比尔兄弟俩被杀害,拿破仑也受牵连。他只好无奈地在地形测量部的办公室消耗光阴。巴拉斯命人火速将拿破仑找来,告诉他目前危急局面。拿破仑思索片刻,说如果所有人员听他指挥,他可以镇压这场叛乱:“请放心,一切结束后,我才会将剑入鞘。”

第二天,拿破仑连夜调来的炮群在国民议会的广场上向保王武装轰击。不到中午,叛乱武装就抛下几百具尸体,仓皇逃窜。拿破仑随即出任巴黎卫戍司令,半年后又升任法军远征意大利军团总司令。从此,这位出色的军事统帅在欧洲战场上几乎所向无敌。

意大利之战,奥军名将维尔姆泽兵败被围,只得投降。拿破仑又远征埃及,占领开罗。然后拿破仑返回法国,发动“雾月十八日政变”,三十岁时就成为法国权力无边的“第一执政”。他用军事占领扩大法国的势力,改变了欧洲各国多年来的疆域。拿破仑的东征西讨,沉重打击了欧洲封建势力。英、奥、俄、普鲁士等国的君主连续组织多次同盟,但兵员众多的同盟军在拿破仑快速机动、集中兵力、各个击破的战略攻势前,一败再败。

1804 年 4 月,法国议会授予拿破仑世袭皇帝的称号。法国大革命建立起来的共和国又变成了专制帝国,野心勃勃的拿破仑当了皇帝。他用与贵族妥协的办法,维护新生资产阶级利益。他公布了维护资本主义制度的《民法典》,沉重打击了封建所有制和等级制度。

这年 12 月 2 日,巴黎圣母院举行隆重的法兰西皇帝加冕仪式。千百年来,欧洲各国信奉天主教的君王登基时,都要由罗马教皇亲手将皇冠戴在他头上。这仪式具有强烈的象征意义,表示君王的权力是由上天的神赐予的,不是任何人都能称王的,所以百姓必须对他服从、效忠。这个“君权神授”的仪式,也使欧洲封建社会中宗教势力异常强大,长期无人敢于动摇其地位。

自恃战功赫赫的拿破仑,似乎漫不经心地出现在加冕仪式上。年迈的教皇从罗马专程赶来。他念着经文,慢悠悠地捧起金灿灿的皇冠,正要将它戴到拿破仑的头上时,拿破仑突然伸手从教皇手中取过皇冠,自己给自己戴上,脸上流露出骄横的神色。仪式神圣的气氛瞬间就被破坏了。看到这一幕,四周的大臣、僧侣,不是表情尴尬,就是马上扭过头,表示没看到。

这一幕,不知是不是拿破仑有意当众表明他对法国宗教特权的蔑视。其实三年前,他就下令通过与教皇订立"政教协议",规定天主教不是国教,而是大多数民众信仰的宗教。法国教会必须听从国家、政府。这一手,也是拿破仑作为资产阶级代表人物,对封建体制的削弱。

或许这一幕发生时,拿破仑想到的,是自己出身于科西嘉小城阿雅克修。父亲病故后,家中曾负债累累。他是从平民中崛起的,没有什么波旁王室之类的贵族门第,全凭自己的战功才做的皇帝,与"君权神授"毫无关系。

平民出身的拿破仑战功辉煌,与他能不分门庭、大胆起用作战勇敢的将士密不可分。那时,欧洲各国军队中的将官,大多是出身名门的贵族子弟。而拿破仑手下的元帅,有目不识丁的勒费弗尔、父亲是士兵的拉纳,勇敢的骑兵元帅缪拉也是从士兵中破格提升的。"不想当元帅的士兵就不是好兵。"拿破仑的这句格言,使他在军队中几乎得到从士兵到将帅的一致拥戴。

1812 年 6 月,拿破仑率六十八万大军攻打俄国,遭到库图佐夫等将领率领的俄国军民的顽强抵抗。半年后,在俄罗斯的刺骨寒风中,拿破仑带着一千余近卫军官兵率先仓皇逃离俄国,仅有三万余名残兵败将跟着他。

"一位好统帅的品质综合,好比一个正方形。它的'底'和'高'应该始终相等。这'底'是指性格、勇敢、英勇精神和果断;这'高'是智慧等智力因素。倘若'底'长于'高',统帅就会迷恋战斗,比理智实际需要的走得更远;相反如果'高'大于'底',统帅就缺少勇气来实行自己的计划……"

拿破仑曾用这个生动的比喻解说军事统帅的整体素质。可惜,他自己往往过于迷恋战争。兵败俄国回到巴黎后,拿破仑在莱比锡一战中又败给了组成第六次反法同盟的各国联军,被迫退位,流放厄尔巴岛。路易十八在法国复辟了波旁王朝。

125·奥斯特里茨战役

1805年12月1日的夜晚。在摩拉维亚(今捷克东部)的布尔诺东边,小村奥斯特里茨附近的荒野里,众多军队在此集结,营火如同天上繁星一般,闪烁在坡地河谷间。法军与俄、奥联军在这里遭遇。明天双方将一决胜负。

虽不是严冬时节,寒气却已在浓浓夜色里侵袭着露宿的士兵。一些法军士兵围着篝火烧烤着土豆。他们长途奇袭,从刚拿下的维也纳赶到这里。由于粮食供应不足,八个士兵才能分到一个面包,所以只得吃土豆充饥。

一阵皮靴声响,走来了一群军官。其中一个个头不高的,径直弯腰伸手从灰烬中拨出一个土豆,掰开,咬了一口,问营火边的士兵:“你对这玩意可满意?”

“嗨,总比没有强啊!”那士兵大大咧咧地说完,这才发现那人竟然是拿破仑,慌忙起身立正致敬,“陛下,我不知道是您……”

“很好。”拿破仑毫不在意,挥手指着远处星星点点的敌军营火,“我的朋友,明天请帮我把那些畜生撵走……”

阵地上顿时响起了“皇帝万岁”的欢呼声。不知是谁下的命令,士兵纷纷在刺刀上扎捆干草点燃,拿破仑巡视到哪里,哪里就闪亮起一簇簇火光。

拿破仑满意地回到他的宿营处,那是个小木棚,棚子里放了不少干草。他躺在草上打了个盹后,命随从递上酒,边饮边思索明天这一仗该如何打。

确实,俄奥联军兵力大大超过法军。三万奥军,五万余俄军,三百五十门火炮,光火炮就比法军多百余门。法军士气虽旺,可远离故土,能集结的所有兵力,包括近卫军在内也只有六万多名。对方统帅又是名将库图佐夫,不好对付啊。

拿破仑思索良久,决定将自己的军队分成南北两翼,南弱北强。他在北翼依托一个小丘指挥,设下预备队,包括从士兵升为元帅的缪拉的骑兵军、乌迪诺元帅的投弹兵师及贝西埃尔指挥的近卫军。北翼的前锋是勇猛无比的拉纳元帅率领的第五军和贝尔纳多特元帅的第一军。南翼是苏尔特元帅的第四军,达武元帅的第三军则是南翼的预备队。南翼可依托的是一连串湖泊与沼泽地。拿破仑昨日白天就看到,可以俯控这片战场的普拉岑高地上黑压压的,俄奥联军已占领

了它。

12 月 2 日，天刚破晓，俄奥联军的骑兵、步兵在奥国列士敦士登亲王和俄国巴格拉齐昂亲王率领下直扑法军北翼，南翼的法军也遇到俄奥联军三路纵队的强攻。俄奥联军的目的是以三万优势兵力攻下法军南翼，切断法军后撤维也纳的退路，再包围法军。战火初起，法军南翼很快就被对方突破，拿破仑急令达武元帅的第三军支援，忠心耿耿的达武率法军全力反击。眼看对法军南翼的攻击一时出现胶着状态，在普拉岑高地上的俄国沙皇亚历山大按捺不住了，急忙要身边的联军统帅库图佐夫率领普拉岑高地上的全部兵力冲下去，全力击溃法军南翼。

在冬日的雾气中，满头白发的库图佐夫此刻心情极为复杂，自己尽管是战场指挥，可一个将军与俄皇、奥皇同时在场，他怎能驾驭全局呢？回想作战前夕，他就建议眼下不要匆忙决战，待更多援军赶来方有可能歼灭法军。他对拿破仑的善于用兵比较了解。然而沙皇亚历山大对平民出身的拿破仑极为痛恨，这家伙从法国大革命中乘势而起，毫不留情地东征西战，将欧洲贵族王室一个个打下台，说不准自己也早晚会面临拿破仑的攻击，不抓住此时战胜他就是丧失时机啊！

那些求胜心切的年轻贵族军官同样认为目前法军兵力较少，值得决战。库图佐夫心中明白，一旦冲下可俯控战场的这块高地，很可能是凶多吉少，但皇命难违，他只得下令。

见到俄奥联军离开高地，拿破仑立即下令法军冲上普拉岑高地。

这时，沙皇才恍然大悟。他与库图佐夫急忙调集大批军队，连自己的禁卫军也投入进去了。他要全力夺回高地。于是，法俄两军的骑兵在这里展开反复争夺，可法军终于牢牢守住了高地，切断了奥俄联军的联系。北翼的拉纳元帅第五军在缪拉的骑兵军支援下，一鼓作气击退了俄奥联军，随即赶来围攻想夺回高地的俄皇和库图佐夫的军队。

一场恶战中，库图佐夫受伤，沙皇亚历山大险些被俘，联军败下阵来。占领高地的法军用骑兵从背后袭击正在攻击法军南翼的俄奥联军，俄奥联军撤退。在越过冰封的湖泊与沼泽地时，法军又调集大炮一阵猛轰。俄奥联军不是溺水身亡，就是被炮火击中。就这样拿破仑以少胜多，用伤亡八千余人的代价，战胜了近九万兵力的俄奥联军。联军伤亡一万五千人,被俘一万一千,还有一百多门大炮及粮草弹药也成为法军的战利品。

史称"三皇会战"的奥斯特里茨战役,是体现拿破仑军事天才的典型战例。消息传到英国伦敦,英国首相威廉·皮特听后,懊丧地走到墙上张挂的欧洲地图前,说:"看来这幅地图十年里没有任何用处了。"

代表新兴资产阶级革命力量的拿破仑,用战争摧毁了欧洲一个又一个国家的封建王朝,欧洲各国的领土疆域被拿破仑的军队任意改变,老的地图当然无法反映了。

126 · 兵败滑铁卢

地中海的厄尔巴岛很小,岛上却住着个大人物——当过法兰西皇帝,现在被逼退位的拿破仑。

一天夜里,有条小船从法国漂向厄尔巴岛。船还没靠上厄尔巴岛,船上有个人就急不可耐地跳下海。他游上岸,浑身湿淋淋地直奔拿破仑的住所。这是1815年2月12日夜晚发生的事。

此人是法国兰斯省副省长夏布洛,他奉同样拥护拿破仑的法国外交大臣马霄之命,秘密赶来向拿破仑报告近日法国情况。十个月前,欧洲反法同盟联军扶植的路易十八当上法国国王后,保王贵族开始疯狂报复。地主们算计着收回大革命时被没收的庄园;军队将官对路易十八这外国人扶植的国王根本看不起;农民又要交纳拿破仑当政时废除的苛捐杂税;普、俄、英、奥等国代表在维也纳开会,为维护本国利益而勾心斗角。

“陛下,现在是您重返巴黎的好时机呀!”夏布洛激动地劝说。

“我不能老死在这个岛上,将事业结束在沉寂中。”拿破仑向随他一起来岛生活的母亲说道。

“去吧! 孩子,完成你的使命。”拿破仑的母亲深知儿子对权力的渴望。

拿破仑悄悄带兵乘船离岛。跟随他的士兵,只有当时来岛守卫他的四百名卫士和七百名自愿随他来厄尔巴岛的近卫军老兵。3月1日,他带着一千多人在法国南部戛纳附近的儒安登陆。为了避免途中与各地守军交战,拿破仑绕山路走近道,迅速奔向巴黎。二十天后,拿破仑的军队居然达到了上万人。因为途中遇到对复辟王朝极为不满的农民,农民就拿起武器跟着他;有些地方守军见到他,立即欢呼:“皇帝万岁!”便成队成营立刻归顺了他们昔日的统帅。

3月20日夜晚,拿破仑进入巴黎。许多市民欢呼着、叫唤着甚至哭泣着迎接拿破仑的军队,因为路易十八的倒行逆施,使他们生活得更苦。路易十八和他的亲信贵族听到拿破仑回来的消息,却没命地逃离巴黎。

维也纳的皇宫中,奥地利皇帝弗兰茨正得意洋洋地与参加维也纳会议的普、英、俄等国的亲王大臣们交谈着。舞曲响了起来，来自欧洲的各国官员与打扮得花枝招展的贵妇淑女双双起舞。突然，一个脸色惊慌的奥地利官员走到奥皇面前，悄声说了几句，奥皇霎时脸色突变。不一会儿，周围的王公贵族们也神情紧张地小声交谈着，因为他们相继得到了拿破仑已重返巴黎的报告。

决不能让这个“科西嘉怪物”重霸欧洲！英、普、奥、俄等国组成第七次反法同盟，结集七十万人马，从三面分头进攻巴黎。

拿破仑同样烦恼。虽然巴黎民众欢迎他，但他征集兵马却困难重重。一个多月后他才勉强聚集起忠于他的二十八万军队，其中大部分又分散在法国各地，武器和马匹也很缺乏。他手中能集中使用、有较强战斗力的主力部队才十二万人。拿破仑只有集中兵力，趁联盟军队来不及汇合时，各个击破，才有机会取胜。拿破仑决定先攻击普鲁士老将布吕歇尔的军队，防止他与威灵顿将军率领的英国军队汇合。

法军与普军一交战，拿破仑就觉得普军兵力远远超过他的估计。由于拿破仑的近卫军奋勇进攻，普军败退了，但是布吕歇尔率普军主力悄悄地向威灵顿的英军靠拢。这个七十多岁的普鲁士老将又派出一支小部队引诱法军。上了当的格鲁希将军带了三万法军追击小部队，法军兵力被削弱了。

1816 年 6 月 18 日，在比利时的滑铁卢，拿破仑率法军向威灵顿的英国军队发起全面进攻。威灵顿拼命抵抗，才没有被法军围歼。当夜，大雨倾盆。次日清晨，滑铁卢又大雾弥漫。拿破仑计划在中午时分进击英军。

“陛下，应将格鲁希的三万余人调回后再打，取胜就是必然的了。”一位将军提议。

“你们不要因为与威灵顿交手中吃过亏就害怕了，威灵顿不可怕，英国更没什么了不起，一顿午饭的时间我就可以打败他们。”拿破仑对胜利充满信心，他也相信格鲁希击溃普鲁士的布吕歇尔后，会立即赶来的。他万万没想到，威灵顿已经得到布吕歇尔快骑传来的信件，保证将攻击法军右翼。

中午，法军一百五十多门大炮齐轰，英军阵地一片混乱。然后法军左翼在拿破仑弟弟热罗姆率领下发动攻击。拿破仑让热罗姆停止进攻，巩固阵地。好大喜功的热罗姆却一味逞强，孤军深入，反而被英军的反攻打得惨败，同时又延误了右翼的进攻节奏。

下午，拿破仑又用重炮猛轰，右翼四个师的法军投入冲锋。英军拼死抵抗，用骑兵冲击法军步兵。拿破仑立即将自己的骑兵投入，双方反复搏杀，未分胜负。法军内伊元帅率一万名轻骑兵冲向英军，遭到英军炮火轰击。他的战马中弹倒下，内伊跳上另一匹战马，冲上去，战马又被击伤倒下，内伊骑上第三匹马，仍率队猛冲。眼看威灵顿的中央防线即将被突破，但是法军已没有后备队投入了。

“即使拼到最后一人，也要拖到布吕歇尔的普军赶来。”威灵顿此刻明白，这一刻谁坚持到底，谁就会胜利。果然在英军即将全线溃退之际，普军赶到了。格鲁希的三万法军却迟迟没出现。英军见援兵到来，斗志倍增。法军遭到英、普军队的前后夹击，只得撤退。在激战中又失去战马的内伊元帅，手执断剑，被硝烟熏黑的脸流露出无奈的神情。他眼看着到手的胜利失去了。

拿破仑命令手下将领聚集部队，可是被击溃的法军已无法抗拒英普军队的冲击了。拿破仑沮丧地输了这一仗，三万余法军伤亡。6 月 21 日，拿破仑败退到巴黎。半个月后，反法同盟联军进入巴黎。法国波旁王朝的路易十八再次复辟。

或许，在滑铁卢之战中，格鲁希的部队及时赶来，拿破仑就能取胜。然而拿破仑失败的根本原因在于他野心太大。他自己承认：“我失败的原因就在于我自己，不在于别人……我想包揽的事情过多了……”

拿破仑被流放到大西洋靠近非洲南部的圣赫勒拿岛。六年后，这个曾改变欧洲地图的人死去。

127 · 周旋于列强之间的梅特涅

1810年11月里的一个晚上,法国巴黎。帝国大法官康巴塞雷斯的府邸正举办化装舞会。法国当朝权贵与各国驻法使节都与夫人应邀出席。正在巴黎的奥地利外交大臣梅特涅夫人爱琳诺也到场。她刚跳完一曲,又有一位个头不高、衣着华贵的先生彬彬有礼地邀她共舞。这种场合拒绝邀请是很失礼的。舞曲一起,爱琳诺就感觉舞伴的舞技拙劣,还边舞边拥着她朝客厅边走去。

那人竟拖着她进入客厅暗处一间空房间,随手关上门又取下假面具。爱琳诺惊魂未定,很快又大吃一惊,此人居然是当今法国皇帝拿破仑。

"夫人,很抱歉。我如此粗野,只是想问你,如果我向贵国公主玛丽·路易丝求婚,是否可得到答允?"

"陛下,我……我无法知道。"

"好吧,请夫人向您的丈夫转达我这个问题。请再次原谅我的失礼。"拿破仑转身迅速离去。

一年半前,法奥交战。奥地利战败,首都维也纳被法军占领,不得不签订割地赔款的条约。爱琳诺像许多奥地利人一样,对让他们忍辱蒙羞的拿破仑又怕又恨,因此,她认为拿破仑刚才的这番举措极为荒唐。可她丈夫梅特涅听她说完后先略有所思,转瞬就面露喜色。自从四年前作为奥国驻巴黎大使起,他就不断收集各种情报,了解法国宫内的事。他知道拿破仑因皇后约瑟芬不能生育,准备与她离婚,然后再娶一个与他地位相当的女子。估计是俄国拒绝了拿破仑向沙皇妹妹安娜的求婚,恼怒的拿破仑才转向奥国。奥地利皇室出自哈布斯堡王朝名门,然而当时奥国国力日益衰弱。从法国大革命中崛起的拿破仑,代表新兴资产阶级力量东征西战,欧洲各国封建王朝虽多次联合反法作战,均以兵败告终。梅特涅认为这次奥地利如果与法国联姻,奥地利的封建王朝至少得以延续。

"如今是法强我弱。仅凭我国二十多万军队,又没有可靠盟友,我奥地利如继续与拿破仑作对是愚蠢的。联姻就可使法国将攻击矛头转向俄国,奥地利则可以逸待劳,保存实力。"梅特涅如此这般劝说奥皇,终于成功地撮合了这门亲事。

奥法联姻后,1812 年 6 月,拿破仑果然发兵征战俄国,他要求奥国出兵三万担任进攻的左翼。梅特涅口头应允,却让奥军回避与俄军交战;同时又暗中与英、俄及普鲁士联系,保证只要自己在任奥外交大臣一天,奥地利就不会真正与拿破仑联手。

拿破仑的六十八万大军被俄国的防御战略与严寒气候折腾得只剩三万残兵败将,狼狈而退。奥军的三万兵马却几乎完好无损。梅特涅这时却开始考虑如何防止俄国建立霸权。

1813 年 6 月 22 日,梅特涅以调停者的身份,应邀来到德累斯顿的马科得尼宫。面对按剑在手、怒气冲冲的谈判对手拿破仑,梅特涅不动声色。这瞬间,或许梅特涅回忆起自己四十年生涯中的难忘片断。

为了成为外交官,梅特涅十六岁求学于巴黎的斯特拉斯堡大学,可目睹了巴黎民众攻陷巴士底狱的起义,贵族出身的他却无法容忍如火如荼的法国资产阶级大革命;他二十一岁就跨入外交官行列,出使英国,但拿破仑指挥的法军攻占他家乡,他父亲的贵族领地、臣仆与财产丧失得一干二净;他三十六岁出任奥驻法大使,因为暗中传送情报,鼓动奥军分兵攻击法国三个属国,被拿破仑在杜伊勒里宫当着各国使节的面痛骂一通,然后被限制行动自由,甚至成为拿破仑的阶下囚被关押。即使如此,他仍保持贵族世家的风度与外交官的尊严。今天,他终于能以平等的地位与拿破仑对话与谈判了。

梅特涅之所以能有今天,是因为他牢记在美因兹大学选修过的福格特教授的历史课程。福格特提倡政治上采取保守调和原则,各主权国保持实力平衡的"欧洲新实力均衡"理论,被梅特涅成功地运用于实践中。他以敏锐的判断、多变的手段巧妙周旋于各大国之间,日渐衰弱的奥地利全凭这套"大国均势"外交策略,才得以维持欧洲强国的体面。

如今梅特涅是劝说拿破仑与欧洲各国妥协。按照"大国均势"的策略考虑,他感到此刻不能再削弱法国。骄横的拿破仑却说不怕战争:"我是靠打仗才有今日的。对一个像我这样的人而言,成百万人的生命不算什么……"

"您急于挑动战争,那么您同欧洲交锋的时刻已经来临。可是被打败的将不是欧洲。"梅特涅傲慢地用欧洲代言人的身份发出声音。

“我同奥国公主的婚姻是件愚蠢的事。”

“那可是征服者拿破仑自己决定的呀!”梅特涅诙谐地回答道。

这场被称为“外交滑铁卢”的谈判长达九个钟头。双方唇枪舌剑十多个回合,就如拿破仑发起了十三次挑战,梅特涅应战了十三次。眼看无法达成协议,梅特涅最后说:“陛下,我来这里就预感到您将输了。现在我该走了。我认定您陛下是输定了。”

1813 年 8 月,俄、普、奥、英等国组成第六次反法同盟,梅特涅又玩弄外交手腕,逼迫俄国同意让奥地利施瓦岑伯格亲王出任反法联军统帅。1814 年 3 月,反法联军攻占巴黎,拿破仑宣布退位。梅特涅又利用奥国出任反法联军统帅的身份,于 1814 年 10 月在维也纳召开会议。出席这次会议的欧洲各国君臣表面上欢声笑语,暗中却勾心斗角,都要争夺扩展在欧洲的实力地位。梅特涅一边用欢宴歌舞装点盛会,一边暗中在他的书房里与英、法、俄、普的代表共同协商欧洲政治局面的均衡,使他的手腕与“新实力均衡”理论得到充分施展。最终欧洲大陆的各国封建王朝统治得到恢复与巩固,奥地利在欧洲,特别是在意大利和德意志邦联中的优势得以确保。同时欧洲也暂时避免了重大战争和冲突。

1821 年,梅特涅升任奥地利首相。从此他更全力维护封建君主体制,联络各国组成“神圣同盟”,凶横地镇压欧洲各国人民反封建的民主革命运动。1848 年,在革命浪潮中,梅特涅被迫下台,逃亡英国。

作为一个效忠封建王朝、镇压资产阶级革命的人物,梅特涅的下场并不光彩,但他推行的“大国均势”外交策略,成为世界政治和外交史上的范例。美国著名外交家基辛格就在自己的政治生涯中,推行类似梅特涅方式的外交策略。

128 · 克劳塞维茨写《战争论》

1792年，德国哈韦尔河畔的波茨坦城。

当时，这里是普鲁士王国的夏宫所在地。驻军之一的费迪南德亲王团外出巡行时，路过街道的市民多半会看到一幅令他们印象深刻的景象：一个体形瘦弱、单薄的少年士官生，掌着军旗吃力地行走在军队中间。用金银丝绣着纹章的军旗在他手中相当沉重，似乎他用尽全身力气才能保持旗帜不至歪斜。然而，他仍保持军人的步伐行进着。这场面让市民先有几分惊讶，转而对这少年的坚毅萌生出一丝敬意。

这个少年就是十二岁便被父亲送入军营的卡尔·冯·克劳塞维茨。他没有任何人的关照，全凭自身的努力，赢得军队中士兵们的尊敬，同时也养成了他内向、甚至有几分孤僻的个性。

克劳塞维茨的父亲曾是名少尉军官。作战负伤致残后，在小城布尔格当了名收税官。在克劳塞维茨的童年记忆里，来自己家中的那些父亲的朋友也多半是军官。遗憾的是他感到这些军官尽管军服笔挺，却说不上文明，谈吐高雅，更谈不上有学问了。

如果要成为一名真正合格的军人，应该要有学识。但父亲并没让克劳塞维茨受多少教育，就把他送到了军营。

经过严格的军营生活，晋升为见习军官的克劳塞维茨在1793年普法美因兹(今德国西南部城市)交战时，初次经受了炮火洗礼。兵力占优势的普军排成步兵方队前进，法军却以散兵战术迎战，用准确的子弹狙击，使得普军伤亡不小。一天夜里，法军还组织了一次夜袭，造成普军大本营一片混乱，损兵折将。由于得到美因兹当地居民的支持，法军在普军的强烈炮火攻击下，直到弹尽粮绝方从容撤退。这一切使十三岁的克劳塞维茨陷入沉思中。

那是个风起云涌、英雄辈出的年代，拿破仑凭他出色的军事才干，指挥法军与欧洲各国联军交战，几乎是每战必胜。克劳塞维茨对这些战斗经过，无论是自己参与的还是听说的，都饶有兴趣地加以分析、研究。

1801年,克劳塞维茨通过考试进入柏林军官学校学习。当时任校长的沙恩霍斯特将军主张革除陈旧的教条,在校内他成立了"军事协会"。会员们运用近期战争实例,研究讨论战争的军事理论。这天沙恩霍斯特引来了一位新成员,对大家说:"这个青年军官的勤勉、学识与判断力,将无愧于我们协会。"

克劳塞维茨就这样参加了协会。他不卑不亢的态度与富有见解的言论,使同学们产生良好的印象;同时他也结识了一些主张革新的普鲁士军官、将领,如格乃泽瑙将军等人。

两年的军校学习生活丰富了克劳塞维茨的军事理论知识,磨炼了他的个性。经沙恩霍斯特推荐,毕业后的克劳塞维茨成为奥古斯特亲王的副官。他随同奥古斯特亲王参加了1806年的普法战争,由于战败,又跟着奥古斯特亲王一起成为法军战俘,被押解到巴黎。后来双方交换战俘,克劳塞维茨回国了。

半年后,克劳塞维茨写出了一篇结合他对巴黎的见闻和思考,长达十多页的文稿《关于普鲁士未来反法战争行动》。凭着苦学钻研和爱国热忱,他又参加了由沙恩霍斯特、格乃泽瑙等将领主持的普鲁士军队革新、改组工作。

由于懦弱保守的普鲁士王朝屈服于拿破仑的淫威,一些爱国军官,如沙恩霍斯特、格乃泽瑙、克劳塞维茨愤而辞职。1812年2月,克劳塞维茨执笔写的《三个信条》一文,表达了他们坚持抗击拿破仑军队的爱国信念,强调了普鲁士应该进行军事改革的迫切性。三个月后,克劳塞维茨转投俄国。在俄军中他又一次亲历战场烽烟,与俄军将士共同抗击拿破仑法军的入侵。回国以后,他最终以普军第三军参谋长之职,参加了击败拿破仑的最后一战。

1830年,已是柏林军官学校校长的克劳塞维茨奉调去炮兵监察部。临行前夕,克劳塞维茨捧出一叠厚达三千余页的书稿。他抚摩着,陷入沉思中。他经历的百余次大小战役、半辈子戎马生涯,一幕幕仿佛重现眼前,尤其是在俄罗斯大地上发生的斯摩棱斯克城的争夺战、波罗金诺的炮战、拿破仑与库图佐夫指挥下法俄两军的交锋,迂回防御,追击,犹如生动画卷,历历在目。

半晌,他把书稿收全包封,交给妻子说:"我一直想修改完这些书稿,却忙得没能动手改完……这部书说不上是完整的理论大厦,只是建筑理论大厦的材料……我想,在我离开这个世界以后才是出版这部书的合适时机吧!"

这部书稿就是《战争论》。它汇集了克劳塞维茨对一百三十余个战例的分析、研究,对战争与政治的关系、战争理论、战斗、防御等进行了辩证讲述,见解精辟。

1831 年 11 月,克劳塞维茨因病去世,他的遗孀在整理书稿时,发现了一页克劳塞维茨写的《说明》:“尽管这部著作没有完成,我仍然坚信,每个没有偏见、渴望真理和追求信念的读者,在读已誊写清楚的前六篇时,会看到这些经过多年的思考和对战争的热忱研究所获得的果实,或许还会在书中发现一些可能在战争理论中引起一场革命的主要思想……”

她似乎明白了丈夫为什么坚持在他故世后才能出版此书的原因。书中指出民众的拥护是战争制胜因素之一,还对法国大革命持肯定态度。如果克劳塞维茨生前出版此书,很可能会在封建保守的普鲁士王国,引起守旧军官们对他的围攻呢!

在《战争论》中,克劳塞维茨第一次提出了“战争无非是政治通过另一种手段的继续”这一著名论断。这本未完成的著作由于从战例实际出发考察、总结战争理论,终于成为流传后世的军事学经典理论名著。

129 · 在哲学大道上散步的人——康德

你要是去欧洲旅游，有关名胜古迹的介绍中就会提起哥尼斯堡(在今俄罗斯加里宁格勒)的一条著名的路——“哲学大道”。它的出名与一位哲学家有关。

那是十八世纪中叶。每天暮色初起时分，这条路的尽头就会出现一个个头不高、相貌清秀的男子。他衣着整洁，步履悠闲，若有所思地从这儿一直走向弗里德里希炮垒。当然，快到达炮垒时他就转身往回走了，天天如此，年年如此。有时走着走着，他会在路旁的椅子上坐一会，随手记下一点正在思考的内容；有时候他也会和一个朋友，或是一个学生一起完成这一趟散步。最主要的是，他每天必定准时出现在这一条路上，从不迟到或早退。周围的居民几十年来对这一情景已经司空见惯了，甚至可以根据他的出现来核对家里的钟表。

这个人就是后来闻名于世的德国大哲学家伊曼努尔·康德。他 1724 年生于德国的哥尼斯堡。少年时在神学院中受教育，十六岁进入哥尼斯堡大学攻读哲学。毕业后他先做家庭教师，后来成为哥尼斯堡大学的教授，还短期担任过哲学院院长和大学校长。

康德是欧洲启蒙运动时期著名的思想家。在自然科学方面，他提出了著名的“星云说”，即认为太阳和一切行星都是由旋转的星云产生的。“星云说”第一次动摇了自然界在时间上没有历史的概念，被认为是自哥白尼以来天文学取得的最大进步。他的三部名著《纯粹理性批判》、《实践理性批判》和《判断力批判》，则是世界哲学史上的重要文献。

康德在《纯粹理性批判》中，宣称自己在哲学上完成了一场哥白尼式的革命。因为他第一次提出了思维与存在有没有同一性的问题；他鲜明地提出了思维对客体的作用，即主观能动性的问题；他冲破了形式逻辑的局限，提出了辩证逻辑问题。尽管由于他的局限性，他在思维与存在的关系上，只承认在我们的思维之外存在“自在之物”，但不承认“自在之物”能被认识，有“不可知论”的倾向，但已经包含了唯物论与辩证法的合理成分。革命导师恩格斯对康德的评价是：在法国发生政治革命的同时，德国发生了哲学革命，这个革命是从康德开始的。

康德身后所有的哲学家和伟大的科学家都或多或少地受到他的影响，在人类思想史上他具有很高的地位。当年康德发表了他的哲学著作后，他的思想成为许多德语学校中讲课的内容，哥尼斯堡更成了当时的哲学圣地，成群的年轻人赶到那里去听他的讲课。

哲学是一门高深的学问，但哲学家康德却丝毫没有学究气。他为人幽默机智，学识广博，交友极广，甚至从不单独吃午饭，饭桌上总是高朋满座。他有很多知心朋友，一些医生、商人、银行家等等，都和他保持着终生的友谊，连哥尼斯堡守卫队的许多高级军官都很仰慕他。当地的骑兵队长不但醉心于他的演讲，而且还经常用马车接送他去为部下讲解数学和自然地理学。

康德终身未婚，原因之一是他的经济状况不太好。在当家庭教师时，他的收入菲薄，即使后来在大学任教也十分清贫。但他却并不贪图钱财。那时先后有几所大学以高薪聘请他去任教。康德考虑到那里的环境对自己专心学术研究不利，因而不为所动，甘心寂寞，放弃了这些机会。康德后来被任命为柏林科学院的院士，但他在自己的著作中从没有使用过这一显赫的头衔，只是谦虚地署上"教授"。

1786 年，普鲁士国王弗里德里希大帝逝世，新国王登基。以学识渊博闻名的哥尼斯堡大学校长康德受命组织朝见新国王的典礼。按照当时惯例，将有十分豪华盛大的场面，花费很大。康德却上书新国王，要求严格禁止铺张浪费，不得举办各种耗费巨资的欢迎会。以一个大学校长的身份提出这种倡议，是要有一点勇气的。幸好新国王比较开明，欣然同意了康德的建议。于是，康德在朝见仪式的前一天，率领评议会成员进宫，对新国王表示祝贺。整个仪式简单而又隆重，国王非常满意，第二天破例送了六百张观礼券给康德，供全体学生列队进宫观礼。这对于重兵把守的王宫来说，是天大的例外，也是康德人格的胜利。

康德以八十高龄在 1804 年 2 月去世。28 日，哥尼斯堡为他举行了盛大庄严的出殡仪式。他的棺木由二十五名大学生抬着，送往大教堂。大学生的队伍后面是驻军军官的队伍，再后面是几千同胞的送殡行列。灵柩上题着："康德永垂不朽！"道路两旁挤满了自发赶来的人群，黑压压地排了好几条街道。在阵阵哀乐和回荡天际的钟声里，人们不禁想起康德的名言：

"有两种东西占据我的心灵。要是不断地对它们进行思考，就会给我时时翻新，有增无止的赞叹和敬畏。那就是繁星密布的苍穹和我内心的道德法则。"

130 · 辩证法大师黑格尔

德国的符腾贝格有座斯图加特文科中学。1787年的一天，学校照例又举行即将毕业的一届学生演讲。走向讲坛的中学生个个表情肃穆。毕业演讲的评分，在很大程度上决定他们能否顺利进入大学校园。演讲的题目由学生自己决定，便于发挥自己的长处。

一位神色拘谨、似乎还有几分谦恭的学生在众人面前念出自己演讲的篇名《土耳其统治下的应用艺术与科学之衰落》时，在座的一位教师不由吃惊地扬起了眉毛。这个名为黑格尔的学生写过两篇作文《论希腊和罗马人的宗教》、《论古代诗人的若干特征》，给那位教师留下深刻印象。看起来黑格尔对古典文学及希腊、罗马的文化知识有比较深入的了解，一般中学生可是做不到的呵。然而那位教师从未听说黑格尔对土耳其文化也有研究呀。

黑格尔在演讲开头，历数奥斯曼帝国不重视科学文化的种种弊病，然后话题立即转向赞扬符腾贝格如何重视文学、科学和艺术，婉转又巧妙地对自己的国家、故乡及学校极力讴歌。

果然，黑格尔的这篇演讲获得在座的校长、学监与教师的一致好评，也由此获得了政府提供的奖学金。他顺利地进入图宾根神学院读大学。

图宾根神学院是培养未来教师与牧师的一座古老学府，有强烈的修道院色彩，学生们不但一律要穿黑色袍服，而且要求学生每天早起就自修，连散步都有时间规定及专门规则约束。图宾根神学院也有体育活动——击剑与骑马，这是当时进入上流社会的人物所必须具备的技能。

从此，图宾根神学院出现了一名用功读书，却不太参加击剑与骑马活动的学生黑格尔。一些同学对黑格尔的埋头苦读颇有看法，就私下里画了幅漫画嘲笑他。

一天，黑格尔看到了这幅画。画中的他是一个驼背、撑拐杖的小老头。他宽容地笑了笑没作计较。他比较成熟，既然能够巧妙地用毕业演讲迎合中学校长、学监们爱被奉承的心态，当然也会老练地处理同学之间的矛盾。在图宾根神学院，黑格尔只用两年时间就完成了哲学硕士论文。1793年通过神学博士论文后，黑格尔放弃了成为一名收入高、生活稳定的牧师的机会，宁可当家庭教师，因为他可以充分运用那些主人家的丰富藏书，研究学问。

从1801年起，黑格尔凭扎实的学问进入耶拿大学当教师。经过多年的努力，黑格尔写出了《精神现象学》。当时，拿破仑的军队在欧洲攻城略地，摧毁各国封建王朝。法军攻入耶拿的1806年10月29日这天，对黑格尔来说极不平常。这天他亲眼目睹拿破仑骑马进耶拿巡视的情景。第二天他写信给朋友说道：看到这个“掌握着世界，主宰着世界的人骑在马上，令人有一种奇异的感觉”。同时他又担心自己几天前寄出的《精神现象学》书稿，会不会在这场战火中损坏。《精神现象学》是他数年钻研完成的哲学著作，铸就了他唯心主义哲学体系和辩证法的基础。

黑格尔专注于学术研究，却不是一个只埋头于书斋的老学究。他对生活中的美有着非凡的敏感。在美因兹城，他漫步在莱茵河畔，注视着田野里牧羊人住宿的茅屋，静静欣赏田园风光；同时，回想历史上莱茵河孕育的欧洲文化渊源，又感叹战争对平静生活的破坏。看到两边田园中村庄的废墟、被战争炮火削去尖顶的教堂钟楼，黑格尔陷入了沉思中。

在法兰克福，黑格尔每星期总要去一次剧院。他欣赏莫扎特的歌剧《魔笛》、《唐璜》，对音乐和演员的艺术水准有独到评价。同时他对生活中的美给予理性的思考，提炼后形成自己的美学观念。黑格尔的欣赏总是伴随着深沉的思索，似乎成为一种习惯。他在1797年给妹妹的女友的一封信中，自嘲地说自己“一度是个教师，并把这个称号和他的随身行李一块带着到处奔走，正如背着一个不断用拳头捶打他的魔鬼使者一样”。

黑格尔执着地追求真理，同时又不被生活中的一些假象所迷惑，“我不能满足于开始了人类低级需要的科学教育，我必须攀登科学的高峰”。1807年，他的好朋友谢林告诉他，当时人们对用一根线系上一个金属物体，在水或其他金属上方摆动的磁学实验，十分着迷。黑格尔回信中就友善地提出，实验必须摆脱偶然因素或人为的干扰，才能得出科学的结果。

黑格尔批判地继承了康德等前辈哲学家的研究成果，吸取了他们哲学思想中的辩证法因素，建立起自己客观唯心主义的哲学体系。他认为世界上的一切事物都是从“绝对精神”中派生出来的。艺术是绝对精神对自身的直观，宗教是对绝对精神的伟大的崇拜，哲学则是通过概念来表现绝对精神。自然界和人类社会历史都被他认定是观念和精神的体现。

他在《逻辑学》一书中提出了辩证法中的三大法则：对立统一规律、质量互变规律与否定之否定规律。从他提出的否定之否定的规律，可以看出他已研究出人类的认识，是一个沿着螺旋式上升的不断前进运动的辩证发展过程。他是欧洲哲学史上第一个全面系统地表述了辩证法的唯心主义哲学家。

黑格尔的著作《精神现象学》、《逻辑学》、《哲学全书》、《法哲学原理》、《历史哲学》和《美学讲演集》等，是人类思想史的宝贵财富。他取得的成就来自他孜孜不倦地追求真理的努力。在图宾根神学院那枯燥的学习生活期间，他常在同学中朗诵诗人希坡尔的一首诗《生命旅程》：

朋友们，向太阳，
让人类的幸福之果快快成熟！
几茎残枝、几片碎叶，
怎能把太阳的光辉遮住？
要穿过这些残枝碎叶，
奔向太阳边去，
吸吮着他的热和光，不要顾虑……

黑格尔以此自勉，也激励同学，共同去探索真理。

131 · 喜剧家的悲剧

在法国,谁要是被人称呼“阿巴贡”,就会明白人们嘲笑他为人吝啬;要是人们背后说某人是个“达尔杜弗”,那个人就很可能是个假仁假义的家伙! 阿巴贡和达尔杜弗,都是法国著名喜剧家莫里哀创作的喜剧中的人物。

1673 年 2 月 17 日,巴黎的一所剧院正在上演莫里哀又一部新喜剧《无病呻吟》。舞台上出现一个富人阿尔冈,他怀疑自己有病,顽固地要在自己身边安排一位医生,随时伺候自己,因此居然强迫女儿去嫁一个她根本不爱的医生。这出戏的对白写得很生动,演员的表演又出神入化,赢得观众笑声不绝。当剧情进入高潮时,演阿尔冈的演员动作逐渐僵硬起来,仿佛被病痛折磨似的,表情也越来越古怪了。

“怎么搞的? 今天这个阿尔冈好像有些不对劲啊?”有位观众小声对邻座说。

“不可能啊,你知道扮演阿尔冈的演员是谁? 就是写这出戏的莫里哀本人呀! 他亲自演自己剧中的人物,一直是最逗人发笑的。有时他还会临场发挥,做一些剧本中没有的夸张动作,获得满堂喝彩声呢!”那个邻座,看来是个喜爱莫里哀喜剧的老资格观众了。

今天的莫里哀确实有些支撑不住了。自从八年前他患肺病以来,从没好好休息治病。他忙于创作,赚钱养家糊口,同时他又得经常上台演出,就这样,身体越来越虚弱。刚才开演之前,莫里哀的脸色惨白,他的学生劝他:“今天您就别自己上台了!”

“不行啊,剧团里五十多人家中的面包,全凭这演戏的收入去买呢!”他吃力地回答。

好不容易,莫里哀坚持到戏落幕,立即跌跌撞撞回家,一进门就躺下了。他在床上不停地咳嗽,然后,大量的血从口中涌出。

人们急忙去找医生,找神父。医生赶来了,可病入膏肓的莫里哀已气息奄奄,无法抢救。神父也来了,可神父的表情看来很不想为莫里哀做临终前的祈祷。莫里哀终于死了,教会却不允许他的灵柩埋在公墓,后来总算允许把他埋入夭折的儿童和自杀者的专用坟区，而且还得在日落黄昏时落葬。十七世纪的法国，死者的安葬仪式都由天主教会说了算。

这是为什么？原来莫里哀创作的喜剧，用笑声对法国天主教教会某些教士的伪善和教会的封建权利，进行了深刻的揭露和讽刺。

达尔杜弗在喜剧《伪君子》中，就是一个以伪善者形象出现的角色。戏一开幕，破落贵族达尔杜弗从外省流落到巴黎。他在教堂装做一个十分虔诚的信徒，由此获得贵族奥尔恭的信任，住进奥尔恭的家里。达尔杜弗在奥尔恭家的女仆面前装成苦苦修行的模样，要女仆不能在自己面前衣着略为暴露，口口声声说自己抗拒欲念。背地里他却勾引、调戏奥尔恭的妻子，甚至掌握了奥尔恭的把柄，去告密，企图将奥尔恭的家产妻室全部霸占过来。最终由于国王英明，达尔杜弗的伪君子嘴脸被揭露，他的阴谋才没得逞。达尔杜弗用宗教修士虔诚的外衣，掩盖了他卑劣凶狠的本性。

莫里哀这个戏写完后，先在宫中只演了其中几幕，立即遭到贵族和教会的攻击。由于《伪君子》的结尾巧妙地歌颂国王英明，洞察一切，国王路易十四用沉默的态度庇护了莫里哀。但他也不准《伪君子》全剧公演。莫里哀花了五年时间，修改剧本，与封建贵族、教会巧妙地周旋，终于获得《伪君子》公演的许可。1669年2月5日正式演出前，为了争购《伪君子》首次公演的票，人们拥挤得几乎出了人命。

在十七世纪的法国，天主教是国教，教会具有传统的强大势力。教会的力量支持着封建王室和贵族政权，然而教会的强大也使国王时时感到威胁。莫里哀写的喜剧，用夸张的艺术手法，逗人取乐，能给宫廷王公贵妇解闷。戏中剧情又揭了教会的丑，可削弱教会的影响，抬高国王的威望。这才是路易十四庇护莫里哀的原因。

阿巴贡是莫里哀创作的另一个成功的人物形象。在《吝啬鬼》里，阿巴贡是个嗜钱如命的老财主。他在花园里埋藏钱币，时时担心被人挖去。他在自己儿子和女儿的婚姻大事安排上，也处处想着省钱，毫不考虑他们是否有爱情，今后是否会生活得幸福。金钱就是这个守财奴的灵魂。莫里哀用阿巴贡的形象，将守财奴爱钱如命、贪得无厌的本性表现得入木三分。

莫里哀的喜剧《太太学堂》、《唐璜》、《屈打成医》、《可笑女才子》、《贵人迷》等等，都用生动的角色形象和夸张的语言，辛辣地嘲讽了封建贵族的荒淫无耻和资产阶级的趋炎附势，让人们在笑声中认识当时社会的黑暗。他的喜剧歌颂了爱情，赞扬了平民的智慧。

莫里哀自小聪敏好学。他热爱戏剧，不愿走他父亲安排的经商之道。他宁可放弃财产继承权，与几个朋友组成剧团演戏。莫里哀这个名字是他演戏取的艺名。剧团经营不善欠债，莫里哀因此受牵连两次坐牢。可是他太爱戏剧了，出狱后又当了一名剧团演员，跟着剧团流浪演出，在法国南部过了十三年居无定所的生活。这段经历使他体会了巴黎繁华都市与外省民众贫苦生活的差距。他对民间艺人的苦难生活、民间艺术的表现手法和民众的欣赏口味有切身体验。

莫里哀创作的喜剧人物形象生动，嘲讽一针见血，而且又能巧妙周旋在国王、观众、剧团事务中。然而，正如他自叹："听蠢人评判，仿佛对牛弹琴，犹如在服苦役。"把自己一生融化在喜剧写作中的这位杰出戏剧家，末了的结尾却是悲剧。他是受尽困扰却尽职的经理，用笑声掩饰自己心中悲苦的剧作家，至死都与顽固、守旧、虚伪作战的艺术家。

132 · 巴尔扎克的《人间喜剧》

“请那位申请去彼得堡的先生进来吧。”俄国驻巴黎大使馆的秘书巴拉宾先生这样吩咐侍者道。于是，他看到一个身材矮胖的人出现在面前：此人有面包师的相貌，鞋匠的身段，箍桶匠的个头，针织商人的举止，酒店老板的打扮。更令人吃惊的是这位先生的姓名居然是奥诺雷·德·巴尔扎克，一位法国著名作家。

这是1843年7月初的一天发生的事。秘书巴拉宾光注意巴尔扎克的体态衣饰，却没看到巴尔扎克脸上长期熬夜写作而深陷的眼窝里，眼眸炭火般熠熠放光。这双眼睛似乎看透了人间的冷暖，美德与伪善被他分辨得丁是丁、卯是卯，所以他能用笔构建一座大厦。在这所大厦里，两千余位身份不同的人物在九十多部小说、戏剧中上演着一幕幕围绕金钱、权势而勾心斗角的精彩活剧。这就是巴尔扎克创作的由九十多部小说组成的《人间喜剧》。

当巴尔扎克十七岁中学毕业后，攻读法学院时，曾在巴黎的律师事务所见习，从此事务所中笑声不断。这个见习生的逗人发笑甚至干扰了正常工作，以至事务繁忙时，事务所会派人给他送来一张便条：“巴尔扎克先生今天不用来了，因为今天工作很多。”

就在这个事务所里，巴尔扎克从法典和案例中渐渐了解了法国当时社会的人间百态。因为民间官司，真实反映了家庭中和人们相互间为财产的争夺而暴露的种种丑恶。

中学时代，巴尔扎克就对自然科学中的生物分类很感兴趣，“社会现象里也能这么划分吗？”这个念头曾多次出现在他的脑海。这天在咖啡馆，巴尔扎克与一些医生、化学家交谈时，一个老医师神秘兮兮地对他说：“我要告诉你一个秘密。那就是思维比肉体更有力，它可以吞噬、吮吸、消融掉肉体……”

这席话让巴尔扎克联想到日常生活中那些恶棍是如何用刻毒的语言，摧残黑暗的心灵的。

这种种见闻和思索，到了巴尔扎克必须用写作来谋生时，才产生了作用。因为经商不善，成年的巴尔扎克负债累累。走投无路的商人的苦恼，金钱世界的黑幕,他都亲身体验到了。人生的苦难在某种程度上造就了这位伟大的作家,但是更重要的是勤奋和自信。

“我像鸡一样,每天傍晚六七点钟上床睡觉,清晨一点钟被唤醒,写到八点,再睡一个半小时,吃些东西和浓咖啡,再写到四点……”巴尔扎克每天就这样写作十五六个小时。出版商称他为“小说的火山”,六个星期就可以“喷”出一部小说。

他写字桌边的乌木文件柜柜顶上,放着一尊拿破仑石膏像。拿破仑像的剑鞘上挂着块卡片,上面写着一行字:“他用剑没有完成的事业,我将用笔来完成——奥诺雷·德·巴尔扎克。”

1835年初,巴尔扎克的新作《高老头》风靡巴黎,书商们张贴海报来告知读者。第一批印出的书未投入市场就被书商预购一空。然而没有人知道,几个月前,在巴黎的卡西尼街那间书房里,有个人几乎是发狂似的在书稿上奋笔疾书,他几乎每天写作十八个小时。咖啡气息和烟味使这个房间如同即将失火的厨房。最后一天,房间竟然爆发出一阵阵哭声。因为那个人——巴尔扎克写到高老头被两个好虚荣的女儿将钱财索要一空,孤独地病死在小阁楼时,禁不住伤心至极,嚎啕大哭。他把自己的整个身心投入到他小说中的人物里去了。

从《高老头》起,巴尔扎克让他的人物在一部部作品里多次出现。读者看到的人物更生动,血肉丰满。巴尔扎克从自己熟悉的人中选出模特儿,再加以提炼,把别人的生活经历加上去。这些人物组成了他心中的世界,这个世界反映了法国历史上政治变动起伏最剧烈的十九世纪中叶。那个时代,今日的爱国者明日就成为叛徒。人们只去咖啡馆阅读党派的报刊,却从不订阅,这样就避免所订的报刊成为日后被人控告犯罪的证据。

《舒昂党人》、《欧也妮·葛朗台》、《驴皮记》、《贝姨》、《幻灭》、《夏倍上校》,法国的贵族、资本家、银行家、官吏和军人等等,都一一出现在人们眼前。巴尔扎克不加评论,他只是描绘,逼真地描绘,描绘法国资本主义的兴起,封建贵族的没落,金钱和贪欲如何让人们疯狂。他的小说似乎没有情节,只有被欲望激情鼓动着的各种类型的人物。历史是各种人物的活动组成的,“我只是法国历史的书记员”。巴尔扎克说得很坦率。

这个“书记员”有个可怕的习惯。

书商收到巴尔扎克的书稿很高兴,但印刷厂工人却好比苦役犯开始服刑。字迹难认,如同天书,改过去又改回来的符号像一堆古埃及法老时代的象形文字。当排字工好不容易靠猜测辨认,将书稿排成清晰的校样,巴尔扎克又开始横七竖八地涂改增删。这位追求完美的作家就是这样使他的小说成为了杰作。

“我每天喝三杯浓咖啡、胃在痉挛、血在燃烧、脸色焦黄……”到了 1850 年 8 月的一个夜晚,这位三十年来日夜辛劳写作的小说家终于病倒了。

在昏迷中,躺在病榻上的巴尔扎克说:“我的病,只有毕安训医生能救我……”

在场的人无不叹息,因为毕安训是巴尔扎克《高老头》中的人物。巴尔扎克至死也没有离开自己的《人间喜剧》,那是他写下的一百三十七个书目,最终写完了九十一部的小说世界。

为他送葬的行列延续了好几条大街,有政府内政部长,作家雨果、大仲马等著名人士,更多的是为他的作品排字的印刷厂工人等普通民众。

雨果在墓前发表演说时,太阳逐渐西斜,巴黎沉浸在落日的余晖中。只有埋棺柩泥土的低沉响声,打断了雨果的讲话声。来拉雪兹神父墓地悼念巴尔扎克的人们,都肃穆地站着。那时刻,是如此寂静。埋葬棺柩的泥土声,仿佛是悼念这个文学巨匠去世的一声声叹息。

133·大文豪雨果

历史悠久的巴黎城,保留着不少年代久远的街道、楼房、教堂。1830年时,这些场所经常出现一位栗色头发的先生,他仔细观察,甚至用手抚摸那些建筑的石墙,然后,眼神迷惘地若有所思。这天,那位先生在一座古老的教堂塔楼转角处,看到墙上刻着“'ANÁΓKH”一行字母,这是希腊文“命运”的意思。顿时,他的精神极其振奋,仿佛发现了宝库的入门字诀一样。

一年后,小说《巴黎圣母院》出版了。作者就是那个阅读了大量史料,又从实地探访古建筑,获取写作灵感的人——作家维克多·雨果。

《巴黎圣母院》中,美貌善良的吉普赛姑娘爱丝美拉达爱上了相貌俊秀、内心丑恶的卫队长菲比斯。圣母院副主教孚罗洛滋生邪念,命令外貌丑陋的圣母院撞钟人卡西莫多劫持爱丝美拉达。由于得不到爱丝美拉达的爱,孚罗洛阴险地陷害并杀害了爱丝美拉达。卡西莫多因为蒙孚罗洛收养而一直对他唯命是从。当他看清孚罗洛的邪恶本性,忍无可忍,惩罚了孚罗洛。然后卡西莫多钻到坟墓内,躺在死去的爱丝美拉达身边。尽管自己天生形象丑陋,但卡西莫多也爱美,爱这美貌的姑娘,但他却不会去占有、伤害她。现在他可以永远守护他爱的人了……

《巴黎圣母院》强烈的传奇色彩和对真、美、善的歌颂,赢得人们的许多赞美声。但也有不少批评意见,著名诗人拉马丁说小说“缺乏对宗教的虔诚”。大文豪歌德也认为作者“描绘一些丑陋不堪的事物,我要花很大耐心,才能忍受阅读中感到的恐怖”。

雨果听到这些并不做解释。他用美丑、善恶强烈对比的手法写小说,是当时罕见的。回忆起自己写的剧本《欧拿尼》一年前演出时,支持他的朋友和反对他的文人也不是吵得不可开交吗?但是随着演出进入高潮,反对他的人们也被剧情的悲壮所打动。闭幕时,庄重的法兰西剧院中只听到一片人们呼喊“雨果”的声音。

雨果最早以写诗成名,不到四十岁就因作品流露的才华而成为法国权威学术机构——法兰西研究院的院士。有了名声和社会地位的雨果却时时想到法国社会的黑暗和劳苦民众的苦难。

一天夜里。雨果在回家途中,看到一个衣衫单薄的女子在雪地中行走。突然一个无聊青年抓起一把雪塞进那姑娘的衣领里,她气恼地抓住那青年,两人扭打起来。警察把他俩抓进警察局,警察局长看到那女子衣着破旧,势利地要关押女子六个月。那女子说:“我是无罪的,你们太不公平了。”

跟在后面的雨果挺身而出:“她说的是事实。”

“你是谁? 谁知道你是不是与她相识?”警察局长邪恶地问。

“我是维克多·雨果。”

这下,警察局长狼狈万分。著名作家、上流社会人物可不能得罪。他马上让座,命令释放那无辜姑娘。

“先生,您是好人,我永不会忘记您!”那姑娘拜谢雨果后,又孤零零地走上积雪的街道离去。

“公平! 贫穷! 苦难!”当雨果提笔写作一部揭露当时社会黑暗的小说时,那夜遇姑娘的一幕就出现在他眼前。这部小说的女主人公芳汀就是以那一幕记忆生发出来的。小说写了初稿,却被法国爆发的二月革命打断了,这时刻,他无法安静地在书房里写书了。然后国王退位,六月巴黎爆发起义,拿破仑三世上台后共和派议员被捕,守卫街垒的市民遭到军队屠杀。主张民主的雨果也被当局列入暗杀名单中。

1851 年 12 月,巴黎火车站。一位穿黑大衣、鸭舌帽檐下露出栗色头发的先生,登上了去比利时布鲁塞尔的火车。雨果被迫乔装改扮,离开了祖国。

在比利时,雨果写的《小拿破仑》,愤怒谴责拿破仑三世,印数逼近百万册。在英国泽西岛,雨果用诗《惩罚集》,猛烈鞭笞扼杀共和国的历史罪人。流亡他国的雨果始终用笔关注着祖国的命运。他继续提笔继续写那部揭露法国社会黑暗的小说。巴黎街垒、民众唱着《马赛曲》游行、子弹横飞、起义者中枪身亡,那些亲身经历的场面,都被雨果写进了小说。他还去了滑铁卢战场,将这次战役作为书中一个重要场面,艺术地表现出来。

1862 年,这部名为《悲惨世界》的小说第一部出版,立即引起轰动,人们争相购买。巴黎城中,会做生意的商人乘机印制了《悲惨世界》中人物的画像和海报,人们在街头看到后立即停下来,七嘴八舌地评论:"芳汀画得不像!""让·瓦让还差不多!"

让·瓦让是《悲惨世界》中的一个重要人物。好多年前,雨果有个好朋友米奥利斯教士曾经收留、帮助过一个刑满释放的犯人。雨果将这件往事艺术化地构成了《悲惨世界》的第一部的开头。贫苦的汉子让·瓦让由于不忍心看孩子挨饿,偷了块面包而被抓捕入狱服苦役,出狱后没人愿收留他。仁慈的米里哀主教帮助他树立了生活的信心。让·瓦让后来隐姓改名经商致富,又经常做善事,被市民推选为市长。但让·瓦让无意中不公平地对待女工芳汀,使被骗失身、生下私生女的芳汀失去工作。她不得不靠卖身为娼的钱养活女儿。当让·瓦让得知真相后,万分惭愧,决心要帮助芳汀。可是,警探沙威识破了让·瓦让的苦役犯身份。

雨果用这个关于"一个圣徒、一个男人、一个女人和一个孩子的故事",对法国拿破仑帝国后期到七月王朝初期的社会历史作了细致入微的描绘,深刻揭露了资本主义社会的黑暗和贫苦民众受压迫、歧视的状况。他呼吁用博爱、仁慈,来拯救在悲惨世界里受苦的人们。

当《悲惨世界》五部四十八卷写完后,雨果终于舒了口气。他在书的序言中写道:"只要本世纪三个问题——贫穷使男子潦倒、饥馑逼妇女堕落、黑暗让孩子瘦弱——没有解决;只要在某些地方还会发生社会对人的毒害……只要在这世界上还有愚昧和困苦,那么这本书以及与这本书相似的作品,都不会是没有意义的。"

写完《悲惨世界》,近六十岁的雨果头发斑白,但他的笔仍书写着谴责黑暗、呼吁人道主义的一部又一部小说,如《笑面人》、《九三年》等。

1870 年 9 月 5 日,雨果登上回巴黎的列车。十九年前他被逼得离开故土,如今在普鲁士军队打败法军、战火即将燃到巴黎时,他回来捍卫祖国了。火车到达巴黎已是晚上九时多,得知消息的民众仍然涌到车站来迎接他。《马赛曲》的歌声和热情的人们包围了他的马车,从火车站到雨果寓所这段路,马车竟然走了足足两个小时。

普法战争之后,巴黎公社诞生了。尽管对巴黎公社专政的某些做法,雨果从人道主义角度出发不赞成,但他用诗歌颂公社成员的起义壮举。在巴黎公社失败后,他又勇敢地为起义战士辩护。

当 1885 年八十三岁的雨果去世时,有两百万人参加他的送葬仪式。仪式极其隆重,但是运送雨果灵柩的马车极其简陋,甚至还有斑驳的锈迹。因为这位呼吁人道主义的伟大作家生前留下遗言:“要用穷人的马车把我送到公墓。”

134 · 歌德与席勒

1779年11月里的一天,德国符腾堡军校的大厅里正举行一个隆重的仪式:魏玛公国的大公在这里给优秀的学生颁奖、赠书。

当一国之君的大公登上主席台时,几乎所有军校生的眼睛都仰慕地朝大公望去,只有一名青年除外。那青年相貌英俊,略嫌苍白消瘦。他的眼睛紧盯在大公身旁的那位身材修长、温文儒雅的宫廷枢密顾问歌德身上,看得发了呆,以至于大公叫他的名字,他都没有听到。

他为什么对歌德那样感兴趣呢?

这位叫弗里德里希·席勒的青年是当时德国反封建的“狂飙突进”思想运动的热烈拥护者。那时席勒虽然才二十岁,却早已阅读了大量的反封建文学作品,其中特别欣赏歌德的《少年维特的烦恼》。现在有机会见到作家本人,他当然要倍加注目了。

约翰·沃尔夫冈·冯·歌德当时也不过三十岁。他1749年8月生于法兰克福。歌德的天赋极高,受的教育又相当好,因此从小聪慧过人。1773年,年仅二十四岁的歌德发表了剧本《葛茨·冯·伯利欣根》,表达了德国人民反抗暴政、渴望自由和统一的愿望,上演后便引起轰动。

第二年,歌德创作的书信体小说《少年维特的烦恼》,不仅轰动了德国文坛,而且迅速被译成二十多种文字走向欧洲。书中通过维特、绿蒂和阿尔伯特的倾心恋爱,讴歌了真诚的友谊和爱情,鞭挞了上流社会的虚伪、腐朽与没落,从而激发起那些对封建制度不满的青年的强烈共鸣。尽管此书被一些地方列为禁书,遭到销毁,但成群的年轻人还是争相传阅,并纷纷穿起书中维特爱穿的蓝色燕尾服和黄色背心、裤子,甚至相互模仿维特的语言和举止,掀起了一阵“维特热”,有力地推动了“狂飙突进”运动。

席勒比歌德小十岁。还在军校期间,他就偷偷地创作了剧本《强盗》,在扉页上写下了“打倒暴君”等字样。1782年,《强盗》上演,好评如潮。接下来他先后创作了剧本《唐·卡洛斯》、《阴谋与爱情》以及诗歌《欢乐颂》等,广受欢迎。不过

他在历史上的最大贡献，还是创办杂志《季候女神》，和歌德并肩作战，使德国文学从此崛起于世界文坛。

歌德和席勒两个人个性截然不同，从家庭背景、生活习惯、思想方法、哲学观点到性格脾气甚至完全相反，但两人都正直善良，而且富有人格魅力，因此保持了终生的友谊。两人共同创作了近千首诗发表在《季候女神》杂志上，很多诗歌甚至无法分清到底谁是作者。歌德把自己精心收集的创作素材转让给席勒，使他写出了著名的剧本《威廉·退尔》；歌德也在席勒的催促下完成了《赫尔曼和窦绿苔》、《威廉·迈斯特的学生时代》等；不久席勒也写出了《华伦斯坦》。人们把他俩比喻为德国文坛上的"双子星"，魏玛成了德国的文学圣地。

繁忙的创作损害了席勒的健康，他得了肺结核，而且病情很快恶化。1805年他去世时只有四十六岁。席勒的死使歌德非常悲痛，感到"失去了我的一半"，久久回不过神来。但是歌德没有被悲痛淹没，而是发出了"越过坟墓，前进"的誓言。作为对亡友最好的悼念，歌德将全部精力贯注在大型史诗《浮士德》的创作中。

浮士德是德国民间传说中的形象。但歌德在《浮士德》中赋予他全新的意义，即对人生价值的探索。剧本开始于"知识的悲剧"，开卷就叙述身为博士、已进入老年的浮士德感到人生没有意义而准备自杀。继而魔鬼摩菲斯特显身，与他订约，什么时候浮士德真正满足了，灵魂即归魔鬼所有；而魔鬼则设法满足浮士德所有的愿望。接下来是"爱情的悲剧"、"政治的悲剧"和"美的悲剧"。

在魔鬼的魔法下，浮士德忽然变成英俊的青年。他经历了爱情、家庭、亲子之爱、君臣之忠等不同的场景，始终没有感到满足。直到最后在"理想的悲剧"中，浮士德率领千百万人移山填海、改造自然时，才发出了"真美啊，请你停一下"的感叹。全剧上至天堂，下到地狱，气势恢弘，规模浩大，是人类文学长廊中的瑰宝，歌德因此与荷马、但丁、莎士比亚齐名，成为世界文坛的四大巨匠之一。

《浮士德》从歌德青年时代写初稿算起，前后共花了六十年的时间，才得以完成。它是世界文学史上罕见的艺术巨作。

席勒死后，一直没有安置在合适的墓地。这成了歌德的一件心事。

1829年，歌德亲自主持了席勒的敛尸重葬仪式。这天，八十高龄的歌德双手颤抖地捧起席勒的遗骨，老泪纵横。二十多年前两人并肩战斗，在文坛共同创作、相互勉励的情景似乎就在眼前。席勒的墓地和墓穴都是歌德亲自设计的，位于一座新落成的教堂旁边。席勒墓穴旁，留着一方空地。

歌德深情地说："日后，我将在这里安息。"让一边的友人深深地为之动容。三年后，歌德谢世。按照他的遗愿，他被安葬在席勒墓边上。一双好友生死相依的真挚情谊，成为千古美谈。

歌德给人们留下了极为丰富的文学遗产，上千首诗歌，上百部小说、戏剧和论文，几十年的日记及一万五千多封书信，成为世界文坛的宝贵财富。

135 · 拜伦与雪莱

1812年,英国伦敦的文人聚会时,都会谈论最新发表的一部叙事长诗。诗中描绘了西班牙南部橄榄林的葱郁、希腊帕特农神庙的壮丽、君士坦丁堡的神秘、博斯普鲁斯海峡的迷人;同时,诗里又描写了如此秀美的风光正遭鲜血染红,被硝烟熏黑,当地人民正在反抗土耳其、法国、英国等强权暴政的奴役,为自由、独立而战,而达官贵人却沉醉于灯红酒绿之中。这部以异国风光为背景,记述民众反抗暴政、争取自由的长诗名为《恰尔德·哈罗尔游记》,作者署名拜伦。

谁是拜伦?

就在这一年的2月,伦敦议会大厅里,上院正审议一项关于对破坏机器者处以绞刑的法案。英国工业革命的初期,工厂主用机器取代工人,曾经用自己的劳动为工厂赚了许多金钱的大量工人被无情解雇。他们失业后,有些人就捣毁机器,进行反抗。英国政府准备用这个法案,镇压那些工人的反抗行为。

此法案已在议会下院获得通过,上院的审议只是个法律形式而已。就在这懒洋洋的气氛中,突然,有个贵族议员表示反对。他说那些捣毁机器的人大多因为失业、饥饿,极端贫困,无路可走才这样做的。政府理应想办法解决他们的生活难题。如果通过这个法案,用绞刑来"救济"他们,不但愚蠢、残忍,更是不公平的。

上院的陈腐空气被这一席演讲所冲破。贵族议员们好奇又鄙夷地朝那人望去,只见他一头栗色卷发,白皙的脸上五官俊秀,嘴角挂着孤傲的微笑,年纪似乎二十多岁。要不是走下讲台时脚有些跛,这人倒是个标准美男子呢!

果然,他的反对无济于事。法案通过数天后,《晨报》刊出一首尖锐嘲讽制订这项法案者的诗,作者署名又是拜伦!五十多天后,议会上院里,那位青年贵族又发表了抨击英国对爱尔兰政策的演讲。他,就是拜伦!一个1788年生于贵族家庭,拥有世袭议员头衔,行为孤傲,狂放不羁,文才出众的年轻人。

拜伦自小喜爱读书,醉心于吟诗作文,崇拜历史上匡扶正义的英雄人物,生活不拘小节。他十九岁就出版了诗集《闲散的时光》。《恰尔德·哈罗尔游记》使他一夜成名。同时，他英俊的相貌，也让那些追求浪漫的贵族女性心醉神迷。

1816年4月的一天，多佛尔港口，身披黑袍、脸色苍白的拜伦登上横渡英吉利海峡的船。他看似从容地向送别的好友挥手，心头却如海涛翻腾。由于拜伦过于浪漫的生活方式违背了贵族的礼教，更因为他的诗作屡次尖刻地讽刺英国政府，惹恼了权贵，针对他的离婚风波，社会上流传的种种闲话犹如毒雾，在伦敦迅速弥漫，导致他名声被毁，财产遭封。拜伦只得远走他乡，从此再也没有回到英国。

在湖光山色如画一般的瑞士日内瓦，拜伦见到了与他同样具有强烈的反叛封建礼教精神，追求自由正义的另一位诗人雪莱。他读过《麦布女王》，异常赏识写《麦布女王》的雪莱的才华，可没有想到雪莱相貌与才华同样出众，原来他是一位身材修长、风度翩翩的金发青年。雪莱也很高兴，他见到了仰慕已久的拜伦。可是，他无法忘却拜伦那双眼睛里的忧郁、伤感居然是如此浓重。

自小聪慧的雪莱1792年生于贵族家庭。童年时代，他就酷爱民间传说故事，上学以后又对启蒙运动的思想家伏尔泰、狄德罗等人的著作着了迷，他期望用这些先进思想改造社会，让现实生活与传说故事一样美好。

在培养贵族子弟的牛津大学读书时，雪莱写了一本宣扬无神论的小册子，被学校开除。他父亲见他不肯改悔，便拒绝支付他的生活费。但是，雪莱在窘困的生活环境里仍坚持自己的信念。他用优美的文笔写了《麦布女王》，借用英国民间故事，表达了他对人类历史和未来的看法。他谴责封建专制制度对人的精神奴役，预言未来世界应该充满自由、幸福和爱。想象绮丽的《麦布女王》使雪莱一举成名。

雪莱曾经去爱尔兰宣传他的理想，却遭到失败。于是，他全身心地进行文学创作，用饱含激情的语言描绘他理想中的未来世界。1817年，他在长诗《伊斯兰起义》中，以象征手法描述了男女主人公莱昂和茜丝娜为争取自由进行斗争的故事，歌颂了反抗暴政英勇献身的崇高精神。

三年后，雪莱又写了诗剧《解放的普罗米修斯》。这部诗剧取材于希腊神话，讴歌了因为取智慧之火给予人类而饱受苦难的英雄普罗米修斯，预言压迫人类的暴政终将灭亡。

在《西风颂》、《自由颂》等大量诗篇里，雪莱同样强烈表达了为了争取人类的理想和自由，甘愿献身而不悔的情感。《西风颂》中的“既然冬天来了，春天还会远吗?”成了脍炙人口的名句。

1821 年 8 月里的一天，在意大利古城拉韦纳的拜伦住所，雪莱听拜伦朗读了他正在写作的长诗《唐璜》最初的几章。雪莱非常敬佩。这一夜，两人谈论、交流，几乎彻夜不眠。雪莱由此将自已新订制的小船命名为“唐璜”。第二年的 7 月 8 日，雪莱与朋友登“唐璜”号渡海，途中遇暴风雨失事，雪莱失踪。几天后，一具被海浪拍击、鱼类噬咬已面目不清的尸体漂流到海滩，凭尸体服装口袋里遗留的诗集，人们判断出那正是雪莱的遗骸。

拜伦赶来了。人们用松木焚化了雪莱的遗体。拜伦痛惜雪莱三十岁的早亡，他似乎只有继续投入到《唐璜》的写作中，才能暂时忘却好友去世带给他的悲伤。

唐璜原先是西班牙民间传说里一个玩弄女性的纨绔子弟。拜伦在长诗《唐璜》里却将他写成一个天性纯真、勇敢的贵族青年，他有海上漂泊，痛失爱情，从被卖为奴到成为女皇宠臣，在政坛上逢场作戏的复杂经历。诗人影射唐璜从忠于爱情到玩世不恭，是欧洲王公贵族骄奢淫逸的生活环境诱惑和教唆造成的。拜伦继承了英国十八世纪作家蒲伯、斯威夫特以嘲讽批判黑暗现实的文学传统，在《唐璜》这部情节曲折、场面宏大，如同描绘当时欧洲社会生活的百科全书般的杰出诗篇里，无情嘲讽土耳其、俄罗斯、希腊、英国等欧洲封建王朝的黑暗与残暴。

《唐璜》没写完，拜伦就放下笔，改用剑投身于反抗暴政的现实斗争中。

拜伦曾经支持意大利烧炭党人争取独立的斗争。1823 年，他又变卖庄园，将全部家产捐助希腊反抗土耳其的民族解放运动。他被推举为希腊独立军总司令，与士兵同甘共苦，即使患病也顶风冒雨坚持出巡。1824 年 4 月 19 日，发高烧昏迷了多日的拜伦，逝世于异国他乡的希腊。

为拜伦举行葬礼那天，只见街头站立着希腊的政府官员和士兵。他们神情肃穆，一律行军礼向拜伦致哀。拜伦灵柩上盖着他披过的黑色斗篷，安放着他生前使用过的宝剑、盔甲，他生前骑过的战马也随着灵柩徐徐俯首而行，马蹄沉重地敲击街石，似乎在击出哀乐的节拍。希腊举国哀悼三天，悼念这位狂放不羁，不但用笔，而且用剑争取自由、反抗专制暴政的斗士。拜伦的好友甘巴跟着灵车

缓缓而行,耳边却好似听到拜伦慷慨激昂的诗句:

你悔恨等闲把青春度过,那为何还苟活图存?
快奔赴战场——光荣地死去,在那儿献身!

136・俄罗斯文学的太阳
——普希金

夏天的乌克兰敖德萨海滨风光秀丽，黑海的浪花和自由飞翔的海鸥在夕阳下显得诗意盎然。一个肤色微黑、一头鬈发的青年人面对大海，漫不经心地走走停停。这个看起来有满腹心事的青年，就是又将面临流放生涯的诗人普希金。

海岸炮台驻军看到这个陌生青年人身份不明，有名军官立即上前盘问："你是什么人？"

"我是普希金。"听到青年人如此回答，军官一惊，立即恭恭敬敬地向他敬礼，快步离去。没多久时间，炮台上突然响起了迎宾礼炮声。

普希金被炮声吓了一跳，他看到炮台边士兵军官列队齐整。刚才那名军官兴奋得满脸通红地向他走来说："礼炮是我们表示对著名的俄罗斯诗人普希金的崇高敬意。"

普希金顿时激动万分，原先的忧愁与孤独感一扫而光。是的，沙皇和那些贵族可以敌视我，孤立我，流放我，但是俄罗斯民众却是这样热爱我呀！泪水渗出普希金的眼眶，回忆也在他脑海中展开。十六岁那年，他作为皇村中学学生在升级考试中朗诵自己写的诗《皇村的回忆》，获得彼得堡贵族文人的齐声赞美。十八岁时，他带着自己创作的三十六首诗汇集的诗集毕业，成为首都外交部译员文官。两年半后，因为写《自由颂》等诗嘲讽沙皇，被"体面"地撵出彼得堡，以调离为名，流放到俄国南部。尽管得到朋友相助，他以诗人身份在流放城市也能出入上层社会，可行动却要时时向当地总督汇报。幸运的是高加索的绮丽风光、第聂伯河的波澜、吉普赛人的夜营篝火，孕育、诱发了他的诗情。童话诗《渔夫与金鱼的故事》、《鲁斯兰与柳德米拉》、《高加索的俘虏》和《泪泉》等优美动人的叙事诗，在他笔下一一诞生。他有什么错？不就是酷爱自由，想自由地写自己的诗吗！但沙皇亚历山大一世就是要禁止这种自由。如今，流放南俄四年后，沙皇又命令将他从外交部除名，从敖德萨押送到米哈伊洛夫斯克村继续流放，交当地政府严

加看管。这种被流放的日子什么时候能结束呢？

敖德萨海滨官兵自发的迎宾礼炮，消除了普希金的孤独与烦恼。正因为才华出众的普希金写的那些动人的诗歌不胫而走，流传俄罗斯大地，沙俄政府才不敢将这位声望卓著的诗人流放西伯利亚，将他流放到米哈伊洛夫斯克村已经是大大减轻的处罚了。因为那是贵族出身的普希金家族的领地。

寒冬的雪花在窗外飞舞，陈旧的家族住宅里，普希金在灯下写诗。他只是用写作打发心中的孤独。夏季，米哈伊洛夫斯克村的乡村集市里，也可以看到普希金的身影。他倾听民间艺人的琴声，俄罗斯民歌给了他创作的灵感。在这里他还听到农民起义领袖普加乔夫的传说故事。

回想起自己在彼得堡、敖德萨等城市出席贵族舞会，想起灯红酒绿的俄国上层社会生活，普希金似乎看到一些有见识和才华，但玩世不恭，在俄国当时黑暗环境中找不到出路而痛苦彷徨的贵族青年，在自己眼前出现。他开始构思《叶甫盖尼·奥涅金》，动笔写出了历史剧《鲍里斯·戈都诺夫》。

1825 年 11 月，沙皇亚历山大一世去世。一些对沙俄黑暗社会现状早就不满的俄国贵族军官组织的秘密团体发动了十二月党人起义。起义被新沙皇尼古拉一世迅速镇压下去的消息传到米哈伊洛夫斯克村，普希金非常震惊。原来他有一些好朋友参加了这次起义，如今都被抓了起来，流放西伯利亚。为了显示自己开明君主的形象，尼古拉一世接见了普希金，批准他回彼得堡。

看起来普希金的流放生活结束了，但事实上，新沙皇及他的爪牙们从没有放松过对普希金的监视。

这天，普希金在朋友家的聚会中见到了当年流放俄国南部时结识的女友玛丽亚。如今，她的丈夫参加了十二月党人的起义，被流放西伯利亚。听说玛丽亚决心放弃彼得堡舒适的生活，赶到西伯利亚与丈夫共度艰难岁月时，普希金既感慨又激动。他回到寓所，写下了著名的诗篇《致西伯利亚的囚徒》，表达了自己对为推翻沙皇黑暗统治而不惜牺牲的朋友的深切怀念。

沙皇的接见，居然使普希金又被彼得堡的贵族们视作上宾。出席各种聚会时，一些偶然见到的特殊人物，会突然触发普希金的创作灵感。一位十八世纪宫廷女官的趣闻，促使普希金写出神秘色彩浓重的中篇小说《黑桃皇后》。构思已久的诗体小说《叶甫盖尼·奥涅金》经过长达八年的时间，也终于在 1830 年写成。

《叶甫盖尼·奥涅金》讲述了一个聪明、有才华,不甘沉沦却又无所作为的贵族青年奥涅金,在黑暗的沙俄统治下找不到生活目标的生活经历。为了寻找无聊的刺激,他在自己挑起的决斗中杀死了好朋友,又后悔莫及。他先玩世不恭地拒绝纯洁的姑娘塔吉亚娜的爱,然后又向已成为贵妇人的塔吉亚娜乞求爱情。奥涅金的形象是当时俄国贵族青年中的一个典型。这部诗体小说广泛地反映了当时俄国社会生活的方方面面。

普希金还在中篇小说《上尉的女儿》中,把农民起义的首领普加乔夫写成一个作战英勇、恩怨分明的人。在当时沙皇统治下,这样写农民起义领袖是非常难能可贵的。

沙皇政府当然不会放过一个大胆歌颂自由的诗人。经过精心策划,一场阴谋开始实施了。

这天,普希金接到一封侮辱他的言辞恶毒的匿名信。这封信同时又寄给普希金的朋友们。被激怒的普希金为了捍卫自己及妻子的名誉,与制造谣言的坏蛋进行决斗。决斗中普希金不幸中枪,因伤势过重而去世。沙皇政府害怕民众悼念普希金,连消息都不准报纸刊出;还命令宪兵将普希金的灵柩押送出彼得堡。

1837 年 2 月里的一天,北风呼啸,普希金被安葬在米哈伊洛夫斯克村的坟地中。除了孤零零的十字架,连墓碑都没有。但是,俄罗斯人民,乃至世界上爱好自由的人们都将记住他。俄国作家高尔基将他誉为“俄罗斯文学的太阳”。正如他在去世前一年写下的《纪念碑》中自咏的那样:

我将世世代代被人民喜爱,
因为我的诗唤起善良的情感。
在冷酷的时代,我歌颂自由,
并且为那些受苦难的人,呼吁同情。

137·近代音乐之父巴赫

深夜,月光如洗。德国小城埃森纳赫一片寂静,整个城市进入了甜美的梦乡。

但是,一个小男孩却没有入睡。他轻手轻脚地从床上爬起来,轻轻地在窗下铺开一本乐谱,认认真真地抄写起来。他时而搓搓僵硬的手指,时而揉揉沉重的眼皮,忍受着寒冷和疲倦,聚精会神地抄着,抄着……

这个有着一双大眼睛和高鼻梁的小男孩,就是约翰·塞巴斯蒂安·巴赫,那一年,也就是1695年,他刚满十岁。

巴赫出身于音乐世家,幼年父母双亡,由当管风琴师的大哥抚养长大。大哥很尽责,并教他音乐和作曲,但却不让他接近自己的宝藏——他悉心收藏的一些优秀乐曲的曲谱。求知若渴的巴赫不得不夜间偷偷起来抄写乐谱。

十四岁那年,巴赫依靠唱诗班合唱团员的菲薄收入,一边在学校读书,一边学习音乐,接触了大量的曲谱和音乐理论。1702年,他先在魏玛当宫廷演奏师,后来又先后去了德国许多地方,从演奏师一直升到宫廷乐长。巴赫有着日耳曼人固有的质朴和严谨,同时又虚心好学。当时的欧洲流行巴洛克艺术,法兰西、意大利等都已建立了自己的音乐流派,但日耳曼却还差一个台阶。巴赫利用到各地演奏的机会,不但认真吸取了各派的精华,而且融入了日耳曼民间音乐的风格,形成了自己的艺术特色,因此很快就声名远扬了。他的管风琴演奏得尤其出色。据说有一次他演奏结束,在场的弗里德里希亲王极为赞赏,当场摘下手上镶着宝石的戒指赏给巴赫,倒弄得他有点不好意思。

1717年,著名法国音乐家路易·马尔尚来德国演出。由于当时的法兰西是音乐强国,而德国还排不上号,因此东道主德累斯顿市不敢怠慢,为他举行了音乐会。

作为法国人,马尔尚并不看好德国音乐,所以尽管彬彬有礼,温文尔雅,举手投足之间却有一股隐隐的傲气。马尔尚随手弹奏了一支法国歌曲,的确演奏得非常动听,并加上了十分美妙的变奏。一曲终了,掌声四起,大家觉得法国人到底是法国人。

巴赫应邀出场演奏作为答谢,只见他谦恭有礼地致辞、鞠躬,然后迎着法国人傲慢的目光微微一笑,胸有成竹地坐在琴前。他略一沉思,忽然间如同银瓶乍破,指尖顿时流出一段轻快优美的旋律,犹如夏日的小溪淙淙,在林间欢快地嬉戏跳跃。听众还来不及叫好,忽然调子一转,马尔尚刚才演奏过的曲子竟然被从头至尾演奏了出来。不过不是照搬,而是加上了巴赫自己的理解。大家正为巴赫那过人的记忆所折服时,音乐又变了。主题还是原来的,但加上变奏,轻快、明朗,然后是再次变奏,高亢、激越,接下来还是那曲子的变奏,豪华、壮丽……这变奏竟魔术般地展开了十二次之多!巴赫融合了法兰西的典雅精致、意大利的热情奔放和日耳曼的质朴严谨,使全场听众如痴如醉,不能自已。乃至乐曲终止,全场竟然寂静无声,然后,回过神来的人们掌声如雷。

这一下子客人脸上有点挂不住了,主人也颇有歉意。于是商定:各自回去准备一下,几天后举行互出主题的即兴演奏比赛。

那一天很快就来到了。场面当然更为热烈,座无虚席。巴赫倒一点也不紧张,一如既往地向那些绅士淑女们问好致礼。可是眼看时间已到,还不见马尔尚先生露面,于是赶紧派人到旅馆去请,大家更是翘首以盼。好不容易盼到人来,却只有听差一人。原来这位法国人为了避免当场出丑,已于前一天晚上打道回府了。全场一片欢腾,对抗赛成了巴赫的独奏音乐会。

巴赫创作了许多器乐曲,如将意大利协奏曲体裁与德国传统复调音乐艺术融合的《勃兰登堡协奏曲》和《平均律钢琴曲集》。巴赫还创作了大量声乐作品,如《b小调弥撒》、清唱剧《马太受难曲》。在《马太受难曲》中,他将世俗的民歌旋律、舞蹈曲调、标题音乐的技法、音画式的描绘,与传统的圣经宗教题材融为一体,深沉地刻画出一个普通人为了争取善良、正义而经受的苦难,反映出人类对理想世界的追求。1729年该曲首次演奏,当时的莱比锡圣托马斯大教堂建筑结构特殊,又有两台管风琴、两个廊台和两组纵向排列的长椅,巴赫灵机一动,创造了一种全新的“立体声”效果。他让两台管风琴、两支合唱队、两支乐队交互演奏,即有时相互对答,有时又站起来齐唱、合奏。那场面的宏大、音乐的壮丽是空前的。据说演出的共鸣效果是如此的惊人,结果当时墙上的粉饰竟纷纷龟裂!

晚年的巴赫虽双目失明,但仍坚持创作,由学生记下曲谱。1750年5月,巴赫中风,死于贫病交迫中。

巴赫是一位出色的管风琴演奏家,更是一位使音乐从巴洛克风格向古典主义过渡,开创近代音乐的乐坛泰斗。一些乐曲体裁,如托卡塔、赋格曲、圣咏与幻想曲、圣咏与前奏曲,都是经过他的努力,才被改进、定型,汇入今天气势宏大、流传广泛的交响乐篇章之中。

巴赫一词的德语意为“小溪”,但贝多芬说:“他不是小溪,是大海。”的确,巴赫的音乐就是大海。他是当之无愧的近代音乐之父。

138 · 音乐神童莫扎特

英国伦敦的皇家协会收到了一份报告：

“我请尊贵的大人拨冗阅读的这份报告，是关于一个八岁孩童的。他只有一米五高，可具有非凡的音乐才华……那天他坐在琴前，应我要求，即兴弹奏一曲以爱为主题的歌剧的序曲，然后，我又要求他再作一首歌剧中的狂欢乐曲。他调皮地朝四周看了看，马上又弹奏出与爱的序曲长度相同的狂欢乐曲。他激情奔放，着魔似的拍打键盘，不时从椅子上站起来。他的演奏使众人惊异——他的小手还只能够得到键盘上五个键。即使用一块布盖住键盘，他仍能准确弹奏出每个音符……我怀疑他父亲隐瞒他的真实年龄，但看起来他的模样与举止明显带有孩童的特征。当他为我即兴演奏时，突然溜进来一只他喜欢的猫，他马上停止弹琴，去玩猫了。我们费了不少时间才使他重新回到琴前……”

报告中提到的孩童，就是当时被称为音乐神童的莫扎特。写这份报告的是英国考古与博物学家，曾出任法官，为人一贯严谨的巴林顿先生。

出生于奥地利萨尔茨堡的莫扎特，从小就表现出超人的音乐天赋。1762年，担任宫廷音乐师的父亲就带着六岁的莫扎特与他的姐姐，在慕尼黑、维也纳、巴黎、伦敦、米兰、罗马等地旅行演奏。巴林顿由此从科学考察的角度，向英国皇家协会报告这个天才儿童具有的非凡的音乐才华。

几乎十年的连续旅行演奏，使莫扎特广泛接触、了解到法国、德国、奥地利、英国、意大利等欧洲各国音乐的状况，好学的他广泛吸取了各家之长。每次听众要求他即兴演奏，又逼得年幼体弱的莫扎特不得不将他的演奏与作曲的才能发挥到极致，往往只有他过度劳累患病后才能得到休息；同时也逼得他花功夫学习，熟练地掌握作曲的规律。他为此曾说：“没有人能像我一样，对作曲的研究下过如此苦功夫。”

罗马的西斯廷教堂有首《圣咏曲》，乐谱从不外传。一天下午，西斯廷教堂举行宗教典礼，教堂的唱诗歌咏队齐声咏唱《圣咏曲》。有名十多岁的少年跟着一个中年绅士进入教堂。那少年全神贯注地聆听《圣咏曲》美妙、庄严的旋律，却没

有仰头看一眼西斯廷教堂穹顶米开朗琪罗所绘的世界名画。

几天以后，唱诗歌咏队成员之一的克里斯托弗先生出席一次聚会，居然听到有人完整地弹奏《圣咏曲》。他不由得大为吃惊。他知道谁要是私下将《圣咏曲》曲谱外传，将遭到教会开除教籍的严厉惩罚。他询问后得知，那天的那个少年在西斯廷教堂听完乐曲，回家后居然就能完整地凭记忆写出了全部的《圣咏曲》。也许记忆是没法惩罚的吧，这个天才少年莫扎特离开罗马时，不但没有被教堂追查，反而得到了教皇颁发的奖章。《圣咏曲》从此也流传开来了。

少年莫扎特成名以后，有一段时间出任奥地利皇帝约瑟夫的宫廷乐师。1784 年 4 月，著名的小提琴演奏家施格林娜萨齐夫人来维也纳。她与莫扎特同台演出的那天晚上，音乐厅内坐满了衣冠楚楚的王公贵族。皇帝约瑟夫也在自己的包厢内安坐着。

施格林娜萨齐夫人与莫扎特彬彬有礼地向听众们施礼。然后，施格林娜萨齐夫人翻开乐谱，心中却一阵埋怨，说是今夜她与莫扎特合奏，但是莫扎特直到昨夜，才派人将他新作的乐谱送到。两人的合奏根本没时间排演一遍。她不得不用白天时间多看几遍乐谱，又独自准备。但愿今夜演出不要出差错。

可是，莫扎特似乎成竹在胸，果然，两人的合奏极其成功。在阵阵掌声中，皇帝约瑟夫传话，让莫扎特带着他新作的乐谱晋见。

“把你今晚的乐谱呈上来。”

莫扎特恭恭敬敬地递上乐谱，皇帝一看，居然是一叠空白的五线谱：“这是怎么回事？”

原来，莫扎特匆匆忙忙作完曲，已经没时间再抄一份了。他就派人把曲谱送给施格林娜萨齐夫人，而自己上台演奏时，完全凭作曲的记忆弹奏，竟然配合得天衣无缝。“陛下，幸运的是，我一个音符也没漏掉。”

莫扎特写了许多乐曲，最著名的有《第三十九交响曲》、《第四十交响曲》、《第四十一交响曲》（《朱庇特》），五部小提琴协奏曲，第十九到二十七钢琴协奏曲，《单簧管协奏曲》等。他谱曲的歌剧《唐璜》、《魔笛》和《费加罗的婚礼》成为传世经典。在《费加罗的婚礼》中，乐曲表现剧中的女仆苏珊娜和理发师费加罗的形象，要比伯爵与伯爵夫人更丰富、生动。这可是以往歌剧中所少见的。它巧妙宣扬了普通平民比贵族老爷更聪明的思想，在某种程度上反映了莫扎特心中对封建制度的不满。在那个时代,王公贵族对音乐家的赏识,只是为了炫耀自己地位的高贵、艺术品位的高雅。他们对音乐家的劳动极不尊重,对他们的艺术创作只支付很少的报酬。即使莫扎特这样才华出众、写了那么多杰出乐曲的音乐家,也常常生活在贫困中。有个时期,莫扎特作为萨尔茨堡的宫廷乐师,其实只是随从,一个能作曲的仆人而已,气得莫扎特愤然递上辞职书。

1791 年 12 月,贫病交加的莫扎特逝世。他的遗体在风雪中被埋入一个贫民公墓,连一般死者的墓碑或十字架都没人给他竖一个。但是这位三十五岁就匆匆去世的音乐家以他无数优秀的乐曲流传后世。只要有音乐的地方,就有莫扎特。他,就是音乐。

139 · “乐圣”贝多芬

“专制的铁链斩断了……”波恩大学教师施奈德先生正在讲坛上慷慨激昂地朗诵着。这是 1789 年 7 月里的一天,他听到法国巴黎民众攻下巴士底狱的消息后,就情不自禁地在讲解德国文学的课堂上讴歌法国大革命。听讲的学生中,一位个头不高、额头宽广、披着一头浓密黑发的青年,用灰蓝色的眼睛兴奋地盯着思想激进的教师施奈德。这个相貌不凡的学生就是音乐天分极高的路德维希·凡·贝多芬。

贝多芬从童年时起,就被他当乐师的父亲带着,频频进入王公贵族的府邸里弹奏乐曲。贵族们只是用猎奇的眼光看待贝多芬出众的才华,却从没把他当做一位音乐家平等相待。贝多芬在亲王府中当了两年宫廷乐师,却没得到半文钱。贝多芬的教师劝他在自己作曲的曲谱前写几行语气谦卑的话,献给亲王:“孩子,上流社会的事情就是如此……你要想捡钱,就得弯腰低头。”

“不行,绝对不行。”贝多芬倔强地拒绝道。尽管他拗不过教师,写了几句违心的恭维话,但还是坚持说:“我希望亲王打开钱包,而不需要他垂下目光。”

好学的贝多芬读过荷马、莎士比亚、歌德、席勒等人的著作,童年的经历又使他憎恶封建专制,倾向共和,站在法国大革命一边。他对法国大革命中崛起的拿破仑非常崇拜。

在维也纳,贝多芬开始创作他的《第三交响曲》。他要用音符与旋律表现他理想中的英雄形象。这部交响曲具有宏伟的气势。特别是第一乐章,贝多芬让激昂的乐曲表现革命斗争的热潮,塑造了一个具有坚强毅力,冲破一切障碍的英雄人物。他在用音符为拿破仑画像。

贝多芬在刚写完的交响曲总谱上题上“献给拿破仑·波拿巴”。但不久,他却听到从巴黎传来的拿破仑称帝的消息。

“原来拿破仑也只不过是一个凡夫俗子!”贝多芬气恼地涂擦自己的题词,甚至擦破了总谱的扉页。

1804 年 10 月,贝多芬的《第三交响曲》乐谱出版时,标题已改为《英雄交响

曲》。当人们惊叹《英雄交响曲》的雄伟气势时，没人会想到创作它的贝多芬因为中耳炎没及时治疗，引发的听力障碍越来越严重，即将失聪。

一个音乐家是聋子，而且他只有二十五岁，这是多么残酷的打击啊！贝多芬坚强地挺住了。“在戏院里，我得坐在贴近乐队的地方。假如座位稍远，我听不见乐器和歌唱的高音。人家高声叫喊时，我简直痛苦难忍……我要和我的命运挑战，决不要苦恼，这是我无法忍受的，我要扼住命运的咽喉，它绝不能使我完全屈服。”贝多芬在给他朋友的信中这样写道。他创作的《第五交响曲》，就是以人与命运的抗争为主题的。

在这部被称为《命运交响曲》的乐曲里，贝多芬用几个沉重的音符，形象地表达了“命运在叩门”的严峻主题。然后，乐曲又表达了意志坚强的人与命运的反复搏斗，最终意志战胜了命运。

贝多芬大部分重要作品都是在他耳疾日益严重，甚至完全失聪的情况下写出来的。他在悲苦的深渊里用音乐讴歌欢乐，将欢乐赠给人们。美妙动人的《月光奏鸣曲》、洋溢着莎士比亚《暴风雨》气息的《热情奏鸣曲》，讴歌田园自然美景的《第六交响曲》(《田园》)等大量乐曲，都强烈地表达了人们追求自由、幸福和理想，热爱生活，奋斗不息的精神。特别是他创作的《第九交响曲》，达到了他音乐生涯的顶峰。

1824 年 5 月 4 日晚上，维也纳的帝国剧院举行贝多芬的《第九交响曲》首场演出。

剧院里挤满了听众。可是王公贵族的包厢却空着，皇帝自然更不屑出席了。

乐曲开始，最初响起的音符如同远方传来的呻吟，有几分神秘。随着乐曲的展开，音乐的形象时而悲伤，时而热情，时而凝重，但始终体现了刚毅不屈的气质。第二乐章开始，欢畅和喜悦逐渐出现。第三乐章里，似乎是号角呼唤人们去战斗。音乐进入了最后一个乐章，大提琴声导引着乐队的合唱，接着讴歌友谊与博爱的歌声响起，这是贝多芬根据德国诗人席勒《欢乐颂》谱写的乐曲：“弟兄们，请你们欢欢喜喜，在人生的旅程上前进，像行星在天空里运行，像英雄一样快乐地走向胜利……”

当歌颂人类团结友爱的乐曲奏完后，背对观众、耳聋的贝多芬还不知道观众席上爆发惊雷似的掌声。领唱的女演员拉着他转过身去，他才看到那热烈的场面，掌声似乎要把剧院的顶都掀翻了，贝多芬缓缓向听众鞠躬致谢，又赢得一次掌声，第三次，第四次，第五次。按照维也纳当时的礼仪，对皇族成员的欢迎和敬意，最多只能用四次掌声表示。贝多芬的《第九交响曲》却获得了五次掌声。

音乐获得了空前的成功。《第九交响曲》第一次在交响乐中引进了合唱，因此又被称为《合唱交响曲》。但这没有给贝多芬带来财富，他仍然在贫困和疾病的折磨下生活。

三年以后，贝多芬在维也纳辞世，下葬时当地所有的学校都停课致哀。两万民众护送着他的灵柩。

在贝多芬的墓碑上，铭刻着的碑文是："当你站在他的墓前时，笼罩着你的并不是志颓气丧，而是一种崇高的感情；我们只有对他这样一个人才可以说：他完成了伟大的事业……"奥地利诗人格利尔巴来所题的词，讴歌了不仅是音乐家，而且是"乐圣"的贝多芬一生的精神——"用痛苦换来的欢乐"。

140·歌曲之王舒伯特

1814年金秋时节，在世界音乐之都维也纳，流传着一首歌曲《纺车旁的甘泪卿》。歌曲取材于德国大文豪歌德的长诗《浮士德》的片段，描写一位名叫甘泪卿的姑娘因思念情人而难以自拔的情景。乐曲以在低音区反复的钢琴伴奏，象征纺车的转动，伴以深情忧伤的女声独唱。乐曲的高潮处，甘泪卿因伤感至深而暂停纺纱，音乐突然中断；然后随着她心情的逐渐平静，音乐也渐渐恢复。乐曲具有强烈的艺术感染力，一经传唱，不胫而走。人们根本没有想到，这首杰作出自一位年仅十七岁的少年之手，这位少年就是舒伯特。

弗兰茨·舒伯特，1797年1月生于奥地利首都维也纳附近。他从小受到音乐的熏陶，十一岁进音乐学院附小学习，十三岁就开始创作。写出了《第一交响曲》等各种不同音乐体裁的作品，但最负盛名的是歌曲。他从丰富多彩的德意志民间音乐中吸取养料，经过他的天才劳动，创造了艺术歌曲这一近代音乐史上的全新艺术形式。

舒伯特的艺术歌曲多以钢琴伴奏，然而他创作时却从不使用钢琴。他似乎完全用想象力来谱写心中的乐曲。同时，因为一生贫困，他买不起钢琴，以致演唱时还要到处借钢琴。他创作生涯的艰苦由此可见一斑。

歌曲当然是要唱的，如果有一位演员来演唱，将有利于扩大作品的影响。但那时舒伯特的名气不大，因此找一位演员并不容易。他的朋友们费尽心机，宫廷演唱家弗格才勉强答应试一试。

试唱那天，舒伯特的朋友们都很紧张，因为弗格是一位“大人物”，他的评价在当时可以说是举足轻重。倒是舒伯特很镇静，一副气定神闲的模样。

弗格准时到了。不过一见面，双方都大吃一惊。舒伯特看到的是一位高大魁伟、仪表堂堂的美男子，举手投足间有一股令人心醉的魅力；而弗格看到的是一个又矮又胖的不起眼男人，一头执拗的栗色头发，一副深度近视眼镜，毫无艺术家的气质，弗格不由得倒抽了一口冷气。

舒伯特笨手笨脚地给弗格鞠了一躬，结结巴巴地讲了几句欢迎的话，反倒把场面弄得更紧张了。弗格一副爱理不理的样子,不但傲慢,而且冷淡。朋友们不敢出声,这种场合说什么好呢?

弗格想早一点结束这不愉快的会面,于是顺手拿起一叠曲谱,骄傲地说:“好吧,让我们来看看你的大作吧。给我伴奏!”

第一首选中的是《泪歌》。这不是舒伯特最好的歌曲。舒伯特认真地弹着,而弗格只是出于礼貌而勉强地哼着。一曲终了,弗格心中一动,但只说了两个字:“不坏!”

第二首是《酒神甘尼美》。这次弗格有些感觉了。他仿佛闻到那芬芳的酒香,呼吸到田园新鲜的空气,顿时忘记了要保持自己的高贵和矜持,轻轻地唱了起来。

第三首是《牧羊人之悲叹》。钢琴声一起,弗格的精神为之一振,竟然忘情地放声歌唱起来。这首歌曲的旋律优美,如同春风逐渐融化了弗格内心那矜持的坚冰。

几曲之后,弗格已与进门时判若两人了。告别时,他忍不住亲热地拍着舒伯特的肩膀,称赞他的作品有引人入胜的创意。

《魔王》是舒伯特创作的又一首优秀歌曲,同样取材于歌德的诗,讲的是一位父亲抱着生病的儿子赶回家去,孩子受到魔王诱惑的故事。这首歌的伴奏难度极大,甚至连舒伯特自己也难以演奏好。但歌曲极为传神、深刻地表现了父亲的慈爱、孩子的惊恐和魔王的阴险。歌德听到歌曲后赞叹道:“歌曲以这种方式演唱出来后,整部作品像画面一样清晰可见。”

《魔王》印成小册子出版后,热销一时。不久弗格听到了它,便给予热烈的赞扬,说这是千古绝唱,并向公众推荐。舒伯特的歌曲经过弗格的演唱而流传德国各地,走向世界。弗格和舒伯特也因此成为一对好朋友。弗格请舒伯特到他家中做客,一起出去旅行。他俩保持了长久的友谊。

舒伯特由于染上伤寒,在 1828 年 11 月不幸去世,年仅三十一岁。人们为这位英年早逝的作曲家举行了盛大的葬礼。按照他生前的遗愿,将他安葬在“乐圣”贝多芬墓的附近。朋友们在他墓上立了一座半身铜像。铜像上的舒伯特双眼凝视着前方,好像为他没来得及创作更多的作品而抱憾终生。

一位诗人在他的墓碑上写了这样两句话:“死亡在这里埋葬了一份巨大的财

产，还埋葬了更为巨大的希望。”

舒伯特在他短暂的一生中创作了一千多首音乐作品，其中最著名的有《未完成交响曲》、《伟大交响曲》、《鳟鱼五重奏》、弦乐四重奏《死神与少女》等。作为歌曲之王，他创作的五百六十多首歌曲、一百多首合唱曲，尤其是三部声乐套曲《美丽的磨坊姑娘》、《冬之旅》、《天鹅之歌》，更是使他闻名天下，并传唱至今。

141 · 藏在鲜花中的大炮

波兰华沙，三月里的一个春夜，国家剧院正举行钢琴音乐会。一位身材瘦削、脸色苍白的青年钢琴家在舞台上的钢琴前坐下。他先在乐队的伴奏下弹奏了他自己创作的《第二钢琴协奏曲》，赢得台下一片掌声。然后他抚琴独奏，洋溢着波兰民歌气息的乐曲徐徐展开，音符滚动，跳跃。随着琴声，人们仿佛看到乡村庆贺丰收之夜的篝火边，青年男女在欢笑、嬉闹。

当音乐会的高潮——《A大调波兰曲调大幻想曲》随着这青年钢琴家手指的按抚，在整个剧院里回荡时，那旋律让人们感受到灿烂明媚的春天气息，在波兰大地升腾，于是热爱祖国的激情撞击着人们的胸膛。琴声袅袅而止，掌声如雷，久久不能平息。

次日，不少报纸都刊发文章，纷纷称赞这位年仅二十岁的青年钢琴家肖邦的才华。音乐会上的乐曲都是肖邦所写的。“肖邦先生将民间音乐的质朴糅进他的精妙构思中。他细腻演奏出的每个音符，美妙到极致，渗透进人们的灵魂深处……”

这篇评论中提到的“灵魂深处”，明眼人一看就明白，是指涌动在波兰民众心头的爱国激情。当时是1830年3月，波兰还被沙皇俄国残暴地统治着，报刊是无法用文字明确表达爱国主义激情的。

五天后，应华沙民众的强烈要求，肖邦的音乐会在国家剧院又演出了一场。演奏前一天，肖邦特地设法搬来一台音色洪亮的钢琴。他敏锐地察觉到上次演奏的钢琴音色柔美、细腻，可他作曲的这些旋律，似乎用富于阳刚气息的钢琴表达更合适。他生活的华沙，被沙俄占领当局霸占着，连空气都变得压抑、沉闷。

音乐会结束时同样是掌声如雷，不同的是有人送上一个银杯。肖邦颇有些意外地打开一看，银杯中装的居然是普通的泥土。呵，是波兰的泥土！肖邦顿时明白赠送者的苦心。是啊，自己音乐创作的根，何曾离得开波兰的土地呢？从此，无论他走到哪里，都将这盛有泥土的银杯带在身边。

两年前，肖邦曾去过柏林。在柏林皇家图书馆，肖邦看到领导1794年波兰人民反抗沙俄起义的民族英雄柯斯丘什科的手稿。在异国他乡见到此物，肖邦的感受如同烈火在胸。直到返回华沙的途中，那种感觉仍在肖邦胸中激荡。黄昏时分，马车在离法兰克福不远的一个驿站停了下来，让马儿休息片刻。肖邦下了车，焦躁不安地走向驿站边的旅店。他突然从窗户里看到旅店中有架旧钢琴。肖邦几乎不假思索地闯进旅店，未经店主同意就打开钢琴，瞬间，他胸中激荡着的爱国之情，化做一连串音符滚滚流泻。旅店的客人、同车的旅伴，都沉醉在肖邦的琴声中。当肖邦创作广受人们欢迎的《A 大调波兰曲调大幻想曲》时，旅店弹琴时的激情又一次在他胸中炽热如火。

1831 年 9 月 8 日，华沙民众的起义惨遭沙俄军队血腥镇压。听到这一消息时，肖邦正在德国斯图加特。悲愤交加、坐立不安的他走到琴前，用琴键诉说自己的痛苦、忧愁、愤怒和对祖国波兰的深切怀念。他记下了这些音符，谱写出《C 小调练习曲》。这首节奏激昂的乐曲因此又被人们称为《革命练习曲》。

肖邦在维也纳、柏林、巴黎等地演奏，结识了不少音乐家，有的成为他的好朋友，其中就有匈牙利著名音乐家李斯特和钢琴家希勒。他们常在一起探讨音乐。在一次音乐家聚会时，这三个人谈到了波兰民族乐曲。

“只有波兰人才能完美地演奏出波兰民族乐曲的音乐味。”肖邦用肯定的语气说。

“不一定吧？”李斯特和希勒并不赞同。

肖邦固执地坚持自己的观点，于是，三人当场进行比试。曲目选定为《波兰舞曲》。

先是李斯特，这位才华横溢的钢琴家的演奏让在座的音乐同行们点头称是。

然后是希勒，他也很出色。他的老师得到过莫扎特的指点，希勒也是音乐家中的著名人物。

最后是肖邦。肖邦按压琴键，思绪却飘向故乡，华沙民众在血战，抗击沙俄军队的场景，似乎就在他眼前。果然，他的弹奏激昂、奔放，气度非凡。

肖邦的演奏结束后，室内一片寂静，没有掌声。可是人们都把赞许的目光一齐投向肖邦，包括李斯特和希勒。

肖邦创作的许多钢琴曲，都蕴含着浓郁的波兰民间音乐的成分，特别是他谱写的波兰舞曲和玛祖卡舞曲。肖邦从 1831 年离开华沙后，直到因病去世，十八

年都没有回到故乡。但他用音乐歌颂祖国波兰,用音乐表现自己的爱国热忱,唤起人们的革命激情。肖邦成熟的演奏技巧,又让更多的人感受到波兰民众反抗沙俄统治的抗争。

“……倘若北方强国的专制暴君知道,在肖邦谱写的玛祖卡舞曲质朴的旋律里,蕴藏着多么危险的敌人,专制暴君一定会禁止这些音乐。肖邦的音乐乃是藏在鲜花中的大炮。”著名音乐家和乐评家舒曼在这段评论中提到的专制暴君,其实是指沙皇俄国。让美妙的音乐发挥大炮的作用,只有肖邦才能做到。

1849 年 10 月,肖邦在巴黎病逝,他被安葬在巴黎的拉雪兹神父公墓。根据他的遗愿,他的心脏被送回波兰,放置在华沙的一所教堂里。二战中,法西斯德国占领了波兰。波兰人民冒着生命危险,把盛有肖邦心脏的匣子珍藏起来。1949 年 10 月 17 日,肖邦逝世一百周年纪念日那天,他的心脏又被隆重、庄严地迎回到那座古老的教堂里。

142 ·“紫金色的黑暗”——伦勃朗

1626年4月里,一个西方复活节的清晨。阿姆斯特丹市天气晴朗,阳光给这座荷兰繁华的都市带来了明媚的春意。

虔诚的天主教徒去了教堂。街头却发生了一场骚乱。一些人与一批宗教改革派信徒爆发了冲突,开始打斗。警卫队士兵闻讯赶来,在一名军官指挥下驱散打斗者。突然,有名歹徒嘴里咬着刀,手握石头,凶狠地逼近军官。看来那军官是没时间拔刀自卫了。一名士兵见长官有难,举枪射击,当场击毙了那个歹徒。没想到这样却使骚乱的局面更难控制。一瞬间,石头与棍棒乱飞,有人开始流血、受伤。路过的市民、流浪街头的乞丐纷纷躲进店铺或墙角,谁都不愿无辜受伤。奇怪的是,街头混战中,有个青年却倚在一棵树下,他看看一名躲在墙角的乞丐,就用笔在自己手中的纸上勾画,全神贯注地画速写。他是那么地专注于绘画,似乎压根儿没想到身边正发生的斗殴与流血,随时可能危及他的生命。

躲在一边的市民里有位医生。他看到这小伙子的衣着像个大学生,按当时的风尚留着长发。这个如此入神投入绘画的年轻人,给医生留下了深刻印象。

十五年后的11月冬季,阿姆斯特丹市一个又湿又冷的夜晚,那位医生被请去出诊。病人家位于阿姆斯特丹最好的街道。打开门,屋里很黑,在烛光下医生看到到处都是画稿及一幅幅油画。看来主人是位画家。

医生给患者——画家的妻子诊疗后,画家挪开椅子上的画稿请医生坐下,询问妻子的病情。医生看到画家前额宽阔,下巴似乎时时向人挑战似的倔强地昂起,神色忧郁又烦恼。只有眼光扫及室内油画时,他的眼睛才流露出专注的目光。那目光,医生似曾相识。十五年前在街头斗殴中画速写的那个青年的形象,瞬间重现在医生眼前。经过询问,他果然是当年画画的那个年轻人,他如今已经成为阿姆斯特丹著名的肖像画家。他的名字叫伦勃朗。

伦勃朗1606年生于荷兰莱顿的一个磨坊主家庭。从小他表现出过人的聪颖,十四岁就成为莱顿大学法律系的学生。然而伦勃朗喜爱绘画,不想读死板的法学课程。他半年后退学,投师学画。三年以后,他又离开莱顿到阿姆斯特丹,在画家拉斯特曼指点下继续学画。伦勃朗极为努力,很快就娴熟地掌握了意大利古典画的技法。

十七世纪的欧洲艺术绘画崇尚宗教神话题材。1626 年,伦勃朗画出了取材于犹太教典故的《多比与抱羊的安娜》,通过这幅公开出售的处女作,伦勃朗显示出成熟的古典画技法。但他并没有满足,而是将古典画技法从描绘宗教人物转向平民百姓,他先后以家中亲人母亲、哥哥等人为模特,苦心研习。

当时,荷兰是资本主义新兴力量的代表国家,荷兰商人通过航海经商,从非洲、亚洲等殖民地获得大量当地物产,转手贸易,获得高额盈利。阿姆斯特丹市民,特别是商人为了炫耀生活日渐富裕,纷纷请画家为自己画肖像,张挂起来成为时尚。社会上各行业人士又成立各种行业协会。画肖像画,特别是为行业协会画团体肖像逐渐成为当时画家的经济来源。

1632 年,阿姆斯特丹的外科医师协会委托伦勃朗画他们的团体肖像。那年代,团体肖像画上出现的所有的人都并肩排列,画家要依次画出他们每个人的面貌、服饰,并在画上一一写明每个人的名字,随后,上面的人物各自掏钱,平摊画家的酬金。然而,伦勃朗却冥思苦想,他要有所创新。

这天,伦勃朗将医师协会的八位先生,包括协会的头领尼古拉・丢尔普请来。他揭开蒙在画上的布,人们瞬间都震住了。他们看到画面上人物有层次地错落排开:丢尔普指着解剖人体,头头是道地讲解着;其余的人神情专注,或聆听、或观察,若有所得。至于每人的名字,都出现在画中一名医师手中的纸上。尽管某位医师在画中有个侧面头像,可这侧面却传神地酷似他本人,又正那么专注地在探求科学。他又能挑剔什么呢?

这幅《丢尔普教授的解剖课》,巧妙地突破了多年来团体肖像画的陈旧模式,呆板的人物经过伦勃朗的苦心构思后犹如获得"灵魂",神态变得鲜活生动。此画的成功轰动了阿姆斯特丹,从此,伦勃朗成为当时最受欢迎的肖像画家,收入丰裕。可是他同样的一幅追求艺术创新的画,又使他名声一落千丈。

那是 1642 年,阿姆斯特丹市自卫队向伦勃朗订购他们的团体肖像画。伦勃朗已经领悟绘画不仅要用色彩对比,更应该画出光线的明暗、对比,人物才能神态逼真。他将这个艺术创意运用进这幅团体肖像里,终于完成了这幅画。自卫队员看到画幅中,自卫队的大尉神色严峻地向少尉布置任务,队员们或扛旗、或举枪，神情不一，即将出发。画家还画了个报警的老人和看热闹的小女孩。这幅画突出了自卫队闻警出动、保卫家园的强烈责任心。画面上用光的明暗扩展了人物的主体纵深感，有些队员的面貌就不可能清晰，然而却可让人们产生联想。

沉默片刻后，是自卫队员七嘴八舌的责难声。

“我在哪里？为什么我的脸看不清！我不付钱！”

“对呀，我的脸也在暗影里。哼！我也不会付款的！”

“那个女孩子是哪里来的？她的脸倒是很清楚嘛。看来这幅画的酬金应该让她来支付！”

这幅题为《夜巡》的画，由此成为阿姆斯特丹人嘲笑的对象。原先说好的酬金只支付了三分之一。而且还有某些评论者写文章对伦勃朗的艺术创新进行攻击，嘲笑他是“黑暗王子”。

面对指责，执着地追求艺术的伦勃朗没有退却。他在一幅又一幅的肖像画里仍旧坚持用光线的明暗来描绘人物形象。但是找他画肖像的人越来越少，他又不善理财，过去的稿酬都被他花得差不多了，只得借债度日。

1696 年 10 月 4 日，破产又穷困潦倒的伦勃朗去世了。他要求与自己心爱的妻子并列埋葬的唯一遗愿都无法实现。为了还债，他在爱妻坟前为自己预留的墓穴，在他活着时已被迫卖出。然而他留下了数以千件的油画、铜版画、速写，包括《参孙被弄瞎眼睛》、《凭窗的亨德丽吉》、《戴金盔的男子》、《鞭笞》与当年遭到责难的《夜巡》等，都成为博物馆的珍贵藏品。他用光线明暗、对比方式创作的肖像画技法，被欧洲的美术史家称作“紫金色的黑暗”，创造了十七世纪荷兰画派的辉煌。

143・大卫和《马拉之死》

巴黎的夏天是炎热的，画家大卫却冒着暑热，直奔《人民之友报》主编马拉的寓所。他得知消息，两个小时前马拉被刺身亡。这天是 1793 年 7 月 13 日。

马拉是物理学家，又是法国大革命中激进革命力量雅各宾派的首领之一。同是雅各宾派的大卫昨天还来拜访过马拉，现在看到被敌对势力派出的女刺客杀害的战友遗体，大卫强抑心中悲痛，取出随身的画具，画下了马拉的遗容。

第二天，法国国民公会召集会议，人们纷纷谴责敌人的卑劣罪行。有个叫希罗的慷慨激昂地说："大卫，你在哪里？拿起你的画笔，要让敌人在马拉被刺的情景前发抖。这是人民的要求！"

"我一定会画的。"大卫坚定地回答。三个月后，油画《马拉之死》被挂在国民公会会议厅里。这幅画生动地再现了马拉被刺的场面。因患有严重的皮肤病，夏天，马拉不得不泡在浴缸里一边水疗，一边处理公务。女刺客假惺惺送上一张纸条请求他帮助，趁他不备用匕首刺他，死去的马拉手里还拿着那纸条。他胸前伤口的鲜血染红了池水，右手手臂无力下垂，可他手中的笔仍没放松。浴缸边上一个木墩上放着墨水瓶，这个悲壮的英雄至死都没放弃为共和体制而工作……

在《马拉之死》中，大卫突破了当时绘画所崇尚的古典主义传统。古典主义要求绘画的题材取自古希腊罗马的神话、典故、人物，以服饰细腻、人物庄重来表现古代的英雄人物。可是大卫在《马拉之死》中却表现出法国大革命时代的英雄气概。即使在他过去所绘的古代人物画中，他也表现出谴责专制暴政、讴歌共和体制的激情，因为他向往艺术创新，对扼杀自由思想的法国封建专制政权充满憎恨。1780 年，三十二岁的大卫画了《乞食的贝利采尔》。画中的人物贝利采尔原来是东罗马帝国一员功勋卓著的大将，后遭人诬陷，被专制君王下令弄瞎双目。这幅描绘贝利采尔流浪乞食，似乎影射法国专制王朝的昏庸的画，赢得了许多赞扬声，其中就有启蒙运动的代表人物之一狄德罗的赞赏。

大卫 1785 年画的《荷拉斯兄弟的宣誓》，讴歌了为捍卫共和体制而不惜牺牲的英雄精神。这幅画取材于悲剧《荷拉斯》。为了建立共和制，罗马人与反对共

和制的阿尔勃人，决定各派三名战士进行比武，由比武取胜的一方决定战败一方的政治体制。罗马人派出了荷拉斯三兄弟出战。画中央，是年迈的父亲号召荷拉斯三兄弟为国而战，将剑交给他们三人的场景。画右侧，他们三人的母亲、妻子与妹妹为他们生死未卜的命运而暗中担心。在这幅画中，大卫突出了国家利益与家庭利益的矛盾，歌颂了为国捐躯的英雄主义精神。《荷拉斯兄弟的宣誓》在巴黎展出时，广获赞扬。因为它似乎号召法国人民为共和制而奋斗。有趣的是这幅画最初竟然是法王路易十六向大卫定购的。大卫为此特别去罗马，花了十一个月才绘成。

四年后，法国大革命爆发了，大卫成为国民公会的议员，又出任教育委员会委员。为了鼓舞民众的革命热情，1791 年《荷拉斯兄弟的宣誓》与大卫的另两幅画《勃鲁斯特》、《网球场的誓言》(素描稿)一起展出。

《勃鲁斯特》是大卫在法国大革命前夕画的。画中赞颂了古罗马第一个推翻帝制建立共和政体的执政官勃鲁斯特，宣扬的正是法国资产阶级革命的精神。而说到《网球场的誓言》的诞生，就不能不提起 1790 年 7 月里的一天。

这天，雅各宾派在国民公会开会。差不多一年前的 6 月 20 日，路易十六阻挠代表资产阶级利益的第三等级议员出席，甚至动用军队封锁大门。代表们冒着大雨在附近的网球场集会，宣誓要废除专制王权。回忆起当时同仇敌忾的情景，有位议员大声说："先生们，让画笔与雕塑刀去告诉我们的后代，法兰西在千年压迫之后做了些什么，让我们的思想活跃在画中，我们应选择《勃鲁斯特》和《荷拉斯兄弟的宣誓》的作者……"他的建议引起了一阵热情的掌声。于是，大卫在《网球场的誓言》中，再现了法国大革命中这个具有重大历史意义的事件。这是他又一次用画笔直接描绘现实生活中的英雄。

后来保守政治势力发动政变，当政的雅各宾派被推翻。雅各宾派的大卫也被捕入狱。他出狱后没几年，拿破仑·波拿巴通过政变成为法国统治者。拿破仑很赏识大卫的绘画艺术。大卫又创作了不少歌颂拿破仑的大型油画。这些画成功地描绘出拿破仑英勇作战的气概和当上皇帝时得意洋洋的神情，艺术技巧圆熟，气势宏大，但大卫早年作品中的英雄主义激情却消失了。

尽管如此，大卫突破古典主义陈旧规范后所创作的大量精美作品，被后人称为新古典主义的典范，对法国乃至欧洲绘画艺术产生了深远的影响。

144 · 德拉克洛瓦的浪漫主义绘画

1822年,法国美术展览会开展的第一天。早晨,爱好艺术的人们在罗浮宫门口排着队,等候进去一饱眼福。队伍前列有个浓眉黑发的青年,神色焦躁不安。开展时间一到,宫门打开,那青年立即奔了进去。

他来到罗浮宫大厅,猛然止住脚步,迎面挂着一幅油画《但丁渡冥河》。人们跟着他进来后,也不约而同在这幅画前驻足,看着画中那些在地狱的冥河中抓着但丁与维吉尔乘坐的小船,想逃离地狱的灵魂形象。人们若有所思地品味着。那青年人暗暗兴奋,因为他就是这画的作者德拉克洛瓦。他又有些疑虑,因为他没钱购置画框,那天他送此画来时,只得请木匠用四根木条钉了个简陋的边框代替画框。可今天,自己的画分明妥帖地装在了一个华丽精美的画框里,这是怎么回事呢?

一个罗浮宫看守员走了过来,德拉克洛瓦常来这里临摹,许多看守员都认识这个勤奋的年轻人。他对德拉克洛瓦说:"那么好的画你却把它装进粗糙的木架!是格罗男爵在展出前看到它,很是赞赏。他掏钱让我们给你的画配了个精美的画框呢!"

第一次送画参加展览,就能展出,德拉克洛瓦已喜出望外了。作品又得到著名画家格罗先生的赞赏,他心头一热,不禁回想起自己画完这幅按照但丁《神曲·地狱篇》内容创作的画,被导师盖兰先生挑剔批评的话语:"那几个在冥河里的人手臂姿态不对啊,怎么像脱了臼似的?眼神也不协调,唔,但丁和维吉尔的脸倒是画得还可以,但是还不够庄严呢……"

德拉克洛瓦出了展厅,朝格罗男爵居住的巴黎老喜剧院街走去。

进了门,德拉克洛瓦结结巴巴地向格罗先生道谢。不料一抬头,看到格罗身后,客厅里陈列着三幅格罗的油画,他马上又被它们吸引住了。格罗赞赏这个青年的才华,允许他可以留下来观看。三个小时过去了,德拉克洛瓦还是如痴如醉地站在画前看啊看,挪不开脚步。

经过格罗等人推荐,法国政府出资两千法郎,收藏了《但丁渡冥河》。

生于1798年的德拉克洛瓦，从九岁起就学习素描。他研习米开朗琪罗、提香、鲁本斯、席里柯等大师的画作；对文学、音乐也极感兴趣，他喜爱但丁、莎士比亚等人作品，还时常站在“钢琴诗人”肖邦门外，静听窗口流淌出的优美的钢琴曲，为之陶醉。他的绘画水平也提高得很快。

1824年的法国美术展览会上，德拉克洛瓦送去一幅画《希阿岛的屠杀》参展。格罗又来到罗浮宫，画布上那惨烈的气氛让他呆住了。

画面左侧，一名土耳其士兵监视着几个衣衫褴褛、正痛哭惜别的希腊平民；画的右侧一名土耳其骑兵粗暴地要将一个几乎全裸的希腊女子掠上马去；画下方一个老妇人用绝望的眼神望着天空，似乎祈求上苍阻止眼前的暴行；画面右下角则是一个看上去刚咽气的母亲躺倒在地，她的孩子却饥饿地爬在她尸体上寻找乳房。这一部分初稿是母亲抱着死去的孩子，定稿改成孩子爬在死去的母亲身上嗷嗷待哺的模样。远处焚烧村落的烟火及被士兵驱赶的人群依稀可辨，天空云彩看似宁静却有压抑、沉重的感觉。画里阴影中，暗褐色的士兵与被掠上马的希腊女子裸体的苍白互为对照。鲜艳的色彩也染上了血腥的气息。

德拉克洛瓦这幅画取材于1822年土耳其纵兵屠杀希腊希阿岛平民，镇压希腊独立解放斗争的事件。格罗看后却摇摇头说：“这哪是《希阿岛的屠杀》，不，简直是绘画的屠杀！”抽身便走。

原来当时法国艺坛是古典主义一统天下。古典主义要求画家只能从宗教神话中找寻题材，表现时要讲究造型美，画面和谐、庄重、匀称，不得流露激情。可是，德拉克洛瓦的这幅画不但反映现实生活，而且色彩对比强烈，激情四溢，冲破了古典主义的创作规范，自然被认为是离经叛道，可由此也成为西方艺坛上浪漫主义画风的开端。

面对古典主义画派的猛烈批评，德拉克洛瓦不改初衷，坚持创新。他其实是广泛吸取各种流派艺术包括古典主义的长处，融会贯通，进行创作的。如这幅《希阿岛的屠杀》中的某些技法，他还是从格罗的画中获得参照借鉴的。1826年他在画《马利诺·法列罗》时，为了画上衣衫的颜色，专程驱车去罗浮宫观摩鲁本斯的作品。他还特别注意观察日常生活里，光线是怎样改变色彩的明暗，终于成为公认的色彩大师。

1830年，法国发生了七月革命。白天，德拉克洛瓦亲眼目睹巴黎工人、学生、民众联合起义，战胜国王军队的壮烈场面。夜里，他想用画表现这个场面，却为找不到画的“灵魂”而苦恼。他无意中翻着书，书中作家巴比埃的几句诗引起他的注意：“这是一个胸部丰满的强壮妇女……坚定地走着。”他一遍又一遍地朗读着。

第二天，他在画稿中央添加了一个健美的自由女神形象。她一手持枪，一手高扬三色旗，号召民众冲破战火硝烟、奋勇前进，四周跟着她的有工人、学生，甚至有受伤的妇女与挥舞手枪的男孩。这就是传世名画《自由领导着人民》。这幅画数次被收藏、展出，当法国发生工人起义时，又数次被取下，还给画家本人。原因是它洋溢着强烈的革命激情，当政者生怕公开陈列展出，会鼓动更多的革命者起义。

1863 年，德拉克洛瓦在巴黎去世。他的九千多件作品留存后世。他开创的浪漫主义画风，深刻地影响了后代画家的艺术创作。如今他的许多作品被收藏在罗浮宫。其中一幅《自画像》中，德拉克洛瓦浓眉下双目有神，充满激情，鼻梁挺直；一头黑发披拂，如同雄狮般威猛。难怪八十年后，印象派大师凡·高会作如此评价：“德拉克洛瓦画画时，就像狮子吞食战利品一样。”凡·高的成就，特别是对色彩的非凡感悟，恐怕从德拉克洛瓦的色彩对比中获益匪浅吧。

145 · 库尔贝的现实主义美术

1853年,法国巴黎。这天是美术沙龙展览会开幕前夕,一切展品都已布置就绪。突然,一阵急促的马蹄声如急雨般传来,然后一队骑兵在展馆前下马,迅速进入大厅。各个出口都被他们分头把守,除了当值的人,展览馆其他人员均被命令离去,原来皇帝拿破仑三世突发雅兴,想先来这里看看。

在戒备森严的卫兵、随从簇拥下,皇帝傲慢地走进展馆大厅。他走马观花浏览一幅幅油画,脸上毫无表情,谁也不知道他此刻的真正心思。他走到一幅题为《浴女》的画前,猛然停住了。画中,深绿的林中湖边,两个女子正宽衣入浴,女子的形体粗硕、健美,与平时油画里那些柔美的裸女形象完全是两种类型。皇帝突然伸手从随从手中夺过马鞭,拍击画中浴女的臀部,斥责道:"粗俗!"转身快步离去。

皇帝的恼怒,让分管文艺的大臣吃惊不小。他喝令下属查明谁是画《浴女》的画家,如此粗俗的画竟然也能参加法国最高规格的艺术展览?

《浴女》是画家库尔贝画的。库尔贝1819年生于法国南部小城奥南,二十岁那年来巴黎学习法律,可却被艺术博物馆里的美术作品吸引得如同着了魔,从此改学绘画。他勤奋临摹名家名画,自学成才。他结交一些具有民主思想的进步人士,如普鲁东等人,所以他常常以日常生活中的贫苦民众为模特儿画画,《浴女》就是以农妇的实际形体为模特儿的,当然不可能像安格尔等当时流行作品中的贵族女子那样娇美、细腻。

1849年11月里的一天,两个在巴黎圣·但尼宫路边修路的石匠,又意外地成为库尔贝的模特儿。当时,这一老一少正忙着干活,突然一辆四轮马车停在他们身后。过了一会儿,他们就听到有人问:"我想请你们去我的画室,做我画画的模特儿,当然我会支付酬金的。可好?"

他们看到发问的是一位留着漂亮连鬓胡、双目有神的绅士,他就是库尔贝。库尔贝几乎原式原样地,将生活中这两个衣衫破旧、为生计辛苦的贫困工人,浮雕似的搬进他的画《石工》中。

在另一幅《奥南的葬礼》里，库尔贝又真实细致地描绘了他家乡农村的生活习俗，画中出席葬礼的人一个接一个紧紧排列，看上去平铺直叙，似乎没有重点，但那些人的神态，无论是真诚哀悼，还是虚伪敷衍，都描摹得栩栩如生。

库尔贝将平民生活搬上历来被贵族人士占踞的美术作品里，不仅因为他受民主思想启蒙，对劳苦大众贫困、无助的悲惨遭遇寄予同情，更因为他主张"艺术要如实表现时代的风俗、思想和它的面貌"。他坚持这样做，使官方人士，以及习惯于在艺术中表现达官贵人的学院派艺术家大为恼火。有人评论库尔贝是："用农民的眼睛观看自然，用教授的画笔描绘自然。"巴黎的美术理事会为此拒绝他的画参加世界博览会的展览。

那是 1855 年 5 月，法国举办的世界博览会在巴黎如期开幕。世界各地的人们都赶来了。可是他们却惊奇地看到美术展览馆前广场上，有个孤零零的小木棚，仿佛是临时搭建的，木棚上写着"现实主义者库尔贝作品展览会"一行字。参观这个小木棚也要掏钱，一个法郎，附赠一份目录，目录中列出库尔贝的几十幅作品的画名，包括他花了六个月时间赶画的《我的画室》。库尔贝为了抗议官方美术机构拒绝他的作品参展，就用这种方式向社会各界展示自己，同时公开表明自己现实主义的艺术主张。

两个多月后的一天，一个胡须斑白、衣着得体的绅士缓步来到广场上的小木棚。这些天几乎没什么人来参观，入场券只要十个苏。那个绅士模样的男人从容地掏钱、取目录走进去，一直走到那幅《我的画室》前才停了下来，仔细地观赏着。

这幅画高达三点六米，宽近七米，画上的人与生活中的真人差不多大小。画面的中心人物是一位坐在一幅风景画前，仰着头，仿佛很得意，想再修改几笔的画家。那正是库尔贝本人的模样。画家身后，是一个形体柔美的裸体女模特。画家对面，是个乡村儿童，他昂着头，认认真真在观看着风景画。儿童脚下，画着一只小白猫。画面分成三部分。右边部分画面上出现的是一些衣冠楚楚的社会知名人士。那个绅士模样的男子从他们的相貌上一一辨认出，这个是诗人波特莱尔，那个是文艺评论家尚弗勒里，还有普鲁东，还有一对情意绵绵的情侣，一个披着肩巾的妇女。左边部分的人物看上去明显是日常生活中的普通人，有乞丐、妓女、商人，还有神父。画的中部，画家画的风景画上方有片用玫瑰色、青色、棕

色柔和涂抹的空间。那个绅士模样的人仔细地一一看着,他看到女模特前面地上的一件粉色衣服,暗暗低头称是,满脸是赞赏的神情。他独自一人在这木棚里足足待了一个小时。

这个绅士模样的人,就是著名画家德拉克洛瓦,当时他已是五十七岁了。原先他也不赞同库尔贝,可这次认真地观赏后,才明白库尔贝的艺术技法确实值得赞扬。在当天的日记里,德拉克洛瓦写道:“我看到了当代杰出的作品之一……唯一缺点就是有些地方意义比较含混……”

库尔贝这幅《我的画室》确实不好懂,他是用寓言的方式表示他的艺术创作主张。画中右侧是他描绘的现实世界。中间是他与他正在描绘的作品,寓意他在朋友与热爱艺术的人们支持下,以现实生活为摹本进行现实主义的创作。由于这幅画引发的争议,使世界各国的人们了解了库尔贝的绘画以及他的现实主义风格。

1869 年在德国慕尼黑的世界博览会上,库尔贝的参展作品获得了广泛好评。当年用马鞭击打他《浴女》的法国皇帝,这时装模作样要给他颁发荣誉勋章。库尔贝拒绝了。他给法国分管文艺的大臣写了封公开信:“我已经五十岁了,我一直是自由地生活着……当我死后,人们应该说除了自由制度外,他从未从属过任何其他制度……荣誉不在于一枚勋章。”

146·空想的实践家

英国格拉斯哥的小镇新拉纳克,坐落在树木苍翠的克莱德山谷里。这天,当地开纺纱厂的戴尔先生,在自己的总管理处接待了一位不速之客。

来客看上去不到三十岁,相貌并不英俊,鼻子似乎长了些,可是风度优雅。来客自称是从曼彻斯特来的罗伯特·欧文,他提出一个投资戴尔先生工厂,并自荐担任工厂经理的计划。

戴尔先是有几分不快。欧文太年轻了,似乎缺乏管理经验,而且计划又过于大胆。可是他很快就被欧文的解释吸引住了。更不可思议的是,戴尔工厂的合伙人也同样对欧文的计划极感兴趣。他们达成了协议。

欧文当经理后,没过多少时间,戴尔先生发现自己的女儿对欧文一往情深。他很快就允诺这门亲事,因为欧文在管理工厂方面,确实有非凡的才干。他事后知道,欧文的冒昧来访,是自己女儿充当的向导。那时她已与欧文从偶然相识到相爱。这姑娘让欧文去见自己的父亲时,满心以为欧文会去当面求亲呢!没想到欧文却先去求一个经理的职位!

欧文将有两千多名工人的新拉纳克厂,经营得兴旺发达,然后又与几位朋友集资买下了这个工厂。欧文自小出身贫苦,却奋发上进。他边打工边读书,勤奋好学;后来当过店员,又办了家小纺织厂,开始了企业经营之路。他善于在实践中总结经验,自己办小厂,办得红红火火。然后他又被邀去大厂当经理,从中积累了丰富的管理经验。自从买下新拉纳克厂成为工厂主后,欧文就开始进行实验。

十多年后,新拉纳克棉纺厂成为一个效益持续增长、工人素质良好的模范工厂。这里的工人不酗酒,没有刑事犯罪,不需要贫困救济。工人的子女在这里可以进幼儿园,上学,受到教育。工人居住在宽敞的公寓房里,有公用餐厅,有医院,有互助储金会。于是不仅英国各地,连欧洲各国的达官贵人和社会名流,都来参观新拉纳克厂这个奇迹发生的地方。

要知道,欧文十多年前刚出任经理时,这里的工人成分复杂,其中有流浪汉、失去土地的农民和破产的手工业者,甚至还有当过乞丐的人、从孤儿院出来的孤儿,他们大都沾染酗酒、赌博、偷盗工厂财物的恶习,警察和法庭对这些人很熟悉。欧文用什么魔法使他们改掉了恶习,使工厂面貌产生巨变呢?

这就是欧文的实验。他认为人犯罪的原因在于有碍于人良好性格发展的恶劣环境。他要在新拉纳克厂废除这种环境。于是,当时工人一般每天工作十三四个小时,他改为十个半小时,同时增加工资;当工厂因为一时缺乏棉花原料,停工四个月,他不解雇工人,反而照发工资;他设立工厂内部商店,以批发价格买来日用品,优惠卖给工人;他开办幼儿园、学校,建立性格陶冶馆等提倡文明生活习惯的机构。就这样,欧文创造了奇迹,也获得了慈善家的名声。

1815 年,格拉斯哥市市长召集棉纺厂主开会,出席的都是当地棉纺业的大企业家。会议即将结束时,有位先生的发言却令与会者皱起眉头。他说:“我们英国政治的主要支柱,是一种现在正在经营的,对广大从业人员的健康、精神和社会物质生活起摧残作用的工业。”

他就是欧文。当时为了取得更多利润,工厂主大量使用童工,欧文看到棉纺织业普遍恶劣的生产环境对童工的摧残,便提议政府应拟订法案,禁止工厂使用十二岁以下的童工。当然,欧文的提议遭到了冷遇,后来又被篡改、歪曲得面目全非。可是欧文已进一步思考工人贫困生活的原因了。

作为一个精明的企业家,欧文计算过,由于英国完成了产业革命,机器提高了生产力。如今,新拉纳克厂两千五百名工人每日生产的棉纱的价值,在五十年前要六十万人才能干出来,但是如今工厂主只需支付两千五百名工人的工资。其中的差额如此巨大,这笔财富给谁拿去了?他也计算过,一家工厂经营三十年获得的利润,扣除工人工资等生产费用和资金的利息,有三十万英镑的钱分给了各位股东。股东借钱已收到了利息,还可分钱。这钱是怎么来的,是工人劳动创造出来的啊!

他明白了,是当前的这种社会制度让企业主,包括他自己,无偿占有了工人创造的财富。他是花了些钱,改善了工人生活。可这钱原本就是工人应该拿的!自己怎样能把这些钱来为更多的工人谋取福利,创造一个比新拉纳克范围更大的,适应人良好性格发展的环境,成为欧文思考的问题。

作为一个成功的企业家、慈善家,三年以后欧文去欧洲大陆各国旅行。在法

兰克福,欧文出席了一次盛大而又奢侈的宴会,出席宴会的有德意志的国会议员,奥地利的大臣,包括奥地利首相梅特涅的顾问、外交官根茨等欧洲政治名人。宴会上,欧文说,用科学方法,推行合理的教育制度,全社会的人们都能富裕起来。

他说得如此投入,全然没想到与会者根本不感兴趣。有个声音不客气地打断了他的谈论:“不错,这点我们也很清楚,可是我们并不希望民众们富裕起来,而不受我们的约束。倘若他们富了,我们怎么能够治理他们呢?”

欧文一看,打断自己讲话的正是根茨。他用不耐烦的眼光傲慢地看着自己。

这次宴会使欧文明白,在欧洲的社会体制中,自己的想法是无法实现的。

1824年,五十三岁的欧文卖掉了在英国的产业,辞去了新拉纳克厂的经理职位,带着儿子来到美洲。他用自己的全部财产在美国的印第安纳州买下了三万英亩土地和房产,建立了一个“新和谐公社”。他要在地广人稀的美洲,试着实验自己理想中的社会,让世人看到后,推广开去。欧文为“新和谐公社”制定了法规。法规看上去很合理,也有一千名社员自愿参加,成为“新和谐公社”的成员。然而五年后,“新和谐公社”就维持不下去了,欧文被迫将它的土地、房产低价卖出,几乎把自己带到美国的全部财产都赔了进去。

“新和谐公社”失败的原因,最主要是当时生产力还不高,公社社员劳动产生的财富不多,可每人消费水平却都不低,入不敷出。还有,公社成员之间有宗教、民族的差异,公社又没产生一种统一的思想,让这些成员能消除这些差异;再说公社领导成员私心日益严重,光想指挥社员,不愿与社员共同劳动等等。欧文的实验,证明他“空想社会主义”的思想在实际生活中是行不通的,而且他的“公社”在世界资本主义的汪洋大海里,只是一个小小的孤岛,怎么可能与世隔绝,不受影响呢?

出于良好的愿望,提出“空想社会主义”的著名思想家还有法国的圣西门和傅立叶,付诸实践的却只有欧文。欧文的失败为后世科学社会主义理论的产生,提供了宝贵的经验教训。

147 · 宪章运动

缀满乌云的夜空是那样的压抑,压抑中又透出丝丝激动与不安。一支上千人的矿工队伍正行走在英国南威尔士的蒙摩斯河谷边上。他们带着木棍、长矛和短枪等简陋武器,要在天亮前赶到纽波特;攻下这座城后,再向南约克郡进发。

突然,一声响雷,霎时间就下起了倾盆大雨。人们淋得浑身湿透,路浇得泥泞难行,队伍行走的速度明显减慢了。这时,队伍中不知是谁哼起了歌:"电光闪过天空,雷声咆哮。呵,要把压迫者烧焦,因为他们扣压了宪章。小伙子们,起来攻击敌人。真理与理性就是你们的武器……"

越来越多的人唱起这支歌,雄壮的歌声振奋了矿工们的斗志,他们的脚步也不由自主加快了。

第二天黎明时分,也就是 1839 年 11 月 4 日清晨,矿工队伍赶到纽波特,才发觉早有提防的政府军队已在西门饭店布置了防线,军队用密集的枪弹迎击矿工。不少人中弹倒下,但是勇敢的矿工仍然无所畏惧,沉着应战。在装备精良、训练有素的士兵攻击下;矿工队伍坚持战斗了二十多分钟,终因伤亡过重而被击溃。除了战死的以外,矿工队伍中有不少人遭到了逮捕和判刑。

这次发生在南威尔士的起义,是由于英国政府镇压工人递交"人民宪章"请愿书而引发的。

"人民宪章"是怎么回事呢? 原来十九世纪三十年代,由于工业革命的完成,英国资产阶级富上加富,工人阶级则越来越贫困,而且毫无政治权利。英国国会 1834 年通过的"新贫民法",居然还逼迫贫苦民众进工厂接受剥削,激起了民众的强烈不满。两年后,技术工匠洛维特在伦敦发起成立伦敦工人协会,散发小册子鼓动工人争取选举权,进入国会,以合法的政治身份代表工人阶级讲话。出身海员家庭的哈尼,也积极参与其中的活动。曾经担任过国会下院议员的律师欧康诺在 1837 年创办了《北极星报》,呼吁工人们团结起来,为争取自身的政治权利而斗争。

1838 年,伦敦工人协会提出名为"人民宪章"的六点政纲,其中包括"凡年满二十一岁、身体健康、无刑事犯罪的男子均有选举权;全国划分人数相等的三百个选区;取消候选人的财产资格限制;实行秘密投票"等现代选举制度的基本内容。

"人民宪章"一公布,立即受到广大工人的热烈拥护。有一百二十八万人签名要求实现"人民宪章"的请愿书被送到国会,却被国会冷冷地断然否决。政府又派出军警镇压,于是激起工人与民众的反抗,示威、演讲、集会等抗议活动在英国各地此起彼伏、不断出现,南威尔士起义就是其中唯一的一次武装斗争。政府却以此为借口悍然将欧康诺等宪章派领导人抓捕判刑。世界近代史上称为"宪章运动"的第一次高潮就这样被镇压了。

三年以后,在出狱的欧康纳等人领导下,拥护"人民宪章"的工人们已成立了有严密组织的全国宪章派协会,入会者已达到五万人。他们再次向国会递交请愿书,内容还增加了废除"新贫民法"和教会的什一税等,签名拥护的工人多达三百多万。可是由于宪章派领导成员间意见分歧,面对政府再次进行的否决与武力镇压,宪章运动第二次高潮又被强行平息。

1848 年法国爆发了二月革命。宪章运动的报刊《北极星报》等抓住有利时机,宣传宪章派政治主张。这一来,代表资产阶级利益的英国政府官员们紧张万分。

这年 4 月初的一天,伦敦警察当局的官员们开会商议对策。会议桌上,放着一份 2 月 26 日出版的《北极星报》,其中的一篇文章里写道:"如果英国人不是最可厌的奴隶的话,他们就会立刻开始——和平地、合法地——争取宪章的实现……"

警察厅混入宪章派内部的密探报告:4 月 10 日在伦敦坎宁顿草场将有数万工人集会,集会后这数万名宪章派成员将再次向国会递交请愿书。"据说这次有五百万人在请愿书上签名!"一名官员补充道。

"五百万人!!! 这时候,与工人发生面对面冲突是不明智的。"一个官员老成持重地说。

谁都知道,差不多一个月前的 3 月 6 日,伦敦有近万人参加了宪章派大会。散会时警察跟与会民众发生冲突,引发了一场大规模骚乱。同一天,格拉斯哥的失业工人愤怒地捣毁了食品店与武器库!

官员们面面相觑。在此非常时期,内阁大臣已训令除非发生暴动等特殊情况,警察当局不得干涉宪章派集会,并且不许抓人。如此多的工人,力量不可小看。众怒难犯哪!

“有了!”一个官员面露奸笑,他指着《北极星报》上那篇文章中“合法地”那个词……

4月9日深夜,一队警卫森严的车队从英国王宫急驶而出,护送女王去怀特岛的行宫暂住。当局生怕明天工人集会时发生意外,会危及女王安全。

第二天,数万名民众陆续来到坎宁顿草场。欧康诺照例是坐马车来到集会处,他将替民众去威斯敏斯特国会大厦递交请愿书。但是马车被警察拦下,一名警官神色严厉地对他说,自己受伦敦警察厅之命转告,集会是允许的,但率众去国会大厦,将被视作游行,是威胁政府的非法行为。必须承担一切后果。

欧康诺又看到大批军警正整队往肯宁顿草场而去。面对威胁,欧康诺屈服了。他来到集会处,面色苍白,神色惶恐,流着泪向民众讲话。原先他讲演时口若悬河的风采不知哪去了。他居然还说游行去国会大厦是愚蠢的。这番演讲使集会的民众对欧康诺失去了信心,数万名集会的民众就这样逐渐散去。然后,欧康诺又规规矩矩地上车,自个去国会大厦递交请愿书。结局是可想而知的,请愿书再次被国会否决,宪章运动第三次高潮就这样因领导成员的临阵动摇而被当局再次压服。

宪章运动尽管没取得胜利,但它标志着在人类历史上,无产阶级第一次作为独立的政治力量登上了历史舞台。它推崇的普选制和政党组织方式,成为现代政治活动中的基本模式。宪章运动的领导成员哈尼和琼斯,后来也得到过马克思的指点。尽管宪章运动中除了南威尔士武装暴动外,始终在当时英国法律许可的范围内,用大规模的群众集会、游行、签名请愿等形式,争取自身的政治权利,可是英国政府还是动用暴力手段加以镇压。

当然慑于工人阶级团结起来的强大威力,英国政府也不得不相继颁布了一些有利于改善工人劳动状况的法令,终于或多或少地缓解了英国社会阶级矛盾冲突的尖锐程度。

148·马克思与恩格斯的青年时代

在德国莱茵河畔的科隆市,1842 年 1 月新出版了一份报纸《莱茵报》。当时德国还没统一,科隆那时是属于普鲁士的一个城市。从这年 10 月起,《莱茵报》连续刊出不少尖锐揭露普鲁士黑暗社会现实状况的报道,观点激进,引人注目。

这年 11 月,有位二十出头、身材高大的青年,来《莱茵报》编辑部想见报纸主编卡尔·马克思。这青年一个月前就来过了,可当时马克思外出了,所以没有见到他。他对马克思很倾慕,曾根据别人的评价和读马克思的文章,用想象写出了一首描写马克思的诗:

……鹰隼般的眸子,大胆无畏地闪烁,
紧攥拳头的双手,愤怒地向上伸,
好像要把苍穹扯下埃尘。
不知疲倦的大力士一味猛冲……

马克思确实以学识渊博,见解敏锐,成为当时同龄人中的佼佼者。有位哲学家赫斯给他的朋友信中这么写道:“他十分冷静严肃又非常敏锐机智。请你想象一下,假如把卢梭、伏尔泰、费尔巴哈、莱辛、海涅和黑格尔结合成为一个人,我着重说一下,是结合,而不是混杂在一堆,那你面前就会出现马克思博士。”

正因为马克思在 1842 年 10 月起出任《莱茵报》主编,报纸才变得生气勃勃。

马克思冷淡地接待了这个比他小两岁的青年,原因是他发现这青年与一些“青年黑格尔派”的人很熟。他是不是个爱讲空话的人呢?

“青年黑格尔派”由当时德国一些热爱黑格尔哲学的学者所组成。马克思最初与他们相识,共同语言也是黑格尔哲学,但他逐渐察觉这些人崇尚空谈理论而不注重现实,便与他们分手了,《莱茵报》也不刊用他们的文章。可是听到那青年将去英国曼彻斯特,马克思就约他写些反映英国实情的文章。

这青年就是弗里德里希·恩格斯。他爱写诗,喜欢历史、古典文学,因为有一个富有的工厂主的父亲,恩格斯受到了良好的教育。因为同样的原因,他后来又不得不跟着父亲去经商,但是他没有放弃广泛阅读、独立思考的习惯。恩格斯读了费尔巴哈的唯物主义著作,已逐渐与"青年黑格尔派"分道扬镳。

恩格斯注意观察社会,又非常关心平民的生活,不到二十岁时他就写过一篇《乌培河谷来信》,尖锐揭露了当地工厂主在周四虔诚地去教堂,可平时雇佣大量童工,少付工资,进行残忍剥削的伪善嘴脸。刊出他这篇文章的《德意志电讯》由此畅销,被揭露的工厂主急忙出来否认,一时引起了不大不小的轰动。

离开科隆,恩格斯渡海到了英国曼彻斯特。他这次是奉父命,来父亲开办在这里的棉纺厂工作。

曼彻斯特是当时欧洲典型的工业城市,有高达七层的厂房,蒸汽机等机器已广泛使用。工人在资本家剥削下艰苦地劳动着,每天要工作十六个小时,而且又要连续干两天多才休息。

由于在安全条件很差的工厂里高强度地干活,造成工人工伤事故频繁发生。看到那些伤残工人为了少得可怜的工资还来厂上班,恩格斯感到自己仿佛生活在一批从战争中归来的残废者中间,很是悲愤。

这天,恩格斯与一位工厂主一起在街上行走。他忍不住谈起曼彻斯特工人区的简陋和工厂环境的恶劣,说:"我从来就没看到比曼彻斯特建设得更差的城市了!"

那人默不作声地听着,走到街角,那人说:"可是,在这里毕竟可以赚到很多钱。再见!先生。"

他有礼貌地与恩格斯告辞分手。恩格斯这才明白什么叫资产阶级。

"我从来没看到一个阶级像英国资产阶级那样堕落、那样自私自利、那样腐朽……"恩格斯给《莱茵报》的稿件中写道,"只有通过暴力消灭现有的反常关系,根本推翻门阀贵族和工业贵族,才能改善无产者的物质状况……"

在英国的日子里,恩格斯放弃了符合他工厂主身份的社交活动,与工人交往,结识了不少工人运动的首领,在实践中研究科学社会主义。

恩格斯将自己的研究文章《政治经济学批判大纲》和由他执笔的《英国状况》,寄往巴黎;1844 年 2 月发表在《德法年鉴》上。这一年的年底,他从英国回德国,途经巴黎时又去拜访旅居巴黎的马克思。

这一次，马克思极为高兴地与恩格斯相聚，他已经读了《德法年鉴》上恩格斯的文章。他兴奋地看到恩格斯与自己在扬弃陈旧的理论方面，观点是如此相似，而且都共同思考人类社会发展的未来，都认为人类未来的希望在无产阶级身上。

在巴黎，马克思把自己的战友介绍给恩格斯，他俩一起参加工人们的聚会，并且商量共同撰写《神圣家族》。这是一部批判“青年黑格尔派”错误思潮的著作，从此他俩建立了终生的友谊。

《莱茵报》在马克思任主编期间，刊出维护农民利益等许多把矛头指向普鲁士反动制度的文章，引起当局的强烈不满，《莱茵报》从 1843 年 4 月被勒令停刊。马克思辞去这份工作，才来到巴黎的。马克思自小勤奋好学，而且树立了自己生活的远大目标。十六岁时，马克思就在一篇作文中写道：“如果我们选择为人类的幸福而工作，工作的重负就不会把我们压倒。因为这是为全人类而作出的牺牲，那时，我们感到的就不是可怜、有限、自私的乐趣。我们的幸福将属于千百万人，我们的事业并不是显赫一时，但将永远存在……”

中学毕业后，马克思先后在波恩大学、柏林大学读书。他博览群书，吸取了黑格尔辩证法的合理内容，抛弃了黑格尔的唯心主义，吸取了费尔巴哈的唯物主义思想，发展成马克思主义的唯物辩证法，然后又撰写了《资本论》。

这次恩格斯在巴黎与马克思相聚，一起呆了十天。从此，马克思和恩格斯开始并肩战斗，为科学社会主义学说的创立共同奋斗，成为无产阶级解放事业的伟大导师。

列宁在评价这两位伟人的友谊时说：“古老的传说中有各种非常动人的友谊故事，欧洲的无产阶级可以说，它的科学是由两位学者和战士创造的，他们的关系超过了古人关于人类友谊的一切最动人的传说。”

149 · 第一次伟大战斗

巴黎市区东部的巴士底广场，曾矗立着法国封建专制王朝的象征巴士底狱。1789 年 7 月 14 日，巴黎市民在法国大革命的风暴中攻占了巴士底狱，并且拆毁了它。五十九年后，在巴士底广场上，又出现了情绪激昂的巴黎革命民众，只见他们点燃火堆，将一只精致的座椅投入熊熊烈火中烧毁，并且拍手叫好。这是怎么回事呢？

原来，拿破仑在滑铁卢之战后下台，法国进入封建王朝复辟时代。从 1830 年起，法国国王是路易·菲利浦。也是差不多从这年开始，法国为占领阿尔及利亚，耗费了大量军费和动员十多万军队，用了近二十年时间，残酷镇压了阿尔及利亚的民族独立运动。法国国内，工人在资本家的剥削下，每天要劳动十二三个小时，还有大量工人失业。农民生活也日益贫困，还得交各种苛捐杂税。于是，忍无可忍的民众以罢工、起义等各种方式反抗。1848 年 2 月 22 日，巴黎爆发了武装起义。路易·菲利浦眼看局面无法控制，仓皇逃往英国。民众冲进王宫，把国王的座椅搬出来，这就有了在巴士底广场烧毁座椅，成千上万民众拍手称快的一幕。

在起义民众的强烈要求下，法兰西第二共和国成立了。但在关于共和国国旗的颜色问题上，出现了重大分歧。革命民众认为应该用红旗。临时政府中占多数的资产阶级代表认为必须保留三色旗，但可以在旗杆上系一条红色绶带。

二月起义推翻了帝制后，共和国政权实际掌握在代表资产阶级的临时政府官员手中，所以国旗最终还是采用三色旗，而且旗杆上的红色绶带后来也被去掉了，同时又几乎原封不动地保留了封建王朝的军队和警察队伍。

迫于革命民众的压力，临时政府开始在巴黎以及另一些城市开办“国家工厂”，解决大量失业工人的生计问题。这些工人进“国家工厂”，就是在修筑道路、开挖运河、开辟公共绿地时干一些挖掘土方等工作，每月工资只有两个法郎。临时政府用这个办法，搪塞大量失业工人提出的“劳动权”的要求。

临时政府接着又召开制宪会议，企图通过选举这个合法的手段，将议会牢牢

控制在资产阶级手中。这时举行制宪会议对工人等广大民众非常不利。当时，法国已有不少革命民众组成的社团，他们号召人民抗议，要求延迟召开制宪会议。可是政权掌握在资产阶级手里，临时政府还是按期进行选举，召开了制宪会议。果然一切按照资产阶级的筹划顺利进行，议会八百八十席中，只有十八个席位是工人代表。

愤怒的民众不愿再受资产阶级临时政府的愚弄。1848 年 5 月 15 日，十五万工人举行示威游行。游行队伍进入制宪会议所在地的波旁宫。示威群众控制了会场，那些议员纷纷溜之大吉。

“我宣布:解散制宪会议！成立一个新政府，新政府成员应该由代表我们革命民众的人担任。”一个示威游行的领导人神情激昂地宣布。示威者齐声赞同。

这次自发的示威游行，正好被执政的资产阶级政府利用，成为他们调动军队、发布禁令、抓捕革命运动领袖的借口。新任军政部长的卡芬雅克，是凶残镇压阿尔及利亚民族独立斗争的将领。这时，他秘密调动大批军队进入巴黎，准备对革命民众下手了。

6 月 22 日，资产阶级政府突然宣布:解散“国家工厂”，十八至二十五岁未婚男子一律编入军队，二十五岁以上男子全部送到巴黎以外的省区开荒或修建工程。于是，巴黎工人除了起义，别无选择。

巴黎筑起了街垒。街垒上红旗飘扬，挂着“没有面包，就要斗争”、“民主的共和国万岁”等标语。起义工人发表宣言，提出解散制宪会议；军队撤出巴黎；将起草宪法的权利归还人民；保留“国家工厂”；保证劳动权等要求。但资产阶级政府根本不予理睬，他们调集了二十多万军队，准备镇压。当时，工人武装只有四万多人。

巴黎被街垒分成东西两部分，工人们据守东面。6 月 23 日，占据西部的反动政府指挥军队向东攻击。战斗整整进行了四天。

工人武装由当过军官的克尔索斯指挥，他说:“我计划，从东区集中四个纵队，进攻市政厅、波旁宫和杜勒里宫。”虽然这次起义工人没作充分准备，缺乏统一领导和组织，但是他们的正义感和勇气势不可挡。到了第四天上午，巴黎城郊全部由起义工人控制。在市区，工人的队伍击退反动军队，进攻到离市政厅只有几十步远的地方了。

卡芬雅克突然下令,用大炮轰,发射榴弹、燃烧弹。工人街垒顿时一片火海。工人们不屈不挠,前面的倒下了,后面的接着冲。“我的士兵被子弹射中,倒下了。可那些工人都像雄狮一样抵抗着,我们进攻了二十次,就被打退了二十次……”一名政府军官这样向上级汇报。

最后,作好充分准备的政府军,兵力强大,攻势猛烈。工人寡不敌众,6 月 26 日,起义终于被残酷镇压了。

巴黎六月起义是无产阶级第一次与资产阶级面对面进行的武装斗争,由于缺乏无产阶级政党的组织和领导,没有得到农民等其他革命力量的支持等众多原因,最终失败了。但是这四天的激烈战斗,展示了工人阶级武装斗争的力量,令资产阶级胆战心惊。

150 · 光辉的宣言

1851年5月，柏林的普鲁士政府在莱比锡抓住了一个所谓的“共产主义阴谋”分子，因为从他随身带的衣物中，搜出了一本《共产党宣言》。一年半后，普鲁士政府又伪造证据，对与这事件有关的十一人提出起诉，其中七人被判处三至六年徒刑。为什么一本《共产党宣言》，让普鲁士当局如此敏感，大动干戈，甚至不惜伪造证据呢？

原来，《共产党宣言》是马克思、恩格斯共同起草的一份文件。它号召全世界无产者，联合起来，为实现共产主义理想而奋斗。《共产党宣言》中的理论，指导着欧洲建立了世界上第一个无产阶级的共产主义政党——“共产主义者同盟”，以后又成为全世界共产主义政党的建党方针。

早在1834年，巴黎就出现了一个在欧洲影响较大的激进团体“流亡者同盟”。它是个秘密组织，等级森严，而且每个成员都有化名。两年后，这一组织中的无产者分裂出来，成立新的组织“正义者同盟”。“正义者同盟”主张民主共和，提出财产公有的口号，但还是个半秘密性的团体。

“正义者同盟”主要成员集中在英国伦敦，法、英、美、荷兰和瑞典都有工人参加，渐渐地，它成了一个有多国成员的国际性工人革命组织。

可是这些成员政治观点混乱，他们受空想共产主义思潮的影响较大。例如其中有个叫魏特林的工人革命家，竟然从基督教教义引申出共产主义的观点。他认为只要依靠社会中的乞丐、流浪汉、刑事犯和窃贼这些流浪无产者——“最贫困最凶狠阶层”的自发行动，就能实现共产主义。还有一种所谓“真正的社会主义”思潮也在“正义者同盟”中广为流行。“真正的社会主义”鼓吹以“普通的爱”代替阶级斗争。

假如不清除这些错误观点，有众多无产者参加的“正义者同盟”，就不可能成为真正的无产阶级革命组织。

1846年，马克思、恩格斯在比利时的布鲁塞尔建立了共产主义通讯委员会。他俩想通过共产主义通讯委员会，向世界各地的工人组织传播无产阶级革命理论，传播科学社会主义思想。他俩周围已经聚集着一些当时的优秀工人革命家和研究共产主义的知识分子。

这天，布鲁塞尔的共产主义者集会。马克思在会上批判了魏特林的错误理论。“他发言时声如洪钟，充满着自豪感、果断和自信，他讲话的语气具有强烈的穿透力，直逼听讲者，洋溢着一种掌握自己命运的使命感。”一个当年与会者这样形容马克思的风采，认为他是一个集活力、毅力、不屈不挠的信念于一身的典型。

经过多次会议及不断的通信联系，“正义者同盟”大多数成员逐渐认识到马克思、恩格斯的见解正确，决定抛弃魏特林等错误的思想。

1847 年 1 月里的一天，马克思在布鲁塞尔的住所来了位英国客人，他是“正义者同盟”伦敦委员会的代表约瑟夫·莫尔。他说“正义者同盟”正式邀请马克思、恩格斯加入同盟，帮助同盟改组，摆脱陈旧的宗派主义和一切助长迷信权威的东西。马克思、恩格斯同意了。

五个月后，恩格斯出席了在伦敦举行的“正义者同盟”第一次代表大会。尽管马克思因为经济困难未到场出席，大会还是根据马克思、恩格斯的提议，将“正义者同盟”改组为“共产主义者同盟”。用“全世界无产者，联合起来”的号召，代替原来“人人皆兄弟”内容陈旧的口号。“共产主义者同盟”还明确了奋斗目标：推翻资产阶级统治，建立无产阶级政权。

第二年的 11 月底，“共产主义者同盟”在伦敦举行会议。马克思、恩格斯参加了会议，并且受大会委托，起草“同盟”的新纲领。

恩格斯已经把马克思与他多年来思考成熟的关于建立无产阶级政党的思想和观点，写成一篇草稿，作为“同盟”的新纲领。当时为了向工人进行启蒙教育，宣传文章常用问答式的体裁，宣传科学社会主义的理论。恩格斯最初的草稿也是这种表达形式。可是恩格斯考虑后，给马克思写了封信，信中说：“我请你考虑一下。我想我们最好是抛弃那种问答体，而把这篇东西叫做《共产党宣言》，由于其中必须或多或少谈到历史，因此还用现有这种体裁是根本不合适的……”

就这样，“共产主义者同盟”的纲领——《共产党宣言》诞生了。这部科学社会主义的经典文献，于 1848 年 2 月在伦敦出版。

《共产党宣言》以磅礴的气势、具有震撼力的语言，宣告资产阶级的灭亡和无产阶级的胜利是不可避免的。它通俗地阐述了科学社会主义的基本原理，痛斥了资产阶级对共产主义的种种诬蔑，批判了各种非无产阶级社会主义流派的错误。《共产党宣言》的光辉照亮了无产阶级夺取政权的斗争道路，它宣告："无产者在这个革命中失去的只是锁链，他们获得的将是整个世界。"

151 · 第一国际的建立

恩格斯对马克思的贡献有一个形象的评价:“摩尔(指马克思)的一生,要是没有国际,便成了挖去了钻石的钻戒。”

这个评价中的“国际”,就是指国际工人协会,它是世界各国工人之间加强团结、建立紧密联系、相互支援的一个国际组织。马克思为了国际工人协会的建立和发展,耗费了许多心血。

说到国际工人协会,就要从波兰起义说起。

1863年,波兰爆发了反对沙俄专制统治的民族独立起义,起义民众遭到俄国军队的血腥镇压。英国、法国等工人掀起了声援波兰人民的运动,英国全国工人组织——“工联”举行群众集会,要求英国政府对俄国镇压波兰的无耻行为施加压力。英国首相帕麦斯顿借口要法国也赞同才行,拒绝了工人的要求。于是英国工人就产生了与法国工人联合行动的想法,而且通过与法国工人的几次联系,起草了一份《英国工人致法国工人书》。起草者是英国工联的首领,制鞋工人奥哲尔。

同情工人运动的激进派知识分子、伦敦大学教授比斯利将《英国工人致法国工人书》译成法文,寄到了巴黎。法国工人对这封信非常重视,由工人托伦代表法国工人写了《法国工人致英国兄弟》的回信。同时,英国工联又与一些流亡在英国伦敦的德国、意大利、波兰、爱尔兰的工人运动组织加强了联系,筹备建立一个各国工人联合行动的组织——国际工人协会,最后决定在1864年9月28日召开国际工人协会成立大会,地点是伦敦的圣马丁堂。

到了9月28日那天,圣马丁堂内挤满了各国工人代表,洋溢着节日气氛。德国工人特意组成合唱队,唱着工人歌曲。大会执行主席比斯利教授宣布开会:“全世界劳动民众联合起来,反对各国政府的侵略政策,为实现正义而团结奋斗。”

然后是英国工联首领奥哲尔宣读《英国工人致法国工人书》:“法兰西、意大利、德意志、英格兰、波兰和所有愿为争取人类幸福决心团结合作的国家的代表们,聚在了一起……我们坚信暴君的势力终将被削弱……让我们首先为争取波兰的自由而联合,共同奋斗。”

在掌声和欢呼声后,法国工人代表宣读了《法国工人致英国兄弟》的回信:“全世界工人们,我们必须团结起来,筑成一道坚不可摧的堤坝,抗拒把人类分成两个阶级——愚昧饥饿的平民和脑满肠肥的官吏——的害人制度。我们要团结起来自己救自己……”

又是一阵掌声和欢呼声。

在参加会议的德国工人代表中,有位一头浓密黑发,络腮胡须,看上去神色庄重又精力充沛的壮年男子,他就是马克思。马克思是特地被邀请来参加大会的,而且原先还想让他代表德国工人发言。但马克思推荐他的战友,在伦敦的制衣工人埃卡留斯发言,并帮他准备了发言稿。埃卡留斯一直积极参加工人运动。他曾拿着一把磨得锋利的剪刀,准备在参加宪章运动游行时,做反击警察的武器。他因流亡生活的折磨,患了肺病,如今大病初愈,身体虚弱,可对工人运动仍忠诚无比。

大会顺利地进行着。法国工人吕贝在会上宣读了法国工人代表提出的国际工人协会组织方案,英、意、法、德等国工人代表均发言赞同。于是,代表们选举产生了临时中央委员会,包括马克思在内的三十多人当选为委员;然后又成立了国际工人协会的成立宣言和章程的起草小组,马克思被推举为这个小组成员之一。

起草小组先后写的两篇成立宣言和章程的草案,都不符合要求。因此,第三次决定由马克思动笔写。因为患病,马克思没参加前两次讨论。第三次他也是抱病参加的。

这个成立宣言和章程并不好写,因为参加国际工人协会的各国工人组织,对科学社会主义认识不一,受各种激进思潮影响较深,要他们立即接受马克思、恩格斯写的《共产党宣言》是不现实的。为此,马克思带病花了七天时间,终于用委婉的语言,写出了成立宣言和章程,既从当时欧洲工人组织实际水平出发,同时又坚持了原则。它用文字表明了国际工人协会要在国际主义原则指导下,成为真正的工人阶级战斗组织,引导工人从经济斗争走向政治斗争,最后夺取政权,通过消灭阶级统治和实现劳动资料归社会支配,达到工人阶级的彻底解放。在

成立宣言最后，马克思同样用了“全世界无产者，联合起来”这句《共产党宣言》的口号。

国际工人协会顺利通过了马克思写的成立宣言和章程。国际工人协会后来又被称为第一国际，马克思尽管只是第一国际的总委员会的一个委员，却是第一国际事实上的灵魂。他团结周围的第一国际的领导成员，在建立第一国际各国支部，把各国工人组织起来，支援世界各民族独立解放事业和克服许多非无产阶级的社会主义派别影响等方面，做了大量的工作。第一国际的宣言、决议和文件，几乎都是马克思撰写的。第一国际对当时世界发生的重大问题作出的决策和措施，差不多也都是由马克思所倡议的。

由于马克思含辛茹苦的努力，第一国际发现和培养了不少无产阶级的优秀战士，后来这些人成为世界各国无产阶级政党建设中的骨干力量。

152·约翰·布朗起义

1859年12月2日，天色阴沉，寒风阵阵。美国北方各州的政府大厦一律降半旗，建筑物上张挂着志哀的黑布或黑色装饰，全无平日宁静祥和的气氛。突然，所有的教堂里钟声齐鸣，人们成群走进教堂去祈祷。教徒和非教徒，黑人和白人，个个都神情肃穆、凝重而无奈。因为在这一天，废奴英雄约翰·布朗英勇就义；也正是在这一天，南方各州爆发了多起奴隶的反抗斗争事件。

约翰·布朗是一名富有正义感的穷苦白人。他生长在康涅狄格州一个有着废奴主义传统的家庭。他的家实际上是"地下铁路"的一个中转站。所谓"地下铁路"，就是帮助南方蓄奴州的黑奴逃往北方自由州废奴地区去的秘密通道。布朗从年轻时候起，就非常同情黑奴的悲惨生活，对蓄奴制深恶痛绝，很早就积极参加了"地下铁路"的工作。

那时候，美国南北方的黑人分别生活在两种制度——废奴制和蓄奴制下。在南方各蓄奴州中，黑人每天要干十八到二十小时的活，还经常遭受庄园主的毒打，被戴上镣铐甚至当做牲口任意贩卖，而且奴隶制越演越烈。美国建国初期国内仅有黑奴六十万，到1859年已增加到近四百万。布朗在长期的"地下铁路"行动中，逐渐认识到帮助个别黑奴逃到北方是杯水车薪，只有拿起武器进行斗争，才可能争取到黑奴的解放。他于1850年组织了一个黑人武装组织——基列人同盟，为武装斗争做好了准备。

1854年，美利坚合众国国会通过了"堪萨斯—内布拉斯加法案"。这一法案规定这两个州可以自由选择成为蓄奴州或自由州。消息一传开，邻州的蓄奴派和废奴派力量都派人迅速进入堪萨斯州，以控制选举，结果引起了大规模的械斗，造成废奴派人员不少伤亡。布朗听到这个消息，不顾自己已年过半百，还在生病，马上带着儿子、女婿与其他几名勇士来到堪萨斯州。

1854年5月24日夜里，他们直捣蓄奴派势力的据点，当场处死了五名杀害废奴派人士的凶手。随后，布朗他们的小分队就出没于该州的荒山野地，神出鬼没地袭击蓄奴的庄园主，使他们提心吊胆，惶惶不可终日。经过约翰·布朗等废奴主义者的奋勇斗争，堪萨斯州终于成为自由州。

在南方庄园主施加的压力下，1857年，美国法院宣布了“斯考特案件”判决结果，居然认定，即使南方黑奴逃到北方，他们仍然是奴隶主的私有财产。而私有财产是神圣不可侵犯的。这一案件中的黑人斯考特，虽然被主人带往自由州住过几年，但法院的判决仍不能使他摆脱主人的私有财产的地位，无法改变自己被奴役的命运。

黑奴实际上根本没有任何获得自由的可能，于是布朗决定举行武装起义。

起义的地点被选在弗吉尼亚州的哈波斯渡口。这里是弗吉尼亚和马里兰两州的交界处，又是两条河流的汇合处，地势险要、轭南守北；附近有很多庄园和一个大的军火库，便于起义者发动群众和取得军火武器。

1859年10月16日，布朗率领一支仅二十一人的武装，以迅雷不及掩耳之势扑向哈波斯渡口，仅几个小时就俘虏了那里的全部驻军，控制了全镇，还捕获了几个蓄奴的庄园主，解放了庄园里的奴隶。但是，闻讯赶来的军队将他们困在了军火库里。

面对着极为强大的敌人，这二十二个斗士无所畏惧，英勇奋战。但是双方力量相差太大，起义军损失惨重。坚持了两天一夜后，布朗的两个儿子先后战死。最后，第三个儿子也中弹了。布朗脚下是死去儿子的尸体，手上抱着即将断气的儿子。儿子的血汩汩地流在他身上，他的泪水滴落在儿子那曾经充满活力的身躯上。但是他坚强地挺立着，放下儿子还温热的躯体，开枪还击，射出一颗又一颗子弹，勇敢地进行最后的抗争。终因寡不敌众，约翰·布朗受伤被捕。

弗吉尼亚州的州长亲自审问布朗：“谁指使你这么做的？”

“是上帝和正义。我要解放黑奴。在上帝面前，他们和白人一样，同样是人。”布朗满身是血，但他仍然不屈地昂起了头。

12月2日，布朗在赴刑前，留下最后遗言：“我，约翰·布朗，现在坚信只有用鲜血才能清洗这个有罪恶的国土的罪恶。过去我以为不需要留很多血就可以做到这一点。现在我认为这种想法是不现实的。”

写完之后，他抬起头，挺起胸，从容地走向绞架。

布朗虽然牺牲了，但却鼓舞着更多的主张自由的人们起来战斗。不久，南北战争爆发了，北方各州的人民唱着《约翰·布朗之歌》，热血沸腾地奔向战场。

153·林肯与南北战争

美国华盛顿市，一个薄雾初起的夜晚，福特剧院上演的滑稽剧逐渐进入高潮。剧场包厢里，林肯总统与他的夫人一起欣赏着，他忙于政务的神经，只有在此刻才能得到调节。这时，一个行踪诡秘的人走过二楼走廊，突然进入总统包厢。那人掏出手枪对准林肯头部扣动扳机，“砰”的一声，林肯倒下了。这天是1865年4月14日。

总统被刺，剧院顿时大乱。趁医生赶来抢救林肯之机，凶手逃离剧院。警卫赶去追捕，刺客被击毙了，事后查明他是出生在美国南方马里兰州的一名狂热的蓄奴制拥护者。他的行刺，正是南方蓄奴的庄园主策划的政治暗杀行动。

为什么这些庄园主如此仇恨林肯呢？

原来独立后的美国，最初分为北方的自由州和南方的蓄奴州。北方主要发展工业，主张废奴制，南部以农业庄园种植为主。种植业特别是种棉花需要大量劳动力，庄园主为了赚更多的钱，顽固地坚持蓄奴制，大量使用黑奴。黑奴是北美殖民地开拓时期，被西方奴隶贩子从非洲大量贩卖到北美大陆的黑人。他们被关押在庄园里，不仅每天要干十八九个小时的工作，而且还被庄园主任意毒打、杀害，甚至如同牲畜一样被出售。他们终生没有人身自由，连他们的孩子生下来也是奴隶。

南方各州庄园主对黑奴惨无人道的残酷迫害，不但激起黑奴的反抗，也使美国民众，特别是北方各州的白人工人、农民、知识分子和市民深感不满。这些有正义感的白人掀起了废奴运动，主张解放黑奴。在报刊书籍，及通过演讲，废奴人士抨击蓄奴制的残忍和不文明；他们还帮助一些黑奴逃到主张解放黑奴的北方自由州去。林肯就是主张废奴的一位政治家。

1861年，林肯作为反对蓄奴制的共和党候选人，竞选成功，当上美国总统。南方庄园主深感害怕，南方十一个州居然联合起来，宣布脱离美国联邦，自己成立“南部同盟”政府，也抬出了一位“总统”，顽固坚持蓄奴制。1861年4月，“南部同盟”组织的军队炮击联邦军守卫的萨姆特要塞，挑起了分裂美国的南北战争。

为了维护美国联邦的统一，林肯立即发布征兵动员令，决心镇压分裂美国的"南部同盟"叛乱势力。

尽管北方军得到人民的广泛拥护，但组建仓促，而南方军因为庄园主蓄谋已久，准备充分，从 1861 年起一年半里双方多次交战，北方军屡屡战败，连华盛顿也数次告急。

林肯万分焦急。他及时发现了问题的症结：北方军缺乏善于指挥的将领。而且他认为动员广大黑人，投入到解放自身的战斗中去，才是这场战争取胜的关键。

于是，林肯主持通过了《宅地法》和《解放宣言》。1863 年 1 月 1 日正式实施的《解放宣言》宣告：南方各州的黑奴，从现在起永远获得人身自由。他们的人身权利将得到政府和军队的保证，条件合适的黑人自由后可以参加北方军。

《解放宣言》一公布，立即有十八万黑人拿起武器，参加解放自己同胞的战斗。从此南北战争不仅是维护美国统一的战争，更有解放黑奴、维护人权的深远意义。同时，林肯又起用了格兰特将军任北方军总司令，颁布《征兵法》，保证部队士兵的充足来源。北方军逐渐在战争中占了上风。

1863 年 7 月 3 日，盖特茨堡一战，北方军取得了决定性的胜利，南方军伤亡三万六千多人。第二天，维克斯堡也传来捷报，被围的近三万南方军士兵投降。从此南方军走上了被动挨打的下坡路。

南方反动的庄园主仍垂死挣扎，他们派出间谍，筹划政治暗杀，孤注一掷，妄图挽回南方军全面失败的危局。林肯被刺的事件就是这样发生的。

因为伤及要害，林肯抢救无效，在次日早晨逝世。他的助手面对林肯的遗体，无限悲痛。他们清楚记得二十几个小时前，林肯还在忙于政务：

早晨七时，林肯就出现在白宫总统办公室，他安排助手，提醒国务卿西沃德十一时要召开内阁会议。

用完早餐，内阁会议开会。林肯特别邀请的格兰特将军也出席。因为五天前，也就是 1865 年的 4 月 9 日，北方军的主要对手、南方军总司令罗伯特·李在阿波马托克率两万八千士兵投降。胜利的日子已在眼前。林肯却再三表示不要报复，不要迫害南方军的将领士兵："血已经流得太多了……即使是那些顽固的分裂者，也让他们逃往外国吧。打开门，搬掉栅栏，吓得他们逃走就是了……"林

肯边说，边做出放羊出栏的动作。

午饭后，林肯又签署公文。在一个提议宽恕逃兵的文件上，他批示道：“好吧，我认为这个人留在世间比在地下更合适……”

就是这样一位为维护国家统一，主张解放黑奴，才动员民众拿起武器的总统，在战争即将全面取胜时，还对他的政敌主张宽容。凶恶的杀手残害了他。当然，罪恶的阴谋并不能阻挡历史的车轮。四十天后，最后一支南方军缴枪投降，南北战争以北方军全面胜利而结束，惨无人道的黑奴制也宣告消亡。美国历史上最为重要的宣言《独立宣言》中宣称的“在上帝面前，人人生而平等”的权利，当时黑人还被排除在外而无权享受。林肯却通过努力，终于以法律的形式将这合法权利还给了美国的黑人民众。

诗人惠特曼在《哦，船长，我的船长》一诗中，将美国比喻为“船”，“船长”就是为率领美国争取统一、加快民主进程而牺牲的林肯总统。

哦，船长，我的船长。
苦难的航程已经完成。
历尽惊涛骇浪，
才赢得今天胜利的歌声……
他已浑身冰凉，
停止了呼吸。

如此悲壮的诗句，让美国乃至世界人民，都无法忘却林肯的功绩。

154·红　衫　军

1843年，南美洲各国燃起争取独立、自由的战火。乌拉圭共和国成立不久，首都蒙得维的亚城就被阿根廷军队包围。围城军队发出通令，要求城中所有外国侨民必须出城投降，不然的话，将被视为持武器对抗者，成为阿根廷军队攻击的目标。

这个通令却使阿根廷军队倒了大霉。几天后，蒙得维的亚城杀出一支穿红衫、打黑旗的军队。尽管这支军队人数不多，作战却异常勇猛，并灵活地袭击阿根廷军队。奇怪的是他们的黑旗上绣的是一座正在喷发的火山。

原来组成这支军队的正是城中的外国侨民，他们绝大部分是为争取意大利统一而斗争的爱国志士，因为斗争失败而流亡南美的。旗帜的黑色表达了他们因祖国被异族控制、遭受苦难的悲愤；绣的火山就是意大利维苏威火山，火山的喷发象征他们为自由而奋斗的激情。这些爱国志士怎么能忍受出城投降的羞辱呢，就组织起自己的武装与城内居民共同战斗。因为时间匆促，找不到合适的布料，他们用原本提供给屠宰场工人专用的红布做服装，红布溅上屠宰的血渍也不显眼嘛。

这支军队的首领是一个模样精悍、三十多岁的硬汉。他十六岁当海员，二十六岁参加意大利统一斗争，因筹划海军起义未成功，当局将他列为“头号暴徒”缺席判处死刑。这个叫加里波第的汉子不得不被迫流亡南美，可他坚持正义、追求自由的信念从未动摇过。

从此，加里波第的这支“红衫军”，成为南美各国独立解放战争中一支能征善战的著名武装。1848年，欧洲各国相继爆发革命，加里波第率领红衫军赶回祖国。

当时，意大利全境分成七八个小国，分别被法国、西班牙、奥地利控制。在争取意大利统一的战斗中，加里波第的红衫军与奥地利、法国等军队多次交手，常常是以少胜多。

经过一场激烈的保卫战后，意大利独立运动中建立的罗马共和国无法抵抗

法国等重兵围攻，1849 年 7 月 1 日，罗马共和国宣布停止战斗，全体政府官员辞职。第二天中午，竭尽全力参加罗马多次保卫战的加里波第出现在罗马圣彼得广场："我绝不会放下武器，跪倒在法军士兵脚下。"

他宣布："我要离开罗马，谁要是愿意跟着我继续同外国入侵者战斗，请跟我走。"广场上聚集着近万人，大家都静静地听他发出激昂、悲壮的语调。加里波第高昂着头，回顾广场，他帽子上的黑色羽翎微微颤动着。

"我没有金钱、住房和粮食。我能给你们的只能是饥饿、强行军、战斗甚至死亡，谁要是把意大利不只放在嘴上，而是放在心里，请跟我走吧！"

有近四千名战士，跟着加里波第撤离罗马，八万余名法国、奥地利、西班牙国军队跟着追击。加里波第为了保存实力，最终只得解散自己的军队，他的妻子也死在行军途中。

再度流亡美洲的加里波第，六年后又返回祖国。当时意大利的撒丁王国愿意挑头，领导意大利统一事业。加里波第把个人利益置之度外，凭自己的名声帮助撒丁王国招募军队，却没有指挥作战的权利。后来，撒丁王国首相加富尔勉强调了一支三千人的"阿尔卑斯山猎人团"给他指挥。加里波第指挥着这支不是他招募的军队，在 1856 年 6 月两次战胜奥地利军队。他夺回的土地被加富尔并入撒丁王国。

四年后，西西里岛爆发了起义，封建割据的西西里王国统治者在西班牙王室支持下镇压起义。加里波第征召红衫军一千战士，渡海支援起义。1860 年 5 月 11 日凌晨，加里波第的船在西西里马尔萨港登陆。在民众的配合下，他只用七百红衫军就击溃了三千多当地守军。首战告捷，但红衫军武器装备差，弹药也缺乏。有人提出等待援兵。加里波第这时已五十多岁了，仍然英气勃勃地说："我们只有用速度来战胜敌军。下一个攻击目标是南部西西里首府巴勒摩。"

红衫军快速行军，直奔巴勒摩西南城郊。巴勒摩守军司令听说千余名红衫军来攻，毫不在意，自己可是有两万多士兵呢。他想不到红衫军行军途中，不断有起义者踊跃加入。但尽管这时加里波第的人马已发展到五六千了，但武器装备简陋，凭军事实力确实难以取胜。

入夜，巴勒摩守军司令远望城西南的红衫军军营，只见营火点点，散落四周，全无进攻动静。他心想只要加强防守阵地，谅他们红衫军也攻不上来。

天色微明，驻军城东南的士兵猛然发现，大批红衫军出现在眼前，吓得大叫："红衫军来了，快放炮！"原来足智多谋的加里波第在城西南虚设营火，迷惑敌军，声东击西，命主力强攻东南。城内的民众也配合红衫军，当守军急匆匆将西南守军调往东南时，在街道上遇到从天而降的袭击，子弹、花盆、沸水从居民窗口飞出，甚至钢琴也从窗口被扔下，砸得巴勒摩守军狼狈不堪。红衫军不畏炮火，冒死猛攻。攻进城后，他们在居民配合下展开巷战，终于夺取了巴勒摩。

从马尔萨港登陆，只用二十天，加里波第率领武器简陋的红衫军，在当地起义者支持下，迅速占领了南部西西里王国。随后，加里波第又率军渡海攻下那不勒斯。除了威尼斯和罗马，意大利全境基本上都统一收归撒丁王国。

加里波第和红衫军为统一意大利所做的贡献，功不可没，流芳后世。

155·俄国农奴制改革

“是谁给这可怕的权力，让一些人奴役另一些与他同样生活的人的意志，剥夺了他们的自由？……主人为了排解愁闷，随意将他当做一头牛卖出，换进来一匹马，或者一条狗，而他却从此再也见不到自己的爹娘、兄弟姐妹……”

俄国著名作家、评论家别林斯基在剧本《德米特里·卡列宁》里，愤怒谴责当时还在俄国盛行的农奴制。赫尔岑、车尔尼雪夫斯基和杜勃罗留波夫等俄国进步思想家、作家那时也纷纷撰文，抨击俄国农奴制的惨无人道和残忍。这是发生在十九世纪五十年代的事。

十九世纪中叶，俄国还顽固保存着野蛮愚昧落后的农奴制。农奴制将农民视同牲畜，农民的人格和自尊心被无情摧残。他们整天无偿地为封建地主劳动，甚至被作为物品抵押债务；他们机械、麻木地活着，一个个成为愚昧的文盲、愚钝的苦力。大量农民被束缚在农业庄园里，资本主义工业发展必需的劳动力由此缺乏来源，俄国的经济和社会发展因此也大大落后于西欧诸国。当然有压迫就有反抗，俄罗斯各地的农民起义、暴动此起彼伏，社会动荡不安，连警卫森严的皇宫也感受到局势的动荡。

一天，金碧辉煌的宫廷里，沙皇亚历山大二世正面对桌面上那份字迹清晰的呈文，眉头紧锁。自从 1855 年 3 月他作为登基的新皇帝以来，这一年多时间，大臣们呈报上来的几乎没有一件好消息。

两年前他还是皇太子时，俄国与土耳其在巴尔干地区交战，俄海军歼灭了土海军。但英、法马上与土结盟，还加上个撒丁王国，组成联军与俄交战。英法联军的蒸汽动力铁甲舰将俄海军的风帆战船逼得退守克里米亚；在黑海边的俄军要塞塞瓦斯托波尔，被围的八万俄军面对六万余联军，苦守三百四十九天后，兵败而退。说起来不是俄军官兵不勇敢，无奈俄军步枪的射程只是英法士兵步枪的三分之一。克里米亚缺乏铁路，俄军粮草军火供应，因为靠笨重的大车装运，只好艰难地行驶在泥泞的土路上……

1856 年 3 月，俄国在停战的《巴黎和约》上签字，俄国在黑海的控制权屈辱地丧失殆尽。当年让拿破仑损兵折将、大败而归的俄罗斯的荣耀哪里去了？沙皇亚历山大二世真是脸面丢尽哪！

克里米亚兵败的消息，激起俄国朝野一片哗然。越来越多的人意识到，是落后的农奴制阻碍了俄国的强盛与发展，结果造成今日的兵败。一些明智的大臣也呈文赞成这种观点。眼下这份让亚历山大二世迟迟难以落笔批示的呈文，正是内务部副大臣米留金所写的请求废除农奴制的方案。米留金主张农民应当获得解放，得到土地；同时，地主也应得到出让土地的赎金。

亚历山大二世并不是个只知吃喝玩乐的昏君，他近来不断得到农民骚乱日益增加的报告；如果他不废除农奴制，自己的皇位很可能坐不稳，而且俄国与英法相比较，国力差距越来越大。父皇尼古拉一世就是忍受不了克里米亚战败的屈辱而自杀的。

但是，废除农奴制必然要触犯封建贵族领主的利益。这些世袭贵族在宫廷中极有势力，听说前朝的沙皇彼得三世和保罗一世，就因违背贵族利益被他们制造宫廷内乱而丧命……想着想着，亚历山大二世没有批准米留金的方案。然而，如何妥善解决废除农奴制的问题，时时如同一个摆脱不了的阴影，缠绕在他心头。

几天之后，亚历山大二世给他的姑妈写信，信中谈到贵族地主与农奴的冲突时，他信手写下了如下的几句："我期待着，众多领地上那些有头脑的领主自己来表示，他们打算在多大程度上可能改善自己农民的命运。"

用延缓渐进的方式逐步争取贵族对废除农奴制的支持，是亚历山大二世的唯一选择。

几天后，亚历山大二世在莫斯科向贵族代表发表演说时，第一次公开谈及废除农奴制的问题："农民和他们的地主之间存在着敌对情绪，不幸的是由于这种敌对情绪，发生了一些不服地主管束的事情。我深信，我们迟早会解决这个问题。我想，诸位是同意我的意见的。因为从上面解决要比由下面解决好得多。"

然后，政府开始允许报刊公开谈论俄国的农民生活问题；再成立一个专门研究拟定废除农奴制方案的政府机构"秘密委员会"，后改名"农民事务总委员会"，米留金等官员进入这个机构。1857 年，当维尔诺省的地方贵族表示愿意"不带土地解放农民"时，亚历山大二世正中下怀，立即下诏书发往俄国各省，又让报刊公布。于是，各省的贵族委员会相继成立，各种“农奴解放”方案也被陆续送到俄国首都，供米留金等人参照、协调、平衡，从中草拟出俄国废除农奴制的合适方案。

然而，俄国各地农奴反抗暴政的斗争不断增多，农奴反抗暴动的事件激增到九百多次。为了防止爆发农民革命，沙俄政府弃卒保车，拒绝一些贵族的过于贪婪要求，加快拟定关于农民脱离农奴依附关系的总法令的速度。1861 年 3 月 3 日，亚历山大二世在他登基六周年的日子签署了废奴法令，俄国几千万农奴终于获得了解放。

废奴法令将大量优质土地和水源、森林、牧场留给地主。农民通过长达四十九年分期还贷方式向政府贷款，支付给地主赎金，才能获得属于自己的“份地”。这对农民仍然是不公平的，但是毕竟他们有了人身自由和土地。

俄国废除农奴制后，政府又颁布了一些有利于资本主义发展的法令，推动了俄国社会经济的发展。到了十九世纪八十年代，俄国完成了工业革命，成为欧洲强国之一。

156·日本明治维新

大久保利通手里紧紧攥着明治天皇的《讨幕密诏》,反复看着上面写着的"不讨此贼,何以上谢光帝之神,下报万民之深仇"的字句,心中暗喜:"有天皇的诏书在手,可以说是师出有名啊!"

大久保利通是萨摩藩的武士,并掌握着藩政大权。天皇的密诏给他想要发动的武装倒幕行动披上了"圣衣",他怎么能不欣喜若狂呢!

当时的日本由德川幕府把持着国家大权。幕府的将军根本不把天皇放在眼里,不仅占有全国四分之一耕地,还掌握着全国的商业城市和矿山,垄断着对外贸易,控制了国家的经济命脉。

德川幕府为了加强自己的统治,分封了二百七十家封建领主,叫做"大名"。大名必须宣誓效忠将军,听从调遣。大名的领地和统治机构叫做"藩",意即幕府的屏障。

大名又把自己的领地分赐给自己的家臣——"武士"。武士是职业军人,拥有佩刀的特权。杀死平民可以不受惩罚,是幕府将军统治人民的主要工具。百姓在武士的欺压之下,过着悲惨的生活。

德川幕府推行闭关自守的"锁国"政策,不同其他国家建立任何关系,以为把整个日本严密地封闭起来就可以长治久安了。

十八世纪后期,新兴的地主阶级和商业资本家,为了争得政治上的地位,摆脱封建统治,对幕府制度产生强烈的不满。而广大的人民群众不堪忍受苦难的生活,反抗情绪也日趋高涨,接连爆发无数次农民起义和市民暴动,幕府的统治开始动摇。

正当此时,西方殖民主义列强纷至沓来。1853 年,美国海军将领柏利,率领舰队两次闯进江户湾,迫使日本开港通商。幕府无可奈何,被迫与列强签订了很多不平等条约和关税协定,使大批农民和手工业者纷纷破产,一场推翻封建幕府、争取民族独立的斗争迫在眉睫。

1865 年 12 月,长州藩讨幕派领袖高杉晋作率先发难,率领以农民为主体的

“奇兵队”夺取了藩政权。随后，萨摩藩讨幕派西乡隆盛、大久保利通等人也控制了藩政权。不久，这两股力量结成讨幕联盟，成为全国讨幕运动的核心。他们一方面实行藩政改革，吸引农民、商人和中下级武士投身倒幕；另一方面大量购置西方先进的武器，与幕府军队抗衡。

差不多同时，孝明天皇去世，不满十五岁的明治天皇即位。1867 年 10 月，萨摩、长州、安艺三藩讨幕派在京都召开秘密会议，决定打着明治天皇的旗号武装倒幕。他们秘密地与天皇进行联系，准备发动宫廷政变，把德川将军赶下台去。

明治天皇虽然年幼，可颇有见识，对幕府把持朝政也十分不满，当即答应与讨幕派联合起来，推翻幕府统治。于是，他写了一份《讨幕密诏》，交到大久保利通他们手里。

“对！有这份诏书，看德川庆喜还有什么招数！”站在大久保利通背后的一个武士信心十足地应和着。

这时，门外突然闯进一个宫廷侍卫，气喘吁吁地说道：“诸位大人，德川庆喜刚刚见过天皇，主动请求辞去将军的职位，把政权交还给天皇了！”

“这是缓兵之计。”大久保利通一眼就看穿了德川幕府的第十五代将军德川庆喜的诡计。大家讨论一番，一致同意以武力解决问题，给德川庆喜一个措手不及。

1868 年 1 月 3 日，京都的皇宫周围突然出现了大批的军队，空气显得异常紧张。德川幕府驻后宫警卫队，被秘密调集到京都的倒幕军解除了武装。年少的明治天皇在大久保利通、西乡隆盛、木户孝允等人的簇拥下，昂首进入大殿，召开御前会议，宣布“王政复古”，大权全归天皇掌握。明治天皇随即颁布诏书，决定建立由他领导的新的中央政府，并委派西乡隆盛和大久保利通这些改革派主管政事。

德川庆喜连夜逃出京都，退居大阪。他打起“解救天皇，清除奸臣”的旗号，集中了全部兵力，兵分两路，杀气腾腾地向京都进犯。大久保利通、西乡隆盛、木户孝允等人指挥倒幕军，在京都附近迎击幕府军。

冬天的夜晚寒气逼人。五千名装备了西方先进武器的倒幕军，占据有利地形，架起了大炮，静等幕府军的到来。事关重大，明治天皇也亲自到阵前督战。

夜半时分,幕府军进入了射程。倒幕军的大炮发威了,只听炮声隆隆,杀声震天。幕府军虽然人数众多,但军心涣散,士气很低,装备也远不及倒幕军。刚一接触,幕府军便无心恋战,虽然在德川庆喜的威逼下勉强进攻,却节节败退。

倒幕军斗志旺盛,以一当十,越战越勇。京都的市民不仅将各种军用物资源源不断地运送到前线,而且许多市民找出土枪、土炮直接参战。面对铺天盖地而来的倒幕军和百姓,幕府军吓得魂不附体,纷纷投降。德川庆喜看到大势已去,只得长叹一声,率领亲信仓皇撤退,逃到江户。

倒幕军不给对方以喘息之机,追击幕府残军,随即包围江户。德川庆喜看到自己的军队已经瓦解,江户的居民又不拥护自己,再战只有死路一条,于是决定放下武器,向天皇投降。统治日本长达二百多年的德川幕府垮台了。

1868 年 3～4 月间,明治政府先后颁布了《五条誓文》和《政体书》,提出推行资本主义新政的基本方针,开展了大刀阔斧的维新运动。明治天皇将首都迁到江户,改名为东京。

明治政府首先削除了诸侯的割据势力,加强了中央集权。取消封建身份等级制,扶植资本主义工商业,破除封建主义旧文化。这些有利于发展资本主义的改革措施,使日本走上了资本主义道路,摆脱了沦为殖民地的危机,由一个落后的封建社会,逐步转变为独立的资本主义强国。这就是日本近代史上著名的明治维新运动。

为了同欧美国家谈判修改条约,也为了学习治国本领,1871 年年底,以岩仓为特命全权大使、大久保等人为副使的由新政府主要官员组成的大型使节团开始巡访欧美,这在当时的世界上是个空前的壮举。

但是由于当时日本资本主义的发展水平不高,资产阶级的力量较为软弱,尚未形成独立的政治力量,因而国家的领导权落在中下级武士手中。他们虽然接受了资产阶级思想,但仍保留着浓厚的封建主义因素,最终使日本走上了军国主义道路,成为亚洲和太平洋地区的祸根。

157 · 第一个黑人独立国家

十九世纪初,拿破仑指挥的法国军队战无不胜,横扫欧洲大陆。但就在这时,传来了一个让他十分震惊的消息,法国殖民地海地爆发了大规模的奴隶暴动,殖民者快撑不下去了。这不等于是对雄心勃勃的拿破仑建立的法兰西帝国扇去的一记响亮的耳光吗?

海地位于中美洲加勒比海海地岛的西部,十六世纪初沦为西班牙的殖民地,十七世纪末被割让给法国。法国人称海地岛为圣多明各岛,所以海地那时又称法属圣多明各。岛上原有二十五万印第安人,在西班牙占领时几乎全被杀害。后来,大批的非洲黑奴被贩卖到了海地,因此,海地人大多是非洲黑奴的后代。

黑人为开发海地作出了巨大的贡献,但他们世世代代受着殖民者的残酷剥削和压迫。到了十八世纪末,受到美国独立战争胜利和法国大革命的鼓舞,海地人民掀起了争取自由独立的斗争高潮。1790 年,海地的混血种人和自由黑人(赎了身的黑人奴隶,表面上"自由",实际上与奴隶差不多)发动武装起义,要求获得与白人完全平等的选举权。然而,由于没有提出废除奴隶制的口号,未能得到广大黑人奴隶的响应和支持,起义被法国殖民者镇压下去了。

一年之后的 1791 年 8 月,海地人民又一次举起了为自由和独立而战的旗帜。黑人奴隶们高呼着"宁死不当奴隶"、"争取自由"的口号,捣毁殖民者的豪华别墅,杀死了两千多名残暴的殖民官员和白人奴隶主,烧毁了一千多个种植园。起义军深受广大黑人奴隶的拥护,队伍像滚雪球一样越来越壮大。

在这次声势浩大的海地革命中,涌现出了一批起义英雄,其中最著名的就是杜桑·卢维杜尔。

杜桑是非洲黑奴的后代,从小受够了殖民者和奴隶主的欺辱,后来当了种植园的马车夫。好强的杜桑自学了法语,阅读了卢梭、孟德斯鸠等启蒙思想家的著作,萌发了为自由平等而战斗的思想。

海地革命爆发后,杜桑以他杰出的组织才能和军事知识,很快赢得广大起义黑奴的拥戴,成为起义军的领袖。他率领起义军打垮了法国和西班牙的殖民军,赶走了入侵的英国干涉军。1801 年 1 月,杜桑与另一支起义军密切配合,攻下了西属圣多明各(位于海地岛的东部,今多米尼加共和国),整个海地岛获得解放。这时候,起义军已发展到近六万人。

1801 年,海地的第一部宪法诞生了。它宣布永远废除奴隶制,所有的海地人,不分肤色,不论种族,一律平等。杜桑当选为海地终身总督。

拿破仑闻讯,异常恼怒,他立刻任命他的妹夫勒克莱尔为远征军总司令,命令他领兵远征,剿灭海地革命。

1801 年 12 月,勒克莱尔率领五十五艘战舰,三万名法军,向海地岛进发了。

杜桑得到法军入侵的情报后,马上召开军事会议,制订防御计划。1802 年 1 月 29 日,法国远征军到达海地岛东部的萨马纳湾。杜桑及时赶到这里视察阵地,充满激情地向起义军发出号召:“朋友们,我们要做好牺牲的准备。整个法兰西向圣多明各袭来,要对我们进行报复,要使我们重新沦为奴隶。我们至少要以行动来表明,我们不愧为自由而战的战士。”

起义军响应杜桑的号召,使用一切办法抗击法军的入侵。他们在法军登陆的地方燃起大火,烧毁粮食;在法军经过的河流中撒下毒药,切断侵略军饮水的水源;还神出鬼没地袭扰侵略者。法军饥渴难忍,人困马乏,狼狈不堪。

勒克莱尔不甘心失败,想出了恶毒的一招。杜桑的两个儿子那时正在法国留学,勒克莱尔让杜桑儿子的老师柯斯诺带上他们作为人质,去见杜桑。柯斯诺以法国任命杜桑为圣多明各副总督和放还他的儿子作为条件,逼迫杜桑屈服。

杜桑凝视着两个风华正茂的儿子,心如刀绞。但是,海地人民为了自由独立付出的流血牺牲也一幕幕地出现在他的脑海里。“不,我绝不能以牺牲黑人同胞来解救自己的两个儿子。”他毅然拒绝了柯斯诺的条件。

威胁利诱,都不能使杜桑就范,勒克莱尔绞尽脑汁,又想出了一个坏主意。

几天后,杜桑收到勒克莱尔的一封信,信中言辞恳切地邀请杜桑去法军军营和平谈判。勒克莱尔信誓旦旦地说,一定保证杜桑的生命安全,“您到来之后,就会发现,没有谁是比我更诚实的朋友了。”

杜桑相信了。但是,6 月 7 日,杜桑单枪匹马一踏进法军的军营,就被逮捕了,随即被押上军舰送往法国。

杜桑怒火中烧,他正气凛然地斥责法国军官:“你们毁灭我,只能使圣多明各的黑人自由之树得到浇灌。这棵树会重新成长起来的,因为它已根深蒂固。”

杜桑被押到法国后,拿破仑将他关进阿尔卑斯山的一个城堡里。这位杰出的黑人领袖受尽折磨,于1803年4月7日死在狱中。

法军的残暴激起了海地人民的愤慨和斗志,全国各地的起义风起云涌,法军陷入了四面楚歌的困境中,加上瘟疫流行,被杀死的、病死的,占了远征军的一大半。连总司令勒克莱尔也患黄热病死在了岛上。

拿破仑知道后,破口大骂:“该死的糖!该死的咖啡!该死的殖民地!”

1803年10月,起义军攻克了法军占领的海地最大的海港——太子港。法国远征舰队载着残余的八千官兵仓皇而逃,回国途中全被英国海军俘虏。法国远征军最终全军覆没。

这一年的11月29日,海地公布了《独立宣言》。1804年1月1日,海地正式宣布独立,并恢复了印第安人的传统名称——海地,意思是“多山的地方”。

海地是拉丁美洲,也是世界上第一个赢得独立的黑人国家,它在拉美人民推翻殖民统治、争取自由解放的历史上写下了光辉的篇章。

158・“解放者”玻利瓦尔

南美洲的好几个国家,都矗立着一个共同的人物雕像——玻利瓦尔。有座城市原名特鲁希略城,后来改名为玻利瓦尔城。有块面积一百多万平方公里的土地,摆脱西班牙殖民统治,独立后国名定为玻利维亚。这个玻利瓦尔是什么人?为什么有那么大的影响呢?

那是发生在十九世纪初的事。如今南美洲的委内瑞拉、哥伦比亚、乌拉圭、巴拉圭、秘鲁、智利等国的土地,那时都是西班牙殖民地。殖民政府镇压南美人民的反抗,掠夺占有南美的资源和当地人民的劳动成果。不但当地的印第安人和黑人被欺压剥削,连出生在南美洲的白种人,也受到西班牙殖民政府的歧视和欺压。

玻利瓦尔生于委内瑞拉的加拉加斯城。作为一个家境富裕的白种人,他受到了良好教育,也目睹了家乡人民遭到西班牙殖民者欺压凌辱的惨状。在老师罗德里格斯的引导下,玻利瓦尔读卢梭、孟德斯鸠等人的书。法国大革命、美国独立的史料不断激荡着他争取民主、自由的激情。

1805 年 8 月,玻利瓦尔到了罗马,在郊外蒙特萨克罗圣山游览。这里是古罗马平民为争取自己的权利与贵族斗争的古迹。玻利瓦尔触景生情,想起西班牙殖民者的罪行,不禁热血沸腾。他毅然双膝下跪,宣誓:“为了我父母的在天之灵,为了我本人的荣誉,为了我祖辈生活的故乡土地,我起誓,不砸碎西班牙压迫的锁链,我绝不停止斗争。”

三年后拿破仑法军攻打西班牙。西班牙忙于与法国交战,无力派兵镇压南美殖民地人民的独立斗争。1811 年 7 月 14 日,当地民众推翻了西班牙殖民统治,加拉加斯城升起了共和国的三色旗,委内瑞拉宣告独立。玻利瓦尔积极投身故乡的独立斗争,为了这一天的到来,他曾经自己掏钱组成代表团出访伦敦,想方设法寻求英国政府的支持。

很快,西班牙的殖民地军队集结起来,围剿新生的委内瑞拉共和国。由于共和国领导层缺乏经验,指挥失误,一年后,西班牙殖民军攻陷了加拉加斯。玻利瓦尔不得不流亡他乡。这天，紧挨着委内瑞拉的新格拉纳达(现哥伦比亚)，出现一位中等个头的先生。他满脸风尘，一双黑眼睛炯炯有神。这位先生向新格拉纳达议会递交了一份文件。

新格拉纳达议会，也是当地民众反对西班牙殖民统治，争取独立时刚刚成立的。加拉加斯的失陷使他们深感震惊。他们打开这份文件，读了开头就放不下了。它这么写道："……为了使新格拉纳达免遭委内瑞拉的厄运，并解救委内瑞拉，我才写这份材料……"

这份文件理智地总结了委内瑞拉共和国失败的三个主要原因：在战争状态时实行联邦制软弱无力；执政者仁爱、宽大无边的政策；没有建立一支纪律严明、训练有素的军队。文件又建议新格拉纳达议会从中吸取教训，采用积极进攻而不是消极防御的战略，攻击西班牙殖民军，就可以出兵收复加拉加斯。文件名字为《卡塔赫纳宣言——致新格拉纳达的公民们》，它的作者就是那位满脸风尘的先生玻利瓦尔。他在流亡途中，认真分析，总结失败的教训，向为独立而奋斗的南美兄弟送了一份用鲜血换来的礼物。

新格拉纳达给这位带来珍贵礼物者第一个职务，是一个小镇驻军指挥，手下有七十名士兵。半个月后，玻利瓦尔招募的士兵增加到五百人。又过了两个月，英勇无畏的玻利瓦尔率领军队越过安第斯山，渡过苏利亚河，攻占库库塔城，并缴获敌军大量物资。他被提升为准将旅长。再过三个月，玻利瓦尔又攻下了两座城，手下集结的一千五百名将士都经历过寒冷酷暑考验，具有丰富的作战经验。下一步就是收复加拉加斯了。

怎样动员更多的当地民众、参加反对西班牙殖民军的斗争呢？玻利瓦尔在行军途中反复思考着。他想起加拉加斯失陷后，西班牙殖民军疯狂残杀当地民众的凶恶模样，他们像土匪一样杀害无辜平民；老人孩子都一律杀光，有人竟然还将被害者的耳朵割下来，装箱子寄回西班牙，炫耀自己的战功。必须以牙还牙，于是玻利瓦尔写下了《决战宣言》："我们来这里是为了消灭西班牙人，保护美洲人，重建委内瑞拉联邦政府。对于野蛮的西班牙人对人民的折磨，正义要求我们以牙还牙，进行复仇。我们要向世界各国表明，侮辱美洲儿女的人不能逍遥法外……"

1813 年 8 月 7 日，玻利瓦尔带领独立运动战士的队伍，打败了殖民军，收复

了加拉加斯城。10 月 14 日,加拉加斯市议会代表委内瑞拉政府,授予玻利瓦尔"解放者"的光荣称号。

南美的民族独立战争局面错综复杂。玻利瓦尔几度胜利又屡遭挫折。拿破仑被打败后,西班牙王国派出一万名军队,远征南美洲,率军将领是莫里略中将。他是在西班牙军队与法军作战中,从士兵逐步提升上来,具有丰富作战经验的一员名将。莫里略将手下万名士兵与南美的西班牙殖民地驻军组合起来,率领这支南美有史以来最强大的西班牙军队,很快"平定"了南美一个个刚独立的共和国。

这时,玻利瓦尔却受人排挤,独自在牙买加的金斯敦租房居住。一天晚上,玻利瓦尔外出未归。有位独立运动战士来找他。进屋后那人就躺在吊床上边休息,边等待玻利瓦尔,因旅途劳累那人迷迷糊糊竟然睡着了。夜深了,玻利瓦尔迟迟没回来,有条黑影却闪了进来。那黑影走近吊床,不由分说拔刀猛刺吊床上睡着的人。那名战士被误认为是玻利瓦尔而遭杀害了。这名刺客就是莫里略手下花钱雇的。

莫里略如此害怕玻利瓦尔不是没有原因的。几年后,玻利瓦尔重振雄风,越来越多的独立战士聚集到他手下,独立军越战越强。哥伦比亚共和国独立了。战败的莫里略奉命代表西班牙政府与独立军签署停战协议时,玻利瓦尔说:"签署协议的前提是西班牙必须承认哥伦比亚共和国!"

于是,在协议书上的第一段文字就是:"哥伦比亚政府与西班牙政府希望解决两国人民之间的不和……"从此,哥伦比亚与西班牙成为平等的两个国家。为了这一刻,玻利瓦尔和他的战友们克服了多少艰难困苦啊!

莫里略签署完协议,带着敬佩的心情要求见一见他的对手玻利瓦尔。打了五年仗,这位战胜拿破仑军队的西班牙将领居然败在一个南美人手下。

南美独立战争以西班牙殖民军的全面失败告终。委内瑞拉、厄瓜多尔等地在玻利瓦尔率领的独立武装力量攻击下,相继获得解放。南美另一位民族解放英雄圣马丁解放了智利、阿根廷。然后玻利瓦尔又率军解放了秘鲁,以及上秘鲁。为了表彰"解放者"玻利瓦尔的杰出功绩,上秘鲁改名为玻利维亚。

玻利瓦尔在南美独立运动中南征北战、不怕挫折、越战越勇的气概将永载史册。

159 · 墨西哥多洛雷斯呼声

深夜,墨西哥多克雷塔罗城郊外一片沉寂。突然,一阵急促的马蹄声传来,两位剽悍的骑手策马向小镇多洛雷斯飞奔而去。他们神情严峻,还不时地环顾四周,他们的衣服因汗湿而紧贴着背脊,马儿喘着粗气,呼出大团大团的水汽,但他们还是策马飞跑。

终于,他们赶到了镇上的教堂。门开了,一位中等身材、微微驼背的神父迎了出来。他谨慎地朝四周打量了一下,然后把他们领了进去。这位神父就是以后被称为"墨西哥独立之父"的伊达尔戈。

这一天,1810 年 9 月 15 日,注定将载入墨西哥独立运动的史册。而墨西哥独立运动的领袖米盖尔 · 伊达尔戈 · 柯斯蒂亚生于 1753 年 5 月,曾在神学院和墨西哥大学读书,毕业后担任神学院的教师、司库和院长。他深受欧洲启蒙思想的影响,痛恨西班牙殖民者对墨西哥人民的欺压,很早就参加了以"文学社"为名的秘密集会。他的博学多才、机敏善辩很快引起大家的注意,并成为秘密集会的核心人物。1803 年,他被派往印第安人聚居的多洛雷斯教区,任教区神父。他热心地向印第安人传授农业和手工业知识,深受当地人民的爱戴。

那时,西班牙正和法国打得不可开交,对美洲殖民地一时顾不上。因此争取墨西哥独立的志士们准备在 10 月 1 日武装起义,各项工作正在紧张秘密地组织之中。

这两位骑手就是独立志士——军官阿连德和佩雷斯。他俩给伊达尔戈带来了坏消息:不知谁走漏了风声,城里正在大搜捕;起义者准备的部分武器已被发现,一些起义组织者已不幸被捕。

在这危急时刻,伊达尔戈异常地冷静。他分析了形势,得出一个结论:与其坐以待毙,不如马上行动;并立即决定,明天起义。大家立刻分头准备。有人通知附近的独立运动斗士;有人组织攻打殖民军据点的战斗;有人负责逮捕镇上的西班牙人;阿连德立即赶到圣米盖尔镇去召集人马;伊达尔戈带人去打开监狱,释放被关押的独立运动志士。这时,天已亮了。

9 月 16 日是星期天。像以往无数个星期天一样,一大早教堂的钟声就响了,村民们从四面八方赶来。但是,今天他们所敬爱的伊达尔戈神父却没有像往常那样穿上祭服举行宗教仪式,他沉着而坚定地登上了讲经台。

今天伊达尔戈讲的不是圣经,望着台下那些与他朝夕相处、视同亲人的人们,他激动地说:“孩子们,你们要成为自由人吗?三百年前,可恶的西班牙人从我们祖先的手中夺走了土地,你们愿意夺回来吗?……解放的时刻来到了,自由的钟声敲响了,你们有勇气的话,就和我们一起干吧!”

顿时,人们群情激愤,台下响起一片惊天动地的口号声:“美洲万岁!”“独立万岁!”“打倒坏政府!”

一支起义的队伍很快就聚集起来了。这就是历史上有名的“多洛雷斯呼声”,它标志着墨西哥独立运动的开始。后来,每年的9月16日,就成为墨西哥的国庆纪念日。

起义军很快和阿连德召集的人马会合,然后向塞拉亚前进。在途中的一所教堂里,起义军发现了一幅瓜达罗贝圣母画像。瓜达罗贝圣母被认为是印第安人的保护神,伊达尔戈把这幅画像做成起义军的旗帜,于是很多穷苦的印第安人也加入了起义队伍。迅速壮大的起义军相继攻占了塞拉亚、瓜那华托、阿多利德等城市,直逼首都墨西哥城。起义队伍迅速发展到八万人,伊达尔戈被推选为大元帅。

墨西哥城内的西班牙殖民者一片惊慌。

然而在这关键之际,起义军内部在战略决策上产生严重分歧,使士气受挫,一部分人甚至离开了队伍,错失了攻占墨西哥城的机会。但这时在墨西哥各地纷纷爆发了起义,革命已呈现星火燎原之势,伊达尔戈率领的队伍赶到瓜达拉哈拉与当地起义军会合。在部队休整期间,伊达尔戈颁布了《土地法》、《废奴法》、《废苛捐杂税法》等法令,并任命了司法部长和国防部长,还创办了《美洲觉醒者报》,使起义的思想基础得到了巩固。

但是,喘息过来的西班牙殖民军很快组织了反扑。起义军在几次重要的战斗中连遭重挫。战略上的分歧再次瓦解了起义军,伊达尔戈也被撤了职。后来,殖民军诱捕了起义军的首领,阿连德、伊达尔戈先后被处死了。

尽管如此,墨西哥独立运动的烈火却再也无法扑灭了,各地的起义连续不断。到1821年9月,墨西哥终于摆脱了西班牙人三百余年的殖民统治,宣告独立。

160 · 苏伊士运河

看着手中的《勒伯尔备忘录》，费迪南·德·勒赛普浮想联翩。

自从十五世纪葡萄牙航海家达·伽马绕过非洲最南端的好望角，开辟了大西洋与印度洋的航线后，繁荣了两千多年的地中海航海业日见萧条。十七世纪后，英国成为世界上最强大的海上殖民帝国，霸占了好望角，垄断了大西洋到印度洋的远洋航道。

为了挑战英国的海上霸权，法国从十七世纪起，就计划开凿苏伊士地峡运河。进入十九世纪，欧洲资本主义迅猛发展，急需开辟一条从地中海到印度洋的海上航线，来满足商品和原料的运输。有一个叫勒伯尔的工程师就提出了开凿运河的具体设想。

费迪南·德·勒赛普可不是一个简单的工程师，他还有着狡猾的商业头脑和敏锐的政治嗅觉。在《勒伯尔备忘录》中，他读到了有关开凿苏伊士运河的构想和计划。他马上意识到，自己的命运将发生重大的改变。现成的计划，仅仅需要小小的改动；法国政府对开凿运河热情很高；新上任的土耳其驻埃及总督赛德·帕夏(当时埃及是土耳其的殖民地)是他的朋友，新总督也想通过开挖运河名垂青史。一切形势都对他太有利了，机不可失，时不再来，名扬天下，在此一举。

一番奔波之后，1854 年，埃及接受了勒赛普的计划，他获得了开挖运河的特许权。在法国政府极力推动下，土耳其政府也批准了运河计划和使用、租让运河的合同。合同规定："国际运河苏伊士公司"租借运河九十九年，之后运河归埃及所有；埃及无偿提供开凿运河的一切土地、石块和劳动力。

1859 年 4 月 25 日，苏伊士运河正式开工。

茫茫的热带沙漠上，骄阳似火。空气是如此的干燥，卷过地面的风中只有扬起的灰沙，嗅不到一丝潮气。工地上近六万名埃及劳工，裹着全身的衣服抵挡烈日的煎熬，在法国监工的呵斥声中，一下又一下地挥动手中的铁镐、锄头，一步又一步地拽动沉重的拖车，拼尽最后一丝力气。稍有停顿，监工的皮鞭就会在耳边响起。不时，一个埃及劳工倒了下去，周围的人们却没有太多的骚动，因为这种

情况已经司空见惯了。同伴会走过去,看一看他断气了没有,然后一个人拖着头,一个人提着脚,运到工地的一边,自有人将尸体草草掩埋了事。

那时的埃及不满四百万人口,却每个月要向运河工地派遣六万名服役的劳工。按人口比例推算,每一个成年男子每年最起码有一个月要在工地上服苦役。运河修了十年,有十二万埃及劳工不堪重负,永远倒在了运河的工地上。所以,筑成运河的不是沙子和石块,而是埃及劳工累累的白骨;运河里流淌的不是蔚蓝的海水,而是埃及劳工的血与汗。已故的埃及总统纳赛尔曾说过:“这条运河是用我们的生命、我们的血汗、我们的尸骨换来的。”

1869 年 11 月 17 日,运河正式竣工通航。它穿越了不毛的沙漠,连通起一串咸水湖泊和洼地,北起塞德港,南抵苏伊士城陶菲克港,连同延伸至红海、地中海的部分,全长一百七十三公里。船舶以每小时十四公里的航速,约需十五小时可以通过运河。运河通航时,深八米,宽二十二到六十米,后加深到十二米,加宽至六十到一百五十米。从西欧经地中海,通过运河与红海进入印度洋和太平洋,可缩短航程六千公里以上;从北美到印度洋也可缩短六千多公里。

由于苏伊士运河的战略地位极其重要,所以从它诞生之日起,就成为列强争夺的对象。最早由法国控制的国际苏伊士运河公司操纵。1875 年,英国利用埃及政府陷入严重的财政危机,低价收购了埃及手中的全部运河股票,占股票总额的百分之四十四。尽管法国仍有百分之五十五的股票,但分散在个人手里,因此英国逐渐取得了控制权。

1882 年英国悍然出兵埃及,强占苏伊士运河地区,把法国也赶了出去。1936 年,又强迫埃及签订为期二十年的不平等条约,获得在运河区驻军的权利。更有甚者,英军营房建筑费用还要由埃及全部承担。

埃及人民展开了要求收回运河主权的斗争。1952 年,埃及建立了共和国。1956 年,纳赛尔总统宣布将苏伊士运河收归国有。英国、法国、以色列发动第二次中东战争,企图重新控制运河区。埃及人民在全世界正义力量的支持下,确保了运河的主权。在以后的两次中东战争中,运河再次成为争夺的焦点,但埃及的国旗最终还是飘扬在苏伊士运河的上空。

现在,苏伊士运河是世界上最繁忙的水道,远远超过巴拿马运河和基尔运河,被称为“东方伟大的航道”。

161 · 印度土兵起义

十九世纪五十年代,印度爆发了反抗英国殖民统治的民族大起义。

起义的导火线是涂油子弹问题。1857 年年初,英国殖民当局发下了一种用涂有牛脂和猪油的纸包装的新子弹,使用时必须用牙咬开。当时,驻印度的英国军队中有大量的印度土著雇佣兵,简称“土兵”。这些印度土兵不是印度教徒,就是伊斯兰教徒。印度教徒视牛为神圣,伊斯兰教徒则忌食猪肉,现在,殖民当局发下这种新子弹,显然是对他们宗教信仰的侮辱。他们愤慨万分,印度教士兵手捧恒河水,伊斯兰教士兵面对《古兰经》,发誓要向英国殖民者报仇雪耻。

一波未平,一波又起。3 月 29 日,第三十四步兵团举行阅兵式。青年土兵曼加尔·潘迪满怀对殖民者的仇恨,高呼:“起来,兄弟们,为了我们的自由,向阴险的敌人进攻吧!”喊罢,他端起枪,“砰!砰!砰!”打死了三个英国军官。闻迅赶来的英军逮捕了潘迪,潘迪被活活绞死。

这接连发生的两件事,使得印度土兵的愤怒情绪越来越激烈。他们开始暗中联络,秘密集会,酝酿武装暴动。而不久又发生的土兵拒绝使用新子弹事件,则加速了民族大起义的到来。

5 月 9 日,德里附近密拉特第三骑兵连的八十五名印度土兵,拒绝使用新发的子弹。英国军官立刻召集全旅官兵集会,当众剥去这些土兵的军服,缴下他们的武器,接着给他们戴上手铐脚镣押往监狱。印度土兵忍无可忍,决定在次日动手。

5 月 10 日是星期天。教堂钟声回响在黄昏的天际,英军官兵走进教堂,做起了祷告。突然,外面传来一阵“杀”的吼声,第三骑兵连的印度土兵冲进教堂,杀死了英军官兵。随后,起义士兵分头行动,有的打开牢房,释放了被捕者;有的控制军火库和交通要道。“杀死英国人”的呐喊声响彻密拉特的上空,起义官兵一把火,烧毁了殖民者的住宅、军营和官署,然后连夜向德里进军。

经过一昼夜的急行军,第二天清晨,起义部队开到德里城下。英国上校慌忙率军迎战。双方正要交火,密拉特的印度土兵忽然发现守城的士兵都是印度人,急中生智,高呼:“打倒英国殖民统治!”

“打倒英国殖民统治!”德里的印度士兵立刻作出反应,掉转枪口,只听“砰!砰”几声枪响,英国上校倒地而死。士兵打开城门,欢呼着把起义部队迎进城内。

没过几天,起义部队就占领了整座德里城。起义者拥立已经名存实亡的莫卧儿王朝皇帝为国家元首,组织了起义领导机构。他们发表文告,号召全体印度人不论贫富贵贱,不分印度教徒和伊斯兰教徒,团结一致,有钱出钱,有力出力,为驱逐英国殖民者战斗到底。

全国各地的士兵纷纷响应,起义的烽火迅速燃遍了印度北方和中部的大部分地区。殖民当局顾此失彼,惊慌失措。总督坎宁坐立不安,在寄回英国的一封信中哀叹道:“目前是危急存亡的关头,事态将如何演变,很难预料。”

但是,殖民当局很快缓过神来,立即调集兵力,准备围攻德里。侵略中国的英军调回来了,入侵伊朗的英军也调回来了,殖民当局还到阿富汗与尼泊尔招募雇佣军。几路英军气势汹汹抵达德里城下,形成了夹击之势。

9 月 14 日,英军对德里发起总攻。猛烈的炮火将城墙炸开了一个缺口,英军蜂拥冲进城内。突然,屋顶上传来一阵密集的枪声,几名英军惨叫着应声倒地。一队英军趾高气扬地跑到一座清真寺前,只见一千多名手握大刀的穆斯林突然从清真寺里冲了出来,怒目冷对,挡住侵略军的去路。英军慌忙举枪射击,两百多名穆斯林倒在了血泊中。可是,就在侵略者装填子弹的时候,几百把寒光闪闪的大刀迎面劈来,转眼之间,英军丢下了几百具尸体,落荒而逃。

德里起义军与英军激战六天,打死了英军五千余人,击毙两名英军指挥官。最后,由于孤立无援,寡不敌众,被迫退出德里。莫卧儿的末代皇帝向英军投降,莫卧儿王朝走到了尽头。

德里陷落后,各地转移到奥德省首府勒克瑙的起义军达到了二十万,勒克瑙成为起义军新的指挥中心,也成了英军下一步重点攻击的目标。1858 年 3 月,四万装备精良的英军,在一百八十门大炮的配合下,开始猛攻勒克瑙。起义军大部分战士的武器只是马刀,但他们不畏强敌,顽强抵抗。英军打了两个多星期,才打下了勒克瑙。这时,印度的抗英力量发生了分化。由于印度总督公布了英国维多利亚女王的诏书,允诺保护印度封建主的利益和特权,以此收买封建主。大部分封建主叛变降英,反过来帮助殖民者镇压起义军。这场轰轰烈烈的印度民族起义最终失败了。

162 · 章西女王

在轰轰烈烈的印度民族大起义中,印度中部的小城章西涌现出了一位誓死抗英的民族英雄——章西女王拉克希米·拜依。

拉克希米·拜依小时候练就了一身好武艺,七岁就学会了骑马。1852 年,十七岁的拜依嫁给了岁数比她大两三倍的章西王公,成了章西王后。

王公后来死了,他没有儿子。按照英国殖民当局的规定,印度各邦的王公死后,如果没有儿子继承王位,那么他的领地和财产都要被殖民当局收归所有。拜依领养了一个儿子,并以养子监护人的身份登上王位。但是,英国殖民当局仍然出动军队,强行没收了章西的全部领土和财产。拜依被赶出了章西城。

性格刚烈的拜依当着英国官员的面,愤怒地说道:“我绝不放弃我的章西,谁敢占领章西,就让他来试试!”

1857 年 5 月,印度民族大起义爆发,起义的烈火燃遍了全国各地。章西人民在拜依的率领下,也向殖民者发起了进攻。6 月 4 日,她指挥起义军占领了军火库,打死了章西的英军最高指挥官邓洛普,最后收复了章西。

7 月 8 日,章西城人山人海,洋溢着节日般的欢乐。拜依在万众欢呼声中重登王位。起义军庄严宣布:“世界属于上帝,印度属于德里莫卧儿皇帝,章西属于拉克希米·拜依!”

但是,这年 9 月,德里被英军攻陷;第二年 3 月,勒克瑙也失守了。英军腾出兵力,恶狠狠地扑向章西。章西女王得到情报,预先在城中储存了粮食,在城墙上修筑了工事,架起大炮,做好了迎击侵略军的准备。

1858 年 3 月 25 日,英军开始进攻章西城。女王亲临前线指挥。她一声令下,一发发炮弹愤怒地射向英军阵地,炸得英军鬼哭狼嚎。

可是,英军的炮火也越来越猛烈,起义军的伤亡惨重。但在女王的指挥下,战士们个个奋不顾身,殊死作战,连续多天,章西城岿然不动。

由于叛徒的出卖,4 月 4 日,英军集中炮火猛轰防守薄弱的南门,终于将南门炸开了一道缺口。面对着潮水般杀进城来的英军,女王挥舞钢刀,亲自带着一千名战士冲了上去，与敌军展开了白刃战。双方正杀得难分难解，北门也陷落了。起义军寡不敌众，只好撤出了章西。

女王拜依率领起义军撤出章西后，与另一位起义军领袖托比带领的一支队伍，于 6 月 1 日在印度中部的另一个重镇瓜辽尔会合。这时，莫卧儿王朝已经彻底灭亡，全印反英起义武装群龙无首，拜依和托比推举另一位起义领导人萨希布为领袖，托比任起义军总司令，拜依则负责守卫瓜辽尔城。

围剿瓜辽尔的多路英军在 6 月 17 日开始攻城。气壮山河的瓜辽尔保卫战开始了！章西女王身穿战衣，手握钢刀，骑在一匹白色的战马上，亲自指挥战斗。哪里最危险，她那骁勇矫健的身影就出现在哪里。战士们士气高昂，打退了英军一次又一次的进攻。

“轰！轰！轰！”英军连续不断的炮击，到底将城墙轰开了一个大口子，成群的英军冲了进来。

“跟我上，攻击敌人炮兵阵地！”千钧一发之际，女王挥刀振臂高喊。起义军骑兵风驰电掣般地冲了过去，英军炮兵慌忙丢下大炮，去拿步枪。说时迟，那时快，女王的钢刀一闪，一个英军的头颅骨碌碌地滚到地上。

一大半英军炮兵成了起义军骑兵的刀下之鬼。

就在拜依杀散敌人炮兵，重新集合队伍时，英军从四面八方围了上来。女王果断地举起战刀：“冲出去，快！”

起义军奋力突出重围。突然，一名英军军官认出了骑在白马上的拜依，便发疯般地喊道：“她就是章西女王，快，活捉她！”

女王身边的英军越围越多，但她毫无惧色，左砍右劈，勇不可挡。忽然，她觉得头部被什么东西重重地撞了一下，顿时血流满面。原来，一个英军骑兵从女王的侧面挥刀猛劈，将女王的右眼都劈掉了。

拜依忍住剧痛，转过身体，纵马一跃，向那个英国骑兵冲过去。突然，又一个英军杀到女王面前，一刺刀捅向她的胸脯。女王全身摇晃，疼痛难忍，但她咬紧牙关，使尽浑身力气，劈死了敌军。

拜依从马上摔了下来，贴身的女兵赶紧把她背进路旁的一间小屋里。主人一看是他们敬爱的章西女王，不顾生命危险立刻抢救她。但是，因为流血过多，伤势太重，女王停止了呼吸。

章西女王牺牲时只有二十二岁,震惊全球的印度民族大起义也失败了。但印度人民永远怀念这位宁死不屈的民族英雄,她的精神鼓舞着印度人民,为民族独立和自由继续奋斗。

163·祖鲁战争

十九世纪三十年代到八十年代，南非的祖鲁人为了捍卫独立、保卫家园，与荷兰及英国殖民者进行了英勇的斗争，在非洲人民反抗殖民侵略的历史上写下了可歌可泣的篇章。

祖鲁人是南非土著居民南班图人的一支，居住在南非的纳塔尔、斯威士兰和莫桑比克的一些地区。1817年，恰卡成为这支南班图人部落联盟的首领。他意识到，为了对付殖民者的侵略威胁，必须团结各个部落，建立强大的军队。

恰卡把三千多个分散部落的约五十万人统一了起来，还进行了军事改革。他规定儿童从十二岁起必须接受半军事训练，十八岁起接受正式军事训练，三十五岁前不得结婚。祖鲁人传统的战术，是使用长矛、斧头与敌人单兵格斗，恰卡大胆改革，以长矛、盾牌为武器，采用密集队形的方阵、两面包抄等战术，大大提高了祖鲁人的战斗力。经过努力，恰卡建立了一支十万人的军队。

恰卡成了年轻的祖鲁王国的国王。但他执政只有十年左右，就被同父异母兄弟丁干杀害了。据说，恰卡遇害前说了最后一句告诫同胞的话："白人就要来了。"

不过，丁干也是位有才干、有作为的国王。1838年，荷兰殖民者的后裔布尔人(意为农民)入侵祖鲁，企图夺取祖鲁人的土地。丁干率领祖鲁军民英勇抵抗，打了些胜仗。但布尔人带着大炮和牛车卷土重来，祖鲁人被打败了。丁干不得不割让大片土地给布尔人，还交了一千头牲口、一万公斤象牙给布尔人。

但是，布尔殖民者并不满足，他们勾结、收买了丁干的弟弟姆潘达，姆潘达丧权辱国，在敌人的扶植下，于1840年爬上了祖鲁国王的王位。

姆潘达的长子开芝瓦约，非常反感父亲卑躬屈膝的卖国政策，他发誓要维护祖鲁人的独立和尊严。1856年11月，祖鲁人大会决定由开芝瓦约掌管国政；1872年姆潘达死后，开芝瓦约正式登基，掌握政权。

开芝瓦约恢复了恰卡和丁干时代实行的在适龄男子中普遍征兵的制度，对青少年进行严格的军事训练。他深知用长矛和盾牌无法抵挡侵略者的枪炮，便派人带着大批牲畜去换来几百条枪和大量弹药。他让祖鲁青年去国外的钻石矿做工，用挣来的钱买回枪枝。他还雇用英国人训练军队，教祖鲁人射击、骑马。开芝瓦约用了几年时间，重建了一支四万人的军队，战士们既能使用传统的长矛盾牌，又掌握了先进的火器。

祖鲁王国的重新崛起，让殖民者非常仇视。这时，英国殖民者的势力已经取代了布尔人。1878 年 12 月，英国殖民地总督向开芝瓦约发出了一份最后通牒，勒令祖鲁王国在三十天内解散军队，并接受英国总督的统治。

开芝瓦约严辞拒绝。他号召祖鲁人起来抗击英国人的侵略。第二年 1 月，一万三千名英国殖民军兵分三路，向祖鲁王国大举进攻。

开芝瓦约悄悄地将主力部队调集到伊桑德卢瓦纳附近的山中，几千人的部队秘密集结，不露声色。当英军主力开到伊桑德卢瓦纳山南坡的时候，已经十分疲惫，又骄横轻敌，因此未作防备就扎下了营寨。

开芝瓦约采取调虎离山的战术。1 月 21 日，他派出一支部队伪装成主力，去引诱英军。英军果然上当，派出主力追击，营地里只剩下了六个连和仅剩两门炮的一个炮兵营，加上一个土著营，大约只有两千人守卫。

开芝瓦约见英军营地空虚了，便在第二天晚上发出攻击的命令。只听一声锐利而长长的口哨“嘘——”，划破了夜色的静寂。几千名祖鲁战士呐喊着，突然从附近的山谷中跳了出来，扑向英军的营地。英军从睡梦中惊醒，慌忙迎战。祖鲁战士已经闪电般地冲到英军面前，挥舞着长矛奋不顾身地刺杀。他们异常勇猛，有的紧紧地拽住英军的刺刀不放，直到中弹倒下为止；而后面的战士又毫无惧色地冲上去，奋力刺死敌人。英军阵脚大乱，许多人慌乱中跳进湍急的河流中，被活活淹死。

这场激烈的战斗持续了两个小时，英军伤亡一千六百多人，祖鲁军缴获大炮两门，步枪一千多支，子弹五十万发，战果辉煌。

不甘心失败的英军将兵力增加到两万人，配备了几十门火炮，向祖鲁王国进行报复。在 6 月 1 日的战斗中，祖鲁人再次挫败了英军的进攻，并打死了拿破仑三世的儿子路易。

但是，7 月 4 日的决战却异常地惨烈。英军在平原上摆开一个五千人的方阵，以密集的步枪火力和猛烈的炮火轰击祖鲁军。祖鲁军避开正面攻击，想绕到

英军的右翼猛攻，但根本无法接近火力强大的英军方阵，他们所擅长的白刃战更无法施展。祖鲁战士一批批地冲上去，又一批批地倒在血泊中。

这一战祖鲁军队伤亡两千三百多人，遭到惨败。英军占领了祖鲁王国的首府，肆无忌惮地烧杀抢掠。8 月 28 日，开芝瓦约不幸被俘，后来被流放到英国。

祖鲁王国从此一蹶不振，英国殖民者把它划分为十三个小酋长国，使它陷入了四分五裂之中。1887 年，它被并入英国的纳塔尔殖民地。

祖鲁王国虽然只存在了七十年，但它为捍卫自己的独立和自由，不怕流血牺牲，与外国殖民者进行的不屈不挠的斗争，将永垂史册。

164·“铁血首相”俾斯麦

柏林的普鲁士王宫。威廉一世在此单独召见普鲁士驻法大使俾斯麦。

威廉一世登基一年多来遇到了最困难的局面。他雄心勃勃要增加军费,改变兵役制年限的主张被议会下院否决。因为议会担心国王这样做会扩张权力,危及他们代表的资产阶级利益。威廉一世倔强地拒绝让步,并准备以退位相威胁。俾斯麦朝见时,看到桌上放着威廉一世的退位书。

“陆军大臣罗昂向我举荐了你。”国王说。

“陛下,如蒙您恩准,我将不理睬那些议员的反对意见,坚持执行您改革军队、建立新兵役制等强兵富国的决定。”俾斯麦表示了他的效忠决心。

两个小时的谈话后,威廉一世撕掉了退位书,说:“我任命你为国务大臣,代理首相职务组织新内阁。”这天是 1862 年 9 月 22 日。

“由俾斯麦出来当首相,就如同一个不会游泳的人跳进水里一样。”普鲁士王太子妃听到任命后,轻蔑地说道。同样,政府里不少官员对俾斯麦毫无信心。俾斯麦组织的内阁成员,除了陆军大臣罗昂,也没有什么政坛名流。一个星期后,议会讨论军费预算。一位议员振振有词,另一位议员侃侃而谈。俾斯麦即席发表一通讲话,斥责他们的空谈无济于事:“当前种种重大问题,不是说空话和多数派表决能解决的,必须用铁与血来解决。”

这位新任代理首相那头金红头发下的眼睛,严峻地逼视四周,真有股杀气腾腾的气势。

铁与血!如此赤裸裸地鼓吹武力与战争,立即遭到政府官员的议论与抨击。在赶回柏林途中的威廉一世得到报告也深深忧虑。他与议员、官员一样,担心俾斯麦的强硬言论会激起民众反对,引发革命。

威廉一世的专列在距柏林七十公里的小站暂停时,俾斯麦已恭候在此。他要赶在威廉一世未回柏林前提前晋见。

“我已预见到将会出现的场面,在歌剧院广场、我的窗前,你先被砍头,然后过些时间再砍我的头。”国王想起十四年前,在 1848 年欧洲革命风暴影响下发生的群情激奋的场面,至今还胆战心惊。尽管他那时的身份只是军事总督。

“我们不能有更好一点的死法吗?”俾斯麦用幽默的口吻,消除国王的忧虑。然后他表示自己有能力控制政治局势:“陛下,我为我的国家利益和陛下您而奋斗。您为捍卫上帝授予的权利而奋斗。”他的提前晋见取得了效果,威廉一世回到柏林后正式任命俾斯麦为首相兼外交大臣。

得到国王的信任后,俾斯麦大刀阔斧推行他的强硬政策。他下令查禁鼓吹资产阶级自由思想的报刊,罢免倾向资产阶级自由思想的官员。四年中被他免职的政府官员竟有一千余名。他甚至宣布议会无限期休会,不让议员干扰他的执政。俾斯麦坚持改革兵役制、扩编军队、更新军队武器装备,任命名将毛奇任军队总参谋长,强化军队训练。增加的军费开支议会拒绝批准没法支付,怎么办?俾斯麦命令出售国家控制的铁路股票筹得款项使用。

“阁下,您这个决定将被人指责违背宪法。”他的下属提醒他说。

“我们没有其他路可走了,只有奋斗……冲突是无法避免的。但是,冲突中最有力量的一方一定会胜利。”这位“铁血宰相”认定的胜利,就是普鲁士用武力统一德国。

原来在十九世纪中期,德国分成大小三十多个邦国,每个邦国都有自己的君王或首脑、自己的政府,维护各自的经济、政治利益。它们共同组成德意志邦联议会,由奥地利控制。奥地利和普鲁士是众多邦国中实力最强的。普鲁士强悍地用武力统一各邦国,奥地利将受到威胁,必然要阻挠。同时,法、俄、英等国家也不希望看到有个与他们实力相当的统一德国的出现。

俾斯麦1815年出生于德意志封建庄园地主家庭。原先他拥护奥地利和德意志邦联,认为他们能阻挡民众革命运动,维护自己封建庄园地主的利益。1851年他被任命为普鲁士驻邦联公使。这一时期的政治活动使他转而认识到,只有建立以德意志民族主义为目标的统一的德国,才能维护封建庄园主利益,同时也能满足资产阶级的要求,阻止革命的发生。俾斯麦说:“这是一种不舒服的有利政策。”当了首相,有了先进武器装备的普鲁士军队,俾斯麦信心百倍,将先打败奥地利作为目标。

1864年,丹麦和德意志邦联之间为两个小国的领土归属发生纠纷。普鲁士与奥地利联合出兵战胜丹麦,两个小国一个归普鲁士,一个归奥地利。随后,俾

斯麦又在外交上讨好英、法、俄，造成孤立奥地利的局面，再借口指责奥地利对新占领的小国管理不善，惹得奥地利对普鲁士宣战。一开仗，训练有素的普鲁士军队就取得胜利。当普军完全可以乘胜直捣维也纳时，俾斯麦又果断决定停战。他的方法是逐步统一德国，生怕紧逼奥地利会招来法国出兵干涉。

战败的奥地利只得让步，听任普鲁士吞并北部小国，成立以普鲁士为首的北德意志联邦。

普鲁士的议会和资产阶级从此对俾斯麦大唱赞歌，有人在文章里把俾斯麦比喻成神奇的纺织工，“此人多么神奇地纺出了那样光彩夺目的织物的全部经纬，结实、牢固，似乎一根线都没断过。他对所有的手段都那么熟悉，使用起来那么得心应手……”

这两次战争，特别是普鲁士战胜奥地利，使英国、俄国、意大利和法国都感到不安。

“一个在政治中按照原则行事的人，好比一个嘴里横着木杆想穿过树林的人……政治是量力而行的艺术。”俾斯麦自我总结的这两点，是他发动第三次战争的外交方针。为了统一德意志南部，普鲁士必须打败法国。但为了不致引起其他欧洲各国的干涉，又必须让法国先向普鲁士宣战。俾斯麦苦苦寻找的这个机会，在 1868 年普法之间为西班牙王位继承人问题发生争议时出现了。

当时，西班牙议会决定将王位交给普鲁士王室的利奥波德亲王，引起法国强烈不满。威廉一世劝说利奥波德亲王放弃了王位。但法皇拿破仑三世还是强横地命令法驻柏林大使赶到威廉一世度假的温泉，要求普鲁士国王保证永远不支持利奥波德亲王家族染指西班牙王位。这强横的要求遭到国王威廉一世拒绝。国王随即又将此事用电报告知首相俾斯麦。俾斯麦读了电文，心中一阵狂喜。他立即命人巧妙地编排电文词句，使人读后产生法国大使对普王无礼，普王被逼无奈粗暴回敬的感觉。

次日，被改编的电报在报上刊出，如同俾斯麦所料，“像红布刺激公牛一样”，法国感觉脸面丢尽而向普宣战。毛奇率领精心准备的普鲁士军队在法国色当彻底击败法军。南部德意志四个小邦国宣布归顺普鲁士。1871 年 1 月在法国凡尔赛宫，威廉一世傲然加冕，成为统一的德意志帝国的皇帝。

“您，罗昂将军磨亮了宝剑；您，毛奇将军使用了宝剑；您，俾斯麦伯爵，多年来出色地执行了我的政策。我感激你们三位。”威廉一世这样赞美俾斯麦。确实,俾斯麦运用“铁血政策”和灵活的外交手腕,不到十年统一了德国,是有利于德国发展的功臣。但是他的政策的成功,在某种程度上也为德国当政者以后的穷兵黩武留下了祸根。

165·兵败色当

色当是法国与比利时交界处的一个小城,建有法军的军事要塞。1870 年 9 月 2 日,普鲁士军队的七百门大炮对色当要塞的法军一阵轰击,拉开了普法战争中色当决战的序幕。

普法战争是普鲁士表面上不想打,事实上很想打的一场战争。普鲁士想通过战争打败法国,控制德意志南部的几个小国,最终统一德国。为了实现这个野心勃勃的计划,又不至于引起欧洲俄、奥、英等国的注意和干扰,普鲁士首相俾斯麦精心设下圈套,使中计的法国首先对普宣战,造成普不得不自卫的假象。

普法战争是法国很想打,事实上又打不赢的一场战争。当时的法国皇帝拿破仑三世,是曾威震欧洲的拿破仑·波拿巴的侄子路易·波拿巴。他具有与他叔叔相似的权力欲望,却根本不具备他叔叔的军事才干。他冲动地中计,首先宣战,而且又自以为是地认为打进德意志的地域,不在话下。

拿破仑三世的上台,也是沾了他叔叔的光。1848 年 12 月,法国选举共和国总统,这个叫路易·波拿巴的家伙得到了法国保王势力的支持,更有许多农民都投票支持他。农民们这么做是怀念他叔叔拿破仑当政时曾制订的《民法典》,这部法令使大革命时期共和派分给农民的土地没有让贵族们重新侵占。农民们轻信拿破仑的侄子当总统,也会像他的叔叔一样给农民实惠。他们当然想不到路易·波拿巴当上总统后,就宣布征收新税,搜刮民众的钱。然后又在 1851 年 12 月,发动政变,推翻共和国当上皇帝,成为法兰西第二帝国的拿破仑三世。

对普宣战后,拿破仑三世花了一周时间,才集结了二十五万法军。他自任前线总指挥,带兵到了边境,却又不敢马上进攻。因为部下报告,法军根本没有做好作战准备,弹药和粮草缺乏,大炮数量比普军少而且性能也差。普军却是精心组织、有备而来。全国五十万军队有四十万已集结在边境,军队内建立了情报组织,指挥联络迅速有效。参谋总长毛奇是一位富有经验的老将,普鲁士国王威廉一世也亲临前线坐镇。

在色当决战前一个月的 8 月 2 日,拿破仑三世犹犹豫豫地发兵进入德意志境内,立即遭到普军的迎头痛击。法军慌忙撤退。两天后普军展开追击,很快攻进法国。在维尔特普法交战,法军麦克马洪元帅的六个师被普军击溃,撤退到巴黎东面的夏龙。拿破仑三世见势不妙,赶快让巴赞元帅代理指挥,自己逃往麦克马洪元帅处躲藏。

巴赞元帅集中十四万法军,与二十万普军在马尔斯又一次展开激战。法军士兵全力拼杀,可兵力少于对手,再次战败,撤退到麦茨要塞。普军派出十五万军队将麦茨的部队包围起来。就这样,从 8 月 2 日交战起半个月后,法军就被普军分割成两块,一块困在麦茨要塞,另一块就是麦克马洪元帅和拿破仑三世的部队。

逃到夏龙的法军有十三万人,可都是上次被击溃后临时组合的,其中许多士兵刚学会开枪射击。当时法军的武器中,火枪性能比普军好,火炮性能比普军差。士兵不熟练掌握自己占优势的武器,优势就丧失了。率领这么一支仓促组合的军队,麦克马洪元帅只得保护拿破仑三世撤退到与比利时接壤的色当要塞了。

普鲁士军队赶到了。普军用七百门大炮的火力,集中轰击色当要塞,发起了总攻。法军只有六百多门炮,射程也没有普军的炮远,完全成了挨打的目标,半天就伤亡了二万多人,麦克马洪元帅也被炮弹片击中。尽管陷于混乱挨打的被动局面,还有不少法军将士准备坚决抗击:"我们还有十万士兵。要塞的防守工事坚固,可以组织反击。"

"但是,粮食弹药供给却有问题。就说面包吧,巴黎曾派出一列火车专门送来面包等食物,但遭到普军途中阻击,没法运过来。"

几位将军在要塞指挥部正七嘴八舌商议。卫兵却赶来报告:法军已经投降了。

"什么! 谁下的命令?"

"是皇帝陛下。他在下午三点就下令在要塞中央塔楼挂起了白旗。"果然,普军停止了攻击。

气壮如牛、胆小如鼠的拿破仑三世写了一封信,并解下自己的佩剑。

当天黄昏,普王威廉一世接到卫兵报告,法军派人送来法国皇帝给普王的信。

只见那人身穿法军将军服，态度恭敬地走到普王前面，脱下军帽。他自称是法军将军莱里，奉命向普王呈上一封信。

威廉一世展开信纸，看见上面写的是：

“我亲爱的兄弟，因为我未能死在我的军中，所以只得把自己的佩剑献给陛下。我继续做陛下的好兄弟。”下面是拿破仑三世的签名。

拿破仑三世与三十九名法军将帅、十万士兵，就这样成为普军俘虏。还有六百多门大炮也被普军缴获。

兵败色当，宣告了普法战争的结束。法军战败的原因除了拿破仑三世的骄横自大、指挥失误、准备不足等之外，武器的劣势也是其中之一。普军配备后膛装弹的大炮，从射程到射速都远远胜过法军的大炮。一位经历此战的被俘法军军官感叹道：“他们是靠五里路长的炮兵部队，才打胜的。”

色当战败的消息传到巴黎，市民们愤怒了，因为政府还想封锁战败的消息。9 月 4 日，民众们涌进巴黎市政厅。在人民的压力下，法国组成了由资产阶级共和派人士组成的“国防政府”，宣布成立新的法兰西第三共和国。国防政府与从色当向巴黎推进的普军谈判，但普军继续前进，半个月后已包围了巴黎。1871 年 1 月，国防政府宣布向普鲁士投降；三个多月后，又在法兰克福签订了和约。法国割让阿尔萨斯的土地和洛林的一部分土地，赔款五十亿法郎。

但是，富有大革命光荣传统的巴黎人民决不投降普军。普鲁士军队就用饥饿威逼巴黎民众屈服。法国保皇势力控制的国民议会开会，解散国防政府，乘机成立了由反对共和派的人士为主的新一届政府。梯也尔被议会推举为法兰西共和国行政权力首脑。梯也尔代表法国政府在和约上签字。然后，他就全力以赴，卑劣地镇压巴黎人民的爱国斗争运动。

166 · 巴黎公社

巴黎东部的拉雪兹神父公墓,埋葬着许多世界名人的灵柩。在墓园东北角,保留着一截年代久远的围墙,上面有清晰可见的一个个弹痕,有被炮弹炸出的缺口。这截围墙,无声地见证了十九世纪七十年代,人类历史上第一个工人阶级政府——巴黎公社的诞生。

普法战争中,普军攻下色当后继续进军包围巴黎。不愿屈服的巴黎人民成立了武装的国民自卫军,又筹集资金购置了一百多门大炮,安置在巴黎北面的蒙马特尔高地,准备随时反击侵入法国的普鲁士军队。1871 年 3 月 18 日凌晨,一支法国政府军队偷偷地来到蒙马特尔高地,他们袭击国民自卫军,夺走大炮。这是法国政府首脑梯也尔解除巴黎民众武装的第一步。

清晨 5 时,巴黎城中响起了警钟。因为早起的妇女发现了政府军夺大炮的行动,便立即报警。各区的国民自卫军和民众纷纷赶来。愤怒的人们责问政府军:“你们胆怯地投降普军不算,还要与侵略者一起抢夺我们保卫巴黎的武器,你们还是法国人吗?”

政府军军官被问得无言可说,急忙命令士兵开枪,国民自卫军被迫还击。巴黎就这样爆发了起义。许多政府军士兵想到自己枪口对着的是自己的同胞,要自己打死这些保卫自己国家的民众,怎能忍心呢?就调转枪口,与民众站在一起。政府军就这样纷纷溃散,巴黎逐渐被国民自卫军控制。

巴黎市中心的外交部大楼里,一个个头矮胖、衣着华贵的人,正神色紧张地听下属官员汇报城内民众与政府军交战的情况,他就是梯也尔。最初,他听到的是在蒙马特尔高地顺利地夺到大炮,马上又听到了响彻巴黎的警钟,脸上尚未绽开的得意表情立即凝固了。后来,政府军司令部、市政厅、警察局相继报告起义民众和国民自卫军陆续控制了巴黎各街区。这时已是上午十点多钟了。梯也尔慌忙说:“快走,赶快去凡尔赛!”

“不行呀!”卫兵报告说。有大约三个营的国民自卫队,全副武装,正朝外交部冲过来。“我们警卫士兵还不到半个营呢!”

梯也尔吓得胆战心惊。这可是大祸临头了,平时伶牙俐齿、能言善辩的梯也尔,此刻全无半点政治家的风度。

侥幸的是,三个营的国民自卫队不知道梯也尔躲在外交部内,他们直奔市政厅去了。梯也尔和手下官员赶快溜出外交部大楼,仓皇逃离巴黎。

3月18日,巴黎人民起义。十天后,巴黎公社成立了。当时随梯也尔等逃往凡尔赛的政府官员和将领们能指挥的军队只有一万五千多人,而巴黎的武装国民自卫军就有二十万。遗憾的是,巴黎公社毕竟是人类历史上的第一个工人阶级政权,缺乏执政经验,没及时派兵追击梯也尔,丧失了有利时机。而梯也尔却抓住了时机,在凡尔赛调兵遣将,反攻巴黎。

4月16日,在色当打败仗的麦克马洪被梯也尔任命为总司令,然后反动政府又在外省招募许多不知道巴黎革命内情的农民入伍,组织军队。梯也尔甚至乞求普鲁士将十万被俘法军放回,供他进攻巴黎。就这样,梯也尔终于拼凑了一支十三万人的军队,有一百多门大炮,对巴黎公社反扑过来。同时,他又命手下派奸细混入巴黎,充当内应。梯也尔的凡尔赛军队于5月9日攻下伊西炮台,从西南方向开始轰击巴黎。

巴黎公社成立了救国委员会,动员全城民众抗击敌人。大批国民自卫队战士被调到城西南,与攻城的凡尔赛军队对垒。

5月21日下午,巴黎的圣克鲁门城墙上出现一个人。他挥动白手帕,向凡尔赛军示意:这里无人防守。这个被收买的奸细杜卡捷尔,就这样将凡尔赛军队引入巴黎。

当天黄昏,三万多反动的凡尔赛军队如蝗虫般涌入城内,当夜就占领了巴黎城区的四分之一。从5月22日起,巴黎公社战士和市民在一道道街垒掩护下,与攻入城内的反动军队拼死搏杀。

反动军队相继占领了香榭丽舍、圣拉扎尔车站、蒙巴那斯车站,然后,罗浮宫、市政厅、卢森堡宫和先贤祠等也被反动军队攻占。

5月27日下午,在拉雪兹神父公墓墓地,近两百名公社战士抗击五千敌军。最后毕竟兵力相差太多,未战死的公社战士被集体枪杀在这座墓地东南角的围墙下。这围墙就是保留至今的“公社战士墙”。

第二天下午二时,在巴黎朗庞诺街与杜尔蒂伊街汇合处的街垒,一个没留下姓名的公社战士，单独与敌军枪战近十五分钟，当这里的枪声消失后，巴黎沉寂了。这是梯也尔残杀巴黎公社战士、巴黎市民前的可怕的沉寂。

梯也尔下令大批枪杀公社战士，连伤员、医护人员也不放过。当5月22日攻入巴黎城的消息传到凡尔赛时，梯也尔就杀气腾腾地宣布："惩办将是严厉的。"

大屠杀延续了一个多月，连同妇女、儿童在内，三万多巴黎人在血泊中丧生。加上战场上牺牲的，被流放、监禁的公社战士和群众，有十万人惨遭梯也尔反动政府的残害。

"一条血渠从一个兵营注入塞纳河，几百米的河水都被污染，河面上出现一道狭长的血流……"当时的法国报纸这样报道。

梯也尔反动政府还在巴黎搜捕公社战士。穿国民自卫军带红条军裤的，杀！两手粗糙像劳苦民众的，杀！右肩上有背枪带痕迹的，杀！

巴黎公社的女英雄米歇尔被抓捕后，在狱中把自己的红围巾撕碎，精心制作成象征共和国标志的红色石竹花，并写上诗句："转瞬光阴，一切属于未来；脸色苍白的战胜者，比战败者更有死亡的可能。"

米歇尔将它秘密传给狱中的战友，相互勉励。她在凡尔赛反动政府的军事法庭上慷慨陈词："我的身心都属于社会革命……要是你们不杀我，我将号召我的弟兄们向那些杀害我战友的刽子手报仇，为我的战友雪耻。我们所有这些1871年的人都视死如归。"

米歇尔掷地有声的话语，使心虚理亏的法庭庭长脸面尽失，不得不声嘶力竭地吼叫："停止你的发言！"

在普鲁士军队的帮助下，梯也尔政府镇压了巴黎公社。但巴黎公社战士的英勇无畏，气贯长虹，永载青史。

167 · 鲍狄埃和《国际歌》

巴黎公社战士与梯也尔的凡尔赛军队拼杀的那些日子,最艰难的是 1871 年 5 月 22 日起的一个星期,后来被称为“五月流血周”。缺乏作战经验的公社战士在巴黎临时堆起的街垒后顽强地抗击着。随着一名名公社战士的牺牲,反动军队凶恶地占领一个个街区,巴黎的枪声稀疏了。5 月 27 日,当拉雪兹神父墓地被反动军队攻占后,除了偶然几声枪响,巴黎逐渐陷于可怕的寂静中,大屠杀阴沉沉地即将来临。

这时有个身影,踉跄地出现在巴黎第十一区的街头,那是个年过半百的公社战士。他手中武器的枪膛还是热的,他身边的战友都已阵亡。一时,他不知道在哪里能找到公社委员会的组织。或许,眼下最痛快的,是去找那些凡尔赛反动军队,临死前杀他几个。但他的右手疲软,仿佛行动不便,他疲乏、痛苦又惘然地走着。

一个他熟悉的院子使他停住了脚步。对了,这里是他一个好友的住处。他迟疑地推门,门竟然随手而开,然后一双手把他连拉带拖地拽了进去。

“快!到我这儿先躲一躲!欧仁 · 鲍狄埃。”

朋友帮助这个叫欧仁 · 鲍狄埃的公社战士,避开了凡尔赛军队的搜捕。但是,占领巴黎的凡尔赛反动势力组织的第四军事法庭,仍缺席宣判这个欧仁 · 鲍狄埃死刑。然后,报纸居然有消息说,已执行了对他的死刑判决。

梯也尔反动政府当然不可能放过他。欧仁 · 鲍狄埃是个著名的工人诗人。二十三年前,巴黎爆发六月起义,与反动政府军队战斗的工人队伍中,就有欧仁 · 鲍狄埃。那时他是个激情似火的青年。后来他又参加了国际工人协会,成为协会巴黎支部的领导成员。法军兵败色当,普军包围巴黎时,他是巴黎国民自卫军第二团的一名副连长。巴黎公社成立后,他出任国民自卫军中央委员会委员,然后又当选为公社社会服务委员会委员,行使巴黎第二区区长的职责。尽管这时鲍狄埃是个因中风而右手行动不便的残疾人,但仍热情地为巴黎公社的革命事业奔忙。他带领公社武装战士,在维克多雅尔圣母院拘捕了反对巴黎公社的教士。

梯也尔反动政府更害怕的,是鲍狄埃的诗。那些诗歌颂法国革命人民的战斗精神。在1848年法国二月革命时,他写了《人民》:

……脚踏泥泞,面对枪林,
几支旧枪作武器,
任凭饥肠辘辘,
……这战斗的巨人又挺身而起,
……在暴君的宫殿上,
他用瘦削的手,
刻下这样的字迹:不自由,毋宁死。

在巴黎六月起义期间,鲍狄埃又写了《分娩》、《一八四八年六月》等许多诗歌,纪念那些为革命而牺牲的烈士英灵。

如今,鲍狄埃在朋友掩护下,藏身巴黎。每天都有公社战士遭到凡尔赛反动军队屠杀的消息传来,使他悲愤交加。作为一名诗人,鲍狄埃极其敏感。1848年巴黎六月起义的惨遭镇压,曾沉重地打击了他,以致使他患上神经官能症和血栓塞病,引起中风,导致右手行动不便。但如今,作为一名工人阶级的战士,他的神经已不再那么脆弱了。他要写诗,用诗歌打击反动势力。

他拿起笔,二月革命、六月起义、五月流血周,工人民众为争取自由,夺回被贵族、资产者剥夺的权利前赴后继,在街垒用简陋的武器与反动军队战斗,不惜流尽自己最后一滴血的情景,历历在目。激情化做诗句,在他笔下一泻而出:

起来,饥寒交迫的奴隶!
起来,全世界受苦的人!
满腔的热血已经沸腾!
要为真理而斗争!
旧世界打个落花流水!
奴隶们起来,起来!

……

这是最后的斗争，
团结起来、到明天，
英特纳雄耐尔，
就一定要实现。

就在凡尔赛反动军队在巴黎屠杀革命民众的恐怖气氛中，欧仁·鲍狄埃写下了这首诗。诗的题目，他写了《国际》。因为他从参加世界各国工人的组织——国际工人协会起，已经明白，全世界受苦的人要齐心协力，才能争取无产阶级的最后解放。

后来，鲍狄埃设法离开巴黎，流亡英国、美国，又写了大量歌颂无产阶级的诗篇。1887年他逝世后，他的诗集《革命歌集》出版。法国工人作曲家比尔·狄盖特看到了《革命歌集》，他是法国里尔地区的工人合唱团指挥。

“你看看这本诗选，从中你选首歌谱曲吧。”交给他诗集的，是一个当地工人运动组织的领导人。

比尔·狄盖特翻着，读着，都不错，可最打动他的，就是这首《国际》。狄盖特连夜谱曲，在自己简陋的风琴上试弹着、演奏着，彻夜未眠，直到东方出现晨曦。

狄盖特终于用雄伟的曲调，抒发高昂激越的激情，让这首诗变成了旋律悲壮高昂的歌曲——《国际歌》。从此，《国际歌》走向世界，成为全世界无产者的共同心声。

168 · 红十字会的创始人

巴黎的杜伊勒里宫。这天,五十多岁的拿破仑三世正命令几个学者修改、润色自己的书稿。这个野心不亚于他叔叔的皇帝,居然要写一部《恺撒生平》的历史著作。当然真正忙碌的是这些有才华的文人。拿破仑三世一贯喜爱沽名钓誉,写《恺撒生平》是他附庸风雅、自命不凡的又一次表演罢了。

“陛下,有人写了一封信给您。信中建议成立一个国际性组织,目的是救护和帮助作战时在战场上负伤的交战双方士兵。负伤的士兵是奉军令作战,不管战胜战败,他们本人没有任何过错,让这些受伤的人在战场荒野里等待死亡来临,太残忍了……他说这个建议盼望得到陛下的恩准。”

“是谁写的信?”拿破仑三世这些年已患了痛风病,人又肥胖,步履蹒跚。可今天看到《恺撒生平》即将完稿,心情不错,就随口问道。

“为首的是一个叫杜南的人。他说他们写同样内容的信寄给英、俄、奥等各国元首和君王,希望这些政治家能开明地支持这个组织的建立。”

“陛下,我知道这个杜南,他是瑞士人,几年前写过一本《索费林诺记事》,在日内瓦出版。书中详细叙述了他在索费林诺战役结束后,见到战场上陈尸遍地的惨状。这本书引起很多国际著名人物的注意呢!”有位学者殷勤地补充道。

“索费林诺? 嗯……好,就说我也支持吧。”拿破仑三世很痛快地表态。那是他在意大利指挥过的一仗啊,说起来是几年前的事了。

那是 1859 年 4 月。当时拿破仑三世野心勃勃,与意大利的小国联合对奥地利开战。法军与那小国的联军对奥军宣战的两个月后,双方在索费林诺进行了激战。决战当天,天气炎热,又下了场暴雨,使略处下风的奥军从容后撤,可法军也伤亡极大。据说战后的荒野上,有四万士兵死伤。

索费林诺之战的结果是法、奥各作让步,签订了和约,但是拿破仑三世却把这一仗当做他打的胜仗来庆贺。1859 年 7 月 3 日,拿破仑三世的皇后欧仁妮与儿子在庆贺的乐曲声中,来到巴黎圣母院。这里正为索费林诺之战举行一场感恩赞美诗的宗教仪式。但在意大利的索费林诺荒野,许多负伤的士兵却在酷热中奄奄待毙。

瑞士人杜南正巧在这时路过索费林诺。他听说仗已打完,双方已撤军,可他途经战场,却看到陈尸遍野,还有许多身负重伤的士兵在泥泞中挣扎。杜南是个经营有方的商人,平时就经常慷慨帮助别人,见到这幕惨状,他马上组织附近小镇的教士、居民全力救助。杜南听说这么多伤兵却只有几个军医,惊讶得几乎不相信这是事实。

杜南后来离开了意大利的索费林诺,但那些伤兵无人相助的一幕却时刻出现在他眼前。

两年后,他写了记述这次战场见闻的一本小书《索费林诺记事》。书中呼吁对战俘和战场伤兵要实行人道主义救护,并且提出建议,各国成立志愿救护协会,聚集一些经过医护训练的志愿者,一旦需要就自愿上前线帮助救护伤兵。这些志愿者不分国籍、种族和宗教信仰,以自愿参加为原则,成立一个国际性质的协会。

日内瓦的瑞士国防军司令杜福读到了《索费林诺记事》,极为赞叹。这本小书又很快被译成多种文字流传欧洲各国。在杜福的支持下,与杜南志同道合的一些慈善人士又联名写信给欧洲各国元首,盼望得到他们的表态支持。

1863 年 10 月,在瑞士的日内瓦召开了协会的筹备会议,有十六个国家的代表出席了这次会议。为了表示对发起国瑞士和杜南的敬意,该会以瑞士国旗为蓝本制作会旗。瑞士的国旗是红底白十字,因此该协会会旗为白底红十字,白色表示平安,红色代表救助伤员。定下来之后,该会的名称最初是“伤兵救护国际委员会”,后改名为“国际红十字会”。1864 年 8 月 22 日,国际红十字会在瑞士正式成立。各国签订了国际红十字会公约,杜南任秘书,瑞士的国防军总司令杜福任首任主席。

国际红十字会虽然成立了,但要做的工作还很多。杜南投入了大量的时间和精力,竟然忽视了自己的事业。1867 年,他赖以谋生的银行破产了,使他失去了经济来源。他的生活一下子非常困难,不得不住进了巴黎的贫民窟(当时他正在法国),有时甚至在火车站过夜。即使是在这种情况下,杜南也从未停止过救护工作。1870 年的普法战争、1871 年的巴黎公社,他都出现在救死扶伤的第一线。

由于杜南生活困难又居无定所,人们很难找到他,世界渐渐把他遗忘了。一

直到 1895 年,有位记者打听到国际红十字会的创始人还活着,赶紧去采访了他,并报告了他窘迫的近况,才让世界再次发现了他。于是荣誉、地位、财富再次向杜南微笑。1901 年,诺贝尔奖首次颁发和平奖,就给了杜南。但杜南把奖金全数捐给了瑞士和挪威的慈善机构,自己依然过着平凡的生活,一直到 1910 年去世。

当我们看到国际红十字会的旗帜,不要忘了它的创始人——琼·亨利·杜南!

169·国际劳动节的由来

人们都知道每年的5月1日是国际劳动节。但也许并不知道这个全世界劳动者节日的诞生,是起始于美国工人的大罢工,命名却在法国。

1886年5月1日,美国全国有三十五万工人进行罢工,芝加哥、纽约、波士顿、匹兹堡等大都市的许多工厂、铁路交通都陷于瘫痪。其中芝加哥的罢工最激烈,有八万工人走上街头游行,交通中断,仓库关门,工厂的烟囱看不到一缕青烟。

罢工工人提出的要求是每天工作八小时。原来那时资本家为了榨取高额利润,强迫工人每天要干十四五个小时的活,而且劳动强度又很大。但就这样干,工人得到的工资却只能勉强糊口。

“任何一个身强力壮的十八岁小伙子,在我这里随便哪一架机器上干活,我保证他在二十二岁时头发就变得灰白。”这是美国马萨诸塞州一个鞋厂监工恬不知耻的夸口,却说明了当时美国工人劳动的悲惨境况。

美国工人多次提出缩短劳动时间,改善生产环境,希望政府应该对八小时工作制以立法形式作出规定。这些合理要求却被政府当局否定了。1882年,美国总统就傲慢地宣布:“我并不认为制订八小时工作制的法规是符合宪法的,世界上没有任何力量能让我实施一项不符合宪法的法律。”

工人们忍无可忍,只得用罢工进行抗议。罢工的浪潮使美国资本家经济受损,工人团结的力量也让美国政府感到可怕。芝加哥当地政府下令调动警察进行干涉,策划一系列破坏罢工的阴谋。5月3日,芝加哥麦可米克收割机制造厂的门口,拥来一群当地警署找来的罢工破坏者,他们要进工厂干活。这些罢工破坏者与罢工工人立即发生了冲突。早有准备的大批警察赶来,警察在混乱中毒打罢工工人,有几名工人被当场打死。

第二天,许多工人赶到广场举行集会,声讨警察打死工人的暴行。这天是阴天,天空阴沉沉的。工人们满腔愤怒,但仍然秩序井然,一个个上台演讲。突然,又有大批武装警察冲进会场,命令工人立即离开,不许继续开会。会场秩序被警察搅得大乱。

“轰隆”一声，一个别有用心者朝混乱的会场扔进一个爆炸物，造成多人死伤，其中也有警察。这下，警方有了镇压工人的借口，立即向集会群众开枪。鲜血染红了广场，被打死打伤的工人有两百多人。大批警察又抓了不少工人。那些罢工运动的领导人，警察当然也一个没有放过。

一个半月后，芝加哥当地法院开庭，起诉八名组织罢工斗争的工人领导人。八名被告神情自若地走上被告席。法官刚要装模作样地开始审问，门被人推开了，一个工人挥手摆脱法警的阻拦：“我是你们要通缉的派生斯。我赶来此地，是要与我的伙伴站在一起！”

原来，派生斯是广场集会的组织者之一，他设法躲过了警方的抓捕。可听说同伴受审，他决不愿独自避难，所以特地赶来。派生斯这种大义凛然的气概，震惊着所有在场的人。

工人领袖之一的斯庇思更是慷慨陈词：“如果你们以为杀死我们，就能摧毁工人们的反抗，就可以平息在贫困和悲惨的生活环境中劳动着的千百万工人心中的怒火，那就杀死我们吧……你们可以踩灭这里那里的一个火苗，但是你们前面、后面还会燃起火苗，这是来自地底的热火，你们是无法扑灭的！”

这些工人领袖洋溢着浩然正气的语句，掷地有声。法官几次想打断他的讲话，但都没胆量宣布。

美国政府当然不会允许工人运动如此发展。最终，九名工人领袖有七名被判处死刑，包括派生斯和斯庇思。

美国残酷迫害工人运动的消息激起全世界工人的强烈义愤，各国正义人士也纷纷表示抗议。美国工人不屈不挠，继续开展斗争，最终，美国工人争取到了八小时工作制的劳动权利。

1889 年 7 月，法国巴黎召开了各国社会主义者代表大会。会上，法国代表提议：为了纪念美国芝加哥工人争取八小时工作制的流血斗争，应该把每年的 5 月 1 日作为全世界劳动者的节日。这一提议被通过了。从此，国际劳动节就诞生了。这是在工人流血牺牲中产生的节日。每年这天，各国工人都会上街游行，纪念劳动者用斗争取得的胜利。